全著作

# 森繁久彌コレクション 3

## 世相

解説 小川榮太郎

情

藤原書店

1985年11月3日、中退した早稲田大学から、
第2回早稲田大学芸術功労者として表彰される

昭和55（1980）年頃、息子夫婦、娘夫婦、孫たちに囲まれてのお正月風景

妻・杏子と

昭和53年頃、サイドカーのついた愛用のオートバイで

# 全著作〈森繁久彌コレクション〉3 情——世相　目次

## 第一章　にんげん望遠鏡



## 第二章　さすらいの唄

## 第三章　ふと目の前に

## 第四章　日経ぬ　月経ぬ

## 第五章　人師は遭い難し

# 第六章　あの日　あの夜

## 第七章　左見右見（とみこうみ）

## 第八章　帰れよやわが家へ

カバー画　山藤章二
装丁　作間順子

全著作〈森繁久彌コレクション〉3

# 情　世相

## 『全著作〈森繁久彌コレクション〉』発刊にあたって

森繁久彌は俳優としてすばらしい業績を残したばかりでなく、自ら筆をとって多くの文章を残し、二十三冊もの著作をあらわした。名文であり、ユーモア、ウィットにあふれ、奥深い。しかし、著書の多くは今は品切れになっている。このままでは、〝文人・森繁久彌〟は埋もれてしまうと危機感を抱き、ぜひ残しておかなければ、との思いから、三年ほどかかってしまったが、ようやく発刊にこぎつけることができた。

本コレクションは、著者のこれまでの単行本から、あらためてテーマ別に構成し直し、著者の執筆活動の全体像とその展開を示すものである。

「全著作」と銘打ったが、厳密な意味で全作品を集めたというわけではないけれども、森繁さんの全体像が見渡せるようにと配慮した。

また、著者は故人であり、特に『自伝』の巻は、その全生涯を網羅的に出すことには至っていない。作品と作品の間に記述の空白がある部分もある。読者のご寛恕をいただければ幸いである。

『全著作〈森繁久彌コレクション〉』編集委員会

## 凡例

一、原則として、最新版の単行本を底本とする。単行本に未収録の作品については、それぞれ初出紙誌を底本とする。

一、原則として用字の統一は行わず、底本を尊重する。

一、ただし、明らかな誤植は訂正する。また明らかに不自然な表記は訂正する。

一、原則として、現代かなづかい、新漢字に統一する。(ただし、旧かなづかいの引用文等を除く)

一、現代では差別的とされる表現があるが、著者が故人であり、また差別の意図はないことから、そのまま残した。

# 第一章　にんげん望遠鏡

# 省みて若者を論ず

我が家に時折、遊びにくるのか、めしを食いにくるのか、昼寝にくるのか、さっぱりその辺が解しかねる遠縁の青年がいる。

たぶん、二十五、六歳だ。

学校も満足に出たかどうか。目下何をしているのか、去年も一昨年も何をして暮らしていたのか。

これもとんとシャッキリせぬヘッポコ男子である。

ついでにいうなら、頭が良いのか悪いのか、何を考えて生きているのかも判然としない奴で、ただ取り柄といえば、人懐っこい猫のような柔軟さとカラスのような図々しさをナイマゼにした――これを現代風若者というなら、未来はお先真っ暗で、年寄りの俺からみれば滝にでもうたしてミソギでもさせてやりたい奴である。

私が働きに出たあとも、何をするでもなく、本も読まなきゃ庭掃除もしない。ただダラダラと食っては昼寝して、四、五日すると、いつの間にか姿を消す奇妙な青年である。

女房は、いなくなると何か家のモノが無くなっていないかと気を回すくせに、いる時はマスラオ派出夫ほどの働きもないこの男に、さほど嫌悪を感じている様子もない。それでも時には腹に据えかねるのか、トイレに壁新聞ふうに張り紙をする。これは、トイレに座ると目の前にあるドアに張られているので、大便をする以上は必見の書となるのだ。

当家ハ宿屋デモ下宿屋デモゴザイマセン。マシテヤ梁山泊デモアリマセヌ。ココニ二度以上オ座リノ御仁ハ、言ウナレバコノ家ノ家人デゴザイマス。従ッテ、アナタノ目ノ前ニアル、コノ高札ヲ、トクトオ守リ下サイ。

家人ハ戸締マリ、火ノ元ハ家族ト同ジ責任ニオイテ点検スル義務ガアリマス。マタ、十匹近イ当家ノ愛犬タチト同ジ権利ヲオ持チニナルカラニハ、イズレカガ空腹トイウ片手落チノナイヨウ、餌ヲ与エルコトモ義務トオ考エ下サイ。ソレハ犬タチニモ親シクシテ貰イ、他人（ヨソビト）デハナイト認識サセル要モアルカラデゴザイマス。

ナオ、オ腹ガオ空キノ時ハ、何ヲ飲ミ、何ヲ食スルモ自由デスガ、衛生上、顔ハトモカク手ヲヨクオ洗イ下サイ。マタ、御自分ノオ尻モ手ヌキヲシナイデキレイニ拭（フ）イテ下サイ。為念。

女アルジ敬白

このアテンションにも、彼は馬耳東風であったようだ。以下、この青年をダラテーと呼ぶことにする。

ある日の昼さがり、私は大福餅が急に食いたくなったので、このダラテーを近所の菓子屋に使いに出した。ところが、一時間以上たっても帰って来ない。シビレをきらしてイライラしていると、庭の方からブラリと帰って来た。

「何をしてたんだ！」

「パチンコ屋が開店してたんでネ」

「チェッ！」

私が茶を入れている間に、彼はすでに大福の包みをあけて一つ食ったらしい。

「お茶だ」

「ウン」

「何でお前に俺が茶を入れるんだ。おい！　おつりは？」

「せめてタバコをワンカートンと思って頑張ったけど、とられた」

「おい、お前って奴は、まるであの庭の木にぶら下がっているボロッきれみたいな奴だナ」

「小父さんは、ときどき聞き捨てならんことをいいますね。どういうことです？」

「聞く気があるなら、いおうじゃないか」

「まあ、ゆっくり大福たべたらどうです」

「お前は、風にフワフワなびいている、何のクソにもならないボロッきれみたいな男だといってるんだ」

「害を加えないだけいいってわけですね」

「クソ！」

「じゃ小父さんは、たとえば何です？」

「私か、俺はナ、たとえばこの家の柱とか天井の裏にある梁(はり)のようなもんだ」

「フーム。柱か――。そういえば小父さん、このボロ家もきれいになったネ。来た時びっくりしたよ。

玄関のドアなんか歯医者に行ったみたいになって……」

「どういう意味だ」

「門はいって来たら、びっくりしたよ。金歯入れたみたいになったからさ」

「木のドアより金属の方がしっかりしているから、変えたんだよ」

「でも、家の中にはいったら前と同じで、ガッカリしちゃった。奥は虫歯だらけか、ハッハ……」

「口のへらん奴だ」

「どうして、この部屋も少し改造しなかったの?」

「金の関係だ」

「小父さん、何でこのボロ家の柱なの。くさりかけたという意味かナ」

「バカ! 俺はナ、柱や梁みたいに、じっとしていても、常に相当の重みに耐えているってことだ」

「気どったいい方だナ」

「この身がほろびるまで、屋根の重みを受けていることを生き甲斐と考えとるんだ。つまり、この重圧を受けて生きていることを人生と考え、宿命と心得てる人間ということだ。わかるか」

「何でも辛抱して生きている人ということ?」

「よく聞け。自動車のタイヤだってそうだろう。お前みたいな奴は、一晩ああして張りつめて、じっとしていられない奴よ。朝になりゃパンクしたみたいにペタンコになっている……どっかに穴があいてる奴だ」

「休みなしにタイヤみたいに張りつめているから、年とって方々がいたむんだぜ」

「生きているということは、人間の心臓と同じで休憩というものがないんだ。それを生きる力というんだ」

「もう一つ食ってもいいかい」

「酒も飲むし、甘いものもペロペロ食うし、いいのか」

「いいジャンか」

「まあいいや。お前がボロきれだという意味が分かったろう」

「もうちょっと走れば楽しいゴールだと、いつもそう考える人種だ。そうね、小父さん」

「ゴールは死だ。死以外の何ものでもない」

「そこで話はすんだね。さあ行こうかナ」

「おい！　どこへ行くんだ。まだ話の途中だ！」

「話が分からない時は、その場を離れることにしてるんだ。これ僕のモットーよ」

「お前は若いくせに、ほんとにクサッとるんだナ。すでに瀕死の男だ。ちょっとした地震でひとたまりもなく倒れる積み木みたいな男だ」

「倒れるのは、小父さんの方だろう。ボクはボロきれだから風になびいて平気よ」

「近ごろの若い奴らは、なべて重圧から逃避することばかり考えやがって。そういう願望のやつに未来はない！」

「そんなことをいってるから、血圧が高いんだよ。ママ、心配してたよ」

「おい、どこへ行くんだ。鍛えてやるからしばらくおれ」

「おれね、近いうちに外国へ行くんだ」

「何しに行くんだ」

「まだ決めてないよ」

「そういえば、ブラジルに行った時も、お前みたいな青年にずいぶん逢ったナ。どういう目的でブラジルへ来たのかって聞いたら、日本にいてもサキが見えてるからなんていいくさって」

〝じゃ、どうサキが見えてるんだ〟

と聞きかえしたら、

〝何てえのかな――サキがないんだよナ〟

と、しかいわなんだ。

〝じゃ、ここではサキがあるのかい〟

って聞いたら、

〝まあね〟

〝君のサキって、何だい〟

〝いいじゃないの、日本は暗いのよ〟

などとぬかしくさる。

まあ、日本がそう明るいとも思わんが、場所を変えれば光がどこからか射すと思ってる安易な一群だ。

「小父さん、俺行くヨ」

「まて、学生時代に読んだ高田保馬の民族論にも、耐乏する民族のみ栄える、というのがあったが……」

「前に聞いたよ、三度ほど」

「今や日本の若者に耐乏を強いることはできないもんか。おあずけもおぼえられぬ野犬の群れみたいなもんだナ」

「野犬の方が利口だぜ」

＊

かつて詩人の同人雑誌に、私も一片の詩を投稿したことがある。（残念ながら没になったが）その没の散文詩をシャアシャアとここに書くのは何とも気のひける次第だが、これもゆきがかり、なにとぞ、大目に御海容願うとしよう。

さてその詩だが、私の生涯に来り去った大きな事件、つまり戦争や敗戦や、焦土の中からの経済復興、そして前述のような人間像がうごめく現在を見つめてのもの。十分テレながら、左に書きつらねてみる。

山　史

爺さんは　持ち山を焼いた

たぶん　タバコの不始末だ

先祖から拝領した緑の山は燃えつくし　赤茶けた
爺さんの　縁側からも
朝な夕な　まる坊主の山が見え
祖々のうらみ声といっしょに
老いのシワを増(ふ)やした

それも束(つか)の間
伜(せがれ)はせっせと山に苗木を植えた
働きものの夫婦だった
ある日
「爺、見ろっちゃ、山はどうやら青いぞよ」
腰のまがった親父の尻を押して
山を登った

あれから何年
孫は大きくなった
色気もついた
いつか山の立木を切って

こっそりオートバイを買った
一二〇キロの風の中
孫と彼女は心地よく宙返りをした
ペーブメントの血は
またたく　しのつく雨に流れさった

爺は　その朝　死んだ

＊

さて、あのダラテーが笑えるかどうか――と、私の青春をふりかえってみるのだが、よくよく思い出してみると、さして変わらぬ愚劣、蒙昧なアレコレで満ち満ちていることに、冷や汗を流すのだ。国を憂えたこともないし、家を憂えたこともない。ましてや他人さまから褒められたことなど、思い出をいくら繰っても残念ながら一つもない。

ダラテーと同じ年ごろ、有楽座の衣裳部屋の隅で習いおぼえたオイチョカブやコイコイで、芝居をとちるほど銭を巻き上げられ、あげくのはてが楽屋の廊下に並ばせられ、「きさまら楽屋を何と心得おる！」とロッパ親父からビンタを食っていたのだ。

そのロッパ親父は、私たちを殴ったその手で麻雀のパイをころがし、大負けに負けて、またも仏頂面をして、私たちをいじめぬいたのだ。

しかし、利口な私たちは無抵抗であった。反抗はすべて屁理屈とされる時代だったのだ。

麻雀と女と芝居と、この三題噺が日課の人たちの中にあって、当時、青年・菊田一夫は戯作者として奮闘していた。

ロッパ親父がさっぱりセリフを覚えないのに業を煮やし、私たち大部屋の役者に八つ当たりする。

「テメェら、俺の本をバカにするのか！」

あれは午前三時ごろだったか、「ロッパと兵隊」の舞台稽古だったかに記憶するが、菊田オヤジはやにわに手にした台本を舞台に投げつけて有楽座を飛び出した。その拍子に眼鏡が吹っ飛び、ご本尊は楽屋口前の道路をつっ切って前の宝塚劇場の大ガラスに正面衝突して大けが。そんな事件もあったが、客席は連日満員で、当時（昭和十三年ごろ）の不況も、芝居の世界にあってはヨソ吹く風であった。

中日と月末に私ども役者にいくばくかの給料が入るのだが、役者は洋服屋とスシ屋と「双葉」という鳥めし屋から逃げるのにひと苦労だ。

ついに借金取りたちは、舞台のソデにまで来て待ちうけるのだが、それをいかにまくかがスリルを伴う一つの楽しみでもあった。

いずれにしても、恥多き青春であった。いささかダラテー君と違う点といえば、鉄拳制裁の中に生きたことぐらいである。

昔の諺に、「女と牛は三日に一度はひっぱたけ」などと、ひどいことをいったのがあったが、女に限らず人間とは元来、怠惰なものかもしれない。鉄は赤いうちにたたくべし。いやそうでないときも、たたかなければ切れもせぬし、鳴りもせぬのだ。

親に孝に、国を愛し――は、青年の世界には今も昔もなかったのかもしれない。

あれは年をとったものが、こうあればよかったという繰り言とも思える。

青年が年寄りのいうことを、いちいち聞いて、優等生のようにその通りにしていたら、人類はとっくに滅んでいたかもしれない。

## 玄関上手とウソ上手

役者の命は「出」と「引っ込み」といわれる。

パッと出た瞬間、観客に催眠術をかけられれば、それはもう上々だ。引っ込みも、変に未練がましく幕袖でひと笑い取って入るなどはいやしい演り方で、サッと消えたあとにエもいわれぬ残像が舞台に残る時、私は客席でウームとうなってしまう。

「出」と「引っ込み」といえば、家でいうなら玄関のたたずまいだ。

初めてのお客に好印象を与えるのも玄関なら、イヤな家だナと思わせるのも玄関の応対だ。

＊

二十年も前の古い話だが――。

こんな日もあるのかと、のんびり一人で留守番をしていたらベルが鳴った。

「どなた」

「学生です」

「何だい」

私は扉をあけた。純朴そうなツメエリの学生服を着た、今どき珍しい青年が立っていた。きちんとおじぎをするので、多分、弟子志望だろうと思ったが、玄関先で私の印象を悪くするのも不本意なので、

「何だい、ま、入りたまえ」

「ハイ、ここで結構です」

「うむ」

「先生は青森の渡辺さんをよく御存知(ごぞんず)ですね」

みちのくの訛(なまり)がいかにも実直そうな人間と見せる。

「アオモリのワタナベさん？　ちょっと、記憶にないがねェ」

「この前も、先生からの年賀状を見せてもらいました。頭のいい人だって、いつも褒めております」

悪い気はしない。

「あんた。どういう関係なの？」

「オジです。恥ずかしい話ですが、私の家は貧乏なもんですから、このオジから学費の補助を受けてます」

「そう。いや、こっちも恥ずかしい話だが、年賀状は自分で書き切れないんでね。事務所の人間が書いてるもんだから、ごめんネ。それで……」

「ハイ、それで、青森のオジキがリンゴ一箱、先生に持ってけと申スますんで、私、学校が始まりますんで、チッキにスて持ってきまスた」

「いや、いや、それはどうも有り難う」

私はお礼に寸志をつつもうと奥へ入りかけたが、

「あ、先生、そこの小田急の千歳船橋の駅に置いてありますので」

「あ、そう」

「大箱ですから、担いで担げねえこともないんですが、リヤカーでも借りてもらえばと思いまスて」

「リヤカーね、さて、八百屋さんか……」

「お宅に自転車でもあれば、後ろに乗せて押スてきます」

「すまんね。じゃ、庭へ回ってちょうだい。そこに二台ほどあるだろう。この前、伜に買ってやったのがシッカリしてるよ」

「ああ、これですか。結構です。じゃ、これ拝借スてゆきます」

「ちょっとちょっと、これ少ないけどお茶でも飲んで」

「すみません。こんなことまでスてもらって」

東北の人間はいいなあ、とひとりごちて、汗をかいてエッチラオッチラ運んでくる青年のために何かないかナと冷蔵庫の中を探した。

それから三十分。彼は来ない。

一時間たっても、来ない。

一日たっても、彼はとうとう来ないので心配になったが、少々おかしいとも思い始めた。

でも家族には黙っていた。

そのうち、知り合いの女優さんから電話がきた。

「森繁さんのとこへ、リンゴをもって来ましたって、変な学生が現れませんでした？」

「来たよ」

「あれサギよ。うちもやられたの、自転車！」

あいた口がふさがらなかったが、なぜか怒りがこみ上げてこない。まだ半信半疑なのだろうか。

あまりの見事なウソに感心したに違いない。筋立てもいいし、演技も抜群だ。

私は警察への届けもやめて彼を許した。

今ごろ、スイスイとあの多段式ギアの自転車で口笛を吹きながら、

「モリシゲも案外トロいな」

なんていってる声が聞こえるようだ。

「それごらんなさい。留守番もロクにできない方ですね。〝玄関〟が大事だ大事だ、も結構ですけど、こんな事もあるんですから……。私だって故意に猜疑心で応対する気はありませんけれど、一応は疑う姿勢も必要なんですよ。ご納得いきましたか」

私は下を向いて、女房の小言をただ拝聴におよんだ。が、しかしだ。ダマした奴が悪いので、私の

応対に非はないと、何度も自分に言い聞かしていた。

＊

とはいえ、ウソというものは、これからも地球上から無くなるはずはないし、考え方によっては、なんともユーモラスなことだ。

そういえば芝居なんか全くのウソだし、それをマコトしやかに演じる人間はウソ男、ウソ女の群れだ。

ウソを禁止したら、芝居はなくなるし、小説もなくなろう。

サギの話が出たついでに、こんな話も書きとめておきたい。

母方の祖母は、根っからの大阪人だった。そのババが、子供のころにこんな話をしてくれたのを、いまだに覚えている。

「昔な、

〽天神橋は長いな
　上から見たらコワいな
落ちたら　痛いで

という唄があったけどナ。この天神橋に、秋になったらイナセなおッさんが来て、橋の欄干(らんかん)から下の河へ、梨や柿をむいて見せなはるのヤ。それが小刀で細う上手にむきはるのヤ。これが切れずに河の水面まで届くのが楽しみで、仰山(ぎょうさん)の人だかりでナ。手を叩いたり、えらい声ではやしたりして、黒山の人が何時間も動かんのヤ。そのうち河へついたなと思ったら『へー、おたいくつさん』というて、さっと消えてしまうのやが、見物のうちの何人かが財布をスられて無いの。スリとぐるになってるのやナ、上手なもんヤ」

祖母には口惜しさもなく、ただ感心ばかりしていたのを思い出す。

この祖母は、ときどき私に訳の分からんことをいったが、長じて、ああそうか、と思うことが多い。昔人のたとえなどを、もっと覚えておけばよかったとくやまれるほどだ。

〝ガッタリ三文〟などということは、何の意味かまるで気がつかずに私の頭のどこかにへばりついていた。

これはいかにも大阪商人らしい話で、人間がガタリと、つまり、ちょっと動いても三文の金が消えてゆくということらしい。

そういえば、先ごろの銀行の猟銃人質事件など、四十二時間という長い時間、猟銃男がガタリと動くだけで何十万円かのお金が飛んで消えたに違いない。

それを知ってか、大阪の野次馬が「早よやったれや」とどなったり、「なにぐずぐずしてんねん、こっちも商売あがったりや」とどなった、というのも笑えぬ話だ。

＊

話が横道にそれたが、近ごろはこういった無法者の闖入もあって、いずれの会社の玄関も、時として不快を覚えるほどにきびしい。

どこの放送局でも、ガードマンと称する人間が垣根をはりめぐらし、人間を一人一人厳重にチェックして、不法者の進入を阻止し、防御のかまえをとっている。

ＮＨＫも、チッとやソッとで入れない。テレビ朝日も、ＴＢＳも、その他すべて人間不信をあからさまに不快を極める玄関だ。

私は腹を立てて何度喧嘩したことか。

人の顔もおぼえられないような外部の人間に玄関をまかせるナ、と何度もどなりつけたのだが、いや、これは私ばかりではない。とうとう怒って家へ帰ってしまった出演者もうんといる。あげくの果てが玄関の仕打ちが原因と分かり、あわてて局員が平身低頭、車でお迎えに参上した例は枚挙にいとまがない。

それほど大事なお客なら、なぜ、別会社のガードマン株式会社に頼むのだ。向こうは人を見たら赤軍と思え、と教育されているのだ。かれらに罪はない。私にどなられるばっかしに、やってられんワ、とヤケ酒分だけ損をするのだ。

私がいいたいのは、ガードマン会社の屈強な人間を雇うのもいいが、同時に自社の人間が一人でも、その大事な玄関に駐在したらどうだということだ。

戦後まもないころの話。米軍の受付と二重に玄関をガードしていたＮＨＫで、古垣会長に、

「おいおい、あんた何処へ行くの」

と呼び止めた守衛がおり、あのおとなしい紳士を怒らせたそうだし、三笠宮がゴム靴で来られた時、

「ちょっと、ちょっと」

と呼び止められたという話も有名だ。

それが最近はまたまた復活して、社員は社員証を見せ、見学者は受付のノートに名前を書きとめる。そんなチョロイ手で「有事」は防げるのか、これも疑問であるが。

顔の売れていない大学教授に、頭を下げて出演を請うたら、局員がその時間に玄関に出迎えているのが当たり前だ。放送させてやるのか、放送していただくのか、そのへんの局員の気持ちをあらためて聞いてみたいものである。

大企業に入社すると、建物に汚染されるのか、急にノボセ上がる新入社員の阿呆さも、試験でばかりいじめて人間を造らなかった教育の貧困のしからしむるところだろう。

NHKにも民放にも、思い上がりのクソ放送マンが充満している。

＊

今や、すべて汚染の時代だ。汚染されているのは空気や海や河ばかりではない。

政治の場も傲慢と賄賂とウソと虚栄と我欲とに害された汚染地帯と見るべきか。渦中にいる政治家は、それにマヒして特別気にもとめなくなるのが道理だろう。もちろん、中にはこれと必死になって闘っている善人もいるが、なにぶんにも汚れきった泥水の中で普通の金魚ならいたたまれずに死んでしまうのが当たり前だ。さすれば鉄面皮とは、汚染用のマスクということか。

役所、会社、商社、皆五十歩百歩、芸能界なども汚染界。ゆえに、この汚染界に新たに首を突っ込んでくる新人には、こういう時はこうするのだ、と人身御供に因果をふくめるように恐ろしいことを言い聞かせる。華やかな芸能界にあこがれた素人の娘さんは、ウヘーと青くなるようなことになり、やがては哀しいことに汚染の洗礼を受けて、一人前になるものもあれば、堕落して一敗地にまみれ、消え去る者もある。

芸の上達に、ベッタリくっついてくるものに売名がある。これをすっぽかしてはやっていけない宿命が、芸能人というか、タレントにはついてまわるのだ。

売名には、金とカラダがいるといわれても、素人にどうすることができよう。気がつけばイッパシの汚染物体になっている自分を見つけて、ああ、ちゃんとしたお嫁サンにおさまっていたかった——では、もう遅いのだ。そこはぬきさしならぬ泥沼なのだ。

何が正しく、何が常識か、先も見えない混濁の渦の中で、これが判定できたら神業であろう。

どんな仕事でもいいが、コレになりたいと思ったら、コレになって何十年もメシをくっている成功者、不成功者の偽らざる話を聞いて決めるべきが一番正しい道だろう。

*

いやなことを書きつらねた。が、いつか書かねばならないと心に決めていたことだ。どうか悪タレと思わず了察願いたい。

尋常の人が「森繁も傲慢になったナ。人間が変わったのか」と思われたら、私もいつかこの哀しい汚染物体になってしまっているのだ。

役者の要諦は、極めて普通人でいることだ。普通である、の何たるかを知っていればこそ、役柄が演じる非常識や狂乱をデッサンできるのであって、初めから特異な変わり者で、「地」が普通人でなかったら、芝居は創れないと考える。

早い話が冒頭のサギ師も、普通の人間とはどんなものかを十分承知している奴だからこそ、あのような巧妙な筋書きをものにし、ウソの名演技で大衆をだませるのだ。

芸能人という特別な人間なんて存在しない。ごく当たり前の人間で間に合うのだ。

パンタロン姿でカッコよく名車に乗って、舶来の香水の匂いをふりまき、頭のテッペンから足の先まで外国の流行でかざっても役者とは申せまい。

ついでにいうなら、顔がいいといっても、それは、その門に入るときに入りやすかっただけで、それだけの話だ。芝居が好きというのは、芝居が**できる**とは全く別なこと。

好きなら、演(や)ってみるのもいいだろうが、友達にウソをついてみてバレるようなら見物に回った方が無難だ。

役者はなべて普通人であれ――と書いたが、もう少していねいにいうと、少々ハングリーぐらいがいい。満ち足りている奴には、人を泣かすような細かい芝居は出来ないといいきってもさしつかえないくらいだ。

## 老ゆるなかれ、熟すべし

「ウエストサイド物語」

劇団四季の公演を見た。

若い群像が、キラキラと汗を流し、強烈な群舞に狂いながら絶唱する。大正から生きてきたこの男は、時代の回る足音のようにそれを聞き、おのれの人生がようやく西山に沈む思いで、客席の暗がりに、落魄のかたまりのごとく座っていた。

もはや、私たちはそのミュージカルの巧拙など問うてはいかんのだ。

一番気持ちがよかったのは、うぬぼれた顔が一人もないことだった。無心に跳る若者の姿は、こよなく美しい。俺の芝居など、どこかにうぬぼれが見えているのではないかと、そればかり反省して三時間が過ぎた。

ちょうどその数日前、春の甲子園の高校野球が熱戦の火花を散らして終焉を飾っていたが、これと何となく一脈相通じるものを感じたのだ。

泥と汗にまみれた若者の熱気を、ブラウン管から察知しながら、羨望を交えて興奮している時、あれこれ解説している声が老いのくり言のように邪魔に思ったくらいだ。あんな批評なんか何のクソにもならぬように、今日の「ウエストサイド」にも、やたらとものの分かったような、老いぼれの批評は不必要なのだ。不必要というい方が悪ければ、その声は、いうなれば若き群像の仲間の声ではない――と、いい直すか。

若者の気概の前には、グチっぽい隠居なんか、はね飛ばされてしまいそうだ。もっとも、だから年寄りの方もタマの飛んでこないネット裏にいたり、客席の隅にいるのだろうが。

前に、芸術なんて汗くさいものでない――と書いたことがあるが、大いに考えを改めさせられた。

手前がでてきないと、大人という奴は時どきやっかみ半分でケナすくせがあるのだろう。これはあきらかに年寄りの不明だ。

もう相撲も大阪場所がとっくに終わって五月場所が近いが、あの相撲にしてからが、神風さんや玉の海さんや、通ぶったわが後輩のアナウンサー君には悪いが、実に面白くない解説をする。

例えば、突き出しで勝つと、「いい相撲でした」と、やたら賞めそやす。あれが相撲の本道のごとく、いい勝負だと盛んに感心するのだが、見ている方は、いきなり立って、相手を土俵の外に突き飛ばしたりする相撲は正直面白くない。相撲にだって四十八手あるのだ。いろんな手を使って、小さいのや軽いのが大男に勝つから面白いのだ。ただ突いて行くだけ——なんておよそ曲がない。これでまた、横綱がハタいて勝つと、横綱の風格がないようにボロクソにいったりする。そんなに格式ばらずに、もっと面白い手を使って土俵を賑わしてくれねば、突き出しだけでは、相撲も人気を失うだろう。

日本人の悪いクセで、何事も年期を入れて上手になると妙に神格化したり、英雄視したり、時には道学者めいた人物に押しあげねば気が済まぬようなのは困ったことだ。

囲碁、将棋にもどうやらこれがあるようだ。

名人があんな手を打ってとか、コマタすくいの手を指したとか——。

これには、おそらくその道の達人たちに異存があろう。森繁のモノ知らずと御機嫌をそこねそうだが、そういうことのいちばん少ないのが拳闘だ。いいも悪いもない。相手を倒せばいいんだから。

もちろん〝道〟というものがあることぐらいは知っているが、相撲道、剣道、柔道、弓道——どことなく古めかしい匂いがしないこともない。拳闘には〝拳道〟がないのがせめてもの救いというか。

関取で好きなのが高見山だ。負けて転んだ時の愛嬌は、ショーマン・シップを感じさせる。

アメリカの野球を見てあの中にショーマン・シップを見つけて楽しかった記憶があるが、どうも日本のプロ野球はショーではなくて、ショウブが優先し、そのブだけ余計のように、何となく不快の念を感じさせることがある。これをたしなめるために、古い運動（スポーツ）には〝道〟をうんぬんするようになったのかもしれぬが。

さて芸道だが、芸道も地に墜ちたと嘆く大御所がいる。が、あなたのいう芸道を歩く若者が、時折そのおえらい老人を蹴ちらして先を急ぐかに見える。だが、そのとき実はその道にはもうペンペン草が生えていて、もっと別な道が何本も新しく切り開かれていることも知らねばならない。

これを何となく毛嫌いする古い顔が、実は今日の芸の発展にブレーキをかけているようなことがないだろうか。私たちは時代に目をそらさず、もっと広い視野をひろげる必要があると反省する次第だ。

ミュージカル「ウエストサイド物語」について、ただ一つ製作者の浅利慶太さんにお願いしたいのは、音楽をテープでやるのは安上がりだが、あれはやっぱり少人数でもオーケストラを雇うべきだということだ。

出演者は生きものだ。その日その日で少しは狂うし（いい意味で）、それがテープの音楽で固定されていてはかわいそうだ。生きた指揮者がそのためにいるのだと思う。いわずもがな先方は百も承知のことだろう――が。

＊

ある日、一葉の通知が区役所からきた。要旨は、あんたも国の定める年寄りの年齢に達しました。ついては、老人年金を差し上げたいと思う——ということが書かれてあった。

私は、おのれの年を再確認させられて愕然（がくぜん）としたが、読むうちに国への感謝はケシ飛んだ。「しかしながら、貴殿はお元気にカセいで居られますから該当しない」ということが、小さな字でつけ加えてあったのだ。

あきらかに働いてはいるが、何となく差別されたようで面白くない。つまり国は元気なものには味方しないという宣告である。

それなら、「老人になられたが元気で働いておられるあなたのお陰で税金も払ってもらって、お国は助かっている。ゆえに、ほんのおしるしだが税金をおまけしましょう」ぐらいのことがいえんもんか。

過日、知人が古希の祝いで私を呼んでくれた。その席で知人の師にあたる老学者が挨拶を述べられたが、古希の祝いというのは、正しくはその年で子供ができた時に祝うもので、長生きしておめでとう、ではないと蘊蓄（うんちく）をかたむけられた。ナルホド、と拝聴したが、加えてその先生は「いまどき六十歳から老人だなんて、ナンセンスです」という。今日、平均寿命が延びて、男でも七十歳以上だ。「だから私は六十歳から八十歳までは、老人といいません。これを熟人と呼んでください。つまり人生の一番崇高な熟年の時期だ」とのたまわられた。

「そして、八十歳から老人といって下さい。八十を過ぎた者は、汽車も電車もタダでいい。飛行機はその次第に非ず、途中で死にかけても降りてもらうわけにはゆかんからな」と。

国民は義務として、老人をいたわり手を引き、より安全に街中を歩けるよう心を致すべきです。朝鮮では老人になると白い着物を着るそうだが、白い着物の人に対しては、みんながいたわるように教えられています。だから日本でも、八十歳になったら白いタスキでもかけて歩くよう条例で決めたらどうだろう――と、なかなかいい御意見であった。

熟人の心得として、六十歳ともなれば人生の道も紆余曲折、その経験も豊富だから、時に新事業に手を出したい気持ちもあろうが、すべからく熟人は新しく事業を始めてはなりません。何事にも相談役となり、後輩のよきアドバイザーになることです――というのも面白かった。

そういえば、私もすでに熟人の域に入ったのだ。よきアドバイザーとして日を送るのが至当とうなずくのだが、これもよくよく注意しないと〝口数多いトシヨリめ〟で、つまはじきの因となる恐れなきにしもあらずだ。

いつかテレビで高齢時代という、私たちのための座談会があった。が、識者の話はいい話も多かった半面、もう一つ食い足りなかった。

というのは、元気な六十歳以上は何をしたらいいのかをめぐり、見通しのなかなかつかない話がもつれあったあげく、ひとことでいうなら「困ったことだ」になって終わってしまったからである。

これはあくまで私見だが、年寄りになるための何の準備もしないで、なおカクシャクたる老人が、老人福祉ばかりを口にして、なんとかしてくれもないもんだろう。

物を乞うて生きる——たとえ国からにせよ、元気な者には耐えられんことだ。元気なら働きたいし、働く場所さえあれば老人とはいえ少なからず役にも立つのだ。本人に働く自覚もなにもないでは生きる資格もないことになろう。

老後の設計など何もしないで、ある日、会社を定年でクビになり、このうえは国が保障しろ——では、チト虫が良すぎやせんだろうかということだ。

「すず虫小父さん」というテレビのルポルタージュがあった。五十何歳かですず虫に凝りはじめ、ついにこれの孵化に成功する人の話である。小父さんの家には、いまや近在の虫好きの少年から大人までが飼育法の伝授を乞うてわんさとつめかけ、門前市をなすにぎわいだ。「私は七十歳ですが、一匹のすず虫が、私にこんな楽しい人生を与えてくれました」と彼はいう。私は胸のつまる思いで画面に見とれたのだ。

これこそ、すばらしい老後の設計ではないか。男も女も、せめて四十から五十に到るまでの間に、何をもって余生を充実せんか——をしかと考えるべきだろう。それが確立できたら、不要な嫁イビリや、ただネンネコに孫をくるんで往来をさまようだけの不憫さもなくなるに違いない。

*

役者に定年はないが、自然のなりゆきで、ピークからの下り道を上手に歩いている例が多い。つまり、もう主役は無理だと自他ともに心得るに及んで、労働量の少ない脇役に回るのが常識だ。もちろん収入もそれに応じて減ってゆくが、ばあさんと二人、食うに事欠くこともなく働いている人がたくさんいる。

ところが、終身雇用の日本の会社では、終身とまではいかないが五十何歳かで御用納めになるまでは、だんだん月給が高くなり、地位も上がる仕掛けだ。私には、どうもこれがもひとつ解しかねる。会社で一番働いているのは四十から五十にかけての人だろう。そのピークを過ぎたらだんだん月給が安くなり、仕事もその人に応じて楽にすればいいのに、実際はその反対の現象が見える。世間体や名誉心ばかり強くなって、何もせん重役が大きな部屋でタバコをふかして新聞ばかり読んでいるのをよく見かける。

一見、私たち役者の世界とは逆のようだ。だから、これも私たちの世界にならって、だんだん役職を楽にし、重役は課長クラスに、つづいてはヒラになって、工場の見回りをしたり、人格円満、顔も広くなった年の功を利用して守衛をやるとかするのはどうだろう。死ぬまでは無理としても、元気なら、すなわち、熟年中はその会社に籍を置かしてもらう。これがほんとの終身雇用だろう。

「そんなこと、君、恥ずかしくてできるかい」

といってしまえば、年金で生きるより仕方がないが、年寄りにはメンツなんかなくても、ちっともさしつかえないんじゃなかろうか。私の世界にも、往年、飛ぶ鳥落とした大御所が、通行人A、Bで出ていることがザラにあるのだ。

中には、年をとって、ますます冴えてくる超人的な人もいるだろう。その人はその能力において重要な地位につけばいいのだが、皆が皆、そうはいかない。だから私は、あえて「熟人よ、責任の軽くなるところへ少しずつ下りながら、命あるかぎり働きなさい」とすすめる次第だ。

五十何歳になれば、バカ娘、バカ息子でない限り自活するだろうし、結婚も終えて親の方はカネがかからなくなるのが普通だ。ピークの時に取った月給の半分で、いや三分の一でも夫婦ふたりっきりなら十分暮らせると思うし、しかもクビにならないという安心感のメリットは、年寄りの生活を明るくするに違いない。

それもいやで、田舎へこもって、退職金で百姓をやりたい——それは自由だ。

つまり何がいいたかったといえば、猫も杓子(しゃくし)も年功序列で終点が重役だというのは、有り難いようで、ほんとうは有り難くないのではないだろうかということである。

*

いまや私も老年、いや熟年だ。

間違っても青年の役は回ってこない。やりたくても、やらしてくれない冷たい世界にいる。まわりが十分承知しているから、半年もかかる映画でも、私の役は五日間で撮影が終わるようになっている。

東映が大枚十何億かをかけてつくる、乃木伝「二百三高地」という映画に出た。

私の役は伊藤博文だが、いい気持ちで演じ終わった。あきらかに老人の役だが、恥ずかしいどころか、その中のほんの数シーンながら、三船敏郎の扮する明治天皇の前で日露開戦の決意を言上するとき、サッと血の走るのを覚えたくらいだ。

年とっても使用に耐える、この役者という職業の有り難さに感激して、赤い血が走ったこともあったようだが——。

五月には帝劇で往年の名作「暖簾(のれん)」を再演する。主人公（私）が少年から八十歳にまでいたる長い芝居だ。とても小僧の時代は無理なので、若い日を西郷輝彦に演(や)らせ、このくらいなら、まあまあ許せるというところから私が引きついで登場する。

バトンタッチみたいな出演だが、それはそれでまた結構面白味もあるし、敏捷(びんしょう)に立ち回ってケガしないだけでも助かる。

働かない年寄りほど口うるさい――というが、熟年論をここでしかと再確認したうえで、息切れのしない道程を歩みたいと、これが偽らざる最近の心境だ。

熟年や
　今さらに見る
　　残り菊

## 夢みるコンペイトウの芯

発明夢譚を一席。

文明は、人間の心の文化を置き去りにして日ごとに進歩しているようだが、それでいいのだろうか。文明で川も海も汚染されては、文化が泣く。そのように、文明と文化は画然と分かれて、同義語ではない。

私の一生の間に、家電産業が家庭内に驚くべき文明器具を配備するようになった。私の幼児のころは、家の中で最も複雑なものは、時計とミシンと蓄音器だった。

それが今や、電気冷蔵庫から、クーラー、ステレオ、テレビと数えあげればきりがない。

そんな複雑な機械をコンパクトにして台所や居間へ運んだ業績は大したものだが、よって生ずる廃物は、おかまいなくドブに捨てられ川に注がれ海に流れて、魚たちを死滅させたり、引っ越しさせた。

あれくらいの文明の利器が出てくるのなら、一つ冷蔵庫ほどの大きさで、こんなものはできぬものかと常々考えさせられるのだ。

便所や台所から流れ捨てられるいっさいのもの、即ちクソ、小便に大根のヘタ、イワシの頭などを一つところへ集めて、水と固形物に分離する機械ぐらい造作もないと思うのだが。

ある日、私はこの機械を夢みて、「コトン」と命名した。軒下の——あるいは押し入れの中でもいい——その小さくコンパクトにされた機械から、美しい無菌の清水がドブに流れ小川をつくる。機械からはときおり石鹼ぐらいの固形物がコトンと出てくる。これは分離器にかけられた水分以外のモノで、糞便もあれば粉末状の魚の頭、野菜のクズが凝集されたもの、肥料としては最高だろう。これはコトン屋さんが集めにくる。

川はまもなく清流となり、ヘドロはなくなって、フナもメダカもやってくるだろう。その清流の流れ込む海が汚いわけがない。東京湾で再び海水浴ができるのだ。

テレビや冷蔵庫の改造にばかり腐心して、どうしてこのくらいの機械が発明できぬのか。

これが第一の夢だ。

＊

次は薬について。私もある広告に出ているが、大きな製薬会社が世界に肩を並べているくせに、私たちが一番ほしい薬を作っていない。

水虫や癌の薬も必要だが、私どもの周りには医者からのアテンションで、好きなものもロクに食べられない、という人が少なからずいる。甘党がマンジュウをやめる。辛党が酒を禁止される。かわりにミもフタもないお薬を飲まされ、刺激物、酒、米など心おきなくノドを通すこともできない。馬でもないのに朝から草みたいなものばかり食って、それで果たして生きる甲斐があるのか、とおのが生命をあやしみつつ、一日を千秋のようにひもじい思いで過ごしている男女がうんといる。

どうだろう。

人間は好きなものを口に入れて嚙み、心地よくノドに送りこむ、それが生けるしるしだ。吐き出すわけにはいかんのだから、腹へ入ってからの責任を持ってやろうという薬ができないものか。食うナ！　というほど非文化的命令はない。

じゃ、どうするか――。

塩が体に悪い者は、除塩剤を一服、食事の前に飲んでおけば、腹へ入った塩はすべてカタマリになって人体に影響を与えず、そのまま肛門から排出される。砂糖しかり、酒でも米でも油でも、その中にいちじるしく体に影響を与える成分があれば、それだけを固めて、被害を人体に与えず外に出す薬ぐらいできてもいいじゃないか。

いわく、除糖剤、除脂肪剤、除酒精剤、除澱粉剤ｅｔｃ。研究にカネがかかるというのなら、甘党のマンジュウ屋やヨウカン屋、洋菓子屋、辛党のセンベイ屋、味噌屋、醬油屋、塩鮭屋が出資して店の繁栄のために協力したらいいではないか。

私は長年の痛風もちだ。いつなんどき、足の親指あたりに発作がおきて芝居不能に陥るやも分からぬ。このような爆弾を抱えている男だが、医者は薬をくれながらも食事療法の一点ばりだ。それがまた、私の大好物のレバーはいかん、底魚はプリン体があるからダメ――だけかと思っていたら、イワシもいかん、ニッチもサッチもイカンようなことばかりいう。

痛風に悪いというものを食っても大丈夫な錠剤ぐらい、死ぬまでに作ってほしい。コレステロールで泣いている人もいるだろう。イカを食ってもエビを食っても、うんと脂っこいものを食べても、一錠飲んでおけば腹で固まって尻から出るくらいの薬、試験管で子どもがつくれる世の中に、できんという方がおかしいくらいだ。

これができて困るのは、さし当たり医者だろう。いくらか収入が減るからだ。

しかし、文明は医者をふやすことではないはずだ。

ついでにいえば、酒を飲んだので運転ができん。あるいは運転するから酒はいかん。いずれにしても同じだが、唯々諾々（いいだくだく）とその条件に従っているばかりが能じゃない。宴会がすんで一服飲めば、アルコール成分が瞬時のうちにかき消える――ビタミンや胃腸薬や抗生物質の研究もいいが、そんな秘薬の研究も心魂傾けてやってもらいたいと思うのだ。

話しついでにもう一つ。

昨今、石油ショックで世界がキリキリ舞いしているが、そんな中で相変わらずガソリン自動車を作り、輸出超過で世界の顰蹙を買っている自動車界もどうかと思うのだ。毎年、目先きの格好を変え、どうでもいいようなオプションや新装置をつけて購買欲をそそるだけではいかにも残念だ。

ガソリンがなけりゃ水で走らせるぐらいのことが考えられぬのか。

私が少年の頃、いや今もあるかも知れぬがコップに水を入れて駄菓子屋で買ってきた一錠をほうり込むとサイダーになるあやしげな薬というか菓子があったが、あれを思い出しながら、水に何か特殊なX錠を入れれば、たちまち泡ではない強力な蒸発が起こってエンジンが廻転するぐらい、閑な科学者に考えさせたらどうだ。世界的水準をゆくもので一番安いモノは定年を過ぎた科学者というが、大いにハッスルしてほしい。

水で自動車が走るなど荒唐無稽と笑う方がナンセンスだ。つい百年ほど前、千里の向こうの人に話しかけようという夢が電話になって実現し、つい三十年前、オバケですかと笑ったテレビが、空間を送られてきたじゃないか。

夢はまだある。

国鉄の赤字問題解決策だ。

こんな心配は、役者の世界とはおよそ縁遠い話だが、そのうちいつか国鉄総裁の役が回ってこないとも限らないし、げんに先日の高橋是清のように、一国の宰相や大蔵大臣の役がくることもあるので、フト頭をもたげてくる救国の思念は消すことができんのだ。オホン！　とセキバライを一つして。

国鉄の累積赤字が何兆円という。私たちが小学校の時には出てこなかった「兆」という単位が新聞を賑わす。

私にいわせれば、こんな赤字を解消するのは簡単なんだ。

人員整理や赤字路線の撤廃などという、おろかにして消極的なやり方ではなく、まず裕福な国鉄を作ることから始めたい。

さて、もしも私が総裁なら――。

新宿鉄道区、品川鉄道区、上野鉄道区、汐留の膨大な土地。あの土地を売り飛ばしてカネを作りたいのだが、汽車や電車が走っているあの土地を売るわけにはいかないから、この上に土地を作るのだ。まず鉄筋の支柱を建て、十メートルぐらいの高さで屋根をふく。

品川一帯の引き込み線の上を屋根で覆うと、その面積は膨大なもので、野球場の十や二十はラクにできるほどのものだろう。

その新しい土地を売ればいい。高層建築が建っても、ビクともしない屋根でなければならぬが、それに必要な鉄材の使用で日本鉄鋼界の青息も少しは変色しようというものだ。

実をいうと、これは「屋根の上のヴァイオリン弾き」からヒントを得たのである。「屋根の上のパラダイス」とでもいおうか、地価高騰の折、いい値に売れるゾ。品川も、新宿も、上野のルーフも。

ついでにいうなら、中央線・四ツ谷あたりの谷間もフタをする。国電の乗客には気の毒だが、その下を走ってもらう。その新しい中央線の上土地(うわとち)は、道路でもよし、街でもよし、都内の一等地だ。買い手が殺到すること間違いなし。ともかく山手線や中央線が谷間を走っているところは、全部フタして上土地を作る。

東京都に、突如として、びっくりするほどの新しい土地が生まれるわけだ。何兆円の借金などたちどころにお返しできるのは夢ではない。国鉄の人員を減らす心配などは要らぬこと。その土地の上の国鉄不動産部で、どんどん引き受ければいい。足りないぐらいの人員が要ること必定だ。

都会のド真ん中に操車場があるなど、時代おくれもはなはだしい。が、あるものを取り除くことは不可能だろう。さすれば「屋根の上のパラダイス」しかない――この一石五鳥案を考えた次第だ。

まだ一発打てば虫歯にならない虫歯菌の免疫注射など、いい出せばキリがないが、こんなにやってほしいことがあるのに、文明日本は何をしとるのだろう。

＊

私の芸術選奨受賞を祝おうと画策したのがいて、またまた深夜パーティーが都内某所のレストランで催された。

夜の十時集合という。しかも会費は高額。とても親しい役者は集まらんだろうとタカをくくっていたのに、何と驚いたことに、今売り出し、モト売り出しの有名タレントが五十人以上もやって来た。なかには、テレビ撮りをさぼったり、スケジュールをやりくりしてまで駆けつけてくれたものもいた。

前にも紫綬褒章の時に同じような会を開いてくれたが、連絡洩れした連中からえらいつるし上げがあって、世話役が大弱りしたと聞く。一段も二段もはげしいジェラシーの世界だから、今後も後顧の憂いなしとせずだ。とはいえ今回も、参集の諸君は全部役者で、ほかに世話役以外だれ一人余人を入れていない。

フト胸にこみ上げる嬉しさが、私と女房の目の中にかくせなかったのだ。

ここには商売の駆け引きも、功利もない。平たくいえば、これを機に集まり、私を祝い、私を肴にして、ひと騒ぎやろうという他愛ない仲間たちの夜宴なのだ。

うば桜連中の放歌高吟あり、怒号、野次あり、今を盛りのタレントたちの狂乱の場だ。

私は嬉しさを嚙みしめながら、いったいこれは何だろうと喧噪の中で考えていた。

役者――それは本来が孤独な商売だ。ほかを立てれば己が沈む世界で、肩を叩きながらも、その友に仕事を貰って助けてもらうことなど、まずあり得ない。まして、友情が花咲いても本人の芸が上達するメリットなどあるわけがない、苛烈な生存競争の芸能界である。

ひとり孤独の淵に沈みながら、明日の自分をどう処し、どう磨き、どう発展させようかと考える。それは本人以外の役者が手をさしのべる筋合いのものでないし、また、そのスベもないことを彼らは心の底で十分承知しているのだ。

役者たちは、羊や鰹のように群れながら、同じ方向に進むことなどはない。それはまったく個々散漫で自由勝手なイキモノなのだ。

それじゃ、その連中が画然と意識の中で自立しているか――というと、そうでもない。

不安や焦燥に始終、襲われているのだ。今週の週刊誌に、けさの新聞のラジオ・テレビ欄に、自分の名前が見つからなくなると、ああ、俺は落ち目かと短絡する弱々しいイキモノだ。渦まいて流れる潮のように、他を牽制し、はねのけ、もぐり、また浮かんで日の目を見ようとするすさまじさ。さりげない顔の裏に、嫉妬や羨望、口惜しさ、情欲をまじえて煮えたぎっているのだ。

その連中が、ふと空虚な寂しさに耐えられなくなる——そんな時がないとはいえない。そんな時にはどうするか。最も自分に邪魔にならない、圧力もかけない、手柄話もしない、そんな人間に寄りかかろうという願望が生まれることは必定だろう。

宴会の喧噪の中で、だれかが私の耳もとにささやいた。

「オヤジは朝顔の竹ですな」

不思議なことをいうので、

「どういうことだい」

と、聞きなおしたら、

「枯れた竹ですよ。私らが吸う養分を、別に根のそばで吸って邪魔することもない、枯れた竹ですよ。なんとなく巻きついてゆくのに便利だし……いや、これは失礼ない い分かナ」

なるほど竹か——。いや、竹で結構だと思った。いまや私の役目は、そんなところだろう。私はこっくり肯いて、こんな話を返してやった。

「まあ、竹もいいが、今日、なぜこんな若い連中がいっぱい集まってくれるのかな、と俺も考えていたんだが、俺はコンペイトウの芯だナと思ってたヨ」

「コンペイトウ? どういう意味?」

「コンペイトウの作り方知ってるかい。あれはネ、一番のシンはケシのつぶみたいなもので、それに砂糖がからまってコンペイトウになるんだよ。砂糖だけではシンがないからできないそうだ。だから俺は、ケシつぶの役なんだナと思ってるんだ」

「ケシつぶは首領（ドン）ではないですね」

「そうよ。さっきだれかもいったじゃないか。兄貴というには老けすぎている。先生、といっては親しめない。おれたちゃ、おじいちゃんとでも、いうほかない、って」

まさにおじいには違いないが、おじいにも戒律がある。

いたずらに文句をたれたり、叱ったり、世話をやきすぎたり、手柄話をしたり、徒党を組ませたりしない、椅子みたいなつきあいが必要だ。疲れたら座りな、気持ちが良けりゃ寝るもよし、椅子に口はないんだ――と、そんなところが必須条件と思うんだが。

ロンドンの有名デパートにハロッズというのがあるが、このハロッズの店是は「いつに変わらぬハロッズ」というのだそうだ。

簡単なようでも、変わらぬ姿勢とはなかなかむずかしい。経済恐慌もあり、戦争もあり、世の中はいつも恐ろしい勢いで流動しているのだ。

その中で、厭味なほどの親切や、馬鹿にしたような横柄な態度もない、変わらぬ姿は至難だと思うが、一人の人間にしても「変わらぬ」は容易なことではない。

ただ、私の中には特に親切はないが、一人でもいいから世の中をあっといわせるような大俳優が出現することを熱望する気持ちは人一倍だ。

明日のあるヤツ、ないヤツ――人さまざまではあっても、これが一堂に会して騒ぐ。もしかして、その中から何かが生まれたら、それも確かに一つの新しい芽であるかもしれない。

宴のさまを眺めながら、そんなことを思っていた。

# 第二章　さすらいの唄

# 深夜独吟

一月（昭和五十六年）の二日三日四日にわたって、司馬遼太郎氏の〝関ケ原〟をテレビで放映する。私の役は東軍の将、徳川家康である。

何とも余人では歯も立たぬ悪（わる）だが、同時に世紀の巨人だと恐れ入った。次の世代に石田三成は生まれても、この大狸は出てこないなと、役になり切れず連夜もがきにもがいたのである。


深夜、こうして机に向かっていると、遠く誰はばからぬ暴走ゾクの騒音が風に乗って聞こえてくる。生死の狭間（はざま）を遊泳する若者たちのウメキにも似て、享楽志向の咆哮（ほうこう）はとどまるところがない。シンもボウも無い、ただ衆をたのんでの無目的集団に違いなかろうが、昔も実は同じことをやっていたんだ。私たち満州（現中国東北部）に在った者は、見るに耐えぬ兵隊どもの衆をたのんでの暴行に目をふさいだのだ。ドヤドヤと列車に乗りこんで来た兵隊どもが、満人を足蹴にし、唾を引っかけて席を横領する人非人の姿に同胞は最低の恥辱を味わわされたのだ。

暴走も兵隊も、実は自己に弱い輩たちに違いない。これが歪曲されると、親をバットでなぐり殺すことになるのだろう。あれは錯乱ではない。明治大正組は修身の復興を口にするが、今さら〝親に孝に兄弟に友（ゆう）に〟を説いても、手遅れの麻薬中毒にさしたる効き目のあるわけもない。

生きる。どうして生きている。或いは生きて行く――、既に目的を喪失した人間に求める方がナンセンスだ。下手に求めれば教師は集団でなぐられ、サインのやり方が気にくわんと、あべこべにあこがれに対して鉄砲(ピストル)をぶちこむ外国もある。

〽デカンショ唄えば、ポリスが怒る
　怒るポリスの子が唄う

昔、私どもの青春時代のザレ唄だ。当時とて、持てあまし気味の若者がなかったわけではない。幸いにもその当時は、日本国は一億貧乏であった。一部をのぞいては〝生きる〟ことに必死だった。いかにして安穏に食ってゆけるか、正に自らの命題はここにあったのだ。先夜ＮＨＫの〝若い広場〟を見ていたら、ひとしく〝自分たちに希望はない。入りこむ余地すらない〟というようなことをブックサのべている。すべて自分を棚(たな)にあげて、世の中の故にする。私はじっと聞きながら、これこそ〝裕福の飢餓〟だと痛感した。

まだしも昔の救いは、父には威厳があり、母はやさしさの象徴であった。心豊かなものは、一に母、二に犬――といった賢人がいたが、犬もどんなに叱られても、尾をふることを忘れぬところから来たのだろうが。

父親が自分の子をちゃんづけや君づけで呼ぶようなオロカさはなかった。

話が横道にそれたが――。

国にも国らしい節度があった。

役人のワイロもさることながら、今や、会社や官吏のムダ遣いは氷山の一角だろう。うしろめたさもなけりゃ、利潤が上がれば、どう使おうと烏の勝手でござんしょうと、ウソブく破廉恥が平然と通用する世の中だ。

右傾化する日本――という言葉を聞かされるが、今の若者が戦争をしたがっている話を聞いたことがない。自民党すら憲法第九条改正にその殆んどが消極的という調査があるにもかかわらず、こんな風聞が立つのはスコブル不思議だ。正に一パツ戦争でも起こらぬか、という野次馬の世紀末的願望か、或いはマスコミの造語ではないかと疑いたくもなる。

さて、しかし、そんな悲観的なこの国かと考えるが、実は誠にしたたかな、日本人のバイタリティーを見逃すわけにはいかないのだ。

電気が来なけりゃ三日でパニックの起こる石油皆無の国だが、いち早く石炭に切り替え、重油に炭粉を入れて能率をあげる電力会社がテレビに写る。自動車の過剰輸出も世界のヒンシュクを買っているが、今やアメリカではメイド・イン・USAでは客が買わないという。テレビでも何でも、ジャパンと明示がなければ信用しなくなったという功績は誰がつくったのだろう。世間をあっといわせた、日産とフォルクスワーゲン社との提携も、その強さの故だろう。

生きのびるが為の行動と叡知は、今や政治より会社にあるが如き気配だ。

原爆後遺症は分からぬではないが、世は逆転の発想の時代だ。原子力発電も、ただ〝キライ〟だけでは賢明に欠けるとは思えぬか。もちろん、アレルギーの強さのぶんだけ、安全策を懸命に、ということだ。劣等コンプレックスはかなぐり捨てるべき秋だろう。

学校の授業も、誇りなき先生が組合運動ばかりでは、カンジンの子供が可哀想だ。

先生同士が腕を組んでワッショイ、ワッショイやる気があるなら、学生と腕をくんで皮膚のぬくもりを感じながらワッショイをやれば、学生が徒党をくんで先生を撲ることもあるまい。

たまに会社の俊才が学校に行って、未来に目的のもてるようないい話をして青春の夢でもかき立ててやってはどうか。

## 誇り

日本人のすべてが誇りを失って生きている。

目下、住居が古くなったので、大工や左官やブリキ職やトビの連中が入っている。

或る日、小父さんここをまだやってるのか、といったら、急ぐのなら若い大工にまかせばいい、という。

彼は仕事に誇りをもっているのだ。後日、何かの理由でその部分をヒッペがされた時、ヒドい仕事をしているなと言われるのが彼を傷つけるから気のすむ様に、たんねんに手をかけているのだろう。

タレントを見ても、早く金が入るように、どっと人気が出るようにと、そればかりが夢で、技術も、心も二の次のようにみえる。

人前に姿をさらし、あこがれや、喝采を得る役者の誇りなど、とんと持ち合わせがないと見るはヒガ目か。

すでに最初から、そよ風で散る花の運命を背負っているようなものだ。

しかし、忘れやすく、アキっぽい大衆にはそれがいいのかも知れない。

私のように年をとって、いつまでも場をふさいで生きている奴は邪魔なのかも知れない。またタレントの大半は、あのジジイ、早く死なねえかなと思っているのが、サメた見方かも知れぬ。

誇りなき国よ、誇りなき政治よ、誇りなき国民よ——そこには誇りなき外交が生まれ、誇りなき商売が世界を顰蹙させる。

誇りとは何だろう。

それは一国の文化の高さをいうものではないだろうか。

## 飢餓

この間、テレビドラマの中で一人の乞食が出てくるシーンがあったが、これにあてられた若い役者が苦心惨憺。遂に格好だけはどうやら——になったが、真髄は匂いもしなかった。

よくよく考えてみれば、近年巷に乞食を散見することもないし、ましてや乞食になってゆく過程など推察出来る力などあろう筈がない。

役者はピンとキリを知っておれば、真ん中はだれにでも出来る——と教わったが、今や日本の政治家たちもピンもキリも知らないで一国の行政を我がモノにしようとしている。与党、野党を問わず真ん中だけのナマヌルイ生活しか知らぬ御仁に十年後、ましてや百年後のビジョンなど問う方がナンセンスだろう。

サラリーマンも労組の連中も、学生運動の徒輩も、食うに不自由なく、見るに事欠くこともなく、足を棒のようにし、目的地にいく力など自動車に吸収されて、とんと持ち合わせない。

言うなれば怠惰にして中途半端な中間的幸福に朝から晩まで浸りっきり、と見るは酷か。

一度、大飢饉でも起こって、数年をその中で泥にまみれ血にまみれてみれば、少しは考えも変わろうと思うが。どうにもなりかねる温室的産物だと年寄りは考え勝ちだ。

拳闘をハングリー・スポーツとあなどるが、政治も芸術も教育も飢餓の原点に足をつけずして根が栄え、葉や実がみのるわけがなかろうではないか。

## 試験

入試地獄で釜(かま)は煮えたぎっている。

勉強をすすめることにヤブサカではない。

しかし三年も四年も、たとえ親が買った米でも、農民の苦労の種をただ食いしているのが気にかかる。青春は飛ぶように足下を去ってゆくのだ。

なんとその釜の近所で、これを肴(さかな)に大もうけしている予備校というものがある。人の弱みにつけこんで金をかせぐ、生命保険みたいなもんだ。

さして名案ではないが――。

もっと試験問題をやさしくしたらどうだろう。

それでも出来ない奴、これはまさしく日頃の授業をウワの空で聞いていたのか、あるいは常識もない輩だろう。それはそれで別の才能を見つけて、そっちをのばすようにしてやるのが教育者のつとめだ。

それじゃ、ほとんどが入学出来ます。それではどうしようもない――と困るなら、どんどん学校をたてて、予備校で内職している教師を使えばいい。

第一、ビブンセキブンやカンブンやコブンが実生活に必要とされているところなんて、タントあるはずがない。

学校で教えもしない会話上手や、三年も予備校に通う根性の方が、世の中では役に立つのだ。

入試を一番で入った男が必ず出世したり、そんな女がいい嫁になった話はマユツバもいいとこだ。

## 祭り

いまだに建国記念日の是非がけたたましい。

私は是非論に耳を傾けたくない。が、賛成だ。

私の家の近所にも神さまの森がある。が、その神さまの名前も知らないし、何時そこに住みついたか知る由もない。また知りたいとも思ったことがない。

おみこしをかついで狂い廻る人達も恐らく知っていようはずもない。

太鼓の音に誘われて、さんざめく御縁日の雑踏を孫と一緒に歩くと、なにごとのおわしますかは知らねども、確実に日本がそこにあり、どう間違っても外国はない。

が「祭り」は祭りだ。

それと同じで、日本の「祭り」の一つとして建国記念日があってちっともおかしくないのだ。だから、だからこそもっともらしいことを言ったり、いいしたりしないで、国中が酒に酔ってワッショイワッショイやって、歌って踊って、花電車がなければ花自動車のデモでもやれば、楽しくて、なお結構なことだ。

この国が潰れず今日もここにあり、その国土の上に住んでいることに間違いない限り、素直に喜んで誰も悪いとは言えないだろう。

理屈をつけたものは、みんな滅んだり衰えたりする。理屈がないことが何よりだ。

## 判断

選挙が近い。

いつもながら、選挙で思うことだが、一番無能でスットボケているのは、有権者というか、つまり国民の大半だ。

日本人は判断能力の弱い人間に飼育されてきたように思えてならない。

「太平洋で二人の人間が海に落ちました。ところが、そこにあった小さな木切れは一人しかつかまれません。二人がつかまれば沈んでしまいます。あなたはその時どうしますか」

子供の時に、こんな教育をされた覚えは一度もない。だから、いつも事あるごとに判断力の不足に泣いた。終戦の混乱の中で、容易にパニックの中の一人になったのもその故だ。

神は正しい者のみ試す——という諺があるが、満州（現中国東北部）の大地で死を早えらびさせられた正しい人々にも、この判断力の不足がなかったとは言えぬ。私とて、マグレ当たりで生き残っただけだ。

選挙の要諦は判断であろう。

判断も出来ぬ者は棄権した方がいい。判断も出来ぬ者が選挙後にブツブツ文句をいうなどナンセンスだ。早い話が四十九あの人間には賛同しかねるが、五十一は認めるというのも判断だ。

かつて私は中学の時、五十九点という僅か一点で落第した。

この教師の判断を長いことウラんだが、その判断が正しかったかどうかは別として、その判断のおかげで同じところを一年足ぶみしたことは事実だ。

試験に対する判断が甘かったのだろう。

## 短絡

世に劇画というのがある。

大正に生まれた私は、恥ずかしいことにこの劇画というのが、ナカナカ判読出来ない。私が一ページ読む間に孫は笑ったり、眼をむいたりしながら数ページを読んでいる。

どういうふうに、あの絵と絵の間をイメージしてつないでいるのか、既に私の脳の構造とは大分ひらきがあると思わせるスピードである。

明治から大正にかけてポンチ絵が流行した。恐らくこれは当世風にいえばパンチ絵のことだろう。パンチの効いた諷刺絵が新聞に載っていたが、やがてこれが漫画と名を変え、漫画の中から劇画が生まれたのだろう。

近頃の子供の妙は短絡の妙ともいえそうだ。

短絡とは、簡単にいうならショートすることだ。だから中間に抵抗の少ない程、彼らには都合がいいに違いない。早い話が、芝居をしていても、劇中の人物同士が短絡した時にドッと笑いが起こる。

この思考を度外視した短絡が日常の生活にも流れこんで、最も短距離で物事を理解し、判断する習癖が身についてしまった様だ。

自殺も殺人も、騒乱も男女間のことも短絡的行為といいきれないだろうか。

十分な絶縁体でショートを防いだのは昔のことで、今はハダカ線が風に鳴っているようなもんだ。

ちょっとしたふれあいで火を噴き、燃えつきる時世だ。

短絡はヒューズを切り、一夜にして大会社の窓から明かりが消え、真っ暗な中で人間が獣になったニューヨークの夜を見たではないか。

## 二枚

世の中に二枚目といわれるのがいる。

ミーちゃんたちにキャーキャーいわれる対象だ。ところが、不思議と嫌な奴が多い。あれは自意識過剰からくるのだろうか。

世に二枚舌というのがある。

蛇のように割れているのか、重なり合って二枚あるのかつまびらかでないが人のいい奴はきまってこれにダマされる。

世に二枚看板というのがあった。

今日存在するかどうか、これもつまびらかでない。が、昔は、一枚は芸者の看板で、もう一枚は娼婦の看板で、座敷では芸をもって喜ばせ、床の中ではまた男を有頂天にさせる免許証の持ち主をいった。

世に二枚腰というのもある。

相撲の世界では珍重される強い腰のことをいう。二枚蹴りができればもっと強いわけだ。

世に二枚重ねというものもある。

和服を着る時に長着をもう一枚重ねて着ることである。が、二枚に重ねて切っちまうぞ——とおどかしにも使う。

世に二枚貝という生きものもいる。

アワビのように片ペラがムキ出していないので、ハマグリのような二枚貝は恐ろしい時はしあわせである。じっとフタをとじて、土中深く身をひそめていればいい。

〝わたしは貝になりたい〟というテレビが往年ヒットした。

何となく世の中が騒然として、年寄りには住みにくくなって来た。

二枚貝になるより手はないか。

## サラ金

サラ金の惨事があとをたたない。

借りた人間にその大半の責任はあろうが、そこでしか借りられなかった日本金融事情の貧困さにも何分かの責任があろう。いたいけな子供を死の道連れになど、暗澹とした気持ちになる。

アメリカの銀行は、金を借りてくれという。日本の銀行は金を預けろという。

どっちが正しいのか、素人の私にはよく分からぬが、銀行が預金者ばかりではパンクするは必定、借りてもらってこそ、銀行マンがオマンマを食えるぐらいは、子供でも知っている。

かつてアメリカの銀行でこんな話を聞いた。

アメリカに籍を置く者は、誰でも自由に金が借りられる。無手で銀行にとびこむと、住所と氏名を聞かれる。数分にして、ＯＫかＮＯが出る。つまりその人の名前をコンピューターにほうりこむと、何分かで、どこのローンが何回未払いとか、借金を何回踏みたおしているとか、あっという間に分かる仕掛けになっていて、その人物の信用度が瞭然とする。何の汚点もなければ、即座によろしいと相談に乗ってくれるそうだ。

つまり、アメリカ人はアメリカの国が信用しているのだ。

日本は、すべて国民不信の上に成り立っているとみてさしつかえなかろう。善人が九割いてもなお、泥棒かも知れぬ、という考え方だ。

戦前も戦後も、この考えに大差はない。

わずかに変わったといえば、勝手に品物を袋へ入れ、出口で金を払うスーパーの信用度ぐらいのものか。

## 嫉妬

酢でシメるとか、酢でコロすとか。生ガキとかナマコには、これが少々入ると味が一段と引き立つことは間違いない。

今までに賞と名のつくものを色々と頂戴したが、その都度思うことに、虚心坦懐に喜んでくれた者は――ほんの一割程。あとの九割は〝面喜腹背〟とでもいうか、どこか心の一部でクソ面白くない――という気持ちを漂わす。

恐らくこれは嫉妬からくるものと見るが、この嫉妬は調味料でいうと酢の様なものだ。この酢的な感情は自然なことで、あながち不用ではない。もし、これが無いと人の受賞を見て徒らに自己卑下し、ナマコを生でかじったような気分になるに違いない。

また酢が入るということは、受賞者当人にとっても効き目十分だ。あの舌を刺すような、頬を引きしめるような感覚がなければ、酒もめしもおかわりする貪欲さがニブるからだ。酢が腐敗を防ぐように、嫉妬も心のクサリを防ぐだろう。

しかし酢だけを飲むと、何か滅びゆくものの味がする。嫉妬の中に浸り切りでは先がないようなもんだ。他人の欠点をあげつらって、己れを小さく守る保身のわびしさだけが残る。嫉妬はいいが、これが反発をともなう自己のバネにならねば意味がない。

受賞した時に、今度は素直に喜びたい――と何時も思うのだが、終わりには酢が効きすぎて胸のゲップになやまされる。家へ帰っても酢のモノは少々ある。

「お父さん、おめでとう、イカしてるよネ」

これは子供たちが私への良い意地とでもいうか、嫉妬にほかならない。

## 発条

発条――バネ。

「芸」というものは、力学的にいうなら精神的バネの作用、また同時に肉体的バネの作用の面白さだといえるようだ。

これは芸事に限らず、少し形を変えてスポーツもそうだろう。バネの作用の機敏なほど、優位だし、バネ自体の素質、強度が優劣の分岐点になると考えられる。もちろんこれは肉体的動作だけでなく脳細胞の中の複雑なバネの関連作用にもよるだろうが。いずれにしてもすぐれた材質でなければ通用しない。

早い話が「芸」に限らず、すべての仕事に誰しもスランプがくる。これはサイクルの故もあるが、概ね自己の過剰意識の積み重なりでバネがリミット以上の過重に耐え切れなくなり、その上材質が悪いとグニャリと下方に沈んでしまう現象ではないだろうか。

なかには曲がるだけでなく折れたりして頓挫をきたしてしまう場合もある。

バネは、また、荷重をかけないと、何の意味もないもので、力がかかってこそハネ上がるものだ。

〝俺はウマイ役者だ〟と思っている時は、残念ながらバネはいたって平静な状態にある。ところが自分以外の役者がうまく見えた時に始めてこのバネに負荷がかかり、次への跳躍が生じると私は見る。

簡単に言えばノビ切っていては飛べないということだ。

相撲は蹲踞（そんきょ）の姿勢から立ち上がる。その立ち合いのバネが勝負を決定する――は、毎度、神風さんから聞く話だが、当節力をためておく役者も減った。

## 批評家への一言

昔の新聞記者には、無冠の帝王といわれるような孤高の精神が横溢していたかに感ぜられるが、現今はともすればサラリーマンふうな気風が散見され、記者自身の誇り高いものが失われつつあるように思われるのは皮相の見解だろうか。

痛烈な社会への批判の活字は、政治を、日本を、はたまた世界に対し、するどい示唆を与えるものであり、また、私たち芸術に関与する者たちにとっては、新聞批評は、この総合芸術の組み方、即ち原作、演出、演技の統一の醸成、欠陥を突いて来るものであり、またそのかげに育成の志を見つけたいと願望するのだ。

今日の新聞批評がなべてそれに欠けるところがあると短絡するのではない。が、往年の三宅周太郎、浜村米蔵氏など、名批評を見てきた私はそんな意味からそう回想するのだ。

批評の責任と、その人の人格がうかがい知れる時、私たちはいかなる酷評にも甘んじてこれを反省の資とするものだ。

近頃は、どういうものか、良いも悪いもすべてが役者の責任とされ、演劇は役者だけで成り立っているのかと、うたがう気さえする。

また、俳優諸君も、賞められれば手ばなしで喜び、ケナされるとにべもなくくさり、落ちくずれる。しかも日本の場合、個人生活までがその批判の幾分かを領するようだ。

新聞など或いは専門誌への批評は、批評家という専門家が担当する。これが、欧米のならわしだ。パリにもソビエットにもその専門学校があり、批評の本質をまなび、実地も研鑽すると聞いた。為に新聞記者が芸術に対して批評をすることはしない。客が大入りだとか誰々が見にきていたとかの、劇場の状況や、人気などは書くが演技演奏についてはふれることをタブーとする。

それにふれたために大騒動になった例は、珍らしくない。が、一方有名な批評家が、パリーでピアノの演奏を批評して奏者と大喧嘩になり、いよいよ最後には批評家が奏者を自宅に案内して、彼の前で批評家が自らピアノを弾いて、自己の主張を納得させた、有名な話がある。

日本の場合は既成概念や、その人間への好悪の感情などが入りみだれて、何故か私には公正というか、素直な眼を感じたことが少ない。ましてや、有名紙の批評に右へならえの諸説は片腹痛い。

因みに、私の父は、少年期から青年期にかけて叔父成島柳北に育てられ薫陶をうけた。ちょうど、柳北が官を辞して朝野新聞に活躍していたころだ。

その父が、何かに掲載したのであろう〝新聞観〟が父の記念誌に残っていたので、参考の意をふくめて転載してみたい。明治四十五(一九一二)年の執筆になる。

新聞観

新聞は社会の出来事に対して、最も公平無私なる裁判官たらざるべからず。然るに現今の新聞を達観するに、果して公平に論評しつゝあるか、否、如何に新聞界のオーソリチーたるものと雖も、総ての出来事に対して、公平を保ち得るものなきを遺憾とす。世に困難なる事業多けれど、恐らく新聞社の主筆ほど、総ての事情に精通するの必要あるだけ、困難なるものあらざるべきを思ふ。若し判断を誤れば、為に新聞紙上に現はるべき記事は誤報となり、遂には社会を毒することと往々あるを認む。今我国の新聞界には、専門の記者少なく、例せば我大阪電燈会社に来る記者にても電気に関する知識あるもの尠なければ、自然報道に誤りあること敢て珍らしからざるなり。故を以て現今の新聞記事を見ては、会社などの記事既に誤まりを伝ふを知れば、為に他の記事も謬りあるべきを感ぜしむること甚だし。左れば理想的新聞を作らんと欲せば、宜しく専門の知識ある記者を迎えざるべからず。

新聞は社会の木鐸となり、公平なる裁判官たるべきものなれば、記者たるものは毫も私心を挾まず、最も公平なる報道をなすこと当然にて、万一利益のために報道を左右する如きあらば、沙汰の限りと云ふべし。大にしては世界の大勢、小にしては一市町村の出来事を判断し、社会の誤りを解くべき天職を有すれば、無官の宰相として一般に認識されつつあるなり。社会多数の所説にても、必らずしも誤れることなきを保すべからず、夫等誤れるを正直に判断する新聞の任、亦た重且つ大なりと謂ふべし。而して理想的新聞を作るべく、直覚的に感ずるは記者の待遇にして、衣食住に配慮するが如きことありては、到底公平なる裁判官たる能はざるなり。公平に記事を書かしめ、見聞を広くせしむるには、充分の俸給と交際費を与えて、活動の余地を与えざるべからず。若し夫れ薄給の記者、即ち生活上後顧の憂あるものに、公平なる裁判官たらんことを望むは、寧ろ無理の注文にして、記者は常に社会の進歩に遅れざる程の修養をも怠るべからざるなり。要は報酬を充分に与えて公平無私なる記事を掲ぐべきことが、予の理想たり。偶々出来事に対して論評を試みるものあるに至っては、其没常識に驚くの外なく、雑報は出来たる事柄を正直に報道すれば即ち足る。元来新聞社及び貯蓄銀行などは、一種の慈善事業とも云ふべく、社会の公益事業なれば、事業より利益を得るなどは誤れるの甚だしきものにて、其株式組織なるもの亦た配当を欲せざるを至当と信ず。利益あらば、益々其の利益を以て社業の発展を図るならば、理想に近き新聞を作り得んか。然れども現今の我新聞界には、近く理想的新聞現出すべしとも信ぜられざるなり。世の富豪たるもの数百万金を投じて、其利子にて経営をなし得べき新聞社を創立するあらば、それ以上の愉快はあらざるべく、其社にて公平なる判断を下さば、為に社会を利するもの甚だ大ならん。終りに一言すべきは、新聞の多きことなり、若し二十幾社を数ふる東京の新聞界も、三社位の新聞トラストをなさば、新聞は長足の進歩改善をなし得べきか。

（明治四十五年一月）

## 銀玉

私たちが少年の頃、銀紙を丸く玉にするのが流行った。

私も友達たちに見習って直径一寸もあるのを二つもこしらえ、お大事箱に秘めた。家の中に人間の出入りが多かったのでタバコの銀紙の集りが早かったのだろう。

或る日、その銀玉が二つとも突如として消えた。

私は蒼白となり母にたずね、ばあやをおどかしその行えを求めたが誰も口をつぐんで一言も洩らさない。

それは祖母の仕業であった。

祖母はそれを風呂の釜の下にほうりこんだという。

恐ろしいハゲ鷹のような祖母だったので無念の涙をひそかに流していたら、うしろから声があった。

「何故あんなイヤシいことをする」

祖母の声だ。

何がイヤシいのか、五十年も分からなかったが、タメる面白さは、高じるに従って、拾っても、盗んでも太らせたい――になることを好い年になって、やっと知った。そういえば学校の帰りに料理屋のゴミ箱をあさったり、駅の待合室をゴキブリのように拾い歩いたことも確かである。

演技の要諦は消費する姿勢である。

タメることで業が上達しても、役者の「花」はしぼむだろう。腹ふくるる業は魅力を蒸発させ、せっせとタメこんでもいい役者は育たないと信じている。思い切りよく身心を消費する力が舞台の快感であり、客のまた快感につながると考えるのだ。

出し惜しみの芸や、芝居のケチリは、大成への慣性をブレイキするのは自明の理だ。

一日の芝居が終れば貯金ゼロ。それでいい。

# 銭というもの

お銭（かね）というものについては、日本と欧米の考え方も随分違うが、日本でも歴史に応じてあつかい方も考え方も変っている。が、概ね貧乏国の民々のヒガミからか、銭は不浄のものとか、銭のあやまちとか、大金持ちへの故なきうらみとか、いろいろあるようだ。

私は、そんな日本で、これは一聞に値すると思われるユダヤの格言のなかから銭のことに関する数種の格言をここに披瀝して、彼等の銭の考え方について、こうも違うかということを、実は――正直まいったので次に書いてみることにする。

〝ふくれた財布がすばらしいとはいえない。しかし、空の財布は悪いのだ〟

〝金銭は呪いでも悪でもない。人間を祝福するものだ〟

〝金銭は無慈悲な主人だが、有益な召使いにもなる〟

金はすばらしいものだ、とユダヤの格言は説いているのだ。道学者ぶって、金がきたないとか人間を堕落させるというのはやめよう……と教える。金よりも人間の方が遙かに上にいる。金によって堕落するほど弱い人間がいてよいわけがない……というのだ。

又、〝世界には、三つの重大事がある、金、金、金〟というように、ユダヤ人の金に関する考え方は私の目を別の方にあけさせるのだ。

〝どちらかといえば、金を稼ぐのは、やさしくて、使い方のほうが難しいのだ〟とも書いてある。

次に、その中から適切なものをえらんで書くと——

〝金は決してすべてを良くはしない。といって、金はすべてを腐らせたりはしない〟

〝貧者だから正しく、金持ちだから間違っているとは限らない〟

〝金持ちをほめる者は、金持ちをほめているのではなく、金をほめているのである〟

〝財布をたくさんもっていると、心配ごとも、それに応じてふえるが、財産がまったく無いほうが心配ごとは多い〟

〝貧乏は恥ではない。しかし名誉と思うな〟

〝貸すときには証人を立てよ。与えるときには第三者がいてはならない〟

〝借金を返す者は、信用を倍にする〟

これらの名言はユダヤ格言集から引用させていただいたものだが、私はもう一つ、私の格言をつけ加えておきたい。

〝役者は金を大事にするよりは、健康を大事にしろ〟

ということだ。どうも役者は些少な金がたまると、うしろを振り返りたがる。振り返れば貯金もたのしい、賞もうれしい、人気も気になるのだろうが、それは明日の役者の糧ではない。

今を精一杯に生きることだ。そして今日という風の中で身をさらさなければ、今日の俳優にはなりえない。

私どもの仕事ばかりではなく、どなたの人生にも紆余曲折は多々あろう。最後にもう一つ、ユダヤの格言で書き添えておきたいのがある。

〝泣いてばかりいて一生を過してはならない。笑ってばかりいて一生を過してもならない〟

## ユダヤの格言

再びユダヤの話で恐縮だが、ユダヤ人の作ったミュージカル「屋根の上のヴァイオリン弾き」をやってからあれこれユダヤ文化に接することが多いので――。

〝金持ちに息子はいない。
ただし、相続人はいる〟

これはユダヤの格言である。

御存じの方もあろうが、アラビアの算数魔術の問題であるが――。

アラビアで一人の男が馬十七頭を残して死んでいった。そして一枚の遺言書には、残った三人の息子あてに、

一、持ち馬十七頭の半分を長男に
一、残りの三分の二を次男に
一、三男には次男の三分の一を

と認められていた。

三人の相続人は、父を失った悲しみのなかにも、この配分に日夜なやみぬいた。

「十七頭の半分では、兄さん、やっぱり一頭は殺さねばならんな」

「でも殺した馬の半分、又その半分では、どう分けるんだい？」

「アラビア人が馬を殺すことは許されないと、父は私たちに教えたじゃないか」

と、そんな話をしているところへ、一人の旅人が馬に乗ってやってき、その門を叩いた。

「旅のものだが、一夜の宿をお願いしたい」

取り散らかしているが、〝どうぞ〟と招じ入れた。

ところが三人の息子たちの表情の暗いのを察した旅人は、

「何か、お困りのことでも……」

と問うと、実は父の遺言に、かくかくしかじかと説明する。

「何、それはお安いこと、私の乗ってきた馬を宿泊のお礼に進ぜよう。十八頭ならば、わけもなく皆さん方はお分けになれましょう」

「成程、それは有難いことだが、あなたが明日出立されるのに馬がなくてはお困りだろう」

「何を申される。あなた方は差し引きが、お出来にならぬか」

「？」

「馬十八頭の半分を御長男にだろう。なれば九頭だ。御長男よ、八頭半より多いゆえに御不満もあるまい。つづいて御次男だが、九頭の三分の二、即ち六頭、御三男は、その六頭の三分の一で二頭、これでしっかり割り切れました。皆さん少しずつでも余計だから文句もござるまい」

「それじゃ、あなたは――」

「皆さんの馬を勘定されよ。九頭と六頭と二頭で十七頭、余った一頭に打乗って私は明朝出発します」

「⁉」

これは数学界の有名な話だが、割り切れぬ馬と何分の一を使ったところがミソなのだが、私らの凡智では、その謎が解きかねる。

しかし、何ともウマイ話で今日の世の中にも通用というか応用のきくような暗示をうける話だ。

話のついでに〝みんなニコニコ〟という話もつけ加えておこう。

公園の番人をしている森繁という男が、佐藤から借りた一万円が返せず毎日苦にしていた。

そこへ、田中という男がブラリと公園にやってきたが、実は昔、森繁に一万円を借りていた。一万円を返せば園内に入れてやるというので、しぶしぶ森繁に金を渡した。彼はほっとして、これで佐藤との借金もきれいになると喜んだ。腹のおさまらぬのは田中だったが、彼は公園で福田に逢い、昔、泣く泣く貸した一万円を取りもどし、これでほっとした。福田は折角のデートの最中、一万円をもぎとられて口惜しかったが佐藤に逢って無事に取り返す。つづいて佐藤は出口で森繁に逢い長いこと貸した一万円を返してもらって皆んなめでたしという話だが、このお噺ばなしもよく出来ている。

実は世の中の金の廻り具合も、実はこんなことのようだが、三方一両損の故事のように、国民のすべてが、いや世界のすべてが、万遍なく損をし得をするようなら、地球も至極おだやかだろうと思うのだ。

しかし現実はどうも、そううまくは行ってはいない。どこかサイクルが違っている。

地球のサイクルが狂う――という話では、私の学友に、シイタケの権威で常田という博士がいる。彼は数少ない「菌」の研究者で世界的な人物でもある。

或る日、学友一同、彼の招待で鳥取に、〝しいたけと松葉蟹を食う会〟に旅したが、その研究所を訪うて驚いたことがある。

そこで、恐るべき菌の問題に身の毛もよだつ思いをしたことである。

「懐しい昔の友の顔に接し、今さら私の研究話を披露するのも本意ではないが、言うなれば日本にたった一つとでも言う、私営の菌研究所を訪問されたのを機に、しばらく私の話を聞いていただきたい。

皆さんが住む、東京、大阪の大都会が或る朝、その大半が死に絶えている――ということがあるかも知れません。今こそ一番恐ろしいのは原爆ではなく菌です」

まるでSF小説のような話にアッケにとられた。つづいて彼が見せてくれた映画に全員固唾を飲んだ。

一本の朽木に繁殖する菌の群れが闘争しあい、やがて大木が土になってしまう話だが、生物はすべて土に還るのが正しい循環であると氏は説明する。この大前提を無視して近頃は海洋投棄や人工処理が盛んなため、土地は化学肥料だけで痩せるにまかせ、海は赤潮で死滅してゆくという。

排出物も人肉もくさりはて、土に還ればこそ正常な循環となるのに、焼いたり海に捨てては、サイクルが変る。そのうちに猛然たる菌の出現で一切は死に絶え、シルクロードの廃墟となる日は近いのだと、私たちをおどろかせた。

菌に限らぬが、銭の循環も世界中で狂っているので、硝煙がたえまないのではないだろうか。

文明は進歩と見えるが、どうやらそれは近視眼的で、再び原始に還らねば人類はこの辺で一九九九年の終焉という、ノストラダムスの大予言が的中するのではないかと、私たちは松葉蟹としいたけをうわの空で喰いながら話しあったものだ。

人間のサイクル、世界の生物のサイクル、は言わずもがな、この日本という国のサイクルも、今や目を見開いて見なおさなければ、おごれるものの短命となりかねまい。

学者のいう、地球の地軸の大変更がきて、南北の磁場が東西に変るという話も、ゾッとするばかりだ。人智は今後、克服出来ない恐しい現実に直面するのではないだろうか。

又も、ユダヤの格言だが

〝神は正しきもののみ試される〟

五千年も昔に、そんなことを言った人類に頭が下るばかりだ。

## タバコを美味く喫う法

毒だとか害があるとか。けだしタバコにしてみれば災難のような時代だ。

そんなことを言えば酒も米も砂糖も、何割かは害毒もあろうというものだ。

そんなわけで味方をするわけではないが、どうせ毒なら美味しく味わいたいと願うのが人情だろう。

さあ、ではどうすればいいか――。

先ず、タバコはどんな時に一番、まずいか――をご存じだろうか。

その一が暗闇のタバコ。

次が、スキー場のような雪野のタバコ。

つづいて、風の強い場所——ヨットの上などのところ、があげられる。

それらはすべて、煙が見えないからだ。暗闇は申すに及ばず、雪の上では煙が同色だし、風のところでは、煙など見るヒマもない。


わたしは過日、大発見をしたのだ。

鏡の前でタバコを喫っていたら、今まで感じなかった楽しさを。

これは客観的にも合理的であり、視覚的にも、目の前と鏡と煙が倍に見えるからだ。

右、実験をおすすめする。

ついでに書いておくが、これが唯一の健康法だ。

美味くて栄養のあるものを腹八分目或いは七分目に食っておしまいにする。昔から言っていることで、さして新しい話ではないが、その度に今日までの美風と称するシキタリや風習に大反逆をすることだ。

「折角造りましたものですから一口でも……」

とか、

「一膳めしはエンギが悪い」

とか、何とそそのかされても平然として箸を置く決心。

いいいいいい、もったいないない——と豚のごとく食うこと。すべて不健康。

## ゆとりとは何だろう

近ごろ、私たちの周りには、何階もある大きな団地がある。それらは概ね2DKとか3DKという三間ほどの家だが、もとは1DKという、いとも簡単なものが多かった。一つしかない腰かけ便器に尻を落として、朝の脱プンをしながら、歯もみがき、一寸手をのばしてフライパンの目玉焼きを引っくりかえすこともできようかという便利さだ。それらは住まいにたいする考え方を根本的にかえたが、同時に人間の意識をも大きくかえてしまったように思うのだ。

昔は、どんな小さな家にも縁側という廊下があった。二軒長屋にすらあったのだ。それがこの団地のおかげで、団地といわず新しがり屋の一戸建てにも、おそらく見かけることが困難になった。まだ田舎には十分残っているが――。

さて、その縁側だが、ここは今日の建築から省かれるほど、無用の長物だったろうか。縁側は、建物と庭との境界線で昔はいずれにも属さないところだったが、今は完全に建物の一部になっている。

ここは人を迎え入れるゾーンで、人を遠ざけたり拒絶する場所ではない。ドアをしめ鍵をかけて密閉する洋間の家とは違い、実にあっけらかんと開放する日本の住居の特徴だと思う。雨が降れば子どもの遊び場だ。慶弔には障子をはずして座敷の面積を倍にする便利さもあり、秋の陽ざしの中ではお婆(ばあ)ちゃんのサン・ルームになるし、隣りの奥さんとは、ここが簡易応接間に変わる。ツケ物を出してポリポリ食いながら、開けはなたれた庭を前に世相話に花が咲く。

そんな素晴しい生活の余分の場が、人の心にどれほどの豊かなゆとりを与えたか、今日のトゲトゲしい世相はすべて、縁側のような、余分なスペースを失った建物からくる、貧困な精神のなすところだと私は考える。

さて、その余裕とは何だろう。余裕は一口にいって文化を創るのだ。ユーモアもジョークもエスプリも、余裕というか生活の貧富にかかわりなく、心のゆとりから生じるものだろう。昔の落語だって、縁バナの出てこないことはない。1DKでは落語は作れないだろう。

こうした、人間の生活をより豊かにする心の大きさを先祖から教わってきた人間の智恵が、団地というか洋風まがいの中で、水洗とかガスとかドアとかのただ便利という文明に押されて、滅んでゆくのを我慢がならないのだ。文明と文化は違うのだ。

ついでに書くが、生きることに一見不要とさえ考えられるお芝居が、何故必要なのか、それだけでも、或る日考えてほしいと思う次第だ。

縁側にすゝきのゆれる月見かな

人間が月を征服するや、縁側の月見も花見もなくなって哀しいことだ。

# 第三章　ふと目の前に

# 父と子

中学生の非行は目に余るものがあるが、日夜新聞には〝親のせいか、学校のせいか、本人のせいか〟とうろたえたような論評ばかりが目につく。ただ時に気違いじみた少年の非行が大きく報道されると、すべての中学生がそうなのかと錯覚すらする。

私の家の犬が四匹の子を産んだ。それがみるみる大きくなって四匹がたわむれているのが可愛らしいが、この親とて決して甘やかして育ててはいないのを時に散見する。

躾という字は当用漢字から消えた。が何という良い字だろう、身を美しくで「しつけ」という。しつけでは湿気かと思うくらいだ。どうしてこんな素晴らしい字が消えてゆくのか、字と一緒に躾も消えたのか――。

私の友人、といっても古い学校友達だが、なかなか豪気のある奴だったFに何十年ぶりかで逢った。二人で一献傾けながら昔話に花を咲かせていたが、急に「君、一度家へ来てくれんか？」と真顔で言う。仔細（しさい）を聞けば、中学生の坊主がどうにもならんのだ。もう手のつけようもない。家内も私も匙を投げたんだ。でも学校へもちゃんと行かせなきゃならんし、君あたり有名人に一度説教してもらったら、少しは目がさめると思うんだが――これが彼の来宅歓迎の弁であった。

せっかくの話だったが、私は辞退してとうとう話は話のままで終わった。それから何年経ったろうか。二、三年だったと思うが、銀座の裏通りで偶然Fに逢った。

「どうした？」

「いや、相変わらずだ」

「じゃないよ、伜はどうした？」

「ああ、そうそう、うちの坊主ね、いやはや……ともかく一寸行こう」

と一軒の小料理屋へ入った。

「まあ聞いてくれ」――とてもじゃないが父親も母親も歯の立つような坊主じゃない。わしは大体黙っているが、母親は学校に呼ばれたりで、いささかヒステリックになってるし、困り果てて、わしは考えに考えたが何の妙案も浮かばん。で結局親が子とどんなつながりがあるか、これをわからそうと座敷へ伜を呼んだんだ。

そしてな、わしは着物を脱いで素っ裸になった。勿論下着も全部とって。お前も裸になれ――と伜に言った。いささか恥ずかしいんだろう、もじもじしておったが、終始わしは黙って伜を見ていた。いや、実は風呂へ二人で入ってと思ったんだが、これじゃわしの意味が薄れるので。そのうちあの悪たれ坊主がしかたなく着物を脱いだんだ。わしはこの素っ裸の伜を「来い！」と呼んで二人で抱き合ったんだ。

何一つ言葉はない。力一杯抱いたんだ。五分もたったろうか、わしの背中に温かいものが走るんだ。抱いた伜の奴が泣いているんだ。わしはうれしくてボロボロ泣いた。裸の親子が抱き合って泣いたんだ。そしたら、次の日からすっかり人間が変わってしまって、今は学校の模範生になって元気にやっているよ、と。

これは母と子の話ではない。父と子の話である。

## 木切れ

世相はキナくさくめまぐるしい。しかし季節は不順ながらも、ちゃんと桜を咲かせ雨を呼び、やがては燃えさかる夏日が射し始めることは間違いない。

西伊豆に戸田（へた）という有名な入江の港がある。水深百メートルもある天然の良港で、戦時中は潜水艦などの基地にもなった所だ。

夏の富士は倒れてくるほどに雄大で、松並木の向こうは田子の浦である。ヨットで夏を楽しむ私の好きな港でもある。錨（いかり）をおろして静かに満天の星の下で一杯やるのは、娑婆（しゃば）を離れた私たちの桃源郷だ。

二十年ほど前だったが一人の青年が小舟をこいでやって来て

「モリシゲさん、あそびに来ましたが、いいでしょうか？」

その黒い瞳に魅せられて彼を船上に迎えた。星の光が降る中で、この青年の話は私の胸をついた。

「森繁さんは神の存在を認めますか？」

あまりの唐突な質問に私は言葉を濁した。

「認めるかって、君はどうなの？」

「私は神の存在を信じています」

二十一、二歳の彼がキッパリと言うのだ。

この戸田の一帯が未亡人の町と化したのは、その四、五年前のことだ。マリアナ諸島を襲った台風が、気象通報の伝え違いで、突如漁船団の上を暴れ回り、百隻にも近い船が海の藻くずと消えた。その時十六歳で生き残ったのがこの青年である。丸二日木切れにつかまって海の上に生きていたが、やっと僚船に拾われて二時間ほどデッキで寝かされていた。その時夢の中で、お前のつかまっていた木切れを取りに行けとお告げがあったという。目を覚ましてあたりを見回すと、船内いたるところは死体の山だ。

油も少なくなってきたので、船長は見切りをつけて戸田への帰港の道をとっていたのだ。彼は即座に船長のところへ行き

「すみませんが、さっきの場所へ戻っていただけませんか」

「バカたれ、何をとぼけたことを言う。何のためだ。ホトケがもう匂いはじめてる!」

「私を救ってくれた、あの木切れを拾いに行きたいんです。あれは私の命の恩人です。船長! お願いします」

「お前を拾ってからもう二時間以上走っている。そんな木切れで無駄な時間と油が使えるか」

ケンもホロロの返事が飛んできた。それでも屈せず船長に食い下った。しまいには舵(かじ)をとる船長の足にしがみついて泣いた。約二時間――船長はふと足下の青年を見て

「大した奴だ、お前も。海の男だナ。よし、帰ってやろう」

素晴らしいシーマンの心意気だ。四時間帰って来たところを、また四時間逆戻りである。

八時間後、太平洋は夕陽が落ちて暗く大波がゆれていた。

「この辺だ。気の済むまで探せ。サーチライトもつけてやるよ」

そんな小さな木切れが大海で探せるわけもない。

ところがその光芒の向こうに筏が見え、何と六人の漁師がまだ救いを待っているのが見えたのだ。

## ふと目の前に

惜しい名優、井上正夫氏が健在なころ、昔の弟子がお部屋に参上して
「今日のお客は拍手が少のうございましたね」

「拍手をしているようじゃ、まだ感激が足りないのです。いい時はシーンとして手などたたきません」

こう言い切れる人は、そうざらにはいない。もちろん私もご多分にもれず、拍手が少ないと何とダサイ客だナ——とついつい口をついてグチが出る。

「屋根の上のヴァイオリン弾き」これも全国二十カ所を回った作品だが、実に多種多様、いろんなお客さまに出会ってきた。八百十五回、その間体調よく演ってこれたので、これが何にもましてありがたいことだと心に銘じている。

ほめてやりたいのはおのれの心身で、他人にほめられることは何一つない。ただこれも役者のつとめにほかならないと考えている。

四国・松山の公演では六時から十時。十時というと地方ではほとんど街は暗くなる。お城のそばの

公会堂で公演をし、終わった私たちがゾロゾロと出てきたら、楽屋から道までずっとお客様が立って拍手をしてくれた。ありがたくて一人一人丁寧にお礼を言ったら、何と私に手を合わせて「ありがとうございました」とお礼を言われた。長い演劇生活の中で、さまざまな讃辞をうけたが、手を合わせてありがとう――と感謝されたのは初めてのことである。この古い街のシキタリだろうか、うれしく清々しい気分にさせられた。

もう一つは九州のある街での公演だったが、かぶりつき、つまり一番前の列のことだが、実はその一列だけは舞台の私にもよく見えるのだ。二列、三列はとっても主役は目がゆかない。そのかぶりつきの真ん中よりに、一人のまだうら若い女性が下をむいて寝ている。みんなの目にも止まったのだろう、誰いうとなく

「そんなにねむたきゃ、家で寝てくれたらな」

「まだ寝てるのかい?」

「幕が開いてからずっとだよ、下向いたまま」

「けしからん客だな、なるべく舞台の前の方へ行って大きな声でセリフを言って起こしてやれ!」

皆、代わるがわる彼女の近くで舞台を強く踏んだり、大声でセリフを言ったが、観客としても一番前列で寝るのは私たちをバカにしているようで決して良い客ではない。

ところが、芝居がすんでアンコール。カーテンの幕が上がり、私たちが客席に向かってご挨拶をすると、彼女はやおら顔をあげた。

何ということだ!

彼女の両眼は閉じたままで、全盲の人であった。彼女は白いきれいな手をたたいて私たちに懸命に感謝のしるしを贈ってくれた。あまりの申し訳なさになす術もなく、私たちは涙ぐむばかりだ。ついにたまりかねて、私は彼女の前までいって、シャガミこんでありがとうございましたと、その美しい手を握った。

## 象牙の玉

〝愛もちょっと形を変えると醜いものになる〟

わたしのつたない経験からそう思うのだ。そんな例は新聞でいくつも散見することだが、ねじれた愛の糸もちょっとしたキッカケでさらさらともとの素直な糸にとけることもあるという話を書きたい。

「屋根の上のヴァイオリン弾き」では毎日のように自宅や劇場に声援のお手紙をいただいた。ありがたいことだ。そんな手紙に時に目がしらのうるむようなものもあって、こちらが目をさまされることがある。

五月上旬、劇場あてに一通の手紙がきた。

「わたしは実は離婚を決心しました。理由はあなたにお話しすることでもありませんので割愛しますが、この決心をするといよいよ気詰まりで、わたしはほんとに偶然に、このミュージカルをうさばらしに見ようと帝劇に入りました。

全く恥ずかしい話ですが、なぜでしょう。涙がとめどもなく流れてしようがありませんでした。妙なことをあなた様に誓うようですが、わたしは離婚を翻意しました。これから一生懸命主人に尽くしてゆくつもりです。妙なお話になりましたが、わたしの心の一つの区切りとしてこんな手紙をしたためました」

大体、以上のようなことが書かれてあった。

このミュージカルのどこが彼女の心を変えたのか知る由もないが、いつもブッブツ言っている主人公のテヴィエと、その妻ゴールデが、からかい半分に〝愛してるかい?〟と歌い出すところがあって、バカバカしいと横を向いていた妻が、ふと、こうして苦労して来たのは愛のしるしでないだろうか――と言って二人で抱き合うところがある。どうもここが彼女の心を打ったのではないだろうか。

夫婦――妙な関係だ。去年私たちは金婚式をやったが、金で飾られるほどすばらしい夫婦でもなかった。とかく夫婦は初夜の晩あたりに両人は溶けて一つの玉になった――とでも錯覚するのだろうか。そのへんからすでに双方に非礼の根瘤が宿り始めるのであろう。

夫婦とは象牙の玉みたいなものと思うのだ。あの玉突きの玉のように一点でしか接していないものだ。そのかすかな玉同士の押し合いや離れ合いが夫婦を形成するのだろう。中には玉突きのテーブルの中にいても、端っこに離ればなれで静かにおさまっているのもいるが。

思えば夫婦もしょせん他人同士である。そう書くと何となく冷ややかでよそよそしいが、親しき中にも礼儀あり――この古くさいことわざこそ、夫婦永劫の秘訣でもあろう。

急にロングフェロウの詩を想い出した。

わたしは天に向かって矢を射た
その矢が　いずれの涯に飛んでいったか知る由もない。
長い年月がたった。
わたしは或る日、
その矢を見つけたのだ
大きな樫の梢にくずれずにあるのを。

わたしは天に向かって詩（うた）をうたった
その詩が　いず地の果てに消えていったか知る由もない。
長い春秋が流れた。
或る日、
わたしはその詩を見つけたのだ
友の心の中に

愛とはきびしく、時に苦しく、また美しいものだ。

## 眼下の青ケ島

「青ケ島の生活と文化」という分厚い装丁の本が村役場から贈られてきた。これは青ケ島教育委員会の編纂になるもので、克明な島の生いたちや、風俗習慣が書かれている。パラパラとページをくるうち、はたせるかな私ども夫婦の名前が出てきた。

昭和三十五年頃か。私どもは銀婚式になったので、何か思い出になるようなことでもやろうと、熟慮の結果、かねて知りあいの横浜航空に電話をかけ、セスナを一機チャーター出来ぬかと頼んだ。知人のパイロット鎮目(しずめ)さんが出られて、二つ返事でOKということになった。実は我が家の上を一回りして伊豆七島、大島あたりで一泊、つづいて八丈あたりへ飛んでいただけぬかとお願いした。乗員はこちらは夫婦二人、向こうは鎮目さんと機関士と二人、ちょうど四人ということになった。もっともそれでセスナは満員だが。

機は心地よい爆音をたて羽田を離陸し、世田谷の上空へ。

「この辺です、いや、あの辺かな」

二、三回まわっているうちに我が家の真上に来た。屋根の上に子供たちがまたがって手を振っている。低空飛行をし翼を振って私たちは一路大島へ。

この飛行場に着陸して、いかにも自家用飛行機から降りた風でご機嫌、宿に向かった。明朝早く再び飛んで、式根、神津、三宅と島の上をかすめて八丈島の飛行場に降り立った。ご大層な出迎えをう

け宿に入ったが、その夜は島の人たちと宴会で、飲めや歌えの大騒ぎをしたが、町長の話で、

「実は青ケ島に三カ月も船が着けず島が困っとります」という話を聞いた。その頃は八丈の港も不充分なものだったが、青ケ島はなお切りたった山で、船着き場もなく、少し荒れると定期船は何もおろせず帰ってゆくという。

「主食のイモはありますが、昨日の無電では、甘いものや、タバコが切れてイライラしとるようです」という話に、私たちは銀婚式の記念に空からプレゼントしようということになり、鎮目さんに風が強いそうだが行けますかとうかがったら、大丈夫ですという返事だ。

その夜は大変だった。買い集めたキャラメル、タバコを五つの包みに作って、一つ一つに宿のシーツの古いのを貰って女房が落下傘作りだ。少しでも空気の抵抗を減らせばくずれまいと、しまいには大風呂敷も動員されて荷物はようやく出来上がった。

八丈の空は洋上遙か晴れていて、遠く青ケ島がかすんで見える。機はようやく島の上にさしかかった。機長は用心深く、この辺りというところをマークして三度ばかり低空飛行を試みたが、島の頂上は黒山のような人だ。

さあ、下をあけて下さい！　私たちは機の底をあけた。私の合図で落として下さい！　折角の落下傘はさしたる役目を果たさず五個の慰問品は急降下して島に落ちた。私たちはもう一度、翼をふりながら、島の人に挨拶をして、この孤島をあとにした。

それから半年、青ケ島の小学生からたくさんの作文が届いた。すべては純朴な喜びで一杯だったが、中に先月、島で写した映画の「ブンガワン・ソロ」（池部良、久慈あさみ主演）で、森繁さんは死ん

でしまったのに、まだ生きていたんですか？　などと可愛らしいのもあった。

昭和三十五年四月十九日、森繁久彌夫妻セスナ機で慰問品を投下——とある。

懐かしい話だが、あれから船着き場は出来たが、島は大して汚されもせず平和だと聞く。

なんと、あすこも東京都なのだ。

## 父の日

六月十七日「父の日」。

いつものように開演三十分前のベルを聞きながら衣装をつけていた。その時インタホンから、

「受付にお届け物が来ました」

私は父の日など忘れていて、何だろうと待ちうけた。それは一本のバラが手紙を添えて部屋に届けられた。

「わたしの大事なパパへ——。

父の日、ご苦労さまでした。

実はわたしの本当の父は蒸発して、母と二人で暮らしています。一昨日〝屋根の上のヴァイオリン弾き〟を拝見しました。わたしはテヴィエのお顔を見て、ほとんど泣いてばかりいました。きっと父もどこかで、あのテヴィエのように、わたしを愛をこめて見ていてくれているだろうと。たった一本のバラの花ですが、父テヴィエに贈ります。わたしもテヴィエと同じように貧しい家庭です。貧者の

一灯お納め下さい。

わたしのパパへ」

私は何か哀しみと一緒に小さな幸福感におそわれた。

こういった手紙が何千と来た。

「あなたを私にもパパと呼ばせて下さい。テヴィエの娘たちのように――。

私は韓国人の女学生です。家はお風呂屋をやっています。今は平和な家庭ですが、父や母からこのテヴィエのように、日本人から散々いじめられた話を聞きました。それに耐えて陽気に今日まで生きてきた父は私のテヴィエです。ありがとうございます。今日から私たちも〝サンライズ・サンセット〟を大声で歌います。陽は昇り陽は沈む、喜び悲しみを乗せて流れゆく――」

支配人は、これは世直し劇だ――というが、この中の父親像も母親像もさして日本の家庭と変わりがない。ただ、こうして親の思いや子の思いを芝居にしてみると、改めて人は感動を呼びさまされるのだろうか。

エドワード・オールビー氏はアメリカのハイクラスの作家だが、先日来日の際、日本の演劇人の前で「演劇とはアラームだ」と喝破した人だ。そういえば、いっとはなしに眠っている父性愛や兄弟の愛情や友情や、その他モロモロの基本的な人間愛は、ともすればチリアクタが積もってその陰に隠れてしまっているが、芝居はそんなものを吹き飛ばして、隠された美しいピンクの、しかもヒリヒリするような情愛を目ざましてくれるのだろう。

わが家の孫娘が五歳の時、劇中の「DO YOU LOVE ME? 愛してるかい?」を夫婦が歌うところで、母親の膝をつつき「ママ、どうして、うちもああしないの?」といわれ、喧嘩ばかりしていた両親は暗い客席で赤面したという。

最も普通のことが、今や珍しがられるのか、連日満員のお客はなべてこのシーンに盛大な拍手を送り、妙なうしろめたさを隠そうとするようだ。

## サタワル島

大きな環礁の中にあるサタワル島は、赤道に近く一切の文明から隔絶された大洋の孤島である。このサタワルから屈強な数名の若者が、沖縄海洋博にカヌーで表敬訪問するという話がきまった。いったんサイパンまで行き、パスポートを整えて一路大東島から沖縄へ入る計画が出来上がった。

実はこれを取材しようというサムライも出てきた。この人は北海の荒海やK2の登頂や珍しい映画を手がけている門田氏(竜太郎=映画監督)である。

「銭がないのであなたの船を——といいうと叱られそうですが、適当な船がなく、あっても相当高い料金を取られるので、これはやはり帆船にしようときめたんです。帆で走る船といえば、あなたのふじやま丸一本にしぼりました。ぜひ貸していただきたい。乗組員は船長以下こちらで集めます。ただ艇だけ貸していただきたい」

暗に、私どもには銭がないということだ。私もシーマンだ、二つ返事でOKした。艇は十五トンほどの食糧とフィルムを積んで総勢十数名がまずヤップ島に向かった。何の無線も入らず連絡が途絶え約一カ月、やっと父島にいるという知らせをうけた。やがてサイパン、ヤップ島と回り、いよいよサタワルへ向かったが、環礁に閉ざされ島には近寄れない。到し方なく沖合へ錨を打ってボートで島へ行ったそうだ。

文明から隔絶された島は驚くことばかりで、いわば原始共産制のような生活ぶりだったという。ただ男たちは毎日ブラブラして一向に働かない。早朝、ヤシの木に登ってビンをぶらさげることだけが仕事だ。三時ごろになるとそのビンの中のヤシの汁が発酵して酒に変わる。さすが赤道直下だ。三時にはその酒を集め、ニッパハウスへ男ばかりが集まって毎日宴会だ。この宴会が何とも楽しかったとクルーが話す。つまり酋長より大きな声を出すことはタブーとされているので、なんとも静かな裸の群れである。とても都会の人間には見定めかねる闇夜もあるが、そんな時にも狂うことなくコップ代わりのヤシの実に減っただけ酒をつぎたしてくれる。そしてやおら歌が始まるのだが、これが真っ暗な中でひとしおのものだったと。

まず酋長のところに、ナニナニの歌を歌ってもよろしいでしょうかとお伺いをたてると、やおら酋長が低い声で、よしとうなずき、

〽ああ堂々の輸送船……と歌い出す。ところが酋長より大きな声を出すことはタブーだから、次々に並んでいる連中が口を動かしているだけほどの小さな発声でつづくのである。

その大半は日本の軍歌で、一番から五番まで、一番もぬくことなく全部歌うのだ。

さてこのサタワルからのカヌーだが、一カ月かかって島で造られるのだが帆も接着剤もすべて長い島の伝統の中の遺産というか、所産なのである。

パンの大木を切って斧(おの)一丁で丸木船が出来てゆくのだ。

パンの大木は舟の舳(みよし)と胴と船尾と三つに分けて作られ、それをロープでしばり、島で作った糊でくっつけるのだ。いずれにしても水もれが激しいから六人のうち一人は四六時中水のかい出し係となる。帆はヤシの葉を長い間泥池につけて繊維を取り出し、これを編んで作る。舟の造りはどことなく釘を使わない飛騨の合掌造りに似た感じだ。

いずれにしても、島は人間が月へ行くのと大差ない大騒ぎで、いよいよ出港の時は全身に黄色い樹粉を塗っておまじないをし、祈りを捧げる。六人は家族や島の人たちに囲まれてただ滂沱(ぼうだ)として泣くばかりである。

船長はルパンという人で、この人はヤップ島の日本人小学校を出た人だから、伴走のふじやま丸との交信は十分である。

一週間近く、村の酋長、古老とルパンさんが首をよせてムシロの上に貝殻を並べ、航海の打ち合わせをしていた。これは島に伝わる極秘の作業とされているが、ふじやま丸のクルーに分かろうはずもない。

長さ約十メートル、幅一メートルのこのカヌーは、転ばぬように三メートルも張り出した腕木に小さな舟をつけている。この腕木の上に板を張り料理や食事をするのだ。魚も釣れば鳥も釣る。びっくりするほどのヤシの実が積み込まれているが、これが飲料水で、乾いた殻は焚きつけになる。

文明人がおどろくほど手際よく、この非文明人たちが舟を作ってゆくのだ。いよいよ海路の日和を期して舟出をした。ふじやま丸にはジャイロ・コンパスまで備えつけてあるのだから正しい進路は算定出来るが、あくまで伴走船としてカヌーの後方を行かねばならない。

なんということだ。コンパスも何も持たないカヌーは、一分の狂いもなくサイパンに向かっているではないか。ふじやま丸の船長は、その理由がとうとう解明出来ずじまいだったが、伝書鳩にも似た方向探知の能力があるのだろうか。太陽を見、星を見、片足で抑えている舵にあたる水圧もその計算の中にあるというが、船長ルパンの目に狂いはなかった。

全員は時に舟に身体をしばりつけて海の中で昼寝をした。これも脱水病から身を守る生活の智恵だろうか。いずれにしてもこのあたりは台風の産地だ。大きな波の背に今にもちぎれそうにカヌーが見える。こちらの船長が「カヌーの皆さん大丈夫ですか？」とトランシーバーで叫ぶと、向こうから「こちらは大丈夫ですが、ふじやま丸が心配です」と。こんな嵐を幾日も越え、二、三日海が穏やかになると、「魚も鳥も釣れません。何かおいしいものがあったら寄付してください」とルパン船長から要請があった。

ふじやま丸もサタワルで大半の缶詰を降ろしたので即席ラーメンくらいしかない。それでもいいだろう、ポリポリ食えば、とボートを降ろして届けると大喜びだった。翌日、すぐにカヌーからの声がして「昨日はご馳走さま。こんどいただくときは、お湯とドンブリ鉢を貸して下さい」

これにはふじやま丸の全員は顔をあからめたそうだ。

しかし、サイパンからの出発は慎重だった。おまけにパスポートが何度もやり直された。首や頭に貝殻を飾って写真を撮ったので、この飾りを取れといわれて島の勇士はあぜんとしたのだ。

この台風の本場は文字通り十数回も荒れに荒れて、舟も船もともに大波に翻弄されたが、そのあとの凪には両船とも力が抜けたようにホッとするのだ。

ふじやま丸では、たまには冷たいビールなど喜ぶだろうと、

「ルパンさん、今プレゼントを差し上げます。期待していて下さい」

ふじやま丸からボートが降ろされて、缶ビールが六個、カヌーに届けられた。

さあ、それが大変なことになった。

赤道直下の連中だから、熱いことは慣れているが、冷たいものは島の清水ぐらいで、手を触れただけで飛び上がるほど冷えた缶を、彼らは額に当てたり、手の上で転がしたり大騒ぎになった。氷など見たこともない連中だ。冷感に欣喜雀躍したあとこのビールを飲んだ。よほどうまかったのだろう、次の日も次の日も「ビールを歓迎します、どうぞ、どうぞ」とふじやま丸のトランシーバーは鳴りも止まなかった。とうとう船長が
「皆さん、冷たいビールは沖縄に着いたら、頭からバケツでかけてあげます。そのためにも頑張って下さい」

一説には、彼らはビールを飲みたいばかりに沖縄へ行ったといわれたくらいだ。

さて、その日、沖縄は十六度と予想以上に寒い日だった。赤道の彼らはこの十六度が地獄のようだと震え上がった。それでも裸に、真新しい色のフンドシをしめ、サタワルの勇士といわんばかりに堂々と海洋博の砂浜へ上陸した。

なかには十六度の寒さに歯をかむので、歯の折れた勇士もいたという。初めて見る文明の国である。彼らは到着早々パーティーに出るので衣服を貸与された。初めて着る上下の洋服は、よほど着心地の悪いものだったろう。裸の民は始終もじもじして落ち着かない。ルパンさんは宴席の中央に出てご挨拶をした。

「私は船長のルパンです」

きれいな日本語である。

「アルセーヌ・ルパンという有名な人がいますので、私はルパンと呼ばれて喜んでいます。でもほんとうはルパングでございます。本日初めて沖縄にカヌーで参りました。うれしいことでございます……」

アルセーヌ・ルパンも知っているのだ。しかしそれとは別に文明から隔絶されたこの島で、これだけの舟を造りそれを操作して大洋を乗り切り目的地に着く。私はここに偉大な島の文化の結晶を憶(おも)うのだ。限りなく人智は延びて、まるでこの島は取り残されたような気がしていたが、どっこい、この島の住民たちは地球の上で最高の楽園を作り住んでいる人たちではないかと、つくづく思わされたのである。

## 前後際断

かつて、ある放送局から一年ほど「今晩は　モリシゲです」という番組をやっていたことがある。

これは、全国からもらった〝苦しみを克服した手紙〟を私が読み、寸評を加え、それに対してその人の家に津々浦々から激励の手紙を送ってほしいというプロだった。

はじめは二、三百の手紙が本人あてに来たそうだが、何としまいには平均三千通がきて、毎日お返事を書いても十年もかかりますと、ありがたいが降参するという便りも来た。

例えば「ボクはあと一カ月も生きていない業病の青年です。医者も親も知っています。でも何かすることがあるだろう――と思っていたところへこの放送を聞きました。今、死にたいと思う人、自殺以外に方法はないと考えている人があったら、死はボクの方が引き受けますから、どうか元気を出して突き進んで下さい」と。

この少年というか青年のもとへは、三千通あまりの激励や、死を思いとどまった人たちの手紙が来たことが、のちに知らされた。

道元の言葉に「前後際断」というのがあるが、苦しみの両側を切ってつなげば何ということはない、と私なりに勝手な解釈をしたが、その苦しみのピークの中で、実は己れを失ってしまうのが私たち弱い人間なんだろう。

この放送の最中に北海道の老婆から一通の手紙がきた。

私たち老夫婦は、昔、屯田兵のころにエゾに渡り、何となく夫婦になった者ですが、以来五十年、二人で営々と働き今はちょっとした牧場を持っております。実は子供がないのでこれを道庁に寄付して、近くに隠居しようとジイさんと話していたのですが、近所や牧場の働き者たちが、もらい子をしろとしきりにすすめるのです。でも私どもは子供を育てたことがありませんので、何度も躊躇しましたが、とうとう十五歳になる男の子をもらう決心をしました。私たちは初めての子を迎えるのに粗相があってはならぬと一部屋を造り、暖房から冷蔵庫まで出来るだけのことをして跡取りを迎えたのです。

ところがはじめはおとなしかった子がそのうちにタバコをのみはじめ、やがて酒をおぼえ、あまつさえ女を入れてどうしようもない人間になりました。でもすべては私たちの愛が不足だからだと、ジイさんも我慢に我慢を重ねていました。

十八になったころ悪い友達と一緒に札幌かどこかへ出かけて行って一週間目にやっと帰ってきましたが、なんだかフテクサレた顔でした。金庫の金も持ってゆかれ、ホトホト弱っていましたがそれでも黙って辛抱しました。そのうちサイロ（馬草入れ）に火をつけたりしました。

さすがのジイさんも堪忍袋の緒が切れ、首筋をつかまえ、はじめてその子をなぐり飛ばしました。そのとき初めてその子の目からハラハラと涙がこぼれ「お父さん、ボクははじめて親の愛を知ったヨ」と言いました。その子が今、牧場をやっています。一度ご来道下さい――と。

その親子の両眼から流れた涙こそ真珠の玉であったろう。

## 面映ゆきこと

私の生涯の中で一番面映ゆいことは、知床のロケーションで一夜漬けでつくった村人との思い出の歌「知床旅情」である。それがそのままその地に埋もれてしまえばさほど気にすることはないのだが、今や全国はもちろん、世界の各地で演奏され、歌われていることだ。

何が当たるか分からぬものである。なべて素人の時代といわれるゆえんでもあろうか。

その次に面映ゆいものに、高校の校歌を作ったことがある。さしもの厚顔の私も再三お断り申し上げ、そのニンに非ずと校長に申し上げたが、たっての頼みというお話にいい気持ちになったのが、私の恥のカキ残しになったたという次第。

そこは大阪府立八十何番目かの盾津高等学校からである。当時の校長先生は市川速男氏というすぐれた学者であった。その方がわざわざ拙宅まで出向かれ、丁重なお願いを述べられたのに誠に恐縮して、出来るか出来ないか作ってみますとお約束した。

この校歌が曲がりなりにも出来たので、今度初めて三年生を送り出すという学校に「惜別の譜」というのをもう一つ作って差し上げた。

私どもは大阪での「屋根の上のヴァイオリン弾き」の公演を機会に、座員十数名で盾津高校を訪れた。生徒と父兄の嵐のような歓呼の中で私たちは体育館に入った。何と、そこには六局もテレビ局が来て大騒ぎである。

〽あれぞこれぞと思い出の
語る言葉もとぎれがち
何ゆえたぎるこの思い
盾津の里の花吹雪

これは「惜別の譜」の三番だが、生徒たちの目に美しい涙が光った。もちろん歌っている私たちも、胸一杯に青春の日の感動を味わったのだ。

さて、それから何カ月が経ったろうか、盾津の高校生が、南の盛り場でヨタモンにからまれたことがあったそうだ。

「お前らドコの学校や」

「ボクら盾津です」

「えっ？　そんな学校知らんナ、どこやて？」

「生駒の近くの盾津高校です」

「ああ、森繁が行ったとこやナ。テレビで見たワ。よし、今日はカンニンしたる」

思わぬところで効果があるものだ。

私は夏がくるたびに、盾津高校が甲子園球場に選ばれてこないかとしきりに待つ。もっとも勝ってくれなきゃ、私の歌は甲子園原頭に響くわけはないが。

再度、大阪公演の時には、この高校の全生徒が観劇に来た。そして千五百人の作文が届けられた。

「梅田コマ劇場なんて、おじいさんやおばあさんの行くところと思っていました。そのうち劇が始まって僕らはシンからびっくりしました。こんな感激は初めてです」

「僕はこの芝居を見て考え直すことがありました。恥ずかしいから書きませんが、父ちゃんや母ちゃんにも観せたいと思います……」

高校生はすべて多種多様のカレンな花々だ。もろくも散ったり傷ついたりする。

## 知床旅情

晩秋の知床を旅した。

シレトクというのが正しい。アイヌ語で〝地の涯〟を意味するのだが、知床のアテ字には恐れ入る。ここは、かつて「地の涯に生きるもの」という映画で、三十年近くも前に、冬季と夏の二度のロケーションで純朴な方々に大迷惑をかけたところである。その頃、冬季は斜里側、つまりウトロの村から反対のラウスまでは横断は不可能だった。それでも私たちはウトロからラウス岳の見えるあたりまで雪の中を歩いて橇（そり）を引きながら撮影をしたのだ。

あれから数年を経て、いかにも映画の完成を祝うように知床は国立公園の認定をうけた。そして間もなく難行に難行をかさねた工事が続けられ、十八年ぶりに、つまり五十五年、ラウス、ウトロ間の知床横断道路が完成したのである。

私は今年五十九年、初めてこの道を走ったのだ。国立公園指定二十周年記念で。

あと十日ほどで、この道は遮断される寸前での旅だったが、残念なことにこの道は一年に四カ月しか開通しない。六月十五日頃から十月十五日頃までの短い命だ。しかも七、八月の夏季はガスが多くラウス峠の頂上では一寸先も見えないことが多いという。だからこの雄大なクナシリの全貌もなかなか望めないのだ。この地一帯、クナシリ、エトロフ、シコタンからの引揚者が大半だが、実はこの人たちの心根に同情しているかのようだ。

私は幸せ者だった。スカイラインに出ると凝然、眼下にクナシリの大きな島がヌーヌーと横たわっているのが見えた。遠くエトロフまでも見わたせるようだ。その碧い海の狭間にラウスあたりの漁船が四、五杯、恐るおそる漁をしているのが見える。この海は真中に見えざる日ソの国境線があるのだ。

案内の人はクナシリの引揚者だという。

「あの山の斜面に、私ども祖先の墓があるんです。ジイさんやバアさんはどんなにか淋しかろう思うが渡航が禁じられています。全くアズマシクないですよ（アズマシクないとはよくないの意だ）。夜になると強力なサーチライトでソ連の艇がこちらの沿岸をネメまわします。どんなに小さな舟でも見つかれば、快速艇が飛んで来て、ウもハもなく拿捕されます」

私はこの地に来ていつも思うのだ。

ここでは未だアノいまわしい戦争は済んではいないことを。

山肌は美しい紅葉だ。ホームスパンの布地を織っているようだ。這い松の常緑にナラの黄、点々と真紅な山うるし、これがたった一週間の見頃だが、この時期を逸して値打ちはありませんと、コンコンといわれた。むべなる哉、ここは文字通り錦繡の秋である。

思えばロケの頃は私も若かった。

見はるかす白一色のこの山、この海、その白い粉雪の上を橇を引いて走るのだ。とくに白い海の上は村人たちの止めるのも聞かずに出たが
「あすこは風の具合でクレバスが出来ますから、氷の薄いところもあるでナ、止めた方がいいぞェ。

海へ落ちれば二、三分で死にますわ」

あの時は幸いコト無きを得て、今日再度の訪問となったのだが、オシン・コシンの滝のある高い山の端から海の上へ橇を下ろすところなど、思えば今でもゾッとする。草苗光子扮する病妻のおカツを斜里の町へ運ぶシーンにとうとう監督も、人形でやろうと納得した。

オシン・コシンとは松のあるところというアイヌ語だが、いつかここにもアイヌの娘とシャモ（日本人）の若者との悲恋の物語が出来ている。名所と名産は人が造るものだ。

今日のオホーツクは波静かだ。遠く宗谷までも見えるようだ。この碧い海の底に鮭が群れており、ついでにソ連の原潜も遊泳している――とか。

## 漢字の匂い

「屋根の上のヴァイオリン弾き」。

連日の満員で花を飾り「おかげで八丁飢饉（ききん）ですワ」といわれた。八丁飢饉というのは川口松太郎先生の「鶴八鶴次郎」に出てくる言葉で、二人の流す三味線と唄に聞きほれて、寄席の客が薄くなった、というところのセリフにある。

すでにこんな言葉も風化したかに見えるが、最近推薦文を書かされた『漢字を遊ぶ本』という藁谷久三氏（ワラガイ・ヒサミと読む）が書かれたポケットブックは、東大文科出身のせいもあろうか、なかなかうがった本である。

ためしにその一節を引用すると

破落戸　朴念仁　吝嗇坊　腑抜け　虚仮　戯け　粗忽者　素寒貧　穀潰し　埴猪口

サラリーマンの中村さんはある夜、酔っぱらい同士の喧嘩にでくわし、相手を罵倒(ばとう)する言葉の多さに驚いた。家に帰ってきて調べてみて中村さんは感心することしきり――と上欄に出ている。さて皆さん全部読めるかな。

ゴロツキ　あるいはナラズモノ　ボクネンジン　ケチンボウ　フヌケ　コケ　タワケ　ソコツモノ

スカンピン　ゴクツブシ　ヘナチョコ。以上為念(ねんのため)。

こんなことが一ページずつ大きな字で出ている。楽しい父子の語らいも生まれると思う本だ。

日本語を片仮名や平仮名で書くことが一時流行したが、何とも味けないものだった。漢字の中には長い歴史の匂いがある。

私は、今はすたれた故事成語など好きだ。シャレた言葉がいっぱいあるのに、今は廃語のようだ。落花狼藉(らっかろうぜき)など一言で片づけられるものが、口語体にすればなんともサマにならない。切磋琢磨(せっさたくま)、隔靴掻痒(かっかそうよう)、寸善尺魔など、この字以外に言いようもない。そんな当を得た四字が雲散霧消してはいかにも残念だ。

今は平気で間違ったまま読んで、致し方なく慣用読みなどと断ってウソを言ってるのも恥ずかしい話だ。それを本当の読み方をすれば世間のモノ笑いにもなる――とはまことに奇妙なことだ。

紙数に限りがあるので、その例は二、三にとどめるが、新聞のデスクの方でもこの本を読むと、ウームとうなることがあるだろう。

上は本来の正しい読み方、下は慣用読み。

情緒（○ジョウショ　×ジョウチョ）、截断（○セツダン　×サイダン）、消耗（○ショウコウ　×ショウモウ）、毛があるのでモウと読むのだろうが正しくは精神耗弱（セイシンコウジャク）といっているではないか。堪能（○カンノウ　×タンノウ）、稟議（○ヒンギ　×リンギ）、会社もリンギ、リンギとウソを言わしているのがおかしい。

それにしても□肉□食と出た入社の試験問題。弱肉強食が正しい答えなのに、焼肉定食とはあまりうまいので○をつけたという話を聞いたが、大国主命（おおくにぬしのみこと）をダイコクセイメイと保険会社にしたのは、笑えぬ現代人のエスプリとでも言うべきか——。

## 幕間

私は作文を本業としていない。

余業といってはいささか不真面目に聞こえそうだが、いずれにしても芝居の合間にこれを書いてきたことは事実だ。

どういうものだか、わが家では何としても筆がすすまない。書けないというより書く気にならない。この身体が、あるいは心が、ここは安息するところだと長い間言いきかしてきたのかもしれぬ。

私は出来るだけ早く楽屋に入る。あれは妙なもので、楽屋口で名札を赤から黒字にすると、ここは働く場所と誰かが私にささやくようだ。さて楽屋で洋服を脱いで机の前に座ると、ちゃんといつでも原稿用紙が出ている。一服すうとエンピツを取って何となく書きはじめる。そうなるとますます考えが凝集されて筆がすすみはじめる。忙しいほどいい。

　考えてみると、どうもこれは一種の緊張感からくるようだ。

　一応実験もしたのだ。わが家でも書いてみた。喫茶店でも、あるいは私のボートの中でも――。ところがどこもここも、書きはじめてはみるのだがすぐ気が散って、ほかのことに思いが浮かび、チョロチョロどうでもいいようなほかの仕事に気が散り、手が出てしまう。つまり緊張が生まれないのだ。だからやはり素人なのだろう。

　芝居の始まる前、それから幕間の二十五分、そして終演後の三、四十分、私の一番調子のいい時だ。すると、友達が私に言う。「よくまあ、今まで芝居をしていて……。汗ふいたら今度は原稿かい、じゃ両方とも真剣じゃないんだナ」と。別にムキになって言いわけもしないが、芝居を一生懸命やってくると書く方も調子がいいのは本当だ。この思考の転換が、きわめて私には衛生的なのだ。

　こう書いてくると、ひょっとして私から芝居をとり上げ、一切の仕事をなくしてしまったら、何ともズボラなボケとなり、どうしようもない人間になるような気がしてならない。

　それはさておき、これまでのところを読みかえしてみると何ともウマくない文章だ。これも言いわけがましくなるが、人のステキな文章にでもふれて、何となく……そんなことをテーマに書いてみればもう少しマシなものになっただろうが、私には到底できない相談だ。まもなく自滅するド素人なのだ。

　どんなことでも、私の身体や心の中を通ったことでなければ書けない男である。つまりフィクションのきかない貧困な三文文士であることはいなめぬ。

思えば二十年ほど前、一冊の本を書き上げて川口松太郎先生のところへ持ってゆき「どうでしょうか、これで文芸家協会に入れていただけませんか――」と半分シャレで言ったが、「五冊書きなさい。その時考えるから」で引き下がったことがある。それがいつの間にか五冊くらいになったころ、本当に協会に入れていただいた。そのころ、新聞や週刊誌では一枚千五百円かいい時は二千円もいただいた。それが何と一枚七百五十円に値下がりした。それでも協会側では助教授なみに扱っています、と。

## 年齢

戦い済んで日が暮れて――じゃないが、長かった四カ月の公演が終わって呆然自失の態だ。何をする気もなくテレビなどつけて相撲を見ている。

牛のような巨体が一気に小男を土俵外へ押し出した。アナウンサーも、解説の親方も感心したような絶讃だ。「いい相撲でした。大した押しだ。この関取りの持ち味を十分感じさせるものでした」

私は不満だった。

いい相撲とも、いい力士とも思えぬ。ただ力が違っていただけだ。相撲も四十八手があると聞く。何の手もない、ただ力まかせの電車道は観客の失望をかうこともある。鷲羽山や保志がいい。あの力士たちには、小兵の故か、ひとくせもふたくせもあるからだ。

それにしても短い天分だ。いつの間にかどんどん相撲とりの顔が変わってゆく。もっとも最近の夕レントよりは長いようだが。これはまた、名前をおぼえるひまもないうちにブラウン管から消えてゆく。昔、私はタレントと競馬ウマ——と言ったが、まだ年ごとに変わる馬の、あのデタラメみたいな名前の方がおぼえられる。もっとも馬の方は金もかかっていることもあるが、すぐにも草競馬に落ち、間もなく乗馬クラブや富士山あたりに売りとばされて、そこで小さな花を咲かすのだ。

私の友達に輪島という一世を風靡(ふうび)した横綱がいる。彼は大学を出ているせいか、あまりタニマチになびくところがなく、どことなくアマチュアのスポーツマンという気風があって仲よくした。これが因習の相撲界のなかでは、良くもあったが悪くもあったようだ。この縁を機に故人となられた花籠の親方に面識を得、よく一献かたむける機会をもったが、私はこの優秀な関取りを輩出した親方の人柄にひかれた。

「まだまだ学生気分がぬけない男ですが、よろしゅうお願いします」

言葉は少ないが、やさしく、そしてどこか動かせぬきびしさがあった。

輪島は横綱のくせにまだどことなくけむたいのか、急いで二次会、三次会に私だけを誘った。どこの店に行っても、三十歳と七十歳には見えない。そういえば相撲取りは総じてフケて見える。よく釣舟を出して海の雑魚(ざこ)釣りに行くが、たいがいは名人の老船頭に頼むのだ。これが何かの話で「おじいさん、あんたいくつかネ?」

「わしゃ、ハッハッハ　六十五かな六かな」といって私を改めて驚かす。私より若いとはどうしても見えないのだ。

毎日、太陽にさらされて仕事をする人たちも総じてフケて見える。スポーツマンも仕事となると相撲のようにフケてくる。はげしい運動は人間の年齢まで繰り上げるようだ。

そういえば、アフリカのライオンなど、日がな一日木陰で寝ていて、ラジオ体操なんかしない。人間も長生きのコツは、隠花植物みたいに銀座の酒場あたりで暮らしているのが最適なのではあるまいか。

## 白寿

上がったような上がらないような梅雨に、それでも庭の草木は蘇生したように息づいている。先夜のドシャ降りにはわが古屋も雨もりがして洗面器を随所に置いた。名句通り〝たらいに雨を聞く夜かな〟であった。

八月七日が立秋であるのに、どことなく窓から入ってくる風が秋の気配で七月（ふづき）にふさわしくない。どうしたことか蟬の声がとんと聞こえないお盆である。

先日仙台の友から「屋根の上のヴァイオリン弾き」の八百回を超したことを記念して〝源氏かつら〟というアフリカ産の大鉢を贈られた。

外国名を調べてもらうとクレロデンドラム・サムソニアンと一口でおぼえられぬ小むずかしい名前がついている。白いブーゲンビリアのような花の先だけ深紅の花弁がいじらしいように美しい。まったくいつまで咲きつづけるのか。実はもう少し前にこれもいただいた、ネムの木のやわらかい毛のような扇形の花にも心ひかれたが、いかにも花の命が短いのが残念だった。花それぞれに短命長寿があるのも面白い。

私の所属しているクラブに九十九歳の長老が元気に顔を見せておられた。この方は渋谷澄（きよし）さんとおっしゃって、ある日、私の義兄と明治の頃、ともにロンドンに留学されたことを知り、親しくお話をさせていただいた。頭もシャキッとしておられて、目も耳も何のご不自由もない。タバコもすわれるので頼もしかったが、私はこの方と一緒にいると三十年も年が違うので、まだ若いんだ——と自分にうなずかせることが出来て、それが何よりありがたかった。

そのご老体も、つい先日百歳を待たずして白寿のまま逝ってしまわれた。風邪が原因だという。生前、この方の毎日のご様子をうかがったが、ともかく一日に十四時間床におられたそうだ。

「八時には寝るんだよ、それから翌日、午前十時に床を離れるんだ。そう、朝四時には目がさめるが、それでもじっと寝てるんだよ。早く起きたいと思うんだが、ウロウロすると邪魔だからね。七時や八時ごろは孫や曽孫は学校へ行くし家の中が一番忙しい最中だ、なるべく年寄りは遠慮していなければ家の連中にも悪いからね」

これはまことに、いやよもやのことではない。年寄りの生きる道を聞かされて、長寿の秘訣もさることながら、長寿の生きざまは誠にむずかしいものと拝察した。

日清戦争、日露戦争、第一次欧洲大戦、日支事変、日米戦争とこの人の百年の上を日本の身ぶるいするような国難が通りすぎていったのかと思うと、貴重な記録保持者を失うようで哀惜の念しきりなものがある。

世界一の長寿国、やがて卒寿、白寿もすぎ百十歳の方もふえよう。百十歳は何と呼べばいいか、ヒャクトウバンの祝いもおかしい。その前に百一歳のお祭りをつくるのもいいと思う。

## 裏方さん

孫をつれて、久方ぶりに動物園に行った。私も見ていないので、パンダなるものをトクと拝見するつもりだった。ところがどうしたことか、いや当たり前なのだろう、パンダは満員でとても近づけそうもない。致し方なくライオンでも見ようとそのオリを訪うた。ところがここも残念なことに、肝心のライオンが穴に入ったままでずっと出て来ないという。子供たちは口々にライオン、ライオンさーん——と叫んでいるが、旦那には一向通じない。係がおそるおそる、

「実は、今日は日曜日で子供たちも大勢来ております。ちょっとお姿だけでも見せて下さい」

といっても、ライオンは一言の返事もなく寝返りをうつぐらいのものだ。

私はつくづく、こいつは百獣の王だと感心した。たとえば私など、客席は満員です、三十分前です——といわれると、喜び勇んでいそいそと身支度をととのえ、舞台へおりてゆく。ライオンなどから見れば笑止千万なことだろう。一度はライオンのように百獣の王風なふるまいなどしてみたいとは思うが、ライオンと私では生活条件が違う。片やさぼっても文句はないが、こっちはクビだ。

あわれ人間よ。一介の役者よ。私にも少しばかりのプライドはあるのだが、それは板(舞台)に乗っているその瞬間だけである。

私どもはいわば個人営業でもある。大勢の人間と組んで一カ月の公演をもつ。そしてその劇場には

表、裏方と二百人以上の人間が勤務しているが、どちらも密接な関係がありながら純然たる他人同士で、役者は個人として契約をしているに過ぎない。もっとも松竹の歌舞伎、新派では少しばかり様子が違うようだが、私どもの場合は一匹ずつ入っているかごのキリギリスみたいなものだ。

私が舞台で働く場合に一番密接な関係のあるのが床山（かつらを作り、それを頭にのせてくれる人）、衣裳係（専門の係と演出家とが膝づめで相談して衣裳が決まると、この係の人が毎日着せてくれる）。私の場合は床山に秋葉文清（六十何歳かである）、衣裳は荒井美代（六十五歳）の二人である。ともに三十年近い無二の恩人だ。とはいえ、私がお給料を払っているのではない。しかし一番よく私を知っている人で、この二人が何となく機嫌がいいと、おおむね芝居は成功しているようだ。

はげしい踊りを踊って、私がハアハア言っていると、ソデあたりから手が出て小さな金粒の薬がくる。私はその心臓の薬をなめて、まるで拳闘のインタバルのようにわずかの休養をしていると、こんどは小母さんは背中をさすってくれ、私がうれしい時には、私を見上げ、あの可愛い眼から涙が流れるのだ。

この二人は過ぎず控えずで、ちゃんと仕事をして一切の私心をはさまない。この人たちがいなければ、私の舞台はないのも同然だ。みんな仲よく年をとってきた。ただ私は客に見える者、他はかくれた大きな縁の下の力もちである。

## 行春哀歌

よくもまア、舌足らずみたいな変な歌を、唄う方も唄う方だが、聞いている方も聞いているものだ。この十日ばかり見るともなしにテレビの前に座っていたが、洗練されたものがまことに少ない。これも大正生まれの年寄りのグチに違いないが、大正初期というか明治に一番近いせいか、このところ世の中のことが半分以上気にくわぬ。

〽アホがソラを見てた……

何だこれは！　というと、孫が〽青い空見上げた――ってエのヨと私をたしなめる。もっと歌詞をはっきり唄ってもらいたい。そして夜もふけると――別に性風俗を全面的に否定するほどヤボじゃないが、公器もヘッタクレもない。いやしいほどのコビたる様、もう少し智恵があってもよさそうなものだ。

じゃ大正人よ、あんたはどんな歌ならお気に召すのか、とひらき直られても困るのだが、あえて私の愛唱歌を一つ書いておこう。

行春哀歌　　　　（作・矢野峰人）

しづかに来れなつかしき
友ようれひの手を取らむ

くもりて光る汝(な)が瞳(まみ)に
消えゆく若き日はなげく

われらが影をうかべたる
こがねの盃(つき)のうま酒は
見よ音もなくしたたりて
にほへるしづくつきむとす

げにもえわかぬ春愁の
もつれてとけぬなやみかな
君が無言のほほゑみも
見はてぬ夢の名残なれ

かくもしづかに暮れゆくか
ふたつなき日のこのいのち
うたへるひまもひそびそと
うするる影のさみしさや

ああ青春は今か行く
暮るるにはやき若き日の
うたげの庭の花むしろ
あし音も無き時の舞

友よわれらがよき夢の
去りゆく影を見やりつつ
わかれの酒を酌みかはし
わかれの歌にほほゑまむ

古いといわれれば一言もないが、大正のセンチメンタリズムにはすぐれた美しさがある。矢野峰人、先生は明治から大正、昭和にかけての文学者であり、詩人である。この先生が三高の時に作られたのがこの「行春哀歌」である。

これは当時流行した与謝野鉄幹の「妻を娶らば」の節で歌われたのだが。一度バーやクラブで歌ってほしい。現代の女性の心にどうひびくか、時には意味を教えながらがいいだろう。

これを新聞に載せた時、矢野先生からご書簡をいただいた。ご健在で、実は私の近くにお住いだった。今年九十一歳のご高齢だがご健勝を祈るばかりである。

## 総合芸術

本音と建前、表と裏というように、世の中のことは目の前の顔だけでは分からないものだ。

別に水をさすつもりではないが、現在活躍中の役者、タレント、もちろん歌手もそうだが、客を前にしての顔と比べてウチ面のウンと悪いのがいる。過半数が人気をバネにして、何とも鼻もちならぬ人間と変貌して、風を切って歩いてひっくりかえりそうなのが多い。仲間からはもちろん裏方たちからもケンもホロロの罵倒(ばとう)を浴びているのを本人は知ってか知らずにか——。

これがあまりにも高じると、テレビ会社が、内輪からのつき上げもあり、申し合わせてその男を、女をボイコットするのである。出演拒否だ。おろかなのは本人と、それを囲むプロダクションだが、エバっている彼の回りでは今に見ておれ、ホされるぞとうそぶかれているのだ。それほど、非難の声があるのを時には反省してほしいと気をもむのである。

客は知らずに見ているが、あんな虫も殺せぬ可愛い子の裏側は、ちょっとでものぞけば風船のしぼむように人気がいっぺんに抜けそうなのがいっぱいいるが、実はそんなオゴリたかぶりも、よくテレビを見ていると視聴者の方にも分からないことでもない。

芝居にしろ映画にしろ、テレビも含めて、役者は全身をさらしているのだ。心もまる見えである。だから人間の陶冶(とうや)が、その人の売れるのと同時に並行して必要なのだ。

上手な役者だが、永遠に客から離れていて、どうにもしっくり皮膚のふれ合いの出来ない役者がいる。が、もっともそれでよしとした劇団もあるのだから一概に役者ばかりを責めるわけにもいかない。人間をうぬぼれさせるものは一体何だろう。かってたくさんの俳優諸君に書いてきたことだが、

「拍手は人を成功にも導くが、時には堕落もさせる」

聞いた風なことをいうなと言われそうだが、私の回りには素晴らしい俳優でもありまた人物でもある女性や男性もいる。私は静かにその人の一挙手一投足を拝見しながら、この道のむずかしさや、己れの反省の材料としている。不逞（ふてい）な輩（やから）に芸術など生まれるわけはない。また媚（こび）を売りすぎるものにも生まれないだろう。

いずれにしても、俳優はどこか可愛くなくては花もないことになる。

昔、私が映画に出始めた頃、次は私のアップで予定の位置に立ったが、根がオッチョコチョイ、あっちへ行ったり、こっちへ行ったりして、ほんのわずかな時間もじっとして居られぬ性格、突然大きな声が聞こえた。

「森繁君、少しじっとして居れんのかね、君の顔を撮るために、全員が動いているのだ」

このカメラマンの一言は効いた。あなたのために全員が動いている。まことにその通りだし、そこに思いを持ってこその総合芸術であろう。なればこそ故意に嫌われる必要もあるまい。

## 虚技

五十年も役者をやっているが、虚構の中の虚技は、ほとほとむずかしいものと知らされる。これは

私たち現代劇をやっているものばかりでなく、歌舞伎の世界も同じだという。

例えば遊廓やお女郎が出てくるが、今の若い役者はそんな場所を知らない。その遊びの風情を教えても、何とも様にならないと梨園の老優は私にこぼした。

さて、話は変わるが昭和十三年頃、亀井文夫監督の「上海」という記録映画があった。別に上海陸戦隊という劇映画もあったが、「上海」は実録である。これはいわゆる蘆溝橋事件に端を発した戦争で、名古屋の部隊が主になって呉淞（ウースン）に上陸した。が、呉淞砲台からめった撃ちに撃たれた銃砲撃で、五万の将兵がその命を失った有名な戦いである。われらの先輩友田恭助氏（新劇俳優）も工兵として上陸し、写真を撮られた五分後に戦死されたと聞く。

この記録映画「上海」は、一般の人にも見られることになったのだが、実は私は映画館の中で眼をさまされるような一瞬を見たのだ。一人の生き残った兵隊が、日本から激戦地を視察にきた政治家や、もろもろの人たちを案内して来るシーンがあった。

あの激しい弾丸乱射の屍（しかばね）のあとも静まって、打ち寄せる波が死者への鎮魂の歌を奏でているその浜辺へ、見学者の群れが到着し、その一人の生き残った兵隊の説明を聞いている。

と、突然その兵隊が皆の見ている前で、自分の足もとの砂をつかんで、いきなりクリークにぶっつけて叫んだ。

「バカヤロウ、ここで皆、死にやがったんだ！　みんな……」

この絶叫する実写に、私はもちろん全観客が総毛だった。こういった迫真の姿を芝居で私たちが創造出来るだろうか。

私どものつたない演技では、こんな絶唱は生まれない。せいぜい直立不動で「皆さん、ここであの友、この友、戦友のほとんどが息絶えたのです。どうかご一緒に冥福を祈ってやって下さい」と深々と黙禱をするぐらいだろう。

この砂や石をぶっつけた兵隊の感情のたかまりは、激戦を現すばかりか、戦友への限りない愛情が爆発している。これ以外の姿はないのだ。

芝居は虚構の中の虚技とは上手く言ったものだ。舞台では死も恋もすべて真実の形から離れて、歯の浮くようなものに造りかえられている。そして、それが型になると名優の名演技とうたわれるのだが、いずれにしても名演技とはまったく別のもので、これは真実よりほど遠いものにちがいない。

実は、ついこの間開演中にお宅から電話で一人のお客様の呼び出しがあった。清楚な婦人が受付に現れ電話をとった。

「――え、飛び込んだんですか！　何という駅？」

静かな話しぶりだったという。

翌朝、新聞にその婦人のご主人が、電車に飛び込んだと悲報が出ていた。

人はこんな時にも大声で話さないのだ。

## ムーランの頃

幕があくと客席には誰もいない。

五、六人のパンパン嬢が一列目でいねむりをしている。それが昭和二十五年頃のムーラン・ルージュであった。午前十一時に開幕はするが、全くそういう状態だった。

そのお嬢さんたちは、寝ていると思いきや、いきなり大声でヤジるのに閉口した。

「手、ぬかずにやんなヨ」

「そりゃ、女が悪いや」

「ぐずぐず言わずにキッスしちゃえ！」

「あーあ、つまんねェ、ねむいヨォ！」

言いたい放題ヤジをとばして、舞台の私たちをカラカうのだ。

「だまって見ろ！」

こっちも時には腹を立てて舞台から言い返したりした。

「高ケえマネーを払ってんだゾ！」

「おい、モリシゲ、今夜来いヨォ、可愛がってやるぜ！」

あの頃のムーランのまわりは鉄条網に沿って屋台がずらりと並び、鯨肉の匂いがプンプンとし、加えてニラ、ニンニクでむせかえるようだった。

この界隈の電信柱の陰に、有名な美人のオカマが出没した。大概の男が引っかかり、明るいところでおかしいなあと気づく。

「何だ！　オカマか！」

と言うやいなや、このオカマはガラリと様子を変え、オカマのどこが悪いと弁天小僧になり、ナニガシかの落とし前をふんだくって「気をつけナ！」の一言を残して消える。

恐ろしい所だが食いモノも飲みモノも、得体の知れぬバクダン、カストリで、しかも鯨油とニラ、ニンニク。どういうものか悪いアルコールは胃腸が腐るのか、それが精神にも変調をきたし、暴力沙汰が絶えない。私ども力なき役者たちは喧嘩も出来ず、便秘に苦しんだ。異常発酵するのだろう、自分がしたオナラに逃げるほど臭く、私どもは舞台で幾度も相手役の女の子が鼻をつまんでソデに入ってしまって、たった一人ポケッと舞台に残されて困ったことがある。

客席のかぶりつきは、私が落としたとも知らず、俺じゃない、僕じゃないと、左右を見てウゴメクのがまたたまらなく面白かった。思えばその頃から悪い役者だったのだ。芝居が済んで近所の屋台へ行くと「モリシゲさん出たの？」と女将（おかみ）が聞く。まだだと答えると「悪いけどヨソの店へ行ってヨ。昨日もお客さん皆帰っちゃったワ」。よほど強烈な臭気だったのだ。

帰途、小田急の終電に乗ると、いつもの常連がいる。中でもカーキ色の服にゲートルを巻いた、まだ戦時中のような男がベロン酔いでドイツ語の歌を歌っている。

私はその男の横に座ってイッパツお見舞いした。しばらく――、その男の歌は止んだ。やがて、頭の上がらないこの酔いどれは、奇態な声をあげて泣きはじめた。耐えられないのだ。隣の私に文句を言おうとすると、その都度深呼吸することになる。彼はたまらず下を向いて狂い出した。私はそっと席を立って向かい側に座り直した。

実はこの人は早稲田のドイツ語の先生だったそうだ。

## 菩薩の島

人それぞれ、趣味には各々多種多様のものがあり、千差万別である。私とてご多分にもれず、多趣味といえばその通りだが大小とりまぜ、それが今や趣味か天職かまどうほどのものがある。

現に今演っている芝居も、趣味といえば趣味に属する。がそれはいささかお金も稼ぐので趣味から除くとして、こうして書いている作文もその最たるものの一つであろう。

思えば相当な金を稼いできたような気がするが、費う方も器用につかった記憶も抹殺出来ない。少年の時から島が欲しくて、一生をその無人島で暮らしたいと願って、とうとう屋島の沖にある名島を手に入れた。入れたはいいが、〝あれがモリシゲの島だ〟と評判になり、若い連中がどっと押しかけ、この無人の島も夏は満員、とうとう島主の禁をおかして火の不始末からこの瀬戸の格好な島は半焼きにされたりしたが、やがて松食い虫に荒らされ、なおさらにいたましい坊主になってしまった。

この島は兜島、鎧島、稲毛島という三島からなり、私はその一島の兜島を買ったのである。この島はその昔源平の戦さの折り、一の谷の戦さに敗れた平家がこの四国屋島の入江に軍舟を集め、ここで総隊を立てなおして源氏を迎え打つ覚悟をきめた。その時の前哨線が私たちの島であったに違いない。ところが源氏は徳島あたりに上陸し、陸路を背後から衝いて平家は四散するのである。ある者は四国の山深く、あるいは海の中に散って平家蟹となった伝説はご存じの通りだ。

実は私の島に奴賀(ぬか)という名前の一家が長く住みつき、たくさんの墓があり、近所の人々の話では、あれは平家の公家のなれの果てだと言っていたが、墓の精霊をぬいて一家と共に四国に渡って、私に譲ってくれたのである。子供の学校のためといっていたが、その廃墟のあとから古銭がゴッソリ出て来て話題になったことがある。

さて、その私の島の隣つまり高松寄りに大きな大島というのがある。

ここは青松園と並ぶ、大きな癩(らい)病院があり、まだ大勢の患者が入院している。私は隣組になったので一度ご挨拶に伺おうと連絡をとったところ、全島をあげてお待ちしているといわれ、私たちは小舟に乗って家内たちと出かけた。大島の舟着き場は白衣の看護婦さんで埋められ、暖かい歓迎の拍手をうけた。

上陸したが患者さんの姿が見えない。ところが玄関に近づくに従って松林の中に日の丸の旗をたて白衣の患者がたくさん並んでいるのが見えた。

やがて私たちは壇上に迎えられ、隣組のご挨拶をし、森繁さんを組長にします――と皆さんからの声があがり、私は名誉なこととお引き受けした。拍手が鳴った。何とそれは手の甲と甲を打つ骨の音であった。ここに働く看護婦さんを、患者たちは菩薩さんと呼ぶ。患者さんたちに力づけるようなお話をしたが、この看護婦さんたちの努力にはただただ頭の下がる思いであったのを忘れ得ない。

菩薩。菩薩でなくて誰が出来よう。手も足も腐り落ち、目も見えぬ患者を抱き上げて風呂に入れる。その気高い姿に私たちは涙を禁じ得なかった。

すでにこの病いも、どうやら後をたって、新規の入院はごくまれだと聞いた。ここを出て再び実社会に出てゆく人もあると聞くが、この看護婦さんたちと開いた座談会で、彼女らがひとしく私に訴えたことは――。

「私はこの大事な仕事をしようと勇躍この地に参りました。そして文字通り一生懸命働きました。何年かのち、お休みをいただいて故郷へ帰りましたが、何となく様子が変なので、どうしたことかと聞きましたら、あの島へ行った者は、伝染しとるから気をつけろ――という村人たちの噂のせいでした。もう伝染はしないのだと口をすっぱく話しましたが、いつかこの島の看護婦たちは婚期がおくれ、今や皆この島で永住のような状態です。どうか、皆さんのお力で世の中の方たちに正しいことをお伝え下さい」

そういえば当時院長は何十年、看護婦さんも年を召した方が多かったが、患者の世話をしているウラ若い看護婦たちの姿に私は心から頭を下げたのである。

この大島の砂浜には大きな松がいかにも美しく並んで生えている。何気なく院長に伺うと「あれは伝説の松林です。源平の乱のころ、平家は墓を造ることを許されていなかったので戦死した武士(もののふ)を砂深く掘り、その上に一本の松を植えた――といわれています。あの松の下で午睡をしますと、平家の夢を見るといいます」

瀬戸内海は、静かな未亡人だと書いたことがある。一見、そのたたずまいは清楚にしてもの静かだが、内に秘めた心は情念に滾(たぎ)っているようだ。あの瀬戸内で大きな汽船が衝突したり沈没することがまことに多い。速いところでは七ノットもある潮流で、いかにも未亡人が内にひそめたヒステリックな情を表すようで、この静謐な優雅ななかの狂気と見た。
この美しい夕凪を見ながら、この平家のさまを歌にしたいと智恵をしぼったが、ふと頭をかすめたのは鎧に香をたきこめ死臭をさけた雅びの平家が、この地をあとに山深く逃げてゆくさまであった。

鎧に残りし　香りやあわれ
舟を隠して　公達は
いづ地の山に入り給う
今日も渦まく　青い潮
哀しや平家の　あゝ舟隠し

影を屋島は　入江にうつす
月が上がれば　銀の波
黒髪長き姫の立つ
扇の的をば　射てみよと
おぼろの夢や　あゝ舟隠し

残念ながら、このレコードは百枚も売れたであろうか。しかし地元高松では芸者衆に可愛がられていると聞いて作者は満足している。

# 女の顔

ゆるされて　今宵ともせる窓の灯に
法師の蟬の　なくぞかなしき

歌人、吉野秀雄の終戦八月十五日の夜の作である。暗黒の世界から一縷（いちる）の光明を見た気持ちを感得する。一日は遅く一年は早い――というが、一日も近頃は早い。あっという間に、あれから四十年が過ぎ去った。

そして戦争、敗戦を知らぬ子供たちが今は不惑四十の働きざかりである。苦労した家具も、大根の葉も、にんじんのシッポも、空缶も、ゴミ集積地に集められ、ブルドーザーで押されおされて下へ下へと埋められてゆくにも似て、歴史はなべて土の下に埋まり、その上にこともなげに歴史を知らぬ人々が住みつくのだ。

法師蟬どころか油蟬の声もとんと聞こえぬ不思議な夏の午さがり、一人の婦人が私の家を訪うた。どうにも思い出せぬまま、お茶など差し上げているうちに、婦人はおもむろに「びっくりなさったでしょう。顔を変えましたの」

「いや、正直いってお見かけしたような、しないような……。ああ、田山さんのお嬢さん――」

「そうですヨ。お嬢さんじゃありません、もう小母さんですよ。実はあまり無調法な顔でしょ。長い間、鏡を見るたびコンプレックスを感じておりましたが、とうとう思い切って、整形に参りましたの。鼻と二重瞼と、おでこのところを少しばかりフクらませて。心配でしたが、でも思ったより手術が上手くいってホッホッ、何かおかしいんですか」

「いささか愚問ですが、誰のためにお顔の構造を変えられたのですか？」

「マア、そりゃ自分のためでしょうね」

「じゃ、あなたは今いいお気持ちで？」

「まだ少しは不満がありますけど、まあ、ぜいたくも言えません、地が悪かったんですから」

「実は、久しぶりでお目にかかった僕は、大層不満ですが」

「——!?」

貴女はご気分がいいでしょう。おへちゃとかブスとかの言葉から逃れられたんですから、でも、昔から貴女のそばで貴女を見ている者たちは、一度もその顔で不満とか、見たくないとか、言いましたでしょうか？

貴女は一日に、ご自分の顔をどのくらい鏡でご覧になりますか、病的な女で長いのが二時間、平均して普通の女は十五分か二十分くらいだと言います。でも貴女以外の人は、親兄弟はもちろん会社の机の向こうの同僚たちは、日がな一日、その顔と向きあっているんですよ。二十分どころではありません。その〝それでいい〟と思っている連中に何のお断りもなく変えてしまうのは罪深いことですよ。顔は貴女の持ちものですが、実は他人のためにもあるものでございます。それよりも貴女は心の方をどこか手術された方がいいと考えますが——。

顔変えて　心は変えず　女あり

## 百日紅

この拙文も一応、この辺で打ち切りにする。これ以上続けると恥知らずのそしりも免れまい。私はフィクションのない男なので、己れのおろかな行為ばかりしか書きなぐれない。それではあまりにゾッとしないことだ。

役者はＩＱが低いからなーといわれても仕方ない。

ＩＱで思い出すのが若い時に読んだターマンの実際的個別的知能測定法という本である。その本には人間の知能は十六歳何カ月かで止まるとあった。だからその知能で知識をふやすのだが、ＩＱ60は仕事に使いようがない。65でやっと車のあと押し、穴掘りが出来ると適職欄に書いてある。何と85のところに、大工、巡査、役者とあったのが忘れられない。ＩＱ90から１００、そして１１０は最優秀で、新聞の編集長とか教授とあり、私はコンプレックスにおそわれた記憶がある。

今でこそＩＱといえば誰でも分かっているが、五十年も昔では、これがメンタルテストという試験の材料になったぐらいで、さほど口の端にのぼる言葉ではなかったのだ。でも、どうも役者のＩＱが低くていいというのが引っかかって、当時、新京の放送局にいたアナウンサーたちを全部ターマン法によって査定してやったが、90をとれた奴は一人もいなかった。

その低いＩＱのせいだろうか、いまだに古い友人から、これは口述筆記か——とかゴースト・ライターがいるんだろう——には泣かされる。書く気があれば、このくらいは誰にでも書けるのだ。ようやく残暑の候だが、それにしても暑い。米も今年は豊作だろう。豊作になったからとて安くなるわけでもあるまい。ガソリンは値上げされ、電気代は暑さのお陰でベラボウだ。それにしても日本は平和で有難い国である。夜来の雨で草木は生きかえっているが、私は疲れてシナビている。しばらく休憩させていただくが、さりとて人ごみの海や山へ行く気もない。連日の海浜の猛然たる人出に大衆は大衆の中にしか調和せぬ習慣があるのか——と頭をかしげる。

百日紅（さるすべり）の下で桔梗が風にゆれている。一見立秋を思わせるが、百日紅の花がボツボツ咲き始め、有名な句のように、

百日紅ごくごく水を飲むばかり　　波郷

の残暑は当分つづくだろう。

# 第四章　日経ぬ　月経ぬ

## 大隈講堂

頭にパーマをかけさせろ——と、三日間授業をボイコットした学校があったが、頭の髪の毛のチヂくらかしと、三日間の授業の大事さとの区別もつかない連中を、教師はどう見てるんだと思ったが、真っ昼間から顔に絵具をぬたくり、女の長襦袢で踊り狂っている竹の子族とともにこれはよく分からない。そんな不愉快な今日このごろ、一か八か私たちは評判の悪い母校早稲田に「屋根の上のヴァイオリン弾き」なるミュージカルをもって大隈講堂に乗りこんだ。

さぞや、ヤジや怒号で芝居もへったくれもないだろう——という気があったが、幕があいて、学生たちの鮮烈な反応に全員は文字通りマイった。

今まで大劇場でウケもしなかったシャレたセリフが、ここでは初めて爆笑をよび、感動の拍手も、ブロードウェー並みの洗練された見巧者ぶりだ。

パッと笑いをやめ、サッと拍手をやめて、一言も聞きのがすまいとする学生たちに、演ずる者と観るものとが一つになって、かつてない興奮の数時間を味わった。

早稲田では、早慶戦の切符と同じように、各学部、各教室に千五百枚を均等に分けたというから、好ききらいは別として何となく集まった衆である。四十何年ぶりに母校の講堂で芝居をしたこの年寄りは、そこに早稲田健在をいやというほど強烈に印象づけられた。

若者への不信も、実は不出来な大人たちの所産かもしれぬ。しかし、いつの時代も人は分別を覚え確かな大人になってゆくのだ。

先日も、大会社に仕事で呼ばれたが、その間をとりもってくれたすばらしい社員に逢って何とも清々しかったが、その彼がかつて全学連の闘士であったと聞かされて二度びっくりした。

やはり若者たちが可能性を秘めて、時代の中に在ることを認識せねば、政治も文化もホンモノとはいえぬだろう。

帰途、講堂の前で、まだ私を待ちうけていた数十人の学生に取りかこまれ、拍手をうけ、エールにつづいて校歌の合唱に、私は夢中で歌いながらもあふれる涙をどうすることも出来なかったのだ。

## ああ、ふる里

わたしたちの劇団は、公演のために北海道に来た。ここには梅雨がない。清澄な夏の空気が肌に心地よい。

全国津々浦々を回ったが北海道が一番客筋がよく、マナーも行き届いている。表の方を受け持っている連中が、一時間前というのに誰も来ないので心配したが、それから二十分、正装した連中が静かに並び客席におさまる風を見て驚いたという。幼児や赤ん坊をつれた客など一人もいない。

幕があくと、この静かな客から割れるような拍手がきて、面白いところではどっと笑い、止まる。次のセリフを聞き逃すまいとする、これは素晴らしいマナーである。

私は、鹿児島の時と同じように、カーテン・コールのどよもすような拍手の中に、〝よくぞこの遠い地まで来てくださった、ありがとう〟——という道民の気持ちを感得したのである。

シバレルという寒烈の冬がいたって長い。かつていた満洲の気候に似ているが、夏がどんなに素敵でも、春も秋も一緒にしたような短いシーズンだ。それなのにこの北海道に生まれ育って東京に働きに出てきている連中は、ほとんどが晩年は生まれた北海道に帰り、あすこで余生を終えたいという。

この明治以降の新天地は、今や限りない郷愁を呼ぶ。離れがたいふる里になったのだ。

山間僻地(へきち)、本土の田舎は過疎地帯になり若者はふる里への志向を断念したかに見えるが、なみいる東京の人のなかで、我が父祖の地、北海道は素晴らしいといい、そこで死にたいとは何とうらやましいことか。

満洲にいたころ、どこを歩いても日本人墓地に出くわしたことがない。骨を持って、金も持って祖国日本に帰ることが植民地根性の底流をなしていたのだ。イギリス人やフランス人たちの墓地はたくさん見つけたが、彼らはその地に骨を埋めて静かにねむるといういさぎよさをもったのだ。

あわれなる——東京のヤトワレ人。

見はるかす大地も、限りなくつづく青い空も忘れ、いぎたない箱づめのようなアパートで、隣近所の無責任な中傷に耐えているうちに常軌を失い、親は子を刺し、子は親をハンマーでなぐる環境異変が起こるのもこの辺に原因があるのだろうか。

## 丼

かつてタイのバンコクに在住された商事会社の支店長にこんな面白い話を聞かされたが、この米寿の老人はシャレも上手い人なので、私はかつがれたかとわざわざ世界地図を開いてしらべてみた。

バンコクをはさんでメナム（河）はチャオプラヤの岸にトンブリという港街がある。

明治の頃、ここから陶器が積みこまれ、船はルソンを回って壺を買いこみ日本の港に入るのだ。

その時、シャム（タイ）の荷物はトンブリと船員がいうので、あの茶碗がいつの間にかドンブリになった、と聞いたのである。

茶碗にしては大きすぎるし、汁入れにも似つかわしくないし、ドンブリはいつの間にか丼という字をもらって天ドン、親子ドン、鰻ドンと都合のいい料理が生まれたのだ。丼という字は中国にはない。日本製の字だ。そんな字はたくさんある。峠もそうだが、峠よりはるかに丼の方が面白い。いろいろ調べたが、井戸に落とすとドブンという音がするので、こんな当て字を作ったのがほんとらしい。

今は熱海の後楽園の庭に揚がった私のヨット〝ふじやま丸〟の最後の航海で、ヤップ島から三百海里ほども赤道に近いサタワルという島からカヌーに乗って六人が沖縄海洋博に表敬訪問をするという。これに伴走するために〝ふじやま丸〟が使われたが、長い航海の途中カヌーも食い物がなくなり、何かおいしいものはありませんか——とカヌーからふじやま丸にトランシーバーが鳴った。

ふじやま丸の船長は何がいいだろう？　と船中を探したが、こちらも品薄、結局即席ラーメンを十個ばかり小舟を降ろして届けに行った。

「あれを、あのままポリポリ食わすんですか」

「なあに、結構喜んで食うさ」

その翌日、再びトランシーバーが鳴った。

「きのうは、ご馳走さまでした。こんどラーメンを下さる時は、ドンブリと熱いお湯を下さい」

流暢（りゅうちょう）な日本語で、ヤップ島の日本人学校を出た船長からのメッセージである。

全員はただただ恐縮した。

ドンブリはすでに南方の人達の間にも言いならされているのである。

## 裕福の飢餓

私の家では、孫が私を呼ぶのにジジという。

「うちのジジは大好きです。毎日一生懸命働いています」

小学校六年のこの男の孫は作文にそんなことを書いているようだが、子供の目に働いていることが素晴らしく見えるのか。とすればありがたいことだが、あんな白い髭を生やしたジイさんが毎日出かけてゆくのは、あるいは痛々しいことと見えるのか、どうもその辺はもう一つさだかでない。

時折り、仏壇の前で二人並んでお線香をあげながら「この中にいる人も子供を作って、順々に死んでいって、やがてジジが生まれて、ジジのあとにお前のお父さんが生まれて、そのお父さんとお母さんからお前が出来たんだ」と話すと、チンと鉦（かね）を叩いて、いとも神妙に頭を下げておまいりをする。

「何故鈴（リン）を叩くの？」と聞きかえすのには些（いささ）か返答に困ったが「仏さんも忙しいから、来ましたよ――と合図するんだよ」というと、「呼びリンだナ」といって、やたらに叩く。「それは多すぎるよ、二つくらいで分かるんだ」「僕は逢ってないんだし、新しいから分からないと困るんだ」と線香のゆらぐなかで、私がいつまでも元気でいるように――と、泣かせるようなことをいう。

子供たちに芸能界など分かるはずもない。彼が学校から帰ったころに、私は行ってくるぞと出かける。雨など降っている日曜など「今日はサボったら……」などと親切なことをいってくれるが、内心かわいそうなジイさんだという目がチラついているようだ。

どうも、寄ってたかって世界は日本人から勤勉を取りのぞこうとしているようだ。果たして日本人がバカ勤勉で世界の連中は怠惰なのか、その辺は私にも分からない。が、日本人から勤勉を取りのぞいたら何が残るのだろう。大正っ子の私などはいつも考えさせられる。

来る日も来る日も、文句をいわずに働いて来たが、果たしてこれは、そんなに間違った生き方だったのかと思わずにいられない。

一応の裕福がきた。それをいいことに、解釈に困るような若者のアウトローな生態を見ることがあるが、あれは恐らく一種の裕福の飢餓ではないだろうか。

# 噂と文化

〃噂をするのは他人だ。私は行動する〃

これは司馬遼太郎さんの坂本龍馬がいう含蓄のある言葉だ。こういうと政治家や財界、勿論、私ら芸術にたずさわる者にもうってつけのいい言葉だが――。

先日、「関ケ原」というテレビで司馬さんにお目にかかってお話を聞き、私もオシャベリをする機会を得たが、その時司馬さんに「屋根の上のヴァイオリン弾き」のおほめをいただいたあと、この公演によせられた何千通にものぼるファンの手紙の内容のお話をしたところ、それはぜひ本にしなさいといわれた。つまり記録を残すのが文化だと、初めて目をひらくような話をうかがった。

南方や暑い国には、おおむね文字がない。そこにあるものは語り伝えと、長い間のシキタリで昔をしのぶしかないが、文字のある国は何千年も古いことが残っている。これが文化だということで、必ずミュージカルにも、それについての批評や感想文を残しておくべきだというのが話の骨子であった。

いまや文字だけではない、映像も文化を残す手段になったが、フィルムは五十年もつことが分かったが、ビデオテープは百年も磁気をたくわえておけるか。

「僕は〃屋根の上のヴァイオリン弾き〃を見て、日頃粗末にしていた父を大事にしようと思いました」

これは三階を埋めつくした学生の一人の率直な感想文だが、これは見聞記で噂ではない。今や週刊誌は曖昧模糊(もこ)とした噂話で埋められているが、噂の主は坂本竜馬の心境で密かに行動をしているのだろう。が、よくない話の噂の輪は、いい話の輪よりもはるかに大きくなる。

私たちのミュージカルも巷間、噂が飛んでいるのだろうが、観にきた人間の小さな噂が拡大されて連日満員の盛況なのだろう。子は再び父の手を引き、友達の手を引いて劇場に現れる。そして各々が感動の波の中で四時間を過ごす。

ただ残念なことは、既に過ぎ去った今日の舞台は流れ去って再現することが出来ない。演劇と映画の区別はここに厳然とある。

私たちは燃焼してしまう、いわば悲壮な毎日を送っているのだ。せめて見聞記ぐらいは噂ではなく後世に残さねば――と文化を憶う。

## 誤読

先日、池田弥三郎さんから便りがきて、NHKも〝ハクヤ〟と決まったとお知らせをうけた。

昔、ロシアの映画で「白夜」というのがあったが、これはハクヤと読んだ。私の「知床旅情」では作詞家の独断で、わざと〝ビャクヤはあける〟と歌ってもらっている。

早速、国文学者の池田先生から、あれは正しくはハクヤですとご教示があったが、生意気にも私は「それじゃあなたは白虎隊をハッコタイと読みますか」など非礼の返事をしたことがある。お恥ずかしい。

昼の時間、NHKのラジオが琵琶湖の風物詩として、産卵による鮒漁のところをやっていたが、アナウンサー氏は投網をナゲアミで獲ると説明している。これはトアミと読むのが当然で、ナゲアミなどというと笑いものだ。

当節、頻繁に悲しい事故がある。この前の故なき母と子や、通行人への殺害は許しがたい。そのニュース中、いつも気になることながら、妻と子供たちを一ぺんに失って呆然としたご主人にマイクをつきつけて、

「どんなお気持ちですか」

こんなことを聞くバカが放送局にいるとは何たることか。報道部長も、そんな聞きかたをして来いと命令しているとすれば許しがたい。飛行機事故の時でもその他惨劇のニュースに、ニューッとマイクをつき出して気も動転している家人に「どんなお気持ちですか——」もあったもんじゃない。すべての人がこの質問に顰蹙(ひんしゅく)している。アナウンサーの先輩として一言ご注意申し入れたい。

当節は、誤読が習慣になっているものが多く、数えあげれば切りもないが、そういう私も度々顔の赧(あか)くなるような失言をしたものだ。雪崩(なだれ)をユキナダレなんて読んで先輩がスタジオに飛んできたことがあるが、同僚のWは江戸っ子で大阪角座(かどざ)からの中継をオオサカ、カクザからの……と読んで吊し上げをくい、三方原(みかたがはら)をサンポーガワラの……で再び謹慎をくらった。ものを知らんといえばそれまでだが、やはり注意の上にも注意がいる。相殺(そうさい)も当節ソウサツでもいいというし、病膏肓(やまいこうこう)もヤマイコウモウと言ってとがめられない。とがめられないと言えば消耗だが、耗はコウで、モウなどの音読みはない。

## ウチマタ

名古屋に一カ月公演で滞在した。

いかにも役者のいじ悪な観察のようで恥ずかしいが、名古屋の女性は半数以上がウチマタであるような気がした。別にウチマタを非難するわけではない。ウチマタはやはり着物の足に似合うものだ。これはお茶のお作法や日本趣味の盛んなところの故だろう。

素晴らしいスタイルの靴をはいて、ウチマタで、しかもフトい座りだこが出ていては洋装が泣く。また名古屋はO字型のおみ足が多いのも生活様式から来るのだろうか。

えらそうなことを言ってお前はどうだ！　いや、私もウチマタでこそないが、胴長短足で風呂屋の鏡でずっと卑下させられてきた。車引きは演(や)れても、とうていハムレットは出来ない姿だ。

昔、映画スターの暗黙の基準の中に、些(いささ)か外股で、外斜視し、つまり外にやぶにらみがいいとされた。内斜視は絶対にいかんが、外への方はいいという。これはカメラマンからの声だろうが、眼の焦点が定まらないのが、美しい魅力のもととされたのだ。そういえば外斜視でなくてもひどい近眼が多い。これもまた色っぽい眼になるというのだ。

かるい外股が良いとされるのは、立った時の姿によるのだろうが。

私の友達がパリで子供を産んだ。一年ぐらい経った時フランス人にすすめられて、専門の医者のところへ行き、足の型の測定をしてもらったという。これがなかなかの診察で、長さ、曲がり具合、両足先の開き加減など微に入り細にわたって調べ、いよいよヨチヨチ歩きになる頃に、その測定書をもって特別の靴屋へ行ってその子の靴をこしらえる。

すると靴屋はその曲がりが自然に矯正されるような靴を作ってくれる。靴が減ると、また医者に行き処方箋をもらって靴屋に行き、自分の足の型を美しくすると聞いた。つまりフランスにもガニ股もいればウチマタもいるわけだ。

例えばウチマタにして尻に力を入れてもシマらない。が、外股にするとぐっと力が入るものだ。やって見ればすぐ分かることだ。

しかし、外股の女性は後家になるといいつたえもあるし、ウチマタは柔道に強いともいう。

## ミイラ

馬王堆（まおうたい）についで楼蘭（ろうらん）にミイラが出た。

世界各国はその写真を新聞で紹介し、生けるがごとく……とそのミイラに目を輝かせた。人間もひからびて古くなると古文化や古美術みたいになり人魂を失ったもののごとくあつかわれる。

南方の島の一隅に、南溟（なんめい）の海底に、シャレコウベが発見された時とはおよそ違う。まだ近い肉親がおり、戦争の悲劇をそこに発見するから魂の安置を願って人は祈り、それを墓に埋める。当然の話だが何となく人間のもの哀しさを感じるのだ。

家の女房が大きな荷物をもってペルーの旅から帰ってきた。何が入っているか聞きもしなかったが、ある日、縁側の日だまりで思わず顔をそむけるようなボロ布を、後生大事にひねくりまわしていた。聞けばペルーはチャンカイ遺跡のものという。そこは盗掘者によって荒らされ、足や胴体や髪の毛だけが赤茶けて残っているウツロな目のものもあれば、歯のニョッキリ出た顎など慄然(りつぜん)たる中にシャガミこんで自分もメボシイ？　ものをミイラからはいできたという。

消毒してもらってきたから大丈夫ですよというが、その場所はチャンカイ谷というからダニがうんといましたと笑って応える。

それらは茶色の粗布だが、ちょうど私も茶色のセーターを着ていたので、何だかうすら寒い気持ちだった。

後年、ミイラが日本に運ばれ、解体されることになったことがあるが、新聞記者をよそおって家内も最前列に加わった。

前の方はダニが飛びますから、ご注意下さいといわれたが、この不思議な女は興味津々ノートを出して記録していたという。

かつて生きている姿そっくりの小象が北極の氷の中から発見され私たちをおどろかした。現在の南北の磁線が、そのころは今とは違っていたから、生きたまま埋まり、あたりは氷海となったのだろうが、未来にまたも磁線が変わるという学者の話を聞くと、生きてるような人間のミイラも発見されよう。中には生きかえるのもいたりして、考古学者たちが騒然とすることだろう。

ともかくあれ以来、うるめの一本干しの頭が食えなくなった。

## 君散りぬ、君果てぬ

君散るや　桜のあとに　君散るや

初夏の頃、私の尊敬していた映画監督であり、俳句の大先生だった五所平之助さんが逝かれた。ついこの間、〝五所亭を偲ぶ会〟というのがあって、あの温顔の前で長いご交情を謝しながら、この人の生きとしの跡ふりに思いを馳せた。その前には長い間の仕事の友、ラジオ、映画、舞台を共にしてきた越路吹雪君の訃報に心のちぎれる思いをしたのだ。

今、またも仲のいい友に先立たれた。昭和二十七年頃から五分間の帯放送を、何と二千数百回も書きつづけ、やがてテレビ界でユニークなドラマ、そして最近、直木賞をとられた向田邦子君である。それが彼女の終極の希望であったとは思えないが、文壇の寵児になって逢う機会も少なくなっていた。受賞のあと雑誌の対談でそんな繰り言を言ったりしていたのが五十一歳の花の生涯を凄絶な碧い空で閉じるとは、余りにも無残で言葉もない。

この間、何かに書いたが、――人は何のために生きるか――という話をフィジー、ニューカレドニアの旅行の途路、ヌーメアで、在住の日本人たちと語り合ったことがある。このカレドニアにも古い日本人の墓地があるが、それにもまして南海の島々や海に今もいて敗残の姿をさらす軍艦や大砲を見、また見ることもかなわぬ海底にねむる何十万柱の遺骨に思いを馳せて、サザン・クロス（南十字星）

の哀しいまでに光る夜明けまで語りあかした。そして、私たちの結論はようやく〝人は死者のために生きる〟ということだった。その命が散華する瞬間、何を祈っただろう。それはウソいつわりのない叫びであったに違いない。戦争への呪い、我が子こそは――、母への限りない思慕の叫びもあったろう。私たちは、その死者の極限の祈りを生かすために、今日の命を永らえているのだ――と結論したことである。

台風襲来の鈍い空を見上げ、我が友の最後の願いを、私たちはしかと受けとめねばならない。それが向田君への最後の礼だとしみじみ思った。彼女の非業の死をせめて美しい花と咲かさなければ、いたずらに老残の姿をさらし生をむさぼるのみとなる。

君果てぬ　残夏の異土に　君果てぬ

## 客いろいろ

私の楽屋へ、ずかずかと入ってきて、

「よう、元気か？　俺にも芝居を見せろよ」

と、無頼のような学友が何十年ぶりに来ることがある。

八方手をつくして、やっと一枚都合つけて渡すと、さもタダ切符かといわんばかりに横柄に取って付き人に客席に案内させる。

後日、こいつに道であったので、どうだったと聞くと、「いや失敬失敬、途中で用を思い出して初めの方しか見なかった」とうそぶくではないか。何が途中で用だ、バーの女のところへ行ったと顔に書いてあるのだ。

映画の客は、観たい人間と、ヒマつぶし族と、何となく――がその大半だ。それがために演劇は今や観客との接点がはずれ、お土産、お食事つきで、それにつられた団体がつぎこまれる。

この団体も近頃は習慣で、少しは観る気もあるようだが、なかには今立てば早すぎるかナ――と尻をもじもじさせて、土産のふくろをいじくるのだ。これが百も二百も重なれば、場内はバリバリボリボリ騒音公害をまきちらす。これに逆らって演っている人間の身にもなってほしい。時には赤ん坊が泣き、子供が叫ぶ。その子をホっとく無神経な親もおれば、子供をつねる親もあり、つねられれば不明の子供は大声で泣き叫ぶ。加えて一杯きこしめしたのが無用のヤジを飛ばす。

「静かにして……」

と、とうとう舞台からどなってしまうことがある。芝居をこわされるのも面白くないが、大枚何千円を払って入って、一心に観入っているお客にも一番不快なことだろう。いずれにしても観客のルールは生まれず、さっぱり向上しないのが大劇場の客席である。

通と呼ばれる人がよくゆく、老舗といわれる料理屋に行った。しゃべり過ぎる板前やコックも不快だが、店全体が無口で陰気だ。板の向こうは作る人、こちら食う人だが、注文しても返事もせぬ、俺の作るものを黙って食え――といわんばかりの横柄さ、私も黙して食い黙して去ったが、さっぱり美味くなかった。

何だか新劇を観に行ったような店だった。

## 塩のこと

味付けに、薬用に、神さまに、土俵に、料理屋の表に、会葬のおかえしに、塩はあまねく生活の中に入りこんで、切っても切れない長い歴史をもってきた。

私の名古屋の友人に青木という三百七十年の歴史をもつ愛知一円の塩問屋の旦那がいる。塩の専売制で左ウチワですね、とからかうと真剣になって、この薄利の重要品の専売制を解いてごらん、数倍に値上がりします。しかも商社の思惑買いや秘匿があって苦しむものは、庶民と塩を原料とする醤油や医薬品に波及して大変な問題になりますぞという。

塩はメキシコから送られてくる岩塩が一番の上モノとされているが、これが船や波止場で野積みされるうちに日本の湿気を吸って、どんどん風化してゆくという。

上杉謙信が武田信玄に塩を送った当時は、塩は最高の戦略物資で、諸将は塩を我が領土に持つことに悪戦苦闘したが、その塩田も今は枯れはて、どじょうの養殖ぐらいにしか役に立たないので、宅地に変貌しつつあるという。

イオン交換樹脂で海水の分離に成功してから塩は大量、安値の品物となった。塩屋は塩からい涙を流したのだ。

冬の最中に、名神高速道路の関ケ原あたりを走った。運転手がここは車がさびるんで厭(いや)ですな、と渋い顔をする。事実、道路の氷結どめに年間一億円以上の塩がまかれるそうだ。

　昔の映画の雪は全部塩だった。もっとも降ってくるのは紙だったが、吉良の大座敷の庭など、塩袋何百袋が要る塩雪である。斬られて雪中にどっと倒れると塩が口に中に入って死んでなどいられんと役者泣かせのものだった。今は、発泡スチロールなどが幅をきかせているが、そういえば大昔、塩炒(しおいり)責(ぜめ)といって塩を炒(い)って、身体をつつむ恐ろしい拷問があったそうだ。今では拷問にあったような塩鮭も作らなくなったという。とくにご注文なら作りますがと、我が拙歌の地、北海道は知床で土産の生鮭屋に笑われたことがある。

　忠臣蔵松の廊下の事件も、吉良が四千二百石では賄(まかな)いきれぬので、赤穂の塩に目をつけ、その製法を盗もうと密使を派遣したが三河弁がばれて浅野方に殺されたのを逆恨みした結果ともいわれている。

## 黄金腹

「あんたはお若い……」

マッサージ君は、私の足をもちあげた。

「とても六十八歳だとは思えませんナ。このアキレス腱の回りに脂肪がついてないのが若さのシルシです」

うれしいことを言ってくれる。

「第一、皮膚の色艶がいいし、皮下脂肪が無くていきなり筋肉です。これだけでも十歳以上若いです」

チップをはずまねばなるまい。血液検査でも医者は同じようなことをいった、というと——

「そうでしょう。さあウツムいて下さい、背中をやりましょう」

マッサージ君は、私をひっくりかえして盛んにほめる。

「こういうのが、ポックリ逝くんじゃないかね」

「いやいや、しぶといですヨ」

四時間半近い出づっぱりの「屋根の上のヴァイオリン弾き」、ほんとうはこの年ではいささか無理なミュージカルだが、彼のお世辞に発奮して、その夜も万雷の拍手の中で、生きている喜びを味わった。世の中には七十近くなって健康でも体の動きが充分でない人もあるのに、私はつくづく幸せだと思った。これも日頃の摂生のお陰と、大きい誇りを感じた次第だ。

ある日、具志堅君が十何回かの勝利を得て故郷沖縄に凱旋した。もみくちゃにされるような中で彼はお母さんに抱擁して、その日の新聞は一面に彼の偉業を書き立てたが、その一番大きな活字は彼を生んだ母を讃える記事であった。これは沖縄の風習であろう。素晴らしき黄金腹（こがねばら）、彼を生んだ母こそ国母であるという。

これを読んで私の考えは少し変わった。

爾来、私は神仏への感謝に、まず母の名をあげるようになった。いままでは——

「今日も元気で一日を送りました。有難うございます」が、

「母さん、よくぞ私を健康に生んで下さった。あなたのお陰で、今日も元気に働けました。あ、そうだ。父さん、あなたにも充分感謝しています」と。

なるほど、こういう風習というか、シキタリが失せてゆくので、母をバットでなぐりたおす子が生まれるのかも知れぬ。

## 老鰻

前にも書いたが、日本人の勤勉さに誇りをもっている古い男だが、私は自動車のタイヤを見ていつも感心するのだ。

あれは一晩中、いや何カ月も、乗りもしない車のタイヤでも休まずに、ビッシリ空気をつめこんで張り切っている。ああ生きてみろといわれても困るが、私にも蟻やゴキブリのような勤勉さは確かにある。

日進月歩、常に新しいものに取り組み営々と毎日しのぎをけずる。そこに生きるしるしを見つけたのは、私の時代も今も、さして変わりがないと思うのだが。

土、日を休み、旗日もウンとふえた。春夏秋冬の連休も、ふりかえ休日のなかった私どもはただあきれるほどだ。日曜と祭日が重なりコンチクショウと地団駄を踏んだ少年時代、ともかく教師たちはちょっとでも教えようとしたのに、今ではちょっとでも休もうとしているかに見える。これも熟年のひがみかも知れぬが。働くことをセーブするのはともかく、怠慢になれというのでは笑って済まされぬ。

私の家内は親父の関係で台北に住んでいた。あたたかいところは、すごく勤勉好きなのと、怠惰の二種類があるという。その怠惰の中で、どうしようもないギャングというか、タチの悪いのを〝老(ろう)

鰻〟といったそうだ。

年とった鰻というやつは、無法者なのか、あるいは穴から首だけ出して獲物が通るとガブッとやるウツボのようなものか――。いずれにしてもローマンなのである。

そのうち世の中が、ヘシャげたタイヤみたいなのと老鰻ばかりになっては生きてる甲斐もなくなるだろう。

勤労のあとには、いささかの疲れといささかの得もいえぬ誇りのようなものが身中に漂う。怠惰のあとには、何となく死んでもいいような嫌悪が襲う。聖書の中に〝明日のこと思い煩うことなかれ、明日は明日みずから思い煩わん、一日の苦労は一日にて足れり〟（マタイ伝）というのがある。今日一日は充分働いた。いろいろの不義理や苦しみは忘れてよく寝よ。明日がある。明日は誰の力もたよれぬのだから、また自ら営々と働け――と最後のところはきびしいが、空気のぬけたボロタイヤみたいな老鰻には痛い言葉だ。

どうだ！　最近新聞をにぎわした辻斬りの老鰻の無法ぶりは。

## 日本海

うつむきて　老爺のひとり　何思う　木陰に涼し　佐渡わたる風

ここは日本海。下手な歌の一つも出る風景。

二度目の柏崎だが、全市のほとんどが労音に入っているという、まことに珍しい文化の街だ。聞けば市長が傑物という。

公演の合間ちょっと散歩に出た。ひなびた日本海特有の海岸がつづき、入り組んだ山肌をぬって米山の霊峰が見えかくれする。道を急ぐと鴎ケ鼻や鯨波という名所がある。この辺りは国定公園だ。海は冬の海の色と違って濃い碧（みどり）が美しい。そんな岬の下で、さざえでもとっているのか二、三人の泳ぐ人が見える。鎌倉を見なれている私には、不思議と悠久を感じさせる別天地だ。

〝痴娯（ちご）の家〟と巌谷小波が名づけた古い日本の玩具を集めた館も懐かしいものだった。いささか痴娯にひっかかったが、館主はいたいけな子供の意だと説明した。

六百年を経た番神堂という寺も、太い欅で造られているので現存しているという。ここは日蓮聖人の佐渡からの記念の寺だと聞かされたが、荒海を乗り切る小舟に法衣をまとう僧二人。この献画に何故か鳥肌が立った。

この辺り福浦八景というが、裏日本に残された情緒がわずかに息づいている。裏日本と言うと今や禁句とか――。日本海側と言わねばならぬそうだが、裏が悪くて表がいいと誰が決めたのか。私たちの商売にも裏方がいる。彼等はそこに大きな誇りをもって堂々と裏方を誇称している。就中（なかんずく）、裏千家もいかんとあれば、茶道も大もめにもめよう。

近頃は外交も行革も何となく表ヅラばかりで、鼻もちならぬ軽薄さを表しているように見えるが、今や、〝裏〟こそ心中を語る真実のものではなかろうか。

この柏崎の三日間四回の公演は、割れるような観客が沸きに沸いた。この地に比べれば表日本の表東京など、気取っているのか、分からないのか何とも歯ごたえのない客が多くて、柏崎では聞こえなかった赤ん坊や幼児の声がしきりだ。こんなことでは東京も大いなる田舎といわれても致し方あるまい。

草いきれ　草より青き鯨波　浮きつ　もぐりつ　漁(すなど)りの人

## 豆腐

秋立つと京都は嵯峨野の豆腐を想い出す。あそこの店は、あの辺りに一軒しかない古い豆腐屋から買い入れていると聞いたが、すだく虫の音を聞いて赤毛氈(もうせん)の上で食う美味さは格別のものだ。当節アメリカでも豆腐は大流行と聞くが、日本の豆と北米大陸の豆がどう豆腐に味をかえるか、その辺はさだかでない。しかし、日本ではほんとに豆腐のうまい、まずいが多い。

先日、新潟への旅公演で、有名な行形亭(いきなりてい)へ招ぜられたが、ここの枝豆の美味さにびっくりした。この一見変わらぬ枝豆が実は十何種類あって秋になるほど美味くなると聞いた。

九月に入ると「いうなよ」、あまり美味いんで人に言うなという意だと、また「一人娘」という他人にやりたくないという名前がついているそうだが、弥彦神社あたりで大変に力を入れて作っているそうだ。中には茶豆といって、中の皮が薄茶色のを極上とするそうだ。

豆腐も納豆も唐から入来したものと聞くが、その時どう間違ったか白い四角いのを豆腐、豆が糸を引いてくさった方を納豆と覚えたそうだが、そう言えば納豆こそ豆が腐った方で、四角に納めたものが納豆に違いあるまい。

レモネードがラムネになったのは分かるが、豆腐の間違いはいささか非知能的だ。

私どもは満洲でパイカル酒の肴にジャンドーフをよく食ったが、これは白と紅と二種類があって、味はおのずから違う。塩からのような紅いものの中にチーズのような豆腐があり、これをほんのちょっぴりなめて酒を酌むと、悠久の大地の歴史にふれた思いがしたものだ。

今や私たちの住んだ新京、つまり長春が仙台市と姉妹都市になり友好を深めている。市長さんの話では、ともに東北の大都市だから結び合ったと説明をうけたが、この秋には仙台の市バスの中古が一台五万円で五十台も身売りするという話。

豆腐の話が横道にそれたが、ことのついでに豆腐の美味い食い方を一つ書いておこう。豆腐を横に半分に切り、フライパンに油をタップリ入れ、ジャアジャアと両面焼き、焼き上がったところへ醤油をぶっかけて、ナマネギをかけて食う。簡単なことだが、満洲の想い出の惣菜の一つである。

## キトキト

「どうじゃこのキトキトの魚は……」

金沢の人は、いきいきしたことをキトキトという。旅の疲れもどうやら心身にじわりとまといついてきたが、この金沢が最後の公演地だった。私たちはキトキトとするような芝居をして、満員のお客を堪能させねばなるまい。

ホテルの窓から白山連峰が夏の陽を浴びて美しい。あの山を越えて、一度は五箇山に行ってみたいと念願している。五箇山は平家の落人(おちうど)の集落だ。このあたり八尾(やつお)町の有名な胡弓と三味線に乗せる風の盆の歌がある。一度は私も観客になりたいと、そんなことを考えながら、まだ覚めきらぬ五体をひっぱたいて、夜の公演にそなえる。

目がさめているのに体が起きない。勿論声も起きない。これはひとしく私たち役者や歌手のつぶやきである。年とともに、この声や手足の朝寝坊には困っている。簡単に言えばこれも老化現象かも知れない。いや若い人にもあるのだ。

劇場に着いてメーキャップをして、いよいよ体操、節々がポリポリいうのを聞きながら発声練習もやる。実はそれでも完全に起きてはいないのだ。五分前のベルが鳴って、やがて幕が上がるとお客様の嵐のような拍手――にようやく心身は目覚めるのだ。何千人かのお客様のアラームであろうか、あるいはテレパシーか。

先日、輪島関に聞いたが、相撲は瞬発力だから、この半睡のような状態じゃ、どうしようもないので、このコントロールがむずかしいという。向こうは一分ほどで勝負を決めるのだから、私らとは大分違う。よく力士が最後の塩の前に、両手でモモのあたりをピシャピシャ叩くが、あれも筋肉を起こしているのだろう。

私どももいったん回転が始まったら、疲れもなにもない。ただ一気にヒタ走るだけだ。とても出そうもなかったような声が、舞台ではウソのように出る。そのキトキトした自分が何ともうれしく誇らかなのである。

　これが、芝居が済んでもまだ続いているので、そのままベッドへ入るのがどうも残念となる。旅の間には、宿舎が全部しまっていて、駅で寝たのもいたが、叱るにはいささか気をつかう、これもキトキトであろう。

## 躾

　　母の愛
　　犬の愛
　　男女の愛

と愛の順序をならべた西洋の賢人がいたが、申すに及ばず母の愛は無償の愛だ。つづいて犬が来るところが面白い。犬は叱っても呼べばすぐ尾を振って来るからだろう。そこへゆくと男女の愛はそうはいかぬ。

　犬といえば、日本の犬と西洋の犬とでは、およそ違うのに諸兄もお気づきだろう。向こうでは、つれて歩く人と犬に、他の犬が吠えたてることはまず無い。こっちの犬も歯をムキ立てて向かってゆくこともしない。日本じゃ縄張り根性が旺盛なのか、子供なんか鎖をもっていたらフッ飛ばされて喧嘩をしにゆく。

　日本でも訓練されているのは盲導犬だが、あれはアメリカで訓練されたのが大半と聞いた。私の芝居にも何人か盲導犬のお客が見えたが、椅子の下で身を細めて四時間余りも静かに待っている。あれだって道路ではヤクザな犬にどの位いやがらせをうけただろう。が、主人第一と立派な躾(しつけ)をうけているのだ。つまり文化程度？　の高い躾のある犬サマだ。

長い間、読み方を習い算数を教わった先生をどういう意味で殴るのだ。それればかりか産んで貰った親を刺すに至っては、こっちも胸の痛さだけではおさまらない。これは一体、何としたことだろう。近頃の非行は、西洋の犬に劣る事件だ。

ついこの間、神奈川県で〝ともしび運動〟という会を作って県下で活躍されている、七十五歳の明治の長老にお目にかかったが、この温和な老紳士は、日本古来の美風まで、悪弊と一緒に日本人からモギ取ってしまった戦後の民主主義は、日本をやがて滅ぼすものだと言われる。

「実は、私は先輩に叱られたのが始まりです。君ら明治の人間がボヤーッと生きておるから、こういう事になるんだ。明治の者は無為に年を取ってはなりません。日本の美風はちゃんと子孫に伝えてゆくのが大きな義務だ。そして暴力の要因は躾の不足から来る」という話を、大正の私は下を向いて聞いていた。

「躾」実に良い字だ。だが当用漢字にはない。

犬でも、文化の高い犬が作れるのに豈(あ)に人間においてをや、である。

## 柿とリンゴ

花咲きぬ　散りぬみのりぬこぼれぬと

## 吾知らぬ間に日経ぬ月経ぬ

これは、私の持っている白蓮さんの軸の歌だが、この明治、大正を生きぬいてきた人にもやはり駆け足の春秋だったのだろうか、私はあまりの歳月の早さに地球の自転すら疑うほどのものだ。

ついこの間、柿若葉の淡い新緑に春を感じていたのが、いつ花咲いて実ったのか、ようやく紅葉づく葉陰にうす赤い実が、悠々と流れる秋雲の中に光って見える。

秋の釣りのテレビを見損ねたので、ちょうどその局の仕事をしているのを幸い、ビデオテープをお願いしたら運よく届いた。早速かけてみようと、わが家のテレビに入れたら入らない。よく見るとメーカーが違うのである。ハタとテレビの前で落胆したが、どうなるものでもない。こういうものは世界の基準があって然るべきなのに、いかにも残念に思うのである。

差し込みのコンセントにしても電球にしても日本のものは大体世界で共通する基準のサイズがある。こういうことは生活の中にたくさんある。が、どうしたことかわが国で戦後成長した会社のものに、その大モトの基準を変えたケシカランのがいる。例えば日本の八ミリのフィルムはアメリカの機械に合わない。このテレビのビデオも、もとはアメリカで発明されたものだが、日本で盛んになってから自社特有のものが出てきた。これは、いかにも文明の勇み足に見えてならんのだ。テープが入らなきゃウチの製品をお買いなさいとウソぶいているやに見える。庶民の迷惑こそ甚だしいものだ。

画一は果たして製造会社の恥だろうか。そんなものは勝負のうちに入っていないと、敢えて開きなおっておたずね申したい気持ちだ。ネジ一本が合わなくて人命を失うことすらある。あれもインチとセンチがあっていい迷惑だ。

要するに、社長の頭が必要以上に自負しているのか、あるいはおろかなのか、もっと悪くいえば欲張りすぎか、わずかな箱のサイズの差で入らないものを作った人に真意をおききしたい。

柿の木に、リンゴはならないといわれれば一言もないが、柿を食いたいと思う時にリンゴを食わせていいものか。

## 女酒

私は酒を断ってから七年になる。

あびるように飲んでは口角泡を飛ばし、放歌高吟、喉がつぶれて、次の日の芝居にさえ支障をきたしたこと再三だ。ある日、どこかの酒場で小便をしながら、チロチロと流れる黄色い水が便器に落ちるのを見て、これが俺の働いた所産かと愕然（がくぜん）とし、爾来プッツリと酒をやめたのである。

しかし考えてみると、酒だけが何千年前の昔から人間同士のコミュニケーションに役立つ飲み物だったかと思うと、なるほど最近は他人の話を聞く機会が減ってしまった。

酒は熱帯や温帯で生まれたもので、決して北極、南極で発明されたものではないだろう。

私のヨットが赤道直下のサタワルという島を訪ねた時、島の男の唯一の仕事は、朝、椰子（やし）の木々に登り、その実のところを切りさいて壺を下げることであったと土産話を聞いた。ポタポタと落ちる椰子の汁が昼頃までに溜まると、赤道の太陽はこれをブクブク酒に変える。午後の三時にはこれをはずして、夜の酒盛りにそなえるという。これを見ても酒は暑いところでは難なく造れるのだ。かつてアラスカでエスキモーをアメリカが雇って働かした頃、ビールの味をおぼえて、そのほとんどがアル中患者になったという記録がある。つまりあの酷寒の地には醸造はまるでだめということである。

近年、聞くところによると、女の酒のみが増えたという。しかもアル中が相当な数だと聞かされた。これの原因がふるっている。主人の残した酒を、何することもないヒマだらけの五十歳前後の婦人が台所で盗み酒をするのがモトだという。不思議なことに、あれだけ酒のみの多い男どもだが、社会に出て働いているので、おのずから自制する力があって、さほどアル中になる患者が無いという。それに比べて家にいてブラブラしている女房族に相当な中毒患者がいる例がものの本に示されている。

昔と違って女房族を楽にしようと、文明は人間を小馬鹿にするようなものまで生んだ。ついひと昔まで働き者だった女が、覚醒剤(かくせいざい)まで買うのも、離婚と正比例して多くなったのはこの辺が原因か。家の掃除や洗濯や料理造りがそれほどヤボな仕事であるのだろうか。

## 敬語

ハワイで電話がかかってくると、

「ハロー、ユーはモリシゲ? ミーね、長山さん」という。全く代表的な敬語の誤りだが、英語で言えば、自分のことをミスターとつけるから、あながち誤りとはいえない。近頃のアナウンサーや司会の連中の敬語のメチャクチャは自分も他人さまも、あっちもこっちもないものだ。ステージで恐れ入るのは、司会者が出演者を「××さんのご出場です」と言うに至っては言語道断。司会者には話の学校すらあるというのに「五木ひろしさん、八代亜紀さんのお唄を聞いていただきましょう」とは何事か。呼び捨てが正しい。ロイ・ジェームス君だけはこの点、なかなかしっかりした司会者ぶりを見せていた。

日比谷の映画館には〝お切符売場〟と書いてあるが、お切符なんてものは無い。切符は切符だ。テレビを見れば「わたしのお肌がこんなにきれいになるのも……」自分の肌や眼や口に「お」をつければCMで売れぬと思っているのは、スポンサーか、局か、何とも情けない。

敬語の混乱は時代の混乱でもあろう。封建時代の名残といえばそれまでだが、誰が誰に対してモノ申す時という、身分の相違があればこそ、そちになり、お前になり、君になり、あんたからおいいまであるのだ。YOU一語で片づく国はうらやましいし、また味気もない。

近頃の誤りは、敬語ではなく丁寧に言おうとするので、すべてがオミオツケ風になる。結果は己れの恥と、人を小馬鹿にしたようなことになるのだ。それはばかりではない。ホテルの食堂で、「ご飯にしよう」というと「ライスですね」といい、「水を下さい」というと「アイス・ウォーターですか」には恐れ入るばかりだ。なるほど旅館でなくホテルというからだろう。

〝うちの父は〟〝うちの母は〟が正しく〝うちのお父さん〟は誤りであるが、うちの中ではお父さん、お母さんが呼び名としても最高だ。うちのパパなんて言うから「おいパパ！　買ってくれヨォ」などと子供は不遜なことをいう。お父さんと呼ばせておけば、「お父さん、ボクほしいんです」と言葉も丁寧になるというものだ。

辞書によれば、御父兄、御令息、御令嬢、御芳名は全部誤りで「御」は不要という。

馬鹿丁寧と、ぞんざいの中で世紀末は狂いながら、一年が暮れてゆく。

## 生理的嫌悪

芝居をやってかれこれ四十五年になる。ちっとも自慢にならない、いうなれば馬齢を重ねただけの過去だが、実に千差万別の芝居をやり、また人の芝居も観てきたが、昔の芝居は、どんなによくても昔のテンポだし、近頃のものと内容は良く似ていても組み立て方も違う。

聞く方が疲れるくらいしゃべりまくる芝居もあり、分かっているのに何となく間ダレするノロくさいテンポのものも今昔を問わずあった。泣かそうと懸命のお涙頂戴劇もあり、意味もなくダジャレばかりの笑劇も拝見した。

すべて、どことなく芝居の途中で生理的苦痛をともなうもの、早く緞帳(どんちょう)の降りるのを待つものさえあった。

ここまで書けば、今さら遠慮もクソもない。もう少し調子に乗って書くなら、演出家ばかりがひとりよがりで気取っているのか、考えすぎなのか、筋も不明になるような奇異な作品もあって、お客の方が狐につままれたような気持ちだ。分かりやすいということは即、幼稚につながると誤解しているような反発をおぼえたりした。

元スターといわれた人たちの、役者とは呼べぬような下手さ加減も困りものだが、わけても私がキライなのは、身障者を売りものに使って涙をさそうやり口で、それは昔から演劇映画ではタブーとされてきたものだ。ただヘレン・ケラーのごとく素晴らしい人格をピカリと光らすものならば、それは大いに価値のあるものだが。

いずれにしても、芝居作りはむずかしい。奇を衒(てら)って大衆をアッといわせようとの魂胆も分からぬではないが、それだけで名狂言とはいえまい。

オールビー氏は、「バージニア・ウルフなんかこわくない」を書いたアメリカのハイクラスの作家だが、かつて、演劇は舞台からアラームを与えるものだと喝破した。

我々のなかで眠っている真理を呼び起こす、それは文字通り目覚ましでもあろうか。いたずらに新しい解釈で社会のひずみや、政治の貧困だけがモチーフとして大きく見栄をはっても〝では、どうするのか〟も書いてない疑問符のような結果では、いい芝居だったとは思えない。アジ演劇も若い頃にたくさん観たが、芝居は政争への道具ではないだろう。あるいは〝貧困な私の魂が目覚めなかったせい〟だろうか。

## 青函トンネル

ここは本州の涯(はて)、龍飛(たっぴ)である。

やがて、ここからもぐり新幹線が北海道に渡る地点だ。

家鳴り震動、宿はゴウゴウたる物凄い風にゆれ、昨夕はまんじりともしなかった。

青函トンネルの建設映画「海峡」のロケーションである。暗い雲におおわれた津軽海峡は波立ち騒ぎ暮れゆく師走、いかにもロシアの名画アイバゾフスキーの「第九の怒濤」のような風景だ。吹きまくる風の中では、セリフも満足に言えない。絶壁の上に立って、正直、私は頬も口も曲がり苦しんだ。役柄は名うての穴掘りの親方なのだが、どうやら今にも散りそうな生白いヘナチョコの木っ葉を隠し得なかった。風は四十メートルから五十メートル、時に七十メートルも吹くという。人は皆這いつくばって歩くのだが、ゴミや粉雪が容赦なく目に飛びこんで言葉もない。こんな苦労も映画になってどうだろうと吹き飛びそうな冷え切った頭で考えていた。

半島の山々は葉の落ちつくした疎林に覆われて何となく象の横たわっているようだ。この本州の北の涯に、それでも人は生き営々と働き、やがて訪れる正月を迎えようとしている。いかにも渺々とした、いつかは雪に埋もれる龍飛の村に、それでも子供たちは転げ回り陽気に飛びかっているのだ。

この龍飛の岬に太宰治の碑がある。対岸下北半島には、拙筆をふるった故川島雄三監督の映画碑があるのだ。この長い長い冬の龍飛は、ナイル河の氾濫にも似て、何も出来ぬ極限の状態に置かれるのだが、人はどうやら思考の淵に追いこまれるのだろう。川島雄三の奇才とも謳われた映像の母体も、つまりは少年の日に窓打つ風の音を聞いて狂おしくも燃え立ったに違いない。

かねて共演出来たらと望んでいた高倉健君と一緒だが、世界一の隧道工事に臨む二人が語るシーンも、彼は凛々しく風に立つ男で、私はショボタレた爺さんなのが何とも残念である。

とまれ、この大工事場に働く人たちは、残酷な自然に立ち向かう哀しいまでに尊厳な姿だ。これは単なる生業（なりわい）ではなく一つの人間の執念と見えた。それはヒマラヤへ登る山男と同じような。

風は狂い　潮まきあげる　龍飛岬
粉雪ぬって　鷗らぞ飛ぶ

**時**

いず地より　また何ゆえと
知らで　この世に生まれきて
荒野を過ぐる　風のごと
行方も知らに　去る我か

ペルシャの大昔の詩人、オーマ・カイヤムの詩を矢野峰人氏が訳された一文だ。
一日は長く　一年は短い――と西洋の諺にあるが、一日も短い昨今、あっという間に春夏秋冬が過ぎて、あわただしく木の葉は色づき散り、師走の街に、またかとばかりジングルベルが鳴る。何でも屋の日本人はクリスマス・トゥリーを点滅させて〽聖（きよ）しこの夜――をうたい、あわてて正月を迎えるために神棚のほこりを払い、ついでに仏壇の掃除をして、目出たくもないヤツも、お目出たいのも、なべて正月の昼酒に酔う。もっとも酔わねば、やり切れぬ気持ちもあるが、先夜、加藤唐九郎翁のテレビを見て、翁のいう〝時〟の考え方が違ってきているという話をしみじみ思い出した。

地球の自転は変わらぬのだが、こっちが時間を飛びこすほど忙しくしているのと、ゆっくり時間をおいて追いかけるのとでは、〝時〟の感じ方も違うということだ。

結局、忙しく立ち働いていると、時間もあわただしく追いこして時を見失いがちだ。

一つのことをコツコツやっていれば、悠々と時間もあとからついてくる。私などがいい悪例で、こうしてヒマさえあればモノを書き、講演に走ったり、芝居が済むとテレビが始まり、おまけに映画を撮る、とこれじゃ何一つロクな仕事も出来ぬうちに、陽は昇り陽は沈むというものだ。

同じ、オーマ・カイヤムの詩に〝時は今、我が足下を滑りゆく〟というのがあって、ギョッとしたことがある。私どもの時の観念は時計が出来てからで、チックタックと時を刻むところから出ているが、時は刻まれるものではない。千年も昔では、日時計や水時計、砂時計で、ただサラサラと流れ落ちる音に時を感じていたのだろう。だからこそ、我が足下を滑りゆく――と書いたのだ。

今日もまた、雑踏の中で足の下を音もなく滑りゆく大事な時が流れてゆく。この時を無意味なあらそい事や無頼の日々で踏みにじってはいないだろうか。

# 第五章　人師は遭い難し

## わが責は終りぬ？

十　五　歳　ただぼんくらな坊主だった。
二十五歳　大地（満洲）の大きさに、唖然とする許り。
三十五歳　ものの好し悪しの判断もなく、ただ、がむしゃらに働きかつ遊んだ。
四十五歳　仕事と酒と睡眠不足に、朦朧として生きていた。
そして、私は今、六十八歳である。働きぐせが尾を引いて相変らず雑用に追われている。過去もそれ程満足のゆくものではないし、現在もすべての仕事が私をうましめているとは思えない。いたずらに早い歳月が私の足もとを流れ、さりとて静かに死をまつという諦観もさだかでない男だ。
最近、私は自分の出ているテレビを見ながら、ようやく客観的になれるというか、つまり傍観者として見る余裕だけはできるようになった。そうして見ていると、何といい加減な俳優だろうかと、砂を噛む思い許りがつきあげる。
昨今、私をとりかこむ食生活は何とか標準並だし、さして金に困ることもない。また、これといって新しい仕事に対しての熱意も実はあるようでない。過去の引き出しをあけて、大概の用（仕事）を足すぐらいで、左程悔まれる思いもなくまあ平然としているような毎日だ。それがテレビの画面の私の仕事の中に見え見えなのである。これが、昨日今日あらためて驚いたことなのだ。怠惰の中から何も生れないぐらいは百も承知でいながら、社会の波に乗せられて案外いい気でいる自分を発見して、正直いうと自己嫌悪が頭をつきあげてくるのだ。

何が芸術だろう。芸術するということは、単なる肉体運動である筈はない。創意も工夫も血しぶきとともに発芽し、汗しぶきの中から形づくられてゆくものだと承知しながら、充分の素地もないものが、些(いささ)かの冒険にも踏みきれないでいるのはどうしたことだ。薄氷を踏む思いなど全くなく、新しい海への船出にすら何の勇気もない、いうなればダラ幹に近い姿が、己れが己れの姿をブラウン管に見つけての感想だ。

そう思ってあたりを見るとどうだろう、私をホッとさせるように、周りの諸兄の姿にも、大して苛烈な生きざまを発見し難いのだ。

これは一体なんだろう。日本の芸術の中にも大きなサイクルがあるのだろうか、そしてそれが今や最も弛緩(しかん)しているのが現代なのだろうか。

改めて一つの宿題を出してみるのだが、食うに困らぬということが与える意欲の喪失ということは――、あるのかも知れない。

演劇も音楽も、或は文学ものびなやみして隔靴掻痒(かっかそうよう)のイージーな作品を押しつけてはいないだろうか。発想の原点が、なんだかコタツにぬくもってあぐらをかいているような気がするのは、私のヒガ目か。しかも、観客も視聴者も読者もこんなもんだ……くらいの、さしたる期待もなく、安直に受け入れているのではないだろうか。

戦争の是非はともかく、切羽つまって一国の運命がさしせまった時には、人は人智をしぼり、不可能に近いような状態でもそれを何とか切りぬけるのだが、今日この頃は、何も切羽つまるものがないのだろう。戦争と文化とは同一視出来ぬものくらい熟知しているが、文化もどうやらシミッタレた向上しかしていないと見るのは経済成長の所産か。

さて、その経済成長期に一応遮二無二なって働いたのが現在四十五歳以上の人々だろうが、これらの人に一様に疲れが見え、私と同様、些少（さしょう）な満ち足りで、わが責は終りぬ——風な気心がうかがわれるのではないだろうか。

私は、日本人はいついかなる時にも勤勉でなくては、つまり働いていなくては、何のカンバセもない人種のように思えてならない。

南縁に座して冥想にふける人種ではないようだ。日本全労働者の国だ。ただその勤勉も、昔のように盲目的な勤勉じゃなく、最も効率的な勤勉を要求されている。いわば終生自転車に乗っているようなもので、コグのをやめれば倒れるという哀しい性をもっている勤勉人と思えるのだ。

男も女も小金がたまり、希望も理想もない。家が出来ると、若い嫁や新しい息子に食ってかかるくらいが老後の楽しみになり、自己の向上などとんと考えの中になくなってしまう。なべておろかな生き方をしている。いかに先進諸国が働きすぎだといっても、小さなのぞみで満足する。土日を休ませろ、夏冬の休暇もうんととれ、寒いところのものは暖い国に避寒しろ——とかいっても、それは私たちの習慣にはまだ程遠い敢言である。組合が絶叫しても、土曜日を休んだ人間は正直身のおきどころのない風に、時間を使う術も知らず意味のない一日を過す。つまりレジャーの使い道などとんと承知せぬ人種だ。

酷ないい方をすれば、勤勉の中にえもいわれぬ快楽を感じて生きる蟻のような人種だ。

遊んでいる人間を見ると、些か蔑視する風もあり、また、その人間たちも働いている人に何か申しわけないような気持をもつくせもある。

若者が変った——とはいうものの、結局は同じだ。余剰の時間を与えればロクなことをしないのが多いのではないだろうか。

故にこそ、結婚も未だに見合いが存続し、恋愛結婚には破局が多い。見合いなればこそ、亭主が仕事や仕事マガイの酒に飲みつぶれて帰宅が遅れても、どことなく〝そういうもの〟と教えこまれているることがある。勿論、もめ事はあるだろうし、一億総夫婦の中で老いも若きも嫁さんなるものは半分以上が不平をかこって生きているといって過言ではなかろう。しかしそれもやがては馴れっこと、あきらめに変貌してゆくかに見える。恋愛結婚がぬきんでて幸福そうに見えるのも、まったく当初の数年だけだ。人は錯覚によって結婚し、理解によって離婚するといわれるが、錯覚の長つづきなどある筈もない。

さて、そんなことをしっかり踏んまえて、この日本人が生涯をどう生きるかという話だが、勤勉はどうやらロバの目をふさいだようなもので、一切の思考を度外視することが多いのだ。私ども満洲に長く生活したものは、目をふさがれたロバが石臼の周りを日がな一日廻りつづけ、飯どきと暗くなって寝る時にだけ解放されるのを見てきたが、ロバの生涯ではいかにもつまらんと気がついているのだ。私たちにも智恵の実はある。四十五歳を契機として、人間は第二の設計による人生の道を歩まねばなるまい。

終身雇用のこの国では無理なことかも知れぬが、人生に七つ仕事を変えるのが正しいと書いた人がある。一つの仕事も二年目には大方おぼえ、三年目に手に入り、四年目にいくらかの創意をいれて、その仕事をほんの少し向上させ、五年目の爛熟期、六年つづいて七年目に飽きがくる。女の七年目の浮気というのとほぼ同じだ。そこで、七年目あたりから次のやりたい仕事に切り替えの準備をし、八年目に職を変える。これを七回変えると約五十年だ。学生生活を終えるまでの二十年を入れて、七十歳がめくるめくように絢爛と過ごせる。〝転がる石には苔むさず〟のたとえの通り、晩年自伝の一つも書いて子孫に残せも出来よう。

でも、そんなことは、日本ではまだまだゆるされぬ。気の変りやすい、ハスッパ男だとか浮気女のようにいわれかねない。

だからこそ、一生に二度をおすすめしたいのだ。五十近くもなれば、子供にも配偶者が出来、一緒にいれば気に入らぬこと許り、離れていても妙に淋しがり、なかなか親は子離れしない。そんな時期に第二の人生の設計に踏みこむのだ。

主人と奥さんが同じものなら越したことはないが、別々でも大いに結構。例をあげれば、某重役は停年後、鈴虫の孵化に熱中し、遂に成功したが、何と彼の後半の生涯は、一匹の鈴虫のために多忙を極めた。子供達から大人までその方法を習いにくる。全国の鈴虫ファンと文通、裏の神社の山に二千匹を放すのでテレビがくる。彼の生活は充実して老年に花を咲かす。

さて、奥さんはエスキモー語を研究し、アラスカや北極近くを旅行し、エスキモー辞典を作って、たった一人の通訳官となるのもいいだろう。そんな勉強のあいまに、モンゴルの人種の歴史が見えはじめ、エスキモーからアメリカインディアン、そしてペルー、チリーの原住民と考古学的な人種の移動や、言語からくる新しい発見にうつつをぬかすだろう。

「年をとってから、一緒にごはんをいただく機会がなくなりましたね」とニコニコ笑って、お互の第二の人生の所産を認め合う。まことに喜ばしい風景ではないだろうか。これを満ち足りた人生という。

宮本武蔵じゃないが「一芸万道に通ず」で、工学博士が鈴虫をかえして損は一つもない。八百屋の小母さんが娘夫婦に店をゆずって、エスキモー人とのパーティーにゆくのも面白いことではないだろうか。

人はいつの場合も、熱中時代で、それに対して勤勉であっていけないという法はない。自ら満ち足りぬ道を求め、満ち足りぬをグチに、人生をいまわしく送る愚を、私は声を大にして説いてみたつもりだ。

## 人師は遭い難し

先頃、新聞もテレビも日夜、中国残留孤児のニュースで沸きかえっていた。

私は若い頃満洲に七年を過した。

これは、私にとってまたとない経験であり、大地への接触であった。今やその記憶も薄れ、身体の奥の方に些か甘い感傷となって追憶の幻影となりつつある。

当時十三歳のスーチン（淑謹）という手伝いが満洲新京（長春）の我が家にいた。

この娘は三年の契約で、四平街の満鉄病院の医者が、田舎から物売りにくる満洲人の口ききで我が家に買ってきた娘である。買ってきたという表現はいかにも不穏当だが、これが昭和十五年頃の満洲のシキタリでもあったのだ。

三年間、三十円を親に払って、小遣いは別に毎月なにがしかを本人に渡すのだが、当時私の給料は八十円だったから、およそ三十円の見当はつくだろう。小さな村に住んでいた、勿論その村以外は見たこともない娘で、学校にも行っていない。

四平街の駅まで迎えに出た私を、人の好さそうな父親に手を引かれ、わけもわからずつれてこられたスーチンは、泣きはらした眼をうつろにして、横眼で見た。

父親と娘を安心させようと、私は親切に我が家のことを説明したが、一向に聞く気配もなく、しきりにピー（女郎）にマイマイ（売る）はプッシン（駄目だ）と念を押す許りである。成程こうして田舎の娘が売られていったのか――と、ふと日本の東北を思い、いずれの国も大差のないこの悲劇を駅頭の風の中で感じていた。

ようやく汽車は四平街を離れて、およそ三時間程で新京に着くのだが、彼女の気持を察して私も三等車に同乗し、かねて用意してきたキャラメルなどを出してすすめたが、窓から外を見たまま何をいっても一言の返事もしない。周りの座席にいた満洲人たちは、或はこの男は女衒だろうというような眼でこちらをチラリチラリ見ていた。

新京に着いたのは夜だった。二人は馬車に乗った。荷物は彼女の手の小さな風呂敷づつみ一つだった。

私は玄関で大きな声を出して「帰ったョ」といって彼女をそこに待たした。車中で彼女の長い髪の毛を這っているシラミを見たので、家へ入る前に一応の処置をしようと考えたからだ。「よく来たわネ、あんたは今日から家の子よ」。そんな日本語が分ろう筈もない。家内を「ウォー、デ、タイタイ」、私の女房だと安心させて「さあ、ここで始めよう」と先ず頭にお酢をビチャビチャに塗り、毛をからげてタオルで頭をまいた。

「沸いてるかい?」。勿論風呂にすぐ入れるという。つづいて彼女を素裸にして、初めて玄関に入れ、湯殿につれてゆき、垢だらけの身体を洗った。長い風呂だった。それでも最初のオドロオドロの眼はようやく落ち着いて、生れて初めて入った風呂はさすがに気持よさそうだった。

女房手製の新しい満服を着て家族と御対面だ。折角の白い飯も一くちも口にせずその夜は寝た。さあ教えるものがウンとある。先ず便所だ。今までは家の横の野良が便所だが、ここでこうしてするのだ、そして済んだらこのヒモを引いて流すのだ。この水洗が一番の難関のようで、どうやら肝心のモノが出ないで四、五日便秘をしていたらしい。

水はこの栓をヒネれば出る、こうすれば止る。ガスはこうして火をつける。何度もくり返し自分で実験させて覚えさすのだが、かれこれ一週間もかかったか。或る日、スーチンに「水はどうしていたのだ?」と聞くと、わたしの役目は水汲みで相当遠いところの井戸から汲みあげ両方の桶の水をこぼさぬように家のカメに入れるのが大変なことだと答えた。

病院の検査も終り健康状態も好いと報らされたので、それから彼女を子供たちと一緒に寝起きするようにさせたが、自分の妹や弟たちを思い出すのか、私たちが驚く程子ボンノウで、いっとはなしに子供たちと先ず馴れて時おり可憐な笑顔がのぞけるようになった。

子供たちが、言葉を覚えるように彼女も日本語を覚えてゆくのが何ともほほえましかった。

〽シロジーアカク　ヒノマーソメテ　アーウチクシアー　ニホンノ　ワタワー
子供も彼女も、おなじように合唱するのだ。しかしいたいけな少女には近代生活は魅力ではなかった。石鹼で手を洗うことも、腰かけの便所で自分の排泄したものがきれいさっぱり流れても、かえるの鳴く声には遠くおよばない。窓にもたれて、遠く鳴くかえるの声に耳をすまし、一筋二筋、涙が流れるのである。

或る日、私が休みの日で家の中でゴロゴロしている時、窓下で子供たちの声がする。何をしているのかとそっとのぞくと近所の子供たちと、二歳三歳たちがママゴトをしている。その横に彼女は静かに座って仲間入りをするでもなく楽しげに見ていたが、突然彼女が怒り出した。初めて見た彼女の姿だ。

「イズミちゃん、プッシン（不好）わるいノこと。イズミちゃん、あやまりなさい！」

彼女の叱声は、いかにも当然である。長男の泉が「ゴメンなさい」と、隣りの子にあやまっているのを見て、私はグッと胸のせまる思いがした。それは全く良き姉であり、先生であり、或は親の代理でもあったのだ。

私は元来スパルタ式で子供を教育していた。時には大声を発し、尻をひんむいて、二、三度ブッことも再三である。私の機嫌が悪くなったと察するや彼女は二児を抱いて、台所のお菓子をふところに（これは子供たちと均等にわけてやるおやつだ）近所の公園へ飛んで行ってしまうのだ。道路へ自動車を見に行っても、決して子供を手から離さない。家内が買物につれてゆく時も、三尺下って女房の影を踏まない距離で歩いてくるのだが、一体誰が教えたのか、見方によっては、無教育というが高い文化が血の中にあるに違いない。そこに連綿として流れる中国人の生活文化が、何の不自然さもなく息づいているのだ。子供が入院すると彼女は病室で親よりもはるかに確実に看護に当り、本人も些かやせて退院してきた姿に、私たちは何度頭の下る思いをしたことか。

今、その伜（せがれ）が四十一歳だ。だから彼女は五十五、六になっているだろう。涙とともに三年後、ようやく色気づいて小ギレイになったスーチンと新京の駅頭で別れた日を思い出すが、もう一度逢ってみたい気持が、いつも心のどこかにある。おそらく彼女も、中国のどこかで、あの日、あの時を思い出していることだろう。

さて、中国残留孤児たちが、やっと肉親に逢えて言葉も通じぬままに泣きくずれている姿を見ながら私ももらい泣きをしたが、どの青年男女も小ざっぱりした服装をして頭もきれいに刈り、その手を見てもかつて満洲人たちに見た手とは違う清潔さだ。

あの当時、満洲の農家はすべてが裕福であったとはいえない。この子をお願いします——と、つかれきった異国の人間にたのまれて、一人でも食いブチをけずろうと思っているその農家は、一様に歓迎しただろうか。私の経験ではそうは思えない。かつての日本の農村と同じ悶着があっただろうが、結局は彼らはその子を引きとったのだ。それがまだ推定千五百人もいるという。勿論中には種々の迫害を受けた子供たちもいただろうが、いずれにしても成人して嫁を貰い子供を生んでいる。決して女郎には売られなかったのだ。

こんなことが、もし立場をかえて日本にあったら、果して地方の日本人はそのようにしただろうか。ふと昔の日本の混血児たちの、血のにじむような侮蔑の中で育った話を思い出さずにはいられない。人は等しく深い愛を口にするが、やはり中国人は、どこか私たちとは違うようだ。心が広いと一言ではいってしまえぬ大地にはぐくまれたスケールの大きさがある。加えて深い人間的な情愛がなくて、この子たちがあんなに成長する筈はなかっただろう。

ことさら文明をもち出す気はないが、きらびやかな、テレビや冷蔵庫や自動車が彩る文明のかげに、日本古来の美しい他人を思う文化が衰退しつつあるのではないだろうか。私は、今になって満洲の農村僻地の人柄が、私たちよりうんとすぐれていた証左を見る思いがする。

孤児たちは祖国を見て、富士を見て、長い間鬱積（うっせき）していた父の国、母の国に涙を流したが、その大半は、それをしっかりと胸にだいて満洲の野に帰り、やがてその土の下でねむる日が来るだろう。そして彼らの子には、すでに祖国日本も遠い夢の国になってゆくのだ。

ただ一つ、私どもの心に、そして彼らの心に残るものは、戦争の悲劇と一緒に名も知らぬアカの他人がくれた恩愛の思いだけであろう。

経師（けいし）は遇い易く
人師（じんし）は遭い難し

これは中国の言葉だが、雲の上のような日本国の政治が、どう展開されても、私たちが祖先から受けついだ温容は次第にカゲをひそめつつある。せめて一時でも外地に住んだ人間は、この〝人師〟の気持だけは失いたくないと心に銘じるのだ。

しかし、思えば人間というものは、その住む土の上の人間と切っても切れない絆を結ぶもので、哀しいかな血のつながりは単なるロマンでしかないとも考える。

平和とは個々の不変の愛をいうのだと、私はつくづく悟る許りである。

## 人の顔　国の顔

同窓会で懐しい顔に出会った。

それらの顔は、青春を散亡したハゲとシワとうつろな目と——、話せば舌のもつれる程の、いうなれば無残というか無惨極りない顔たち許りであった。

あっという間にスッ飛んでいった五十年である。間もなく一冊の写真集が幹事から送られてきた。右に若き中学生の頃の顔、左に同じ配置で現在の顔が写っている。白いところは既に故人になった連中である。見比べれば、十七、八歳と七十歳は、その男の親父を見る感じだ。顔は履歴書というが、こうまで変る程、世の中は残酷に本人をいじめぬいたのであろうか。

つくづく思うことに、私の仕事以外の顔のことがある。

電車の中、路上、食い物屋——、私とて気の向くままに色々なところに顔を出す。そんな時、こちらを向いておじぎをされると、私は常に一種の緊張をもよおして、会釈にはこちらも軽く、「ありがとう」と頭を下げるし、「あっ、モリシゲだ！　意外と若けェなー」にも、ちゃんと笑った顔をお返しする。「あっ、モリシゲ、すげえジジイだな！」にも、黙殺することなしに、些かの笑みさえたたえて、ごもっともといった顔を返すのである。

よく考えれば、こんなに疲れる生き方はないのだ。

先頃『悲劇喜劇』が私の特集をしてくれた。この冒頭、増田れい子さんが（お目にかかった記憶はないが）名文をもって「屋根の上のヴァイオリン弾き」をほめて下さって、頭の下る思いをしたのだが、その名文はかつて彼女が何かのインタビューで私に逢った時のことから始まっている。二度と逢うまいと思う程ニクタラしい男だったと記されているが、余程虫の居どころでも悪かったか、無愛想な応対をしたのだろう。

話は横道にそれるが――

近頃、葬式の時に、どっと私の前にカメラやライターが来て、愚問を発する。これにいい顔をしている男は余程根気強い男か、不感症の人間だろう。よく事故で我が子をなくした親の顔の前にマイクをつきつけて、「現在の御心境は？」などと、ヌケヌケとバカみたいなことを聞いているのを見て、視聴者として悪寒を感じることがあるのだが、その群れにかこまれても総じて役者は、いつもいいオ顔をしていないと、どこかでユリ返しがくる。弱き者は致し方なく、歯ギシリしながらも、ソツのないことを答えているのだ。それがうるささに告別式にも礼を欠いている人間がうんといる。こんな話は私にもクサる程あって、モリシゲなんか顔も見たくないが、「屋根の上のヴァイオリン弾き」を見て、私は誤解してました、と手紙をくれる正直な人もいる。別にパーフェクトに愛されたいとは思わないが、人間はちょっとしたことからその人格をふみつぶされるのだ。

昔、芳沢あやめの役者心得の中に「役者たるもの、他人に素顔を見せるべからず」というのがあったが、色んな意味から素顔を見せぬ方が両者のために得だと考える。私とて凡人中の最凡人の一人だ。へたんと売れても、売れない日でも同じ機嫌の風車——とはいかんのである。

昔はバーあたりで、

「おい、モリシゲ、こっちへ来いよ。一杯やろう。俺はファンだ。こら、モリシゲ、聞えんのか！」

に腹をたて、

「こっちは勝手にやってるんだ、そっとしといてくれ」

というと、

「この野郎、俺はお前のファンだ、生意気なことというな！」

と、いきまかれて全くまいってしまったことが多い。だから人の集るところはなるべく避けるようになるのは当然のことだろう。

こう考えてくると、総理大臣なんて役も、ほんとに困る商売だろう。

その総理の顔のことだが、一見田舎くさい顔に好感がもてるが、好々爺の顔はガイして押しに弱い。総理などという、いわばヌケヌケとウソもいわねばならぬ職掌柄、ポーカー・フェイスが一番だが、私は或る程度コワオモテがいいと推察する。顔が利くのもこの手の面相だが、顔がサスようでは勤まらぬポジションだろう。

核の問題もさることながら、貿易摩擦など、各国の顔役がコワオモテでやって来たり、こっちも出向いたりしなければならぬ総理は、先ずもって日本の大資本の社長どもに一パッくらわせる厳然たる顔がほしい。

どんどん輸出しても、売れに売れるとなれば、日本の社長は欲の権化、相手国の政治文化など屁とも思わぬところがある。もともと貧乏国だったのだから、ここで儲けねばと責めを負い、富を千載に残さんものと売りに売りまくる。もともと商人だ。政治や文化には全く縁の遠い連中が多く、前年にくらべて今年は何パーセントかの上昇を見なければ、社長は不信任となり、株主総会でハイさよならをいわれかねない仕組になっているのだ。ケツに火をつけた社長連中を押えるのは容易な業(わざ)ではあるまい。おまけに今日の日本の繁栄こそ我らの手によるものだと二言目にはウソブク輩(やから)だから、腰抜け政府には始末に悪い連中でもあろう。

国家間の問題を考慮に入れ「君のところの自動車は去年百五十万台だったが、今年は百二十万台で辛抱してくれ——」ぐらいがいえぬでは話にもならない。生存競争の本能が世界の国と協調する精神を上廻っていては、貿易摩擦が起るのは当然だろう。もっとも向うにも非があることは充分察知出来るが、ここでうぬぼれてゴリ押しすれば、やがてコワれるのだ。

戦争に負けたが、経済で勝った——などという講演がしばしば聞かれるが、両国に或る程度の満足感がない限り勝ったも負けたも無意味の一語につきる。

よく金持ちに、それで儲かったらどうしますと聞くと、海外に工場を持ち云々という。それでも儲かったらどうしますと執拗に聞くと、懲(こ)りずに儲ける話しか返ってこない。一人ぐらい、「この金を一つ貴国の文化のためにお費い下さい」と、目のひらくような返事が出来ないものか。

往年、ドイツを訪ねた時に、この国にはもう大哲学者も詩人も音楽家も出ない、次に出てくるのは偉大なる商人だけだ、貴国もそうだろう、といわれたことがあるが、成程、その欧米をもしのぐのが商人日本だ。

これはパリでの話だが、夕方五時に窓をおろしかけているので、「今夜飛行機で国へ帰るのだ、何とかそれを一つ売ってくれないか」というと、主人はガンとして明日来いの一点ばりだった。日本のように儲かるなら朝までやろうは、ハナクソ程もなかった。

各国の潜水艦がウヨウヨ海底を走り廻っている日本近海を、背に何万台の自動車をかついで、それ行け金儲けだ――では、船の安全を誰が守ってやってるんだ、の声も出よう。

核反対の運動の中に一人、ユニークな人がいた。わび・さびは日本の文化だ。もし日本をぶっつぶせば、世界中からわびとさびが絶滅する。この美意識存続のためにも俺は核の反対をしとるんだ、というのである。

顔の話がとんだところへいってしまったが、世界各国、白かろうが黒かろうが、黄色でも赤でも、その国の顔がある。お互にその顔をつぶさぬようにするのが道義というものだ。時に強力な外国の顔役が自国の周りまでのし歩き、我が物顔に振る舞われては、力なき顔は歯ぎしりし舌を嚙んで泣き寝入りする。これでは平和なぞ望み得べくもなかろうと、その道の素人は考えるのだ。

顔といえば、どなたかお医者さんの著書に、モナリザの微笑は、顔の筋肉のうち、たった七つ許りをほんの二ミリ程動かすだけで、あの微笑が出来上ると書いてあった。それにひきかえ、ヒステリーは瞬間全身の、いや内臓の中まで、百五十許りの筋肉がキューンと引きつるのだという。

朝の出がけに、夫に向ってたった七つの筋肉の小運動で無事定刻に帰宅せしめられるものを、朝から百五十が引きつるようではお家はだんだん遠くなるのだ。昨夕のうらみや積年の鬱積を茶碗や皿にこめて夫にブッ飛ばし、精根費い果せば、帰りたくてもしばし一杯飲んで——でなければ帰りようもあるまい。

亭主も悪い。仕事でもないのに社費で毎晩飲み歩いていては、女房は度しかねよう。「そこに山があるから登る」という名言を真似て、そこに飲み屋があるからでは、百五十筋肉の爆発も寸前となるのだ。

その女たちが、或る日、見なれた顔を医者に行って変型してくることがある。妙なことが流行している。余程醜くきゃそれも致し方あるまいが、マブタが二重になり、鼻が高くなれば美人だ、と短絡してなのか。実は女が自分の顔を一日何十分見るかという統計をとった人がいるが、アベレージ十五分ぐらいという。もっともヒマな女でヒガナ一日鏡の前にいる人もいるが、大体が一日二、三十分だ。ところが御自分がそれっぽっちしか見なくても、ハタの者は家族でも会社内でも、何の不平もいわずに、ひっきりなしにその顔を見ているのだ。その長時間見ている方には何の断りもなく、プラスチックなんか入れて、鼻がニョッキリ高くなっては、本人はゴキゲンでも、ハタはフンパンものである。どんな顔にも、その造作の陰にかくれた心情がある。これを表情というが、心やさしき者はその心根が顔に出る。それが得がたい生きものとしての宝物だ。私の長い役者生活をふり返って、美人とのつき合いが他人さまより多かったが、その美人で人間的な幸せを勝ちとった女性はホンの数える程しかいない。未婚、離婚、レズ、概ね一人身の哀しい晩年をサラしている。人は顔だけじゃない——というが、誠にもってその通りだ。

幸田露伴の言葉だったか、「美人の髑髏（しゃれかうべ）、時に鋤犂（じょり）にふれて出づるも、亦、誰か当年の面影を認めん」である。

## 衣食足りて礼節を知らず

私のファンの一人に、東京八王子で中流の会社を経営している社長がいる。文字通り立身出世の人で、この人がロータリーで講演した時、全員感涙にむせんだという逸話がある。

その日はロータリーの全員に赤飯が出ていた。何事だろうと全員些かいぶかしい気持だったのだが、この社長の話がはじまるとその意味が分り、ひとしくそのお赤飯（こわ）をかみしめたという。

「私は貧しい百姓の家に生まれました。しかも長男でした。かねて心に決めていたことを十六歳までに実行しようと折をうかがっていましたが、百姓は百姓だとなかなか親父がうるさく、いい出す機会もないまま悶々の日々を送っていました。十六歳の寒い或る日、四、五日前から身辺をかたづけ、いよいよ今日こそ家出をしようとしました。持ち出す荷物とて下着の二、三枚ですが、しっかり風呂敷に包んで持っていました。前夜は一睡もならず、午前二時を少し廻るころ、静かに床をかたづけ、三時に部屋をそっと出ようとしました。すると台所で何か物音がするのです。そっとのぞくと何とおふくろがこんな夜中に起きて何かしている模様です。見つかっては大変と、足音をしのばせて出て行こうとしましたら、突然おふくろの声が小さく聞えました。

『一男！』

私は息をのみ、だまって立ちつくしてしまいました。

『めしを食ってけ！』

すべてはバレていたのかと観念し、台所のお膳の前に座りました。暗いランプの下で、何と湯気の立つ赤飯が私の前においてあるではありませんか。

母は一こともいいませんでした。

とうとう私は一口も口に出来ずに、だまってそれを包んで出奔（しゅっぽん）しました――。

これは私の母の話ですが、或はこれが日本の母の常の姿かと思っております。どうぞ記念に皆さまに食べていただきたいと思って赤飯をさし上げました」

今やこの会社は、老若男女が大勢何の不平もなく働いており、大会社の多くからも信望を得ている。

この人を「屋根の上のヴァイオリン弾き」の初日に先だってのガラ・プレミアにご招待したら、私どもがずらりと立ちならんだ玄関で双手をあげ、「森繁バンザイ」とやったので、私どももお客もみんなびっくりした。

かつて「警察日記」という映画を撮った頃、原作者の伊藤永之介氏にお目にかかる機会があり、色紙を所望したことがある。「貧しく美しく」と書いていただいたのが、今になってひしひしと胸に迫る思いだ。

「屋根の上のヴァイオリン弾き」を製作した演出家兼振付師ジェローム・ロビンスの第一のお弟子さんサミー・ベイスに、六ケ月の大ロングランを始めるのにあたって、アメリカから再度来てもらい、もう一度総あらいというか、稽古の仕直しをした。これに先立つ五百回にわたる公演にあたっては、分りやすく納得して貰おうと些か冗長な説明部分を挿入したのだが、このミュージカルのもっている全体のリズムを或る程度こわしたようなところがあり、今度はこれがきれいに削除された。いわゆるアメリカのオリジナルに近づいたわけだが、果してこの削除が全部よかったかは、また別の時に書くとして、サミーがやかましくいったことは、「ユダヤ人は心を中へつつんで、そして燃えて下さい」ということと、「歌を唄ってはいけません。踊りを踊ってはいけません。これはハロー・ドーリーではない」というむずかしい注文であった。一番印象に残ったのは「シンプルに――」をくりかえしたことである。「シンプルは美しい。しかし、シンプルは一番むずかしい」と説明をさし加えた。

冒頭、或る社長の母親の話をしたが、そこに見えるものも、いうなればシンプルであろう。言葉少なに語る中に、無限の愛がにじみ出る――そんなことをサミーもいいたかったのではあるまいか。

フルトベングラーに『音楽ノート』という本があるが、この大指揮者にして「単純なことが出来る人間は最も偉大な人間である」と喝破している。

今や世の中は、シンプルでいいものも複雑をきわめ、冷静に見れば、こんなおろかしいことがあっていいのかといいたいことが、臨調ではないが、私の目にも山と見える。機構が大きくなれば、それだけマンモスの動きはニブくなる。初期の簡素が影をひそめ、結局一般大衆は不便と不満に泣かされるのだ。臨調のことなど私が書くことはないのだが、人間が昔に比べて、少し許り怠惰になり、そのくせ一面欲深くなったという気がする。ここにもう一度シンプルを要求したい気持がわくのだ。

五人で済むことが十人もいれば、勤労意欲は失われるだろう。勤勉の裏がえしは怠惰だ。母親なんかも、実は子に対して、母というシンプルなものであってしかるべきなのに、母であり友達であり、我が子をペットのように可愛がるかと思えば、乳もあたえず人まかせ、中にはその子の暴力に屈して一言もないという、いかにも怪奇な親子関係もある。「躾」といういい字も当用漢字から消え失せた。そのトタンに日本国民は伝統の美しさも失ったのだろうか。身を美しくすることを忘却したかに見えるのだ。

よく外国で見かける風景に、犬をつれた同士の散歩者とすれ違うことがあるが、犬同士が歯をむき合う姿を見たことがない。これは盲導犬にも見られるが、きびしい躾が行われて、無ザマなことがないようにしてあるのだろう。犬とて躾があるのに、この小利口な人間に躾がなく、我ままにふるまわせて、いい動物になる筈がない。

因みに、外国の諺に、

一に母の愛
二に犬の愛
三に男女の愛

というのがある。

何とも男女の愛は最下位で、情ないことだが、二位に犬の愛があるのはニクいような外国人のエスプリだろう。

我が家にも犬が十四、東西南北をかためているが、いずれも純粋の雑種たちだ。氏素性のはっきりせぬ奴らも、可愛いの許りで、叱りつけても、また呼ぶと頭を下げ尾を振ってそばへくる。我が家の女どもより余程素直である。ただ残念なことは、心をこめて手をかける躾不足で、道など連れて歩けない。孫の力ではどうにもならぬ勢いでよそモノに向かっていく。

お早うも、ありがとうも、お疲れさまもいえぬ者は、私たちの劇団では仲間に入れない。

いきなり舞台に出て夫婦や親子をやっても、親密感がなく、事務的で、いい芝居が出来る筈がない。そんなよそよそしいことでは、今日一日、大勢のお客様を前に心の入った芝居など出来るわけがない。

意地の悪い目で見れば、今のテレビドラマに母親役がよく出てくるが、これが本当の母親だといえるようなティピカルな日本の母は影をひそめたようだ。昨日今日顔を合わせて、親子のちぎりをかわしたような母と子が出てくるのも、テレビならではの組合せではないだろうか。

あの人があなたの母親になる人だが、御挨拶したかい——と問うと、

「どれ？」

「どれっていい方はないよ。あの人だ」

「へえ？　うるさそうね」

「そんなこといっちゃいかんよ」

「イイじゃん、必要なら向うから来るでしょ。マネージャーも何もいわないもの……」

これが歌手から役者もやる最近の女の子である。既に間違いはここから始まっている。総じて上手(うま)い娘だなと思われる女の子たちの、これが常識であるようだ。監督も相手役も無視した傲慢な態度は誰の責任だろう。勿論本人の心がけもさることながら、概ね周りを取りかこむマスコミの半ばおだてたワイワイガヤガヤが、行儀もさだかでない若い娘を狂わすのだ。

昔、東條さんが監獄にいた時、世話役兼通訳でついていたハワイの二世のあまりの行儀の悪さにゴウをにやして、或る日この敗戦の将は、

「お前を生んだ親の顔が見たいよ」

とニガ虫をかみつぶしていったそうだ。本人はハワイに帰って後、一世の親の前で「東條がボクのお父さんやお母さんの顔を一度見たいよといった」と自慢げに話したのが巷間（こうかん）に伝えられたのを思い出す。衣食足りてもますますひどくなるのが礼節であろうか。

とまれ、昔の母親はおおむね今のママさんより子供に無口であったようだ。

女性優位とは結構なことだが、何も母親が安っぽくなる必要はあるまい。母は子に対して最もシンプルなものでなければならぬものだろう。

ちいさいはな　はこべの花<br>
お母さんの　花<br>
きように　そっとさいて<br>
いつも　やさしく　笑（え）まう花<br>
ちいさいはな　はこべの花<br>
お母さんの　花

これは、私の好きな玉川学園の歌だ。

素晴しい岡田陽先生の作詩である。

## 文化庁に疑問あり

五十年近くもこの芸界にいるのに、まだ出演していない劇場がある。いや、正しくいうと出演させていただけない劇場がある。

その代表的なものは三宅坂の国立劇場である。聞けば、芸術院会員とやらが一人もいない劇団は出演出来ぬとか――。それがまことなら、こんな理不尽な話もなかろう。実はそうでもなさそうなのだが、いずれにしても仲々の狭き門であるのは確かなのだ。

私が今日まで国庫におさめた税金は十億を上廻るだろう。三十年間収入の八〇パーセント以上が無惨にももって行かれたのだ。ならば国立劇場の柱の一本や二本は私も出したことになる筈だが、それとこれとは話が別というのが、私には何とも解(げ)しかねる。

こんなことは本来書きたくない事で、いや、書いてもヤッカミぐらいにしかとられないだろう。いじましいことをいう奴だぐらいがオチで、黙っている方が利口な筈なのだ。しかし、いつまでも胸につかえっぱなしにしておくのも、精神衛生上よくない。

大体、よく分らんのが芸術院というところである。たとえば、日本の作品を世界的にした黒澤明氏や三船敏郎氏がなぜ入れて貰えぬのか、判断に苦しむ。新劇の連中にも錚々(そうそう)たる御仁がいるが、概ねあれは昔は〝赤〟だったぐらいの見識で了とされぬらしい。日本の芸術も文化も、こんなことでは底の知れたものだ。

仄聞するところ、役者は芸術院会員の役者同士が推薦してきめるというシキタリがあるそうだ。しかし、目下芸術院の役者は歌舞伎一辺倒である。これはおかしな話で、互選ということになれば必定セクトに流れ、ケツの穴の小さい仕儀と相成ろう。

別に歌舞伎役者に些少の反感もあるわけではないが、日本の芸術を代表するものが唯一歌舞伎役者だけとは腑に落ちかねることである。それならいっそ芸術院は歌舞伎保存会と名称を変更すべきが至当――これが巷間の声である。芸術院会員や文化勲章は松竹さんの独占であるといわれても致し方もあるまい。

こんなことは他にもうんとある。上野の文化会館も音楽学校の卒業生たちの講堂のようなものだ。名前は出さないが、或る流行歌手が借りにいってにべもなく断られたという。ビートルズも駄目だった。これはアカデミックというより、役人根性の典型的なものだろう。

昔は、このくらい税金を払うと勅選ということで必然的に貴族院議員になった。役者の私が議員などとは真平御勘弁願いたいし、そんな制度もなくなってさっぱりしたが、ただ一言、この高額の税のことについてはふれておきたい。

かつて福田赳夫さんが総理の時に、ＴＶで対談の機会を得た。その折に、おそるおそる以下のことをお尋ねしたことがある。

「私は十億以上の税金を国庫に納めましたが、私どもは六十五歳になっても老齢年金はいただけません。働いているものこそ国にとっては大事な人間でしょうが、ホッポリなげて、ただよこせよこせ許りなのが私にはよく分りません。まあそれはそれとして、私どもは年をとってヨボヨボになっても何の見返りもありません。ネエ総理、私の納めました税金を年をとってから返してくれとはいいませんが、その税金の利子の三分の一、利子ですよ、三分の一が多すぎるとおっしゃるなら五分の一でも、せめて六十五歳か七十歳あたりから見返りとして頂戴するわけにはいきませんでしょうか？」

総理は得体の知れぬウーウというような声を発して直ぐに話を変えてしまった。

やらずぶったくり——という下賤の言葉が口まで出かかったが、口を割る暇もなかった。

かつて昭和十三年頃か、〝技芸者の証〟というのが警視庁から発行され、私どもも申請させられた。これは一等から八等まで差別され、一等は当時六代目菊五郎一人、あとは歌舞伎役者が名を連ね、映画スターも私どもも雑輩なべて八等鑑札であったのを思い出す。しかもその証札の裏には遊芸人と書いてあった。

この歴然たる歌舞伎天国の因習が、戦後三十年にわたっても尾を引いているのではなかろうか。多くの客との間に、快い感動が交流してもり上ってゆく——そんな役者になろうと腐心している私どもに、どうして国立劇場へ上る市民権すら無いのか、疑わざるを得ない。国立、市立は学校だけで結構だ。

私たちには組合もなければ、何一つよりかかるところも文句のいえる人もない。衆をたのんで己れを守る。それが組合とすれば、まさに私どもには垂涎ものだ。国鉄をはじめとする三公社四現業、大中小の会社のすべてが一人ものの役者にはうらやましいのだ。しかも私どもの身辺の些事だけは、大きな見出しでマスコミが書きなぐり、活殺自在の現状だ。私の立場でいうのはおかしいが、まるでパチンコの玉だ。思い切りよく振り廻され、何十本かの釘にぶつかりながら、結局は下の穴へ入ってしまう。余程運のいいのが、それらをくぐりぬけ、成功をおさめてチンジャラジャラと好結果を見るのだ。

　しかし、かほどに確率の悪い仕事でも、実際に大当りする奴がいるから、あとからあとから出てくるのだろう。いずれにしても、〽わたしゃ浮草　風吹くままに　流れ流れて——である。

　俳優同士の間には、どんなに仲のいい連中でも、常にきびしい一線がある。会社なんかの友達とは些か趣きを異にする。いうなれば孤独な存在であるのだ。親友が出来ても別に〝役〟がつくわけもないし、芸が向上するものでもない。時代の変遷(へんせん)とともに置き忘れられ、姿を消してしまうのが大半である。つまりはつぶしの効かぬ連中の故だ。

　ついでながら、〝ジャリタレ〟とは不遜(ふそん)ないい分だが、大宅壮一氏健在の頃「あれは学割でファースト・クラスに乗ってるようなもんだ」という辛辣(しんらつ)な一言があったのを思い出す。

　こう書いてくると、余程哀しい商売と思われがちだが、私らとて実は味方がある。それは全国に散らばっている見えざる贔屓(ひいき)である。もっとも敵もいるわけだが、敵はともかくとして、その泡のような存在に実は心を託して生きているのが正しい見方だろう。

　しかも、もっと不安をいうなら、誰の芝居が一番良いとは決まらないところだ。おまけに芝居では毎日コンディションが違うので、画一的な見方も出来ない。このはっきりしないところが、不安でもあり、恍惚(こうこつ)でもあるのだろうか。

　この間、服部の社長に、「お宅で求めたこのセイコー時計は全く時報の通り一秒の狂いもない。まことに有難いが、何だか時計の役目をはたし過ぎて可愛気がない」という話をした。最近そういうお客が増えていて、ネジを巻き、時報で二、三分の狂いを修正することが楽しみだという声に、再び昔の時計を作り始めているという返事であった。

正しかるべき〝時〟の象徴すら、一秒の狂いもないと、何だか規制されているようで、息苦しい思いをするのだろうか。

一日を「起きて、働いて、寝る」という暮しのサイクルで、人間は年とともに老いさらばえてゆくのだが、〝時〟の意識はあるようでないのが私たちだ。時の流れの中で、時に束縛されて生きているくせに、どこかで忘れようとしているのではないだろうか。何時見ても一秒の狂いもなく正確に時を知らされては、人間の生活には、ゆとりすら無くなってしまうのではないだろうか。

時計を作ったことは文明だが、〝時〟とともに私どもの中に蓄積されてゆくものは文化であろう。なれば伝統文化である歌舞伎は、私どもより数等上のもので、私らが何をやっても大衆芸能としかいわれないことももっともだと理解した。

司馬遼太郎さんに、テレビ「関ヶ原」の関係でお目にかかった時、「後世に記し残すものをもっていることが文化です」といわれたが、何百年か後に私たちの小さな芝居も文化の光りを浴びる日があろうか。

思えば、古書をまさぐっていて、ハッと驚いたことがある。「役者二匹、大夫二人をつれて……」と書かれていた。往時は役者たちは一匹二匹と勘定されていたのかと思うと、封建社会の差別の甚だしさを感じる。士農工商にも文人は入っていないところを見ると、まるでヤクザな商売というか、働き者には入っていなかったのだ。それがどうだろう、今や時代は隔世の感だ。

そういえば、今日では、一応芸術家とよそよそしい称号をたまわってはいるが、どこか非生産的な仕事をしている別モノの感なきにしもあらずだ。しかも映画会社も演劇会社にも、はたまた新聞、雑誌にしても、営業部というのが大きなツラをし始め、本来の芸術行動を左右する現状だ。

昔からこの社会では営業が幅をきかすといい作品が生まれないといわれるが、損益決算が何かにつけて先行する世の中とは、チト淋しい話だ。

## 土光敏夫に耳傾けよ

最近のことで特筆すべきことは、土光敏夫会長と対談の機を得たことだ。

常日頃尊敬している方だったので、お目にかかるまでは、この図々しい男も胸の鼓動が聞こえるような気持だった。

「初めてお目にかかります。森繁久彌と申します。ちょっと早く参りましたが――」

「やあ、やあ。私も先生にお目にかかるのを楽しみにしておりました」

恐れ入ったご挨拶である。これから始まる対談中、この先生が出てきたらどうしよう、何とか森繁君と呼んでいただきたいと申し上げようとしたが、何とも私の前にいる巨漢は、時代の重量感というか、テコでも動きそうもないお方だ。しかし、じっと尊顔を拝していると、世にいう荒法師ではなく、慈愛に満ちた地蔵さまのようなお人だった。

明治を十五年、大正を十五年、そして昭和を五十有余年、八十五年間を風雪に耐えてこられたこの人の中に、燃えては消え、消えてはまた輝き、人生のアレコレを蓄積していった余人の遠く及ばない不退転の力が、堂々として内在するのである。これは凡人に見える相ではなく、非凡の中に凡を悟った人生の間に光る正直な人間像という輝きでもあろうか。

聞けば、給料はすべて御自分の経営される学校に寄贈され、何とお宅の生活は十万円、奥様と二人のつましい暮しぶりはNHKテレビで見た方も多かろう。

一言一言、何の気負いもなく淡々と話される。しかし、「行革は国民全体が力を合わせてやらなければならぬ国家存亡の大問題です」と一見静かに語る言葉の中には、やはり地蔵さまではなく荒法師の信念が貫いていると見た。

腹の立つことも多かろうに、一人一人をあげつらう中傷など微塵(みじん)もない、清々(すがすが)しい一時間のめぐり合いだった。「今、日本を救わずに将来がありましょうか」。この陰りのない言葉がズシーンと私の心の底にこたえるのだ。

NHKのルポルタージュで、御老妻とメザシ一匹の食事は、何のウソもないこの人を語る一場面だったが、チラと見たあのメザシはそう安くはない代物と拝察した。

メザシといえば、昔は貧の代表的食いもののようにいわれたが、今やまことに高価な代物もある。高知のイワシの一本干しといって、普通のイワシの三倍もあろうか、大きな藍(あい)と銀に輝くうるめイワシは、一本数百円と聞いた。中でも高級品は、機械干しではなく、自然の太陽で干したもので、焼いても臭い油などにじんでこない。

## 木がらしや目刺にのこる海のいろ

これは芥川龍之介の句であったか、このメザシを炭火の下の焼けた灰の中につっこんで、煙が上り始めたら火鉢のヘリでポンポンと灰をたたいて食う。これこそ日本酒の最高の肴だろう。しかし昔は安かった。

このメザシを一本新聞紙に包んで、大きなドカ弁をもってくる級友がいたが、この男の唯一の希みは、牛肉をたら腹食いたいというのである。級でもう一人変り種で寺の息子がいた。こいつも親から禁じられている肉を腹一杯食ってみたいといっていた。

或る日、お布施でもゴマ化したのだろう、この寺の息子の方が、メザシのドカ弁をすき焼きに誘った。寺の息子の綽名はアゲン。英語の時間にニガ手のリーディングがあてられたが、これが全然読めない。一行、先生が読んで、そのあとを彼はオウム返しする。先生がアゲインというと、この正直男は大声でアゲインといったのが大笑いとなり、以後、彼の綽名はアゲンとなった。二人は洗面器と炭とネギに、たっぷり並肉を買って寺の本堂の縁の下にもぐり込んだのだ。

親父の和尚が夜の勤行で読経を始めると、どこからともなくすき焼きの匂いがしてきてたちまちバレた。メザシもアゲンもきつい折檻を受け、食い残した洗面器にある大半の肉は惜し気もなく犬にふるまわれたのである。メザシは南方で戦いの終る前に病死し、アゲンは近頃生意気にアゴひげをもうけ、今も住職をして思い出の縁の下の上で、下手な経を読んでるに違いない。

往事茫茫、さて本論に戻ると、総論賛成、各論反対では、前線は進捗しないのだ。この改革には、いずれ我が身の一部にも血の出る思いをしなければならない。土光さんはそのために、これは国民全部が力を合わせなければならないといっておられるのだ。

たとえば国鉄を分割するという大英断を出せば、大なり小なり血の出るところは反対を唱える。そのために国民全般は、シワヨセの出血を余儀なくされる。こうなると日本すら不在だ。

先日の対談の時にもいったことだが、今、国鉄の所有する都内の（或は全主要都市の）土地は膨大なものだろう。上野駅界隈、新宿、品川、汐留と、その気の遠くなるような広大な土地に貨車の引込み線が何千本とあり、それらの積込み場所は土一升金一升にしては閑散として人影も薄い。先日も見て来たが、錆びたレールをとりまいてペンペン草がいっぱい生えていた。

国鉄マンならぬ私が、その場所の重大性を語るのはおろかだが、それはそれとして、素人の寝言をいわせてもらえば、その土地の上の空間は空いているのだ。地上三階建てもある機関車や貨車や客車は見たことがない。なれば、その土地の五メートルも上に、新しい敷地を作ることは困難なことでもあるまい。あんな高速道路を造った日本だ。柱をたてて、あの広大な土地の上に蓋をして新しい土地を作る。もっというなら、四谷あたりの谷を走っている電車の上も蓋をしたら、ものすごい土地が生まれる。全国の主要駅をそうして、しかるのちにこれを売れば、何兆円か何十兆円か国鉄には金が入るのだ。それを国庫に返せば、赤字だらけの政府も大喜びだろう。これは果して素人の寝言だろうか。すでに何年も前から書いているが、未だにどこの識者からも反応がないところを見ると、ビジョンとやらには程遠いことなのかも知れぬ。

それにしても——、日本というところは智恵の分散が甚だしい国だ。或るところには湧く程あり、欲しいところには情けない程もない。長崎水害の時、ラジオを聞いていたら、災害地へのお荷物は半額でお届けしますと、某運送会社がコマーシャルで叫んでいた。これなど、現国鉄の出来そうで出来ない智恵だろう。商売とはいえ、ここまで行きとどいたサービスは、国鉄の貨物が減る証拠とでもいうほかない。民間の小会社は災害にもたちどころに反応する。誰かの話じゃないが、国鉄程の恐竜は何とも動きのニブイものだ。恐竜時代は、あまりの図体の大きさに敏捷さを欠き、たらふく食うにもモノはなく、短い期間でついえ去ったと聞いたが、ゴキブリなどはそれより古い歴史を持っていながら、台所を根城にして延命、発展をとげているではないか。行革もこの長蛇を寸断して、生気をよみがえらそうというものではあるまいか。

国鉄に限らず、官庁、大会社もロスだらけに見える。

明治から大正、そして前昭和の頃は、鉄道万能の時代だった。ところが飛行機が客をさらい、高速道路が八方に出来て、国鉄の貨物をさらった。そのうち、郵便もロボットに職をうばわれ、電話もテレビがついて世の中は大きく変貌する日が来る。

人智は際限なく進み、ウカウカ年をとっていると、会社から抛(ほう)り出され、生きる喜びもクソもあったもんではなかろう。これも公害の一種ということになるかも知れぬが、あまつさえ風水害、雪害、地震害、火災害と次から次に多様な災難がふりかかってくる国だ。

長崎水害も、早や痛みを忘れかけているかも知れぬが、往年の諫早(いさはや)の水害とともに、未曽有(みぞう)の出来事であった。ここで私は思うのだが、何時また襲うかも知れぬ風水の脅威に備えて、ちっとは人間も智恵を出してはどうか。つまり床下浸水、床上浸水が何万戸にものぼるというのなら、その辺りの家屋は高床造りにして床を一尺でも二尺でも高くしたら、少しは防げようというものだ。それを懲りずにまた同じ低い床にする。もう来ない――と思う。その心根が何とも情けない。大きなビルをつくった社長が、電話の交換台や変電所を地下につくったおかげで水びたしになり嘆いていたが、建築屋も何でこんな低いところに据えつけるのか。

風が吹けば桶屋がもうかる――。世の中は、けだし不思議な仕組みになっているようだ。水害では誰が損をしたか、それは民々と国だろう。しかしその裏に、ニッコリ笑って舌なめずりしている輩もいる。毀(こわ)れたものはもと通りなおさねばなるまい。無料で直してくれるお人好しがいるわけはない。禍をもって儲けとする連中は、急に会社が忙しくなれば御機嫌がなおるのだ。

宴会で大概はビールが栓を抜いたまま残されたり、三分の一程残っているのが殆んどだ。この大正の男は、ああもったいないと、慨嘆するのだが、もの知りが、ビールはそこがつけ目で、人がドブへ吸わせてくれるので会社が成り立っているのだと教えてくれた。

一本のメザシを見つめて行革を考える人は、多かれ少かれ、この不可解な世の中の仕組みにサジを投げたくなることもあるのではないか。

## 命の終りに人はみな

フランスの諺に、「肥ダメはそっとしておけ、かき回すと、なおクサくなる」というのがある。

今や、日本に限らず世界のどこの国も、狂ったように肥ダメをかき回して臭気フンプンたるものが立ちこめているかのようだ。

今日は映画『吉田学校』のロケに来た伊豆の元岩崎邸の大旅館で、静かな一日を過している。思えば三菱財閥の創始者・岩崎彌太郎も明治の大政商であった。鼻クソ程の金でこの大別邸をつくり、一握り二握りの大金が時の政治家たちに流れ、明治の世を変転流転させたに違いない。戦後アメリカは財閥の解体を命じたが、大きな肥ダメは些少のことでは揺らぐものではなかったのだ。

私の父は岩崎彌太郎の長男久彌と昵懇であったとか。私が出生すると、親父は君の名前を貰いたいといって、久彌と命名したと聞かされたことがある。

ところがこの久彌は、折角の名前を頂戴したにもかかわらず、財貨を積むこともならず、流浪の果てに、一芸人として僅かに都隅にその名を連ねている。まことにいぶかしい次第である。

この庭の老松に言問うてもみたが、昔年のことどもは既に遠い。天城の山脈の夕陽が哀しいまでの茜を照らすのみ。木語らず、石亦語らず。老松のふもと小さな泉水に緋鯉たちのうちむれて、一見楽しくは見えるものの、ここが果して王道楽土かと問い返したくなる程のものだ。

思えば、この伊豆の温泉街には映画のロケーションの度に訪れた。往年、無軌道にあそびほうけたところでもある。三船敏郎あり、田崎潤あり、田中春男あり。数え上げれば切りの無い当時の役者群は、撮影の暇にまかせて温泉芸者を呼び、東京のバーから女給を呼んで、放埒無残な青春を謳歌したものだ。ならぬ兄弟にもなったり、今思えば冷汗三斗の気がするのだが、比べて今の俳優たちはマスコミの餌食で可哀そうだ。とまれ、すでに三十年も前のこととはいえ、甚だ自慢にならぬ無為の日々であったことは疑えぬ。

栄えある大宰相の風をしてこの美邸の数寄屋ぶりの中に身を置いていると、何となく春風駘蕩、わたしも大物の気持になるのが不思議だ。

監督の差し出すノートの中に、古い中国、北宋の呂公著の言葉が参考として書きとめてあった。宰相になる者の順守すべき十ケ条がそれである。

一、天を恐る
一、民を愛す
一、身を修む
一、学を講ず
一、賢に任ず
一、諫を納める
一、斂をうすくす
一、刑を省く
一、奢を去る
一、逸すること勿れ

これを見ながら現世の政治家を憶うに、すべてとはいわぬが、大半はあてはまらぬこと許りのような気がする。天を恐れず、民を愛さず、身を修めるどころか泥に染まり……。いい出せば切りがないが、閣僚いな宰相といえども、及第点の半数も取れまい。政治不信も当然であろうか。

マックス・ウェーバーも同じようなことをいっている。
一、情熱（神の声を聞こうとすること）
一、責任感
一、識見（指導力）
いずれにしても、まずは清廉潔白で、官僚を駆使する力がないと、政治家になる資格がないということだ。

逆説的にいえば、何処の国も、同じような秋の風が吹いていたタメシでもあろう。この岩崎邸の中にも、明治の憲政を生きぬいた名士の扁額を見る。概ね故事にならったものだが、中には詩感の中に凜烈たる魂を見受けることがある。今日この頃、政治家にはロマンを謳う詩感もない。詩感を持たない政治に明日を求めても無理というものか。

自己の中にいくばくの詩感もなく眼の前の事象にただキョロキョロとする自我欲望の雑輩になってほしくないのは、アニ私許りではあるまい。

或る日、老吉田翁にご注進する男がいた。

「先生、実は党の何某は、コレ許り（小指をたてて）かと思って居りましたら、何と近頃は、コッチの方も（指で円をつくって）相当な醜聞が耳に入って困っておりますが」

すると老翁は悠然と、

「そんな欲など大したことじゃありません。もっと恐しいものがあります」

「はあー、それは何でしょうか？」

「権勢欲です」

といって呵々大笑されたそうだが、立つモノも立たなくなった老いの達観かと、その識見におそれ入った次第だ。

ここで話はいささか飛ぶが、私の好きな小咄に〝オナシスとジャクリーン〟というのがある。学もないのにエラソウな話許りしているので、たまには息ぬきがしてみたい。

世界の富豪といわれたオナシスの助平親父が、故ケネディ夫人のジャクリーンに懸想し、我がいとしの妻になってくれと懇願した。世間体もあろうか、夫人はいいっかな好い返事をくれない。イキリ立った老オナシスは全財産をはたく気持でいい寄ったところ、

「マリア・カラスとはもう切れているんでしょうね」と美しい流し目でいう。

「勿論だ」

「それじゃ、もしあなたが私の望みをかなえて下さるなら……、私はあなたの思うところとなりましょう」

「わたしに出来ないことが一つでもあろうか、何なりといって下され」

「実は、私はあなたのあの素晴しいヨットで世界中を廻りたい！」

「それは、いとお安いことだ。世界の涯までご案内しましょう」

「ただし」

「ただし――、何です？」

「長い間、一人淋しく暮した私を夜といわず昼も朝も、心ゆくまで満足させて下さい」

老富豪はちょっと考えたが、
「この体が死に至るまでも、あなたをお慰めしよう」
と、ウカウカ返事をした。

二人は船上の人となった。ナポリの景観もものかは、暇さえあれば寝室で、或は月明りのデッキで、ジャクリーンはオナシスの巨大な愛をむさぼり食った。ギリシャの多島海でオナシスは、この疲れを知らぬ美形に、ひょっとするとわたしはヤリ殺されるかも知れぬ——とさえ思った。しかし船が港へ着いても二人は上陸しなかった。ようやくにして船はインドへ向い、荒天の海に翻弄されたが、ジャクリーンは閨房（けいぼう）の楽しさを忘れることはなかった。

船がインドの港に入ると、初めて彼女は散歩に出ようと彼をさそったが、シケとオンナでもみくちゃにされた旦那は遂にダウン、しばらく船で休ませてくれと膝下（しっか）にひれ伏した。不満一杯のジャクリーンはインドの街を歩いているうち、不思議なインドの魔術を見つけ、そこに釘づけにされた。

何ということだ！　路傍に座ったインド人が笛を吹くと、目の前のロープがすくすくと天に向ってのび、一本の硬直した棒になるではないか。アレよアレよと見る間に、子供がその棒の天辺まで登り、笛の音が止むと同時にサッと消えた。この奇怪な魔術にすっかり惚れこんで、彼女はその妙術を教えてほしいと頼みこんだ。しかし仲々よい返事がもらえない。しぶる術者に、彼女はハンドバッグから巨万の金をつかみ出し、彼のターバンにぶつけた。遂にその老人も折れ、大金と引きかえに、一プクの白い粉薬を彼女に与え、こういった。
「あなたさまがお望みの品に、これをふりかけて下さい。それは見事に硬くなって天にのびまする」

彼女はさわぐ胸をおさえて帰船した。

静かにドアをあけると、青ざめた顔に大きな口を開けて、オナシスのいびきが部屋中のものを振動させていた。

彼女はそっと毛布をはいで、彼のパジャマのズボンの紐をほどいた。そこには連日連夜の悪戦苦闘で、しわだらけのサラミソーセージのような男根が、命の絶えた如く横たわっていた。ジャクリーンは巨万の金であがなった白い粉を取り出し、まず萎(な)えた一物の上にタップリふりかけ、つづいてその下にある袋に、そしてあたり一面粉だらけにし、静かに毛布をかけて、しばしかたわらの椅子に身体をうめて待った。

しばらくすると、どこからか、さっきの笛とおぼしき調べが聞こえ始めた。彼女はあわてて身につく一切のものをかなぐり捨て、熱く体をほてらせながら毛布に近よった。

驚くべし、その場所のその毛布が少しずつもり上り、やがては天幕のごとくなり始めた。頃はよし、彼女はさっと毛布をまくり、その上に馬乗りになろうとしたが――。

哀しむべし、そこにはパジャマの紐だけが、ピンとまっすぐに天を向いて立っていた。

誰に聞いた話か、この出典はさだかではないが、何を求めて人間はうろたえ騒ぐのであろうか。今やかき廻しても臭い匂いさえおぼつかない乾からびた肥樽のもち主の、これは春日の一コマに似ておかしい。

老吉田宰相の晩年の二年程は、外国使節の誰かれといわず、一切の面会を断って大磯の邸の二階に休まれ、幼時のこと許り口走っておられたとか。と或る人から聞き及んだ話だが、命の終りには人みなただの人に返るということになるのだろうか。

## 己れにトボける術

些かの浮沈はあったにせよ、三十年間私は有名という存在であったようだ。

こう自分で書くことに少し許り抵抗はあるが、こう書かねば話が進まないので御寛容を願いたい。

過日、医者に最近の健康の状態を看てもらうために大病院に足を運んだが、私の前にいる白髪の老医は、やおら私の胸をさすりながら、

「いい色ツヤですネ」

「実はドックに入る時間がありませんので簡単な健康診断をお願いしたいのですが――」

「あなたは大丈夫ですヨ」

当節には稀な医者である。何かといえば検査ケンサの時代に、人のハダをなでながら即答するところは、名医に非ずんばヤブであろう。

「お調べにならなくても分りますか?」

「うむ」

「先生、どういうことなんでしょう」

私はいささか気色ばんだ。

「先夜、拝見しましたよ、あの有名なミュージカル。あれは四時間近くかかるそうですな。いまお

いくつ？」

「六十九歳です」

「ふーむ、いや実はネ、あなたが、ここまで有名をつづけてこられたということは、いわば健康という証拠ですナ」

「ということは……」

「有名をつづけるということは、実は大変なことと思うのですよ。お時間はありますかナ」

「ハイ、今日はこちらへ来るために一日あけました」

「そう、つまりあなたの過去は相当な不摂生の連続だったと思います。つまり休む暇もない労働、精神的にも肉体的にもネ。加えて、寝不足、ストレス、飲み過ぎ、食い過ぎ、それに……」

「何でしょう？」

「まあ私どもより、アノ方も……、いや女性を愛した数もウンと多いと思いますが……」

「はあ⁉」

「いうなれば、普通の神経や肉体では絶対に保ち得ない、修羅の巷（ちまた）をかいくぐってこられた人だと思うが、それが三十年も続いて尚今日、有名の世界で活躍されて居ることは、余程丈夫に出来たお身体と拝察しますが……」

「成程、つまり有名は健康のバロメーターということでしょうか」

「あなたは何か健康法をやっておられますか。例えばジョギングとか、体操とか、健康医薬品を飲むとか？」

「別に、これといって何も。ただ酒をやめたぐらいですが」

「酒は少しはいいですよ」

医者はクルリと私を廻して、背中あたりに聴診器をあて、コツコツ叩いて、やがて両手でパチンと肩を叩きながら、またも私をクルリと自分に向けた。

「私のところへも、有名な方たちが沢山見えますが——。芸能界、スポーツ界、政財界……、ところが概ね全体のバランスがとれていない方が多いですな。精神力、体力、休養、これがメチャクチャな方が多くて、それが昂じた方は概ね欲望の犠牲というか、不健康になられます。まあ死なないまでも、心身症ぐらいには——そう、半分以上の方がなってるのが多いですね。これが突発的に来る人は三波伸介さんとか中川一郎さんのように、実にお気の毒です」

「先生、私は自分が元来弱い故かも知れませんが、自分で自分にトボける性癖があるんです。つまりパニックになりそうな時に、パッと一切捨てて、プラス・マイナス零（ゼロ）のところにもってゆく、つまりそういうクセがありますが……」

「いいでしょう。忘却とかアキラメなんて素晴しい方法です。但し、後に何も残らぬようにすることは仲々むずかしいですがネ」

「ホンネの方は余り全身全霊でモノゴトにつっ込む性格ではないのかも知れません」

「何でもそうですが、オーバーヒートすればこわれますからナ」

どうやら診察は終ったようだ。

つまりこの医者の話は、人間それぞれゴムひもみたいなもんで、太いのもあれば細いのもあり、張力も同じではない。このゴムならばこの位の限度があり、それを昼夜を分かたず引張りぱなしでは傷みも早いし切れもする。引張ったりゆるめたりしていてこそ長持ちがするのだ、ということのようだった。

そういえば、私は決して健康優良児ではなかった。小さい時は、腺病質だったし、中学時代は慢性の胃病で胃散を離せなかった。大病こそしなかったが、中耳炎がこじれて内耳炎（ベゾルト）という耳の裏の脳の骨まで腐るという病で、頭蓋骨をノミで叩いて取り去るという大手術をした経験がある。二十年程前には痛風になりビッコをひいて芝居をしたこともあるが、総じて何の後遺症も残らず七十にして四時間の猛舞台に耐え、六ケ月の長期公演にも無休で千秋楽を迎えた。何とも有難いことである。

我が家に、私とほぼ同年配の七十近い運転手氏がいる。実はこれとて贅沢な話なのだが、正直自分で運転していては身体がもたないといち早く悟ったので、サッとハンドルを捨て運転手を迎えたのである。仕事場への行き、途中、帰り、車の中は私の放心の時間で、休養がとれるのが何よりの取得だ。

話は、その彼が先日五日許り暇をくれという。聞けば、故郷の伊那谷に今も健在で去年白寿、今年百歳を迎える実の母のお祝いがあるのだそうだ。私はおどろいた。百歳の母堂のお祝いには私もついて行きたいぐらいだったが、とりあえず祝辞の意味もこめて拙（つたな）い一幅の書をかいて差しあげた。

聞けばこのおふくろさんは、彼が小学校の頃は、頭痛持ちで、学校から帰るといつも〝頭叩け〟と頭に手拭をまいてその上を二十分も三十分も叩かせたというのである。子供心にも、このおふくろは余り長いことはないなと思っていたそうだ。それが何と百歳の祝いまで生きるとは、人間わからんもんですよ、と七十の息子は嬉しそうに伊那の奥まで帰っていった。

この母堂が実は今でも塩からいものが好きで、猫またぎのような塩鮭をごはんに乗せてパクパク食べるという。おまけに酒が好きで、昼めしも一合のコップをあけ、めし替りにすると話してくれた。タバコはと聞くと、年中プカプカ、夜中も起きて一プクするのが楽しみだと聞かされ、いよいよ禁煙を実行する気持がなくなったくらいだ。

実をいうと、十年程前、私は舞台の袖に入ると、ハアハア息をして心臓が止る思いをするので、プッツリ酒を断ったことがある。お陰かどうか、今はあの激しい「屋根の上のヴァイオリン弾き」の踊りのあとでも、心臓は至極順調である。もっとも良く眠る故もあるのだろうが。しかし、その母堂は百歳で、酒もタバコも塩からいものも恐れず、耳が少し遠いくらいで、裁縫もやれば畑仕事もするし、乗り物ぎらいで歩くのが一番という。家のものも、やりたいことはやらせておけで、一切口うるさくいう者はいないそうだ。

伊那谷がそんなに健康地なのだろうか。彼によれば、山と山の合間で日照時間が短く、その寒さは骨身にしみるという。近頃は、あすこも新しい家に建て替り、セントラルヒーティングなどをしている風だが、昔より風邪ひきの子供が増えて、近代文明はタイダと公害をまき散らしているという話である。

百歳のお祝いは市町村からえらいさんが見え、おまけにおばあちゃんのおぼえ切れない孫・曽孫(ひまご)・玄孫(やしゃご)が五、六十名も集り、飲めや歌えの大騒ぎであったそうな。おばあちゃんも大満悦、誰も聞いたことのない伊那節を唄ってびっくりさせ、おまけに飲み過ぎて三時過ぎにねてしまったそうだ。

思えば、人間は機械のようなものらしい。古くなればガタガタ音はするが、余りロードをかけずに油を差していたわりながら使えば、充分動いて、病気にもならない。ただ、一旦止めると、どこかが錆びて、こちら直せば、あちらが痛み、あちら直せば、また別のところにガタがきて、運動のサイクルが狂うのだろう。

中川一郎さんもくずおれた一人だし、三波伸介君もバランスをくずしたのだろう。いうなれば、〝己れにトボける術〟を会得し損ねたとしか思えない。極度に緊張を要求されたり、必要以上の負荷をかけると、錯乱を生じたり、コトンと心臓が止ったりもするのだ。

適当に放心してトボけながら上手に生きねば、この混濁の世は乗りきれんと思うのである。それじゃ、仕事も出来るだけズルをし、ボケながら暮していれば百まで生きられるかというのは、これまた短絡であるが……。

再びいうが、ゴムの伸び縮みでいかねば、人生はイタみ易いのだ。

悪い奴程よくねむる——などうがった諺もあるが、総じて、ひたすら正直、善人、責任感旺盛、すべてをひっかぶって己れの力以上の仕事をしようとするのは、死に急ぐ結果ともなりかねない。また世にいう酒乱だが、これも酒を飲まねば消え入りそうなお人好しに多いのは、やはり常のアンバランスの故だろう。

つまり一種の心のパニック的症状は、実は死よりも恐しいものだ。この五十年に近い役者稼業中、幾度か煮え湯を飲まされ、懸崖(がけっぷち)にも立たされたが、どうやらそれをしのいできたのも、己れが己れにトボけて零にかえり得たからでもあるらしい。

所詮、人間は強くはない。強そうに見せているのは、始終ひきちぎれる程ゴムを引張っているだけのことだ。

## 花散らば花見の宴

春の京都は久しぶりだ。

舞うや嵐山花吹雪——と歌に聞こえてはいたが、実景に接し、古都のたたずまいはまたひとしおのものがあると悟った。

浪花千栄子さんを偲んで、嵐山は嵯峨野の彼女の建てた竹生に宿をとった。夕方の五時からは桜という桜にライトをあてて、門前に篝火を焚く。大きな松材がパチパチと燃えさかるのである。

〝御自由に召上っておくれやす〟と大きな酒樽がすえられ、道ゆく人は花びらの乗った酒を賞味させていただく。もっとも中には半日も頑張って一升をのんでゆく人もいたが、二石程の銘酒がおふるまい、とはおどろいた。

明りに映えた花びらが、時に座敷の中まで舞いこんで、風情はいやが上にも盛り上がる。それは座敷許りではない。湯殿にまでもである。そして食卓は今を盛りの若筍で、この美味さは格別だ。東京の料理屋で舌に残るエグイ味などはミジンもない。

真向いにある竹生の茶店でくず切りを所望する。緋毛氈の上で、おうすとともにあのトロリとしたミツのかかったくずを味わっていると、何のためにかくもアクセク働いているのか、いぶかしい許りだ。かにかくに春のあわれが心に沁みて、舌の上許りでなく、風の甘さまで絶妙で、魂が浮世を離れボウとするようだ。時にかたわらに佳人でも居れば、それはもういうことはない。

〝オレも年をとったナ〟ということか。しかし、上野の夜桜の下に必死で場所取りをし、カラオケ持参の落花狼藉も、日頃の憂さばらしかと思えばうなずけるが、いかにもヤケクソばりで、京の人たちのならわしの喜びとは程遠い。

どうも京都人というのは、自然に融合して上手に生きてゆくらしい、というのが実感だ。

竹生を出て、右へ廻ってちょっとゆくと、有名な嵯峨野の豆腐料理屋がある。竹林にかこまれた庭には一面の石仏が群れ立ち、そのかたわらに、しゃがという藪菖蒲が可憐な花を見せている。庭を歩けば藪の中から尺八が聞える仕掛けがいかにもにくい。あれはどうやら普通の尺八ではなく、ホッチクと呼ばれるものの音であろう。

ただし何時までもエンドレス・テープで、湯豆腐で満腹になっても、まだ同じように鳴っているのが些か食傷気味ではあったが。

桂川のほとり、渡月橋の向うは方々円陣を組んで、花の下で野宴が始っている。どの円陣にもロウソク一本もなく、何となく薄暗い中で意外な程静かである。

仲間の俳優を誘って、暗いのを幸い、私どももその辺りを逍遥した。いかにも楽し気である。何だか取り残されたような気がしたので、冗談半分、輪のうしろから手だけ出してみたら、なみなみと酒をついでくれた。花には花の心、酒には酒の心であろうか。この辺りが花見の醍醐味だろう。

でも、結局は三人とも顔がバレて一座に引きずりこまれたが、大学生のグループだった。とうとう

『知床旅情』を唱わされて「いいところあるナ、吉田総理！」と人の意表をつく大歓迎にホウホウの態で退散した。

　考えてみれば働き過ぎだといわれる日本人にも、ちゃんとこのように季節とともに自然に溶け合うゆとりがあったのだ。花散らば花見の宴、草木色づけば紅葉狩り。こんな美しい言葉はもう生れまい。雪がつもれば雪見障子をあけ、コタツの中から酒宴なんて、粋というか、これこそ日本の文化の結晶だ。

　働き者もこの日一日は無礼講で野あそびや宴を張る。うさぎ小屋で悪かったが、小屋には小屋で心意気もあるのだぜ、毛唐メ――といいたい程。今更ながら四季をもつこの国土を有難いと思う。野山の色変りとともに季節の風に酔う私たちは、たとえ花見の横をケタタマしい選挙の車が走っても、我れ関せず焉、ののどかさは忘れてはいない。乗れもしないスペース・シャトルのニュースに心をうばわれるよりも、日に日に変る山の色、川のぬるみに生きとし生ける人の子の喜びを見つけて暮すに何の不自由があろうか。

　今はやりの右脳左脳の話に似てるが、もう一つ、人にはイエス（ＹＥＳ）指向とノウ（ＮＯ）指向があるという話がある。

　例えば、メシを食うにもＹＥＳ型は陽気で、いや実は雑なのかも知れぬが、「おお、いいな、結構結構」と美味くなくても美味そうに食うのと、「この店は大丈夫かね、どうも板前の顔が陰気だナ」とか何とか二ツ三ツ難くせをつけないと始まらないのがいる。それじゃ食う気がないのかというと、おかわりもする奴だ。つまり事に臨んで肯定型と否定型で始まる二種類である。

別にどちらが良いとか、優劣を問うつもりはないが、政治家にも役者にも見られる型だ。が、総じてNO型には、人間の卑小さというか、いやしさが目につく。

食通という自称舌自慢の友人がいるが、これが残念なことにNO型で、こんな笑い話を思い出す。と或る有名なホテルで、深夜この厭味な通人が帰って来たが、小腹がすいたといって、マネージャーをつかまえフライド・ポテトを作れと命令をした。

「そんなアメリカ人の真似みたいなことやめておけ」

とさかんに止めたが、酒ぐせが悪く、なかなか納得しない。さんざんゴテたあげく、遂に一皿のジャガイモのフライが彼の前に運ばれた。「日本人はこれの美味さを知らない。哀れな奴だ」と唾を飛ばしながら一つを口に入れたが、入れるやいなや、彼はたちまちプーッと吐き出し、いきなり皿のイモをつかんでマネージャーに投げつけた。

「俺を誰だと思ってるんだ。この口はごまかせんぞ！　何だ冷凍のジャガイモなんか揚げてきやがって！　俺は役者だが料理の大家だということを知らんのか！」

マネージャーは可哀想に平身低頭、皿をもって厨房に消えた。私は何度も彼を部屋へつれ帰ろうとしたが、ガンとして水割りを持ってこさせ、いっかな動かない。思いのほか長いこと待たされたが、やっと冷凍のイモでないのを揚げて来たのか、レイレイしくNO型の旦那の前に置いた。

「いかがでしょう？」

「まあまあだ。始めからちゃんとこうしろよ」と毒づきながら、それでも三分の一程食って、どうやらその事件は終った。

さて翌朝、私は一人で食堂でめしを食っていたら、昨日のマネージャーが現れて、昨夕の粗相を詫びた。

「気の毒だったね、あんな深夜にジャガイモのフライなんて……」といったら、

「いいえ、ジャガイモの冷凍なんてございません。あれは申し訳なかったのですが、同じものを差し上げました」

敵もさるもの、二人は大笑いした。

私どもも、初めて人を紹介されると、何となく打ち解けないことが多い。考えようによっては、この男、或は女は、どこか少々クサイところがあるぞと直感さすものがあって、ともにシラケた雰囲気が両者をなかなか近づけぬ時がある。これはどちらもNO型となっている状態だろう。もっとも日本人にはこの種の連中が多いようだが、これが酒の席でもあると、たちどころにYES型に転じて和気藹々(あいあい)、やがて行きすぎて喧嘩などまで起る。いうなれば、こういうNO指向は左程意味の深い連中ではないようだ。

近い話では、目下話題の〝ヨッシャの親分〟田中角栄元総理など、YES型の典型だろう。そして社会党の旦那などNO型指向と考えるのだが、まあ勿論、これはウワベだけの話……。

京都の祇園でご馳走になったが、昔と違って座敷もイキな遊び人がいなくなったという。芸者衆もこう不粋(ぶすい)な客では可哀想なくらいで、それでも厭な顔もせず、意味不明の花街ことば、「へえ、おおきに」「かんにんどっせ」の二つで鉾先を避けている。これなどYES型と見せかけた手強いNO型であろうか。

ついでに四条河原町を歩いて、孫に五色豆など買ったが、帰途、東京新聞のコラムに畏友草柳大蔵のウンチクに富んだコラムを見つけ、ひとりクスリと微笑をもらした。

「今や日本列島は政治の五色豆が大声をたてて転げ廻っている」と。成程、「保守系」「革新系」「保守中道」「革新中道」「保革相乗り」とは妙を得た話だ。

果たせる哉、東京に着けば、我が家の周囲も入り交っての舌戦であった。保守といえば「吉田学校」なる映画もまああの入りで安心したが、その批評は甲論乙駁（こうろんおつばく）、中には何を好んで今さら自民党の宣伝を……と些かハダ寒いことをいう者もあったが、それについてはいい話がある。

私の友人が中国を訪れた時、「周恩来」という芝居をしていたので観に行った。そして終演後、俳優諸君と話しあったそうだが、氏が「今更、周恩来を取り上げた理由は?」と問うたところ、「あの先生には皆、もう一度逢いたい気持が一杯です」。それはいかにも要を得た清々しい答えでハッとしたと語った。私も何故今さら吉田茂をと問われれば、果してそう答えられたか。

でも、もう一度逢いたい人——といわれて歴史に残る人は、実は意外と少ないのではなかろうか。

## すさまじきは

シモーヌ・ド・ボーヴォアール。サルトルの奥さんだったか、恋人だったか、そのボーヴォアールが、〝人生は死ぬまで青春だ〟といったそうだ。この一見何でもないような言葉に最近とくに心ひかれる。

どうやら、私の精神は色あせ、考えることも、判断や行動への命令系統も、すべてオックウというかハナバナしさを欠いてきている。ようやく足腰に年を感じている故か、その余波で、精神などに精彩を失いつつあって、青春など遠いところに行ってしまったというのが正直な告白だ。

論語に「三十歳——而立　四十歳——不惑　五十歳——知命　六十歳——耳順　七十歳——従心」とある。私もついこの間七十歳になったのだから、〝従心〟の年というわけである。

七十而従心所欲不踰矩

心の欲する所に従って、矩を踰ず。つまり自然と道にかなうとあるからには、つまるところ、大欲はいかんということだろう。

この言葉は、どこかあきらめのようなものも感じさせる。成程、七十を越えての犯罪者というのは殆んど無いという話も聞いた。ところが、これも男の世界の話だけのようで、近頃の熟年婦人は昔に比べて男をしのぐ貪欲となりつつあるようだ。これが四十年の平和の所産であろうかと、些かさびしい気もするのだ。

衣食足って人民交々堕落の道を急ぎつつある——と思ったのは、この間来日したスペインの世界的人気者フリオ・イグレシアスという歌手のリサイタルであった。

人伝てというものは恐しいもの。花を持って行けば、氏はステージのサイドテーブルに献花を置いて、あらためて両腕を出し、その女性を抱きしめ熱いキッスをしてくれる——。噂は噂を呼んだのであろう。歌のファンでもなさそうな中年のオバンが、一曲済むと、どっと舞台にかけあがり、花はおろか、ハリボテのダルマや人形や、彼にとっては恐らくくだらん品をさし出して、図々しくキッスを頂戴とせがみ顔をつき出す。まるでヘドの出そうな乱痴気騒ぎ、心ある連中は顔を伏せて心の寒さをどうすることも出来なかったそうだ。

女の力のおそろしさは、かねがね私も体験しているが、早い話、芝居の団体も近頃は九割が女性で、しかも中年ときている。このいわゆる御連中の柄の悪さというか、エチケットのなさに、あきれはてて、とうとう劇場側も出し物を変えたくらいである。入込み芝居、つまり序幕ものだと、椅子についてあたりが暗くなると、早速弁当をひらきはじめる。二千人の包み紙をあける音は、騒音というか、八十ホーン以上だろう。芝居も何もやっておれぬものだ。故に序幕には主役は出ない。丁度食べ終った頃、つまり次の芝居から登場する。そして面白いのは、取狂言にも出ないことだ。最後の芝居は帰りの足を急ぐのか、櫛の歯のかけるように途中でお客は立ってゆく。お土産をもらって帰るのに懸命だ。だからここで演るのを追い出し芝居という。何とわびしい話ではないか。

最近の都内有名ホテルには、殆んどが高い会員制で、テニス、プールにサウナの設備があるそうだが、腹の肉の垂れ下った成金のオバハンが、鼻にもつまりそうな大きなダイヤをひけらかして蒸気でむされているそうな。いかにも恐しい地獄のさまと聞いたが、よくもまあ金もあるもの、いやはや日本も不思議な国と成りはてた。そういえば、都内某所に建てられた一軒十億円のアパートが全部売り切れと聞いたが、どこのどなたがお買い求めになるのか、女帝（！）許りではないらしい。表に出れば、餓死する世界のいたいけな子供たちのために献金して下さいと、素朴な若い女の声が叫んでいるというのに――。

パリのオーリー空港でも、ニューヨークのケネディー空港でも、いや世界至るところの空港で、地ベタに大風呂敷をしいて、大きな声で「あれをこっち、これをあっち」と包みかえているのは、すべて日本婦人である。もっと情けない図もある。世界の有名ホテルで、外人はそのロビーの景観を眺めているのに、バタバタ走り廻って大声をあげながら買物に奔走しているのは大和ナデシコである。

ハワイでは最近、制服のように同じアロハを着せられて、二人ずつ縦隊で紫の旗のあとについてハワイの街を見物している。この一群はすべて日本製花嫁花婿であった。これも奇観ではあったが、同時にこれが免税店でびっくりする程お土産を買うのも壮観である。どこにそんな金があるのか、恐らく本人たちの苦心してためた金許りではあるまい。そんな話をしていたら、元役者で今は呉服の行商をしている昔の弟子が楽屋にきて、こんな話をしてくれた。

と或る普通の農家に行ったが、自家用車が二台もあるので、「ごめん下さい」と入口に立った。出て来たのは腰も曲った老婆だったが、ちょうどいいところだ、私の八十の祝いに呉服がほしかったと渡りに舟。

炉端で、かついできた反物をあれこれ見せたが「これを嫁に貰おう、これは誰とかに――」とすぐにも二、三反を求めてくれた。そこで取って置きの地味な結城紬(ゆうきつむぎ)を見せたら、腰の曲った婆さんは殊(こと)のほか気に入ったらしく、「これもいただきます」という。

「実はおばあちゃん、これは十五万円じゃありませんよ、百五十万円ですが」と念を押したら、「ハイハイ、分っておりますが」と、胸をはだけてシナビタ乳の間から袋に入った金をポンと払ったという。今さら百五十万の結城紬を曲った腰に引っかけて女ダテでもあるまいに――と思うのはゲスの根性。とはいうものの、世の中は大きく変転した。

どうしてこう素朴のシンボルだった日本が百八十度もひっくりかえったのか。神武景気から経済成長と、この貧乏国は使い捨て文化におどらされた。荒っぽい金遣いの風習はその辺から生れたのかと思ったが、実はそうでもなさそうだ。

いうなれば、この現象の要因は税金から生れたものと見つけたが、どうだろう。三代で金も土地も家もなくなるという仕掛けの税務対策。働いても苦労しても、そんなことには頓着なく、僅か一〇パーセントとか一五パーセントを残してみんな引っさらってゆく無情さ。こんなことなら金など貯金したってバカバカしいと思うのが道理だろう。世間の声も、生きているうちに使いきってしまえ――が今や常識。加えて、正直モノは損をする――が私どもの骨身にこたえる。哀しいかな、末期的症状だ。

新聞には、香典よこせのサラ金が逮捕されたと伝えるが、税務署は逮捕されぬという有難い法律がある。これも不思議な仕掛けだ。ともかく、政府の方針も分らぬわけではないが、人間にヤケを起させるようなことは余りかんばしいことではない。

私ははじめから税金を引いて、これはそっくりあなたのものです、というお金をいただきたいと思いつづけている。私のようなおろか者は、渡されればこの金は何となく自分の金だと早トチリする。ゆえにこそ、知らず知らずに気持も大きくなり、大盤ぶるまいとまではゆかなくとも、役者仲間と飲み屋へゆけば、あげくのはてに大赤字、フウフウいうのは当然のことだ。

早い話が、かりに私が一ケ月の公演で百万円を貰うとする。次の看板役者が三十万。つまり七十万も余計にいただくことになるが、税金を引かれると、私の手取りは十五万程、ところがそいつの手取りは二十五万てなことになったりする。この二人が銀座に行くとすると、どちらが勘定を払うかは知れたこと。百万円も取っているお前が払うのが当り前だと、彼は決して懐に手を入れない。こと程さように不合理なものが税金だ、と素人は考える。

私の千歳船橋の家は五百坪程ある。都内の五百坪といえば、人もうらやむようなものに違いない。しかし、タネを明せばこんなことなのである。

今から三十何年前、映友藤田進氏から、「酒を飲んだり、友達に貸したり、ハタで見てても阿呆のようだ。折角映画に出て売れて来たんだ。どこか土地でも買ったらどうだ」とすすめられたのが発端である。町の古顔がいい土地と紹介してくれたのが、実は町はずれ、土手のようなくぬぎ林のひどい土地であった。藪の中をつきぬけ、かきわけ、ここだという。何とも人の住めそうなところではない。周りは田圃とどぶ川で、ここにどうして住むのかと案内の親父に聞いたが、「これは昔、弁天山といってこの土手下に弁天様がお祭りしてある有名なところで、ちょっと残念なのは蛇が多いことだ」とおどかす。いずれにしても、今さら断りもならず、坪九百五十円で買ったのだ。

そこに住んでいるうちに、勝手に三十年の月日が一坪を百何万円かにしてしまった。私が値上げしたわけでもないのに、これがこれから大きな荷厄介になるのである。

子供たちもここで育ち、孫もここで生れた。いわばここが古里だ。しかし、それもこれもやがてお国にもぎ取られよう。税制とあれば仕方がない。

私も〝従心〟の年だ、素直に従ってはゆくつもりだが、ボーヴォアールのいうように、はたして〝死ぬまで青春〟であろうか。いや、そんなことを疑う暇もないくらい、今日も七十歳の命をかけて一所懸命働いているのが実状である。

## 満洲で買った二冊の本

昭和十五年頃、つまり今から四十数年前に、私は満洲・新京の本屋で二冊の本を買った。その二冊の本が、今また不思議な迫真力で記憶の中からよみがえってくるのに驚いているのだ。

さてその一つは、『清水芳太郎全集』(全八巻・錦城出版社刊)の一冊である。「偉人会議」という優れた一文が載っていた。戦後、引揚げに際して、活字も写真も一切が携帯不可というきびしいお達しがあり、涙をのんで満洲の地に置いてきたが、どうしても手に入れたく、『週刊新潮』の掲示板に投稿の結果、京都の人からそのうちの二冊をゆずり受けた。しかし、余りの面白さに人の手から人の手へ又貸しされ、遂に不明になった。

最近、試験官ベビーをこしらえ、これを母体へ移して出生した話に世界の人は驚いたが、何と四十数年前、日本の一文士が、これを喝破しているのである。

清水芳太郎氏は、博多の産で福岡の朝日新聞の支局に一記者として在任していたと記憶する。何でも若いうちから猛読というか乱読というか、目につくものは片っぱしから読破した人で、このような本も書けたのだと了察した。ただ惜しいことに三十歳余りで夭折(ようせつ)してしまわれる。

私の遠い記憶をたどって、その本の内容をあれこれ書いてみることにする。

人間の染色体は、女四十八、男四十七の組合せから成っていることを知るに及んで、先ず、豊臣秀吉の染色体の配列を調べる。すでに三百年以上も前の人の血液のありようもなく、遂に骨からそれを知ることに考え及んで、秀吉の墓をあばき、大きに叱られるという件り(くだ)がある。そして遂に秀吉の染色体の配列を発見して、試験管の中で秀吉を育成する。やがて奇特な人の腹を借りて目出度く秀吉が誕生する……。

既に何十年も前にどんな本を読んで得た知識か——と、昨今のテレビを見て些か凝然(ぎょうぜん)としている次第だ。

そして面白いのは、こういう方法によって、ナポレオンを生ませ、つづいてカール・マルクス、釈迦、キリストを生誕させるのだが、十数名の偉人、これが一同に会して偉人会議を開くのである。その中に不思議や当時の米内内閣に籍をおく小磯拓務大臣が同席して司会を務めていることだ。

圧巻は、或る日、会議を一日休んで、この世界の偉人たちが歌舞伎座に『伽羅先代萩(めいぼくせんだいはぎ)』を観にゆくところである。ここにおけるキリストとマルクスの会話や、偉人たちが観劇論をたたかわす件りに、若い私は驚嘆した。それらはすでに記憶から遠いが、大抵の読書量では書けないことはいわずもがなの話である。

また、巻末には「発明夜話」という章がある。夢の発見・発明の話で、すでにそれらの大半は今日完成しているが、このサジェスチョンに私は当時いたく感激したことを忘れない。魚に耳があるか、卵がいびつな楕円形である理由など、残念なことにここに本がないので書きようもないが、昭和の初期にこんな人がいたことだけでも心が豊かになる思いだ。

もう一冊は『最後の飛行』という本で、女流飛行家アメリヤ・イヤハートの旦那が、奥さんの死をいたんで彼女の日記や遺稿を綴ったものだ。当時、昭和も十五年頃は、アメリヤ・イヤハートは世紀の英雄で、私もアナウンサーとしてその訃報をマイクの前で読んだ。

男がまだ遂行し得なかった飛行機による単独世界一周を志し、も早ゴール目前のタヒチに近いホーランド島で彼女は姿を消す。つい先日、某週刊誌に、〃イヤハートはスパイだったか?〃というエキセントリックな記事を見たが、その記事の中にもこの本のことは触れられていなかった。

多感だった私は、この書物の中に赤線を引いたり、彼女の言葉に感動しながらノートしたものである。

「私は両方に女性としての乳房をチャンと持ち、子供も生んだ普通の女である。その私が男の未だやっていない空の世界一周、一人旅を敢行しようとすることは一見不思議と思われるだろうが、私は友達が、ミシンを踏み、あみ棒で毛糸をたぐることと同じように、プロペラの下にもぐって、油に汚れながらエンジンの調子や、プラグやキャブレターを見ると、いやが上にも興奮させられる。女にしてこれが不思議とは解せないことです。歴史は女性にミスキャストをしたのではないでしょうか」

大体こんな意味のことが書いてあったと記憶する。元始女性は太陽であった——と豪語した平塚雷鳥も偉い女であったが、このイヤハートも、「歴史は女性にミスキャストした」とは、女にとって、いや男性も些か後ずさりする程の名言で、当時私は感動の中で読んだのである。

そして、もう一つは。彼女が単独で大西洋上を飛んでいる時に、瞬間、落ちるかナ! あっ、怖い! と感じた時のことを率直に綴っているところであった。

人は昔から空を飛びたいという願望をもっていた。その願いには二つの意味があったと思う。一つは単に飛びたいということだが、もう一つは、あの鳥のように安全に飛びたいと願う気持だった。私が今操縦するこの飛行機は私の壮途を祝ってアメリカが心をこめて私に贈ってくれた最もすぐれた性能をもつ飛行機であり、鳥の如く飛びはしたが、鳥の如く安全に私を運んでいるとはいいかねる……。

思えば、文明はいつの場合も、それが発明される以前の人間の願望にさかのぼってみると、素直にそして間違わずに進められるべきものが途中で曲ってしまっている。ライトは一応地上から離れた。その頃、もしも地上から離れるモノが生れたら、それをこのように利用しようと、意外とドス黒い心が待ちかまえていたのではあるまいか。いうなれば、それは戦争の具に供したいという人間の別な欲望ではある。鳥のように飛んだと同時に、文明はそこで美しい願望を曲げてしまったのだ。安全に――は小さく肩をすぼめ、人々の願う気持をふみにじって、ただ、より高く、より早く、より重いものを積んで、また曲技に耐えながら敵地にダメージを与えること許りが飛行機の発達の上に偏頗にも要求されたのだ。そして安全を忘れ、狂う程の競争を演じさせたのではないだろうか。鳥のように飛ぶこと、鳥のように安全に飛ぶことを同じような力で発達させていたら、私のこの恐怖はもう少し小さいものだったに違いない。

遠い記憶をたどって、多分こんなことが書いてあったように思うのだが、文責は私にある。いずれにせよ、人は常に当初にかえって、ということを忘れて、今日の文明の波の中で片泳ぎをしているように思えるのだ。

図書館に行って調べれば、この二冊はきっとあるだろう。それも怠って自我の記憶の中から作文しては誠に作者に申し訳ないことだが――。

さて、早い話、放送局というところへ勤めることが決った親戚の青年がいるのだが、こいつが放送の第一条＝時間と空間を超越する＝を入社と同時に身をもって習うかを怪しむのである。いまや、ＮＨＫ、民放ともにスタジオの横にある調整室に足をふみ入れて見るといい。大きなミキシングの機械とならんで、テープ・レコーダーの機械がおさまりかえっている。この青年は恐らくは何の不思議もなくこれを見るだろう。つまり記録し再生する装置をだ。しかし、こんなものは放送の一部分であって、いわばビクターやコロムビアというレコード会社がやることだ。瞬時にして地球の裏から画が見え、語りかけがあってこそ、放送が何ものの追従も許さぬ情報のマシンであり、それが放送の勝利なのである。

私が子供の頃、愛宕（あたご）山から放送された初期のラジオは、このことを忠実に実行していた。隅田川に短波送信器を据えて、早慶ボートレースの中継をしたのである。その即時性こそラジオの唯一の魅力であり、文明のさきがけでもあったのだ。それがどういうことか、今や愛宕山の放送資料館に飾ってあって、当今放送施設の主役は録音テープのようだ。人は最初の志望をいつの間にかヒン曲げて発達させていると見てはいい過ぎだろうか。

ダイナマイトも核爆発も、すべては人類の福利のために生れたものに違いないが、それらがことごとく人類破滅の方に傾斜して存在することもアメリヤ・イヤハートを嘆かせるに違いない。

人々がその初め、純真無垢（むく）に望んだ指向が、世紀とともにかく曲げられて違う方に発達発展してゆくのは、まさしく人間の劣性といわねばなるまい。欲望の変化程恐しいものはないのだ。

二人は恋し愛しあい、美しい夢を描いて神前に頭を下げた。そして男女は夫婦というつながりをもつ。

さて、その大半は年とともにお互を疎んじあい、反目し、他人の庭の花が美しく見え、やがては破綻の一途をたどるのもいる。どうやらこれが当節のコースのようだが、そのコースは神前で手をにぎりあったあの日、夢に描いたコースであったろうか。

どうやら人というものは、初期に希った心がまえも、ただその時の出来心みたいなもので、来年のことをいえば鬼が笑うなど、たわ言をいいながら生きているムジナの類であるかもしれぬ。

## ヒゲにも三字あり

東京に住んでいると、年の暮れなぞ何の風情もなく、ただあけて、ただあっけない正月がくる。地方の十二月であれば、寒さの中であわただしくいかにも日本の正月のアレコレが用意され、長い歴史のつづきを見るような憶いにかられるのだが。

京都の街など、何度も書くようだが、それこそ古都のままが、たとえジーパンの連中たちが混っていても、風物の中に溶けこんでいる。ともかく、自然とともに、逆らわず、流されながら生きているのがハダで感じられるのは何とも好もしいものだ。

先夜、テレビで古いアメリカの風物が映り、フォスターの懐しい曲が流れてくるのを見ながら、これが本当のアメリカだと、その頃行きもしなかった遠い外国に思いをはせたが、同じような話を北海道の友だちからも聞いた。

「僕の子供の頃の北海道は、いうなれば文明の恩恵をうけない素朴なもので、北海道ならではの季節季節の楽しみがあり、死ぬならやはり北海道だと友だちといい合っていました。自然を破壊すれば、どこでも土地の香りは無くなってしまうものですね」

人は自然を壊しはじめると、どこもここもユニティーな一色となり果てる。東京も札幌も、はたまたニューヨークも大同小異ではあるまいか。

正月がくれば誰が決めたかまた一つ年を数えるのだ。孫は私をしのぐ程背ばっかり大きくなって、どれもこれも親のいうことを聞かぬ。

最近聞いた七十何歳の老人とたった五歳の孫との会話が面白かった。「孤愁の岸」という芝居で、私と共演している松山英太郎とその愛息当年五歳の昌太郎が、稽古の途中、祖父君、河原崎国太郎丈のところを訪(と)うた。国太郎丈は七十何歳、人ぞ知る前進座の最高幹部で、名女形。丁度国立劇場で折しも出演をひかえて、真(ま)っチロに顔から肩から白粉(おしろい)をぬり、美しい女形となりつつあった。鏡の中にうつる孫を見ながら、

「お前さん、役者になりたいそうですネ」

「うむ」

「どういう役者におなりだエ」

昌太郎はじっとおじいちゃまの姿を見ながら、

「……ボク、ふつうのヤクシャになりたい」

「ヘエー、それじゃ何かい、アタシャふつうの役者じゃないのかい」

「うむ、パパみたいな」

「あら、おじいちゃんはダメなのかい。へえー」

何ともほほえましい会話であったという。

さて、私がアナウンサーになった頃、NHKの試験はまことにむずかしいものであった。次の熟語を声をあげて読みなさい、とあり、PARTYをパーテーと読みTICKETをテケッと読んだ男は第一次のふるいで落された。

しかし、それもこれも当節はすっかり変って投網（とあみ）を投（な）げ網（あみ）と読んでも、さして恥じぬ連中がこの世界のようだ。そのくせ相殺（ソウサイ）などという、今どきの人がとまどうような読み方が生きている。そして近頃はソウサツでも可と、妥協していることも字引きで知った。

字に偏とつくりがあることは百も承知だが、つくりの方が目について間違いっぱなしになっていることが多い。

例えば、水をまく撒水などがいい例で、誰でもつくりの散に気を引かれサンスイというが、正しくはサッスイであるという。また、精力を消耗する。つくりに毛がついているのでモウと読むのも人情だが、正しくはショウコウである。といっても今や誰も信用はしまい。そのくせ、心神耗弱の場合はちゃんとコウジャクと読んでいるのだ。字引きも、負けてショウモウと慣用読みをゆるしている。いささか逃げの気配だ。

病い膏肓に入る。いつの間にか、恐らくどこかのあわて者の故でコウモウといいならされた。先日、宿でとったアンマさんが、このコウコウのところに疲れがたまっていますナーと正しくいって、私を驚かした。コウコウというのはどの辺かな？　と問いかえすと、この肩胛骨（けんこうこつ）の下……この辺です、昔からハリも灸もとどかぬところと教わりました、と。

　こんなことを書けばキリのない話だが、古い平安朝あたりの芝居まで演る私たちだ。牛車をギュウシャと読んで笑われるのもおかしい。正しくギッシャと読む方がどんなにかむずかしいことだ。

　或る日レコードに種田山頭火（たねださんとうか）の俳句を読む機会があったが、「生死の中に……」をセイシと読んで、折角の録音がやり直しというひどい目にあったことがある。これはショウジと仏語で読んでほしいと。いやこっちは赤面の至りだった。モノを知る知らぬは、たったの一言で見抜かれる。恐ろしいことでもある。

　私の知人に今や九十歳にも近い中山さんという有名な建築家がいる。帝国ホテルを建てたライト氏のお弟子さんという話だが、長くヨーロッパにも滞在されていた人だけに、シャレの上手な大先生である。

「おーい、モリシゲ君。久しぶりだな」

　或る宴会での話だ。

「君、ボクと同じヒゲをはやしとるが、なかなかいい白だね。頭は黒に染めとるのかい」

「いえ。どうしたことかヒゲだけ白くて」

「いや、結構。それで、シタ（下）はもうハゲたかね」

　これには参って大笑いをした次第。

また、先夜、「天声人語」の名エッセイストで知られた荒垣秀雄さんにお目にかかった折、「いいヒゲだね。君、世界で一番最初にヒゲを剃った男は誰だかご存知かい」

「さあ、世界ではじめてですか」

「そう、実はアレキサンダー大王なんだよ」

「へえ！」

「昔、戦さの時、あのヒゲをつかまえられて首をチョン切られた者が多かったので、大王はスッパリ剃り落したのが始まりなんだよ」

いつもながら、もっともらしいお話をされる人である。

ヒゲを剃る——の話で思い出すのが先日拝読した某女史のギリシャ一年の滞在の話である。メイドが或る日、「奥さんはキタナイ」という。何故かと聞けば、どうして毛を抜かないのか、という話だ。毛を抜くとは腕や足の毛かと聞くと、頭を除いて全身だという。あまりのシツコさに根負けしてなすにまかせたら、松ヤニみたいなものを張りつけて、バリバリ足も手も脇の下も前もウシロもツルツルにされたということだ。四、五日全身がハレ上りホテって困ったという話を読みながら、ふと、そういえばギリシャの古い彫刻や絵画にある女性たちはすべて無毛であることから成程とうなずけた。実はあれは美醜の故かと怪しんで見ていたが、うーむと一人合点した。

これも確かな話ではないが、朝鮮では、昔嫁にゆく前夜陰毛を抜く習慣があると聞いたが、中国人も毛の濃いのを下品とした。中国の春画なども毛はソソクサと書いてあったと記憶する。

私も満洲の放送局時代、全満を駆け廻る度にヒゲぼうぼうで新京に帰ってくるが、いかにも苦労のヒゲは懐しく、鼻の下にちょっぴり残して記念とした。しかし、それもいつとはなしに剃り落した。こんなことが度重るうち、何となく満人アナウンサーからうとまれているので、或る日仲間の張君に聞いてみたら、実は中国では、ヒゲというものは貴重なもので、髭(くちひげ)であれ鬚(あごひげ)であれ髯(ほおひげ)であれ、すべて余程の徳のある人がもうけるもので、これは一旦生やしたら死ぬまで剃るものではないとされている。もしも剃ることがあるとすれば、父母の死とか一身上に大きな異変が生じた時以外には剃ることを許されぬものと教えてくれた。

森繁さんみたいに生やしたり剃ったりする人は無節操の見本で、親子が関係するようなワンパタン(スッポン)だとたしなめられた。ワンパタン――これは野卑無頼の徒という意味だ。私は恐れ入った。しかしこのクセは商売柄そうそう簡単になおるものでもない。長い間生やしたヒゲを剃ってしまうと、何だかあるべきところがスベスベになり、些か内心恥ずかしい気もするが、料理屋などの門をくぐると、芸者どもが一せいに「マアお若い」と、この世辞が嬉しくて――という阿呆気分もある。

高橋是清、伊藤博文と明治のエライさんを演じたが、これも半分はヒゲの故だろうか。

いつも往年の画報などで明治の写真を参考にするが、元勲は皆、そうそうたるヒゲの持ち主である。あのヒゲでこそ外国使臣たちとどうやら応対出来得たとかんぐるのだ。あの見事なヒゲを剃り落せば、平ペッタイ、頬骨の出た、貧相な東洋風で、押しも効かなかったろう。

当今、総理大臣たちがかわるがわるサミットに御出席だが、どことなく一番ヤボくさいのが我が国のような気がする。これも欧米崇拝のコンプレックスか。とまれ、己れの顔を棚にあげてかような話は禁句である。顔の奥につつまれている脳髄が、これからの人類の優秀を決めること必定であろう。

寝正月　三日正月　ヒゲだらけ

## 懐しい風景

近頃はどうしたことか、貧乏だった頃の夢許り見る。フロイトをひもといて調べてみたい程だ。起きぬけにあたりをそっとうかがい、布団をさわり、昨日の家に住んでいることを確認してことのほかホッとし、また浅い眠りに入る。蛇足だが、トント見なくなったのが異性の登場する色夢だ。ボツボツ来る時がきたかと思ったりもする。

満洲から引揚げて来て住んでいたボロ家（私どもの愛称だが）に、どうしても大勢の友達が来るといってきかぬので、何と断ろうかと冷汗をかいているとか、電車をタダ乗りして自分の駅で降りられず、車内をさまよい歩いているとか、食う物を買わねば一家が飢え死する状態なのに一銭も無かったりとか……情けない極みという夢許りだ。

考え方によれば、あの終戦前や、終戦後の生きること食うことの苦悩が、色濃く身体に刻みこまれている故だろうが。

話がちょっとそれるようだが、先頃演じた「孤愁の岸」で、食うものもなくなり、ねずみや蝸牛を食うところがあった。ところが若い連中の芝居には飢餓感がどうしても出ない。無理もないことだろう、金持ちも貧乏もともに知らない連中許りだ。以前書いたことがあるが、乞食の役をふり当てたら、そのいでたちは驚くほど上手く、何処で調達してきたかと思う程のきたなさ。ところが乞食が乞食にならず、赤い羽根の募金運動のような演じ方で、大笑いしかつ大弱りしたことがあった。

私たちの少年時代には、世の中は一般に貧乏だったが、それでもその中で心豊かな贅沢もあったのだ。糊のきいた浴衣を着て、時には饐えた古ごはんの匂いもしたが、夕方には打水をし、たとえ肉屋の団扇だろうが、裾の蚊を払いながら縁側で涼んだ私たちにとっては、今から思えば、今日程クーラーの効いた索莫たる夏の一夜ではなかったように思えるのだ。これはセンチメンタルなノスタルジーだろうか。

つるべの音も、井戸浚いも、すべり台にして遊んだ張板も、シンシ張りも、も早や伝説のようだ。

子供の頃は、菓子屋が荷を背負って御用聞きに来た。五、六段の菓子箱には、区切られた小さな桝目に、ひなびたセンベイや衛生ボーロや砂糖菓子。「これがいい！」とうっかり手を出そうものなら、ピシャリと母にその手を叩かれて、にらまれた。禁じられていた駄菓子屋は、貧しくも贅沢なものの一つであった。

女中が二人も居れば、これも上の上、その女中たちがどうしたことか、私ども青春のニオイの中で色濃く残っているのも不思議といえば不思議だ。デイトなどなかったあの頃の唯一の異性であったせいかもしれない。

お父さまは偉かった。誰が何といっても、軽々と口など聞いてもらえぬ存在だった。たとえ親父がどこかで花柳病をうつされてきていてもだ。今はどうだ。久方ぶりに晩めしに帰った食卓で、おろかにも母親は子供たちの前で父親を面罵するのだ。「どこへ行って何をしているか、ほんとにうちの父さんは困りものよねえ」と。

これでは子供が父をうとんじるのも当然だ。父さんもやってるんならオレもやって何が悪いと短絡して、非行が生れる。元凶は父であろうか、母であろうか。

今日の私たちは、世界一潤沢な、そして自由な国民である。でもそれ程に上等な人間の群れでは決してない。鈴木健二の〝気くばりの本〟が売れるのがいい証拠で、宝のような伝統の文化も喪失した三等国民は、今さらのように、この当り前の本に頭を打たれるのだ。

先日、と或る席で講演を聞いたが、その識者はかつて〝土〟を粗末にした人類は滅亡した歴史があると説いた。

エジプト然り、ギリシャ然り、インダス文明然り。すべての地が沃土を失って砂漠の如くなったのもその故で、土こそが私達の命だという。その点、日本は世界有数の大雨量国だ。干上って砂漠になることもない。六割を占める山岳地帯は樹林が水をため、やがては田圃にみちびかれる水は田をうるおし、カビも生えるくらいの国土である。故にこそ農民は土を大事にし、祖先の残した良質な伝統文化を忘れてはなるまい――という話だった。

大農業国アメリカも、あの広大な中国大陸も、日ましに痩せ衰え、地中の塩分がふき出して使いようのない不毛の農地と化しているところもあると聞く。つまりは、何が貧しく、何が豊かであるかを問いなおす必要がありそうだ。

子供たちの問題も、いよいよ父母の再教育という段階まできたが、貧しさを知らない中途半端な子供たちの教育は、そのモトのところで狂っているのだろう。

学校では、勉強の出来不出来で順番をつける。これなど何とコッケイな話ではあるまいか。常々思うのだが、頭でっかちをつくるためにあるのか、人物をつくるためにあるのか、学校当局に聞いてみたい。人間が社会というマスの中で生きてゆくためには、算数や積分が一番の子より、人物で順位をつけた方が、まだましだと考えるのだが。

通学の途中、混んでいる電車の中で座って寝ている利発な子より、自分の席をゆずって老人を座らせる子供の方が、数等上位ではないだろうか。

やがては我利我利亡者の群れ許りとなり、組合が絶叫しても連帯感などハナクソもない魑魅魍魎（ちみもうりょう）の集まる世の中がくるだろう。やがては人は動物よりも劣るような生きものになり、果ては、ただ人間が己れに背（そむ）いて奇怪な生活をするような修羅の巷（ちまた）にならぬとも限らぬ。

現在の人間の社交というか、もっとくだいていうなら、毎日顔を見合わす人々の中で、己れだけを守ろうとする自己憐愍（れんびん）の性だけがカラ廻りしているような世情だ。サラリーマンが顔を合わす人間といえば、その会社の同僚や家族、そして行き帰りの車やバスの乗客、行きつけの飲み屋の女将、マージャン屋のネエちゃんあたりだけだろう。彼らと一緒になって大群衆の中を押し合いへし合い毎日うごめいているのは、まことに壮とはするが、何ともわびしいことだ。

試みに、この群衆の中で足もとにミカン箱でも置いてその上に立ってみたまえ。思わぬ視界が開けてびっくりするだろう。目指す花園はうしろにあったり、前方は間もなくドロ沼であったり、大きな湿地が横たわっていたりするに違いない。一家一族をかかえて、思わぬ方へ毎日馬力を出し、他人をかきわけ、つっころばして進んでいるのに忸怩（じくじ）とならざるを得んじゃないか。

視界を広くするということは、周りをキョロキョロ見廻すことではなく、己れの視野をより高くすることなのだ。

バラの木にバラの花さく　何の不思議はなけれど——というか、ようやく撩乱（りょうらん）の春がくる。そして間もなく柿の若葉のような緑がくると、私は何の不思議もなく七十一歳になる。考えてみれば、僅か七十回の春しか知らない。人間の一生なんてほんに短いものだ。桜の花も七十回しか見ていないと思えばわびしい。

今や、人に頼られて生きていると信じ切っていた私だが、実は人を頼って生きているのがホンネと悟り始めた。

さて、世の中は、文明の汚物をたれ流し、スモッグだらけで、魚も大量に死ねば人も死に、あわよく生きても病院住いという悲惨さだが、実はもっと恐しい公害がある。これを心害という。

小学生も中学生も青年もこれに冒され、正しい人間の在り方など問う方がナンセンスとされてしまう。しかも、心害は女族の一群にもはびこり、真面目に生きる奴は人生の阿呆といわれる程、不倫の集りでもある。

大正の人間がいくら不倫としても、今の世の中にこれらを不倫とののしる奴もいない。エロティシズムは私どもの世界には欠かせぬものかもしれないが、エロ事をそのまま写して世の関心に媚びようとする次元の低さが耐えられぬのだ。動物どもが青天井の下でのびのびと交尾しているから人間もいいだろうでは、些か人間の沽券（こけん）にもかかわるというものだ。動物たちにしたって面白半分でやっているのではない筈だ。

すべてのことは〝耐える〟の一事が霧消したからに他ならぬ。今更道学者ぶっても、老人の寝言みたいなこととせせら笑われるかもしれないが、何時の時代にもこれは腐る真理ではない。

腐るといえば、冷蔵庫のない頃は、物を大事にした。今やあれのおかげで、食い残したものを後生大事に冷蔵庫に入れても摂氏四度では、一週間もたてばすべて犬も食わなくなることも知らぬ。オコゲなんか出来ない電気めし炊きなど、何の風流もないジダラクな製品だ。「おばあちゃん！　オシッコ」と起すと、寝ていないのか、何時でも起きてくれて、枕もとのボンボリのロウソクに灯を入れて、コワイ便所へ私をつれて行ってくれた昔が今も忘れられない。

文明の先走りで、大いに迷惑している大正生れは、間もなく死に絶えるだろう。とても生きながらえてつき合いかねる世の中だ。丁度いい。

何となく生活が豊かになると、スッポ抜けてゆくものがあるのだろうか。その概ねが古い日本の文化であるような気がしてならない。

これはいかにも四季を知らぬビニール栽培の、味もそっけもない野菜や花木に似て妙だ。

## 故宮博物院再訪

久方ぶりに台湾を訪問した。

台湾といえば、かつて私がＮＨＫのアナウンサーに合格した時の希望任地であり、また女房が台北第一高女の卒業生でもある。いわば若い日々の故郷であることから、この旅に同道することになったのだ。

立秋を過ぎたとはいえ、台湾は日本よりいっそうムシて、ホテルで自動車を降りるとパッとメガネが曇るのには驚いた。

二年前のこの月であった。私の古い友人でありライターでもあった向田邦子が、この碧い空の中に不慮の散華をしたのである。曇った眼鏡を通して、いま一度空を見上げて黙禱を捧げた。

今度の旅は、日本のテレビ局が三年がかりで撮っている故宮博物院のガイド役で来たのだが、私にとっては二度目の訪問である。五日間、故宮の色々の展示物を見て廻り、日本語の上手なお嬢さんが通訳してくれながらヴィデオ撮りをしたが、やはり素晴しいものであった。

その故宮の院長から、張大千という現代の世界的な中国画家の本の恵贈を受けたが、さすがこの張先生の絵は、かっての山水画と違って幾何かの欧米技法が見え、雄渾な筆にしばし魅了された。かたわらにいる通訳の彼女が「残念なことに、ついこの間八十二歳で物故され、そして国葬になりました」と教えてくれた。

この人の絵が一枚、横浜のホテルにあるそうで、一億二千万とかで買ったという話をチラと聞いた。どうやら大した絵描きさんと偲んだが、意地悪く「この方の道楽は」と聞いたら、通訳のお嬢さんはテレもせず「女性がお好きでした」という。やはり絵という芸術に女は欠かせぬものかと、些かその野人ぶりも見えて楽しい気がした。因みに「それでも国葬とは良い国ですね」ともらしたら、「女が沢山いらしても、その仕事が良ければ関係ないと思います」と彼女はシャアシャアといった。

成程、そういう点で我が国は、週刊誌許りでなく、お役人も手前のことは棚に上げて、すぐ品行が悪いからとか何とか、私生活も勘定に入れて人間を査定する。いかにもケツの穴の小さいところだ。仕事が良い上に私生活も聖人君子でなければ気が済まないのが日本なのか。

かつてロンドンを訪ねた時のことだが、ピカデリーの広場に天をついてネルソンの銅像があった。トラファルガーの海戦に勝利をおさめた名提督であることはいうに及ばぬが、ネルソンと有名夫人たちとの醜聞も大したものだ。しかし、イギリスは一国の存亡をかけて戦い、国を救った英雄を決して粗末にしていない。これが東郷元帥なら決して神社にならなかっただろう、とつくづくその偉丈夫の像の下で思ったことだが、奇しくも張大千のことを同じ気持で聞いたような次第だ。

いずれにしても、七十万点もあるという故宮の倉庫は、裏山の中に奥深く入っていて、私どもの撮影はほんのトバ口だけで終らざるを得なかったが、象牙の部のところで、マッチ箱程の大きさの屋形船の細工ものに撮影の連中の目が止った。彼らがこれを取り出し、特殊レンズで三センチ程に寄って撮ったところ、その屋形船の障子(しょうじ)が開くことを発見した。開けてみれば、老人が中でお茶を飲んでいる彫(ほ)りものがあり、故宮博物院の係員も知らなくて、アッと許りに驚いたそうだ。

その精緻(せいち)な一ミリ程の戸障子も、驚くべし、きれいに桟(さん)がほりこんであり、中には老人の側にケシ粒程の茶道具も並んでいる。一般には船の前にある大きな虫めがねから覗(のぞ)けるようにしてあり、それでも船の前後に何本か立っているマストや旗がわかるのだが、どうしてこんなものを作ったか、ただただ開いた口がふさがらない。

清朝時代、王が細工ものが好きで、各地から大勢の細工師を宮廷に召して仕事をさせたのだという。それにしても気が狂いそうなもの許りで、ものによっては父・子・孫と三代かかったのもあるという。

また、仕事は阿片を吸わせてやらせたとも聞いたが、果してそんな効果があるのか。マリファナタバコを吸ってラッパやピアノを弾くにも似ている。

毎日付人のようについていてくれた通訳の女性が、上手すぎる日本語で、面白おかしく話してくれたのだが、聞けば日本国籍の台湾人で、ＮＨＫの台湾ニュースにも関係しているそうだ。家の方はご主人が家具を作って売っているとかで、「是非来てくれ」の言葉に誘われて行ってみたら、良い籐のファニチュアがあり、日本の三分の一の値段にさそわれて買い求めた。

ホテルのアーケードにハンコ屋があったので、格好の石材で落款を刻んでもらったが、あるじが「旦那、これも安くしとくから買え」という。見れば三猿ならずして四猿である。これは面白いな、見ざる、言わざる、聞かざる——。もう一つは何だと聞いたら、前をおさえているのを指しながらエヘヘと笑う。

親父に「それは違うぜ。みだりに見ざる、みだりに言わざる、みだりに聞かざる、そしてもう一つ、みだりに考えざるが正しい」と故田辺茂一氏から聞いた浅智恵を披露したら、「あんたは偉い人だ。台湾の金で千円にしとく」と、とうとうこれも買わされた。故宮で見たものとは余りに違いすぎたが、ただ四猿が気に入ったのと、あるじの上手な日本語「わたしゃ戦争中、台湾から出た上等兵です」に何となく気をひかれたからだ。

さて、旅から戻ると、いつの間にかもう秋である。

私たちは、杉本苑子作の直木賞受賞作品『孤愁の岸』を上演する。杉本さんはたった一人の吉川英治先生の愛弟子だが、男を描いてこのような凄じい文学を内蔵しているとは思えない程小柄で、その丸顔が愛らしく、一見幼稚園の先生風と拝顔した。

この作品が上演に至るには、六ケ月を要した。上下巻にわたる膨大な作品を三時間半に集約するだけでも大変な仕事だった。

濃尾三川、即ち木曾川、長良川、揖斐川の氾濫を理由に、徳川幕府は、目の上のコブと苦りきっていた島津藩にこの防災工事の任を押しつける。話はそこに始まる。刀を捨てて鋤鍬をもてと、島津の薩摩隼人への無礼の雑言に、城中は蜂の巣をつついたよう。これを押さえて一千余名が三百里の彼方の三川におもむき、数々の悲劇をくり返しながら、ようやく工事を完成し、いよいよ明日は桜島の噴煙上る国へ帰るというその晩、最後の大悲劇がおこるのである。

このところ、各劇場は概ね女モノでお茶を濁している風だ。そんな中にあって、これは殆んどが男という珍しい作品である。

演出に当ってくれた森谷司郎氏は、これは或る意味でホモセクシュアルな芝居ですと、声を落して語ったが、フンプンと汗くさい男臭の中で、男が抱き合って泣き、愛するがあまり差し違えて死ぬという切なさは、現代にどう響くであろうか。とまれ私は、この作品が今日に繋がることを信じて疑わない。

故宮博物院では、素晴しい作品が宦官の手で作られたとも聞いたが、キンタマのないホモと、これは違う。どうやら、今日の私たちの生活の中に失われつつある男の生きざまを、この劇は語りかけているようだ。

三つの大河が洪水になるというスペクタクル場面は、帝劇の機構を借りねば出来るものではない。

森谷監督はもともと映画畑の出身だから、この辺りをシネマスコープに撮って、事件の大きさを出すのに腐心した。東宝撮影所に作ったミニチュアの三川に十五トンの水が流れ落ちるのだが、何とそれはたった四秒で終る。スローモーションにして十五秒、その濁流の中で藩士や百姓が溺れ死ぬシーンは、稽古だけで疲れ切った程だった。

ただ、この歴史に有名な話にも、何か解せぬ引っかかりがあった。地元名古屋でも知らぬ者が多いし、鹿児島でもその昔に緘口令（かんこうれい）がしかれていたのか、余りシャベりたがらない。これが維新の革命につながる重要な要素でもあるのに。或は、当時、薩摩の屈辱と伝えられたのか。名古屋は徳川のいわばお膝元、鹿児島の人間の偉業など、人々も口を緘して巷間に伝えなかったことは肯（うなず）けるが。

島津藩にも、大っぴらに口に出来ぬことがあった。唐や南蛮あたりとの密貿易が、島津の財政を他藩より豊かにしていることは、徳川はおろか、日本全国の垂涎の的であったろう。

故宮博物院の資料室を歩きながら、「この大量の資料を大陸から運ばれるのに、多大の御苦労がありましたでしょうな」とお尋ねしたら、それらは軍艦によって運ばれたという。

歩くうち、一つの棚の前で、「ここの資料は皆日本からお返しいただいたものです」といわれた。

私はしばしば感動をおぼえた。

或は薩摩七十七万石の倉庫からも、中華民国に返還した重要な数々の文献があったのかも知れぬ、と。

一つのものが一つのところに末代まで残らぬことは、今日の国際情勢を見ながら、よもやの事ではないと痛感した次第だ。

## フランス人の高い鼻

「ソビエト」と「日本」が世界に無ければ、世の中は全く平和だ——とは、或るフランス人のジョークだが、何とも当を得たような、クシャミの出そうなエスプリである。

フランス人というのは（もっとも私見だが）、あの高い鼻がこれみよがしに「世界の文化はここに始まる」といわん許りで、不愉快なことが多い。

ところが、パリでは最近整形外科へあの鼻を低くしてくれと手術にくるのもいると聞く。鼻を削り取ったとはいえ、フランス風が吹き止む筈もなかろう。相も変らず自国以外の人間を見下すクセは鼻もちならぬことで、磯村尚徳さんには叱られそうだが、何としても好きになれない。こちらはフランスのフランスたるところを知らぬ世界の田舎者には違いないのだが——。

今から約二十五年程前、フランスを始めヨーロッパのあちこちを十六ミリで写しながら廻遊したことがある。フランスはオルリーの飛行場に着いて、第一の難関である税関で先ずけつまずいた。この厭な思い出がフランスを廻るたびにますます増えて、ダミヤもカラスもマルセーズもパリの屋根の下も、遠のいて行ったのだ。

何となく人を小馬鹿にしたような空港の税関吏であった。

「この沢山のソニーのラジオは商売をするためか？」

「これは私たちの仕事に協力してくれた人たちへのお土産だ」

「お前の仕事は何か？」

「フランスの紹介をするためだ」

「ラジオ許りでないナ、色々持ち込んでいるナ。その釣り竿(ざお)は何だ？」

「これはモーリス・シュバリエに差し上げるのだ」

「ほう、シュバリエが釣り好きとは知らなんだ。ともかく向うの個室へ来てくれ」

私たち一行四人はぞろぞろと空港内の取調室に連行された。ただ一人、ソルボンヌにいる日本人の学生が在仏一年の腕を発揮して、通訳をつとめてくれていた。それというのも、私たちのマネージャーが強心臓を誇る柴田という早稲田の同期生で、徹頭徹尾、何をいわれても日本語で答え、日本語しか話さないからである。大勢の客がジロジロ見る中で「我々が貴国を訪問したのは貴国を愛するのあまり……」と、私たちさえ苦笑した程の演説をぶち、そして「有難う」「さよなら」を連発する。

さて、その密室での続きだが、この日本語許りしゃべる男に厭気がさしたのか、やっと三十分程して「まあ、いいだろう」ということになった。無罪放免を喜び合ったが、最後にマネージャーが、相手の手を取り、「私たちも悪かった。どうぞ機嫌を直して日仏親善に尽しましょう」といった。日本人にしては当り前の挨拶と私たちも思ったが、通訳がこれをどう訳したか、急に相手の顔色が変り、「お前が悪いと認めるなら話が違う。もう一度始めからやり直そう」というではないか。いや、ほとほと〝所かわれば〟で、困った。

「済みません」とか「私の方も悪かった」など、日本人的挨拶は禁句の国である。いかに目の前に非を認めることがあっても、決して謝ってはいけない。あくまでこちらは絶対正しいといい切らねば歩けない所だと知った。

次の日は一時にモーリス・シュバリエを訪問することになっていた。仕事の都合でギリギリの時間になり、私どもは昼めしを抜いてタクシーを探した。タクシーは通りに一杯いるのだが、どれもこれもメーターに黒い布をかけ、運転手がいない。あわててその辺のカフェでドライバーを見つけては乗せてくれと頼んだが、驚いたことに、どいつもこいつも「とんでもない」とケンもホロロだ。困り果てて、二倍出そうと日本的交渉をしたが、「俺は今めしを食べているのだ。見れば分るだろう」という。「そんなに急ぐならスケートでもはいて走って行ったらどうだ」と生意気なことこの上ない。「じゃ三倍出すから行ってくれるか」というと、運ちゃんは頭を指でつついて「お前さん病院へ行ったらどうだ」。いや、腹の立てようもない。

あとで在仏三十年の絵描きさんに聞いたところ、彼らは朝車で出る時の〝今日の昼めしは何を食おう〟だけが働く意欲のようなもので、その肝心の昼めしを妨げられることを一番不愉快に思うのだそうだ。「たとえば、月曜から土曜まで働くとする。すると今度の日曜はどう暮す。芝居見物か、ドライブか、映画かというように、一週間の目的がはっきりしていることもそうですが」

私は成程と肯(うなず)きながら、何と目的意識の乏しい働きバチなんだろうと、我が身を責めた。仕事なら昼めしもぬくのも平気だし、冷い折弁を立って食っても文句はいわない。その私たち旅行者が目の前のウインドを指さして、これを売ってくれといっても、五時が来ると、ガラガラと鉄扉を降ろす理由が分ったというものだ。

私たちは或る日、十六ミリを廻す電池が無くなり大弱りしたことがある。ふと私は昔ベルなどに使っていた大型の四角い乾電池を思い出し、電気屋を探した。幸いにして奥さんが日本人、旦那がフランス人の夫婦に道案内を頼んでいたので、直ぐにもそれらしい店が見つかった。早速店へ飛び込んだが、誰もいない。旦那の方が大声で店の人を呼んでいたら、やおらのっそりと、あまり人相のよくないのが現れた。「何だ？」と聞くので、こうこういうものが欲しいというと「無い！」。でもそれらしいのが棚に並んでいるので、私はそれに手を触れた。するといきなり、その売る気があるのかないのか分らぬフテくされた主人に一喝された。私はびっくりして手を引っ込めた。主人の許しもなく店のモノに手を触れるナ、ということらしい。「それは済まなかった、是非それを見せて欲しい」と頼んだが、ただただ大声で怒る一方で、話にも何もならない。見かねた旦那の方が私に代って口論をはじめた。

その二人の口喧嘩は素晴しいものであった。映画で見たフランスのタクシーの運転手の喧騒と同じである。しばし呆然、世界一の文化国の喧嘩口論を見とれていたが、些か心配になってきた。大丈夫ですかと奥さんに聞いたら、笑いながら「間もなくケリがつきますよ」とシャアシャアとしたもんだ。成程、あっさり済んで旦那にうながされて店を出た。

道々、奥さんに聞いた話によれば、「主人が『お前は日本に行ったことがない。だからそんな無礼な口をきくのだ。俺は日本に四年住んで、東洋の日本がいかに親切な国かを見てきた。お前はフランス人の名折れだ！』などいってましたが、結局、向うの『俺は肝臓が悪いのだ。だから怒りっぽいのだ』で、あっさりケリがついたようです」。私はフーンとフランスの断片を見たような気になり、左程悪い気持もしなかった。旦那の方に「あなたもあんな喧嘩をするのですか」とちょっと聞いてみたら、「日本とフランスは分りあうまでが大変です。セックスはすぐ分りあいますが」と旦那は笑った。

「屋根の上のヴァイオリン弾き」が、またまた臆面もなく始まったが、先日黒柳徹子さんにお目にかかった折、彼女が初演の時にお化けの役で出ていた話になり、あれからニューヨークへ行って、今は故人になった、オリジナルメンバーのテヴィエ役、ゼロ・モステル氏に逢った話をしてくれた。

何度も逢ううち友達になり、或る日自分の家へ来いというので、彼女は喜び勇んで訪問したという。ところがこの大俳優の邸宅は何とガレージの改装で出来ていて、どことなく殺風景なのに先ず驚いた。ガレージも住みようによっては私の天国だ、と彼はいいながら、絵を描いているのだ。「絵は好きですか」の彼女の問いに、「私は絵描きになりたかったんだよ」と。「次の仕事は何をなさるんですか」に、彼はただ「NO」とつれなくいう。「仕事が決らないのか」と聞くと、彼は頭で部屋の隅をさした。何とそこには十冊程も台本が置いてあるではないか。

彼は、「あれは皆断った。どれも気に入らないから」と実に平然たる態度である。「あなたも自分の気に入らない本は勇敢に断りなさい。何でも演ってはあなたの価値を落す許りだ。それはあなたのために一番良くない。だから先ず生活を質素にしなさい。当った芝居でうんと稼いで、それを預金すること。そして断った間を食いつなぐことが正しいやり方です」

私は些か顔の赤らむ思いで黒柳さんと別れたが、考えてみれば、今の日本の芸能界などどうだろう。暇さえあれば、いや暇がなくても二足も三足もわらじを履き、東京、京都、大阪、いや全国へ夜行で走り稼いでは夜行で帰る連中が大半で、鞄(かばん)をあければ何冊も台本を持って、実はこれみよがしである。猫またぎ程のクソまずい台本でも有難がってやたらと出たがる。フランス人じゃないが、これで文化人とは恐れ入る話だ。一度日本でも役者全員が気に入らない本を断ってみたらどうだろう。さぞかしテレビや映画も向上するだろう――は大間違いで、手ぐすね引いている第二軍がすぐにも取って代ろう。

フランスもアメリカも少数の素晴しい頭脳の持ち主がいて、それ以外はダラ幹の集りみたいなもので、ただ何となく働いているとみてさしつかえあるまい。日本も然り、頭の良いのは数少い。ただ少し外国と違うところは、職場にしがみついているか、いないかだけではあるまいか。

# 第六章　あの日　あの夜

## 青年に耳を

「テレビも芝居も、鼻クソのクソや」

と一パツ、罵詈雑言をぶち上げて、さっと楽屋を出て行った口の悪い元映画監督がいた。

イキリ立つのを抑えて、しばし沈黙拝聴した。

世の中は、これ以上便利にしなくてもいいことを、ああでもない、こうでもない——と人間を小馬鹿にしたような進歩？　ぶりである。

自動車のゲージ盤がコンピューターで、絵みたいなスピード計が写ったり、写真機も光学的要素よりＩＣのオモチャと化した。

早い話が、鉛筆も削れない、竹トンボもベエゴマも回せない、友達ともつき合えないのが、ひとりこむずかしいコンピューターやワープロをいじって満足している。

私は、なにもかも昔に返せなどとうそぶく者ではない。日進月歩大いに結構だ。が、忘れてはならぬ人間の道もあろうじゃないか。

己を知る——といえば、何とも愛すべき仲間がいる。その名を、せんだみつおという。知る人ぞ知るトボケ役者で、いつもテレビの集まりに可哀そうにダシにされている男だ。実は私の家の近くだが、一度も招かれたことがないので、私も招んでいない。だから家庭の雰囲気は知る由もないが、彼を知る友達の話が面白い。四つになる坊やがいて、これが可愛さを通りこした好幼年であるそうな。

「ボクは何が好き?」

「キャビア」

「えっ——、キャビア? じゃこんどご馳走してあげよう。時々たべるの?」

「毎朝たべてる」

「?! どんなキャビア」

「お醤油とネギ入れて」

聞けば納豆で、せんだ君はこれをキャビアだとわが子に教えているそうだ。ある日、この子をすし屋に連れて行った女性がいた。大好きだというので無理して上等のすし屋へ連れて行ったところ、握って出されたマグロを前に、ベソをかいたような顔で一向に食べない。

「どうしたの、マグロきらいなの?」

「ウウン」

「じゃ、食べなさい。ここのおすしはおいしいのよ」

「もう、いい」

「どうして?」

「だって回って来ないんだもの」

つまり、一個百円の回転ずししか連れて行ってないのだと分かった。

そのせんだの家にある日泥棒が入った。新聞にもデカデカと記事が載り、つづいてせんだが「泥棒さん、記念の品だけでも返して下さい」と広告記事を出したことは有名だが、その盗まれた品というのがふるっている。指輪、イヤリングその他結婚式の貴重品十四点、計二十万円相当という話は、何ともほほえましい災難である。

私は、この男に、いかにも人間らしい生き方を感じるのだ。ウソがあるようでウソのない天衣無縫のぬくもりが感じられるのだ。

さて、そんな可愛いせんだみつおだが、これをせせら笑って一杯やっている連中はどうだろう。今や虚飾と思い上がりで、こっちも手のつけられないのが都会の隅っこあたりでトグロをまいている。これをしも世間というのか。人のぬくもりなどイボほどもないテレビ界など、鼻クソのクソとうそぶかれても致しかたあるまい。

早い話が、こんな質問をされて困ったことがある。

「現代の青年は一体、何を一番に求めているか？」

はてさて、私も返答に困った。

容易に大金を得て、あとは働かずに女と寝て暮らすとか、名誉を得てグラウンドで花吹雪を受けたいとか、いろいろあるだろう。

実はこれを聞いたのは「若い根っこの会」の加藤日出男会長だが、彼の答えに私は一瞬耳を疑った。

「青年は聞いてくれる耳がほしいのだ」そうな。この話を聞いて慄然（りつぜん）とした。

爾来私も月に一回は、みんなの言い分を、率直に聞こうというお茶の会をやっているが、商店でも会社でもあるいは国家でも青年の声に耳をかす必要があるはずだ。耳をかした以上は必ず実行するとは限らない。ただ鬱積した青年の言い分を素直に聞いてやる心があればこそ、商店も会社もうまくゆくというものだろう。

国家――と大きなことを言うようだが、国にも聞く耳がないばっかりに、昔は国会議事堂に青年どもが石を投げたりしたのだ。

振り返って家庭でも十五、六歳の端境期の子供たちが、母親の羽交いの中をウットウしく思い、自分のこれからの道を模索する時、父親に耳がないばっかりに、純粋な少年の心がひん曲がることもあるのだ。

宴会や飲み屋でお父っあんがウダウダぐちをこぼしている時間があるなら、たまには家へ早く帰って家族と食事をし（テレビなど消して）太郎、次郎、花子とさし向かいで、父として友として子供の言い分に耳をかすことがまず一番必要なことではないかと考える。子供たちも、まとまらぬことをアレコレ話しているうちに何かをつかむのだ。これは母親ではダメだ。一家の主、父の責任でもあろう。そういう意味でも、せんだみつおの家庭は私には合格と見えるのだ。

昨今の少年の自殺ほど哀しいことはない。だが、納豆をキャビアだと信じて疑わぬ、せんだの子供はすばらしい大人になることは間違いない。大人になっても、親の気持ちを思うたび美しい涙を流すことだろう。

庭の木に鳴る風の音が、ひときわ高い。突風のような風が吹いている。寒い冬を越して春一番が吹くと、この風の音も、久方ぶりの木と木の会話のように聞こえる。彼らとてひとりで大人になっていった木だ。水を吸い、より高くのびて陽をうけ、風に雪に耐えて、おまけに鳩の巣まで抱いて。

ひまさえあればククルクゥーと啼いていたが、その声も聞こえない。大方親との訣別をして巣立っていったのだろう。木にもあの鳥にも耳はあるのだ。

## 空手還郷

こぼれ射す春の陽は、まこと梅一輪ずつの暖かさを運ぶようだ。

花咲きぬ　散りぬみのりぬこぼれぬと
　吾知らぬ間に日経ぬ月経ぬ

これは柳原白蓮女史の歌だ。

思えば友は声なく去り、親も兄弟も死にはてた。何とも大正っ子は淋しい。

まこと、明治と昭和の狭間にある大正とは置き去りにされたような時代だ。わずかの命脈を華々しく咲きもせで、友どちはただいたずらに異土の戦場に生涯を果て、祖国を遠くにらんで一生をあえなく終焉(しゅうえん)する。

先日、岡山の友達に逢ったら、久しぶりに同窓会をやったが、何と集まった者は三人だけだったと。

そのほとんどが戦死したという。大正七、八年生まれが一番戦没者が多いという話だ。

大正のセンチだと人は笑うが、しかし覆うべくもない残忍な歴史の犠牲(いけにえ)であることに間違いはない。

いよいよ、二十一世紀の間口にさしかかる。

日本人は持ち切れぬほどのモノを持って、この世紀に突入するのだが、こう一杯荷物をさげていては身動きもならず、ただウロウロとさまようばかりではあるまいか。

道元禅師の言葉に「空手還郷」という言葉がある。これは私見だが、疲弊した小さな村を何とかもう一度興そうと、鳩首（きゅうしゅ）を集めて村一番の頭のいい若者をえらび、笈（おい）を負わせて都へ勉学にやる。やがて約束の三年、村の人々はきっと素晴らしい智恵をもって帰ってくるに違いないと期待して待つのだが、村の寺に集まった人々は「さあ、この村をどうするべ、お前の頭につまっとる新しい智恵で指図してくんろ」と言いよるが、青年はやおら両手を開いて「ごらんのように私は何もない」と答える。つまり空手で故郷に帰って来たというのに皆は激怒した。

村の衆は血相をかえ、

「お主を都へ三年も送るため、どれほど村の者たちは苦労したと思うか、ただでさえ貧しい村の全員は食うものも食わず稗がゆをすすってお前を勉学に出したのだ！」

と、いきり立つのを、その青年は制して、

「もし、私がこの両の手に何かを持って帰ったとしましょう。それなれば村は私の両の手の主義主張に染まり、その考えに流されます。私は頭が一杯になるほど勉強しましたが、何の手荷物もさげてはおりません。どうぞ皆さん、どんなご意見でも素直に聞く耳をもっています、何なりとおっしゃって下さい」と。

迷える羊じゃないが、これからのわが国をどうすれば良いか、賢人たちの「空手還郷」で事を進めねば、誤って再び道を踏み迷うのではないかと危惧することしきりである。

年が改まっていろいろ思った。近ごろは知ったかぶりの多い世の中である。思想、主義、宗教の押し売りはもうゴメンこうむりたい。

日本丸の舵を何びとに託すや、これが近ごろ思うことである。

## 年をとる道

わたしたち役者は、何ともつかみどころのないように、生活の基盤がたたない存在である。その代わりクビにもならず、懲戒免職もない気楽さはあるが、誰に文句のいいようもなく、どなたにすがっていいのか、よりどころのない毎日が、どこか身体の中をヒヤリと吹きぬけているようだ。いうなれば国民としては余計もののような扱い方もあるし……。

いろんな書類が、わが家にも回ってくる。そして職業のところに、右に該当しない人は自由業と書いてくれ——とある。自由業、聞こえはいいが横町の隠居でもあるまいに、妻も子も人並みにおり、朝、昼、晩、必ず腹をすかして、おろそかにしようものなら巣から首をのばして鳴きわめく雛鳥どころではない。

寄らば大樹のもとというが、世の大方は大小はともかく一応は木の下にいる連中である。

私の家に長いこと配達をつづけていた郵便配達氏がいたが、しばらく顔を見せないので、どうしたことかと案じていたら、先日ヒョッコリ顔を見せた。

頭は真っ白だが腰はまだシャンとしている。

「どうしてたの?」

「へえ、定年から二年ほど勤めて、いよいよ、ほっぽり出されました」

「退職金ガッポリもらってだろう」

「いや、大したことはないですよ」

「千五百万くらいかな」

「そんな——」

「へえ? そんなに少ないの?」

「旦那、郵政省ですぜ、昔は逓信省、言うなれば役人ですワ」

「ほほう、じゃ……」

「二千七、八百万でしたかな」

「大したもんだ。私の友達で東宝にいるのが、先ごろ定年でやめたが千五百万くらいだったと話してくれたが」

「やっぱりお役所でなきゃ、ダメですな。東京都なんか、わたしらビックリするほどの金もらって悠々たるもんです」

「で、今、あんたも悠々たるもんかね」

「いや、そんなことしてたら、金は羽根が生えて飛んでゆきまさネ。今ね、屋台引いてます、まだおかげで足はしっかりしてますから」

「何の商売?」

「ヘヘッ、ツボ焼きです」
「ああ、焼芋屋さんか」
「でもネ、食生活がよくなったっていいますが、お屋敷から芋買いに出てきます。大したもん食ってねえんだか、芋が懐かしいのか。これで日に一万売り上げるときもあります」

世はさまざまである。

コタツでテレビ見て、ちっとも動こうとせず、それ老人福祉だ、なんだかんだ——といわんばかり、いよいよヒマなら病院もただみたいなもんだ。廊下に座りこんで、ああでもない、こうでもないとご託並べている、そんな大した病気でもない老人もいると聞く。もちろん私とて、その年寄りの一人だが、まだその連中に比べると身体を使おうという気は十分にある。

岩波書店を創られた岩波茂雄さんという方は、「朝(あした)に道を聞かば、夕べに死すとも可なり」という言葉がお好きだったそうだ。

昔、家内がアメリカの有名なクラブに入り南極へ行くことになったところ、出発までニューヨークで毎朝二時間から三時間の南極の講座があったそうだ。何しろ平均七十歳というほど高齢者が多く、中には八十何歳かのおじいさん、おばあさんも熱心にノートを取っているのにまずビックリし頭が下がったという。旅行の途中で死んだ人もあったと聞くが、まこと、この言葉の通りだ。

よくよく考えてみると、日本人ほど、年のとり方の下手クソな人種はないと見てよかろう。

兼好法師の言葉の中に、

されば
道人は、遠く日月を惜しむべからず
ただ　今の一念　むなしく過ぐることを
惜しむべし

というのがある。

さて、さて、年をとることの難しさよ。

## いじめ

「そんなに、いじめないで頂戴」

「いじめちゃイヤ」

「今夜はひとつ、いじめてやるか――」

なべて昔はいじめるとは、色っぽいことに使われた習わしがあったやにおぼえる。

もちろん、教室ばかりじゃない。学校の帰り道、修学旅行といたるところで、いじめはあった。ふとんむしもあったし、自分のめしだけなかったり、待ち伏せでなぐられたり、遊びに入れてくれなかったり、それでも私たちは我慢した。仕返しこそ考えたが、自殺などは思いもよらぬこと。

どうしたことか近ごろの小中学生は難に耐えることは一層の苦手らしい。

よくよく考えてみるに――。

世の中は人間を孤独の淵に追いこんでいるようだ。それもこれも、実は育ち方なのだろうが、もうちょっと斜めから考えてみると、どうもあのコンピューターに原因があるようだ。

親子の情愛、兄弟の仲、友情……すべてのそういった情緒の世界からスッポリはずれ、ただ自分だけでパソコンと遊んでいるのが原因だと見えるからだ。

世の中は、私たちの芝居とか、よほどのものを除いてコンピューターの動かす時代となった。

銀行から銭を出すのも入れるのも、電話も電車も電灯の元も――早い話が、一昨年の世田谷の電話局の火事で、一瞬すべてが動かず、たかが電話が、どのくらい生活をひっくりかえしたか。

聞くところによると、水素爆弾が一つ天空で爆発すると一切のコンピューターが止まるという。そうなれば、爆弾で死ななくても右へも左へも動けずにひたすら死を待つということになるだろう。

さて、最近のいじめについてだが、大人がいじめを要求してはばからぬ話をテレビで見た。

元来、会社の中で一番孤独なのは、社長だと聞く。いかにも衆の頂点に立てば、最後の断は社長にありだ。その社長が、ヒョッコリ出来た数時間の余裕を何に使うか、一人で本を読んでいる平凡な士も多かろうが、どこかのアパートの一室で、何と身体中をしばられ、ムチで女がその社長をブッという。

そして社長の悲鳴は天井をつき「ごめんなさい。許して下さい」と叫んでのたうち回り、あげく大金を払って帰るのだそうだ。いじめに降伏するエクスタシーに、えも言われぬ陶酔をするのだろうか――。

これはまたどうしたことかと、ただあきれて聞いていたが、大小の差はありますが、近ごろの殿方はみんなちょっとはそんな気もあるんですよと、その店の主人はのたもうた。

## ハレー彗星

私の家の屋根に物干しがある。

私どもはそこをムルコス天文台と呼んでいた。三十年ほど前、彗星が一つ地球に近づいた。ムルコスという人が発見したのであろう、その彗星をムルコスと呼んだ。私ども父子は何とかそのほうき星を見ようと小さな望遠鏡を買い求め、毎夜のごとく物干しから西の空を見て探したが、とうとう見つからなかった。私たちはその後いささかヤケも手伝って屋根の上のスキヤキはどうかと、子供たちに相談した。

「父さんが『屋根の上のヴァイオリン弾き』をやってるんだから大賛成だ」

一も二もなく親子は屋根に七輪や肉やネギを運んで始めた。当時は父子だけで作った物干しだから、おっかなびっくりであったのを思い出す。時々屋根の瓦が割れるのか、バリッ！　といやな音がしたが、八方の夜の眺めは素晴らしく、鳩か雀になったように高いところを賛歌して肉をたき、ギターをかき鳴らした。

すでにその倅も四十幾つだが、今度は自分の倅に望遠鏡を買って、ハレー彗星を毎夜探していたが、あまりの寒さに親の方が風邪を引き天文台は幕を下ろした。

ハレー彗星が江戸の末期現れた時は、伊勢のお札が空から降ってきて、人々は、

ええやないか
ええやないか
淀川の水に流したら
ええやないか

と、浮かれた歌をうたって踊ったが、先夜のテレビの明治四十三年のハレー彗星の時の話は笑えぬものであった。自動車のタイヤに空気を一杯詰めて売ったとあるが、あの彗星の尾が悪いガスを含んでいるとか、あの怪(け)にあてられると病気になるとデマが飛び、頭上を通る間、そのチューブの空気を吸っていろ——という次第だ。洗面器に水を入れ顔をつっこみ、その間、我慢するのもおかしかったが、何かハレー彗星の周期には、どうもよくないことが多い。

日航機の墜落とか、まだ生々しいスペースシャトルの爆発とか、それ以外にも方々で飛行機が落ちるし、火山が爆発したり、地震で大勢が死ぬし、気学をやる人など、今年は空で何かあります、出来るだけ電車に乗りなさいともっとも顔で言う。ハレー彗星など、いかにも新しい感覚で若手のホープがニューミュージックの一つも出来ようと思うが、どうやら巷間ではあんまり縁起のいいものではないらしい。

そういえば魔法使いもほうき星にまたがっている。徳川末期の絵など、大蛇が空でのたうち回るよ

うな絵がかいてあるが、まもなく維新の大混乱が起きたのだ。うちのバアさんに言わせると、地球のバイオリズムが一番悪い時だという。

金星のことを中国では太白（たいはく）という。それも美しい言いまわしだが、あけの明星とか、ひこぼしなど、昴（すばる）とともに皆歌になる。が、ハレー彗星はそこへゆくと、もう一つ美しい歌ができない。

ほうき星　天にのたうち人は死に
国もようやく　闇に入る
魚もとれず　米もなし
わが家も哀し　末世の夢

なんてのは笑い話にもならないか。

## ロンドンの朝焼け

ノミのいない犬は、犬でない――。

どこかのシャレ者が言ったそうだが。そういえば近ごろノミにもあまりお目にかからない。ましてシラミなど見ようにも困るほど姿をかくしている。

シラミにもピンからキリまである。キリといえば、ケジラミなど下品中の下品だろう。

ノミもシラミも、私は大陸にいたから驚かない。熱河の作戦に従軍した時など、その巣の中へ入ったようなものだった。泊まる農家などあまりのかゆさに夜中に眼を覚まして懐中電灯で照らすと、アンペラの敷物の上で無数のノミが跳びはねている。ノミ取り粉など効かばこそ、この大群では焼け石に水だった。

途中、河へ来ると、私たちは洗濯だ。まず下着を取ると、ボタンの両側の縫い目に、国電の満員電車みたいにぎっしりシラミがいる。大きな石の上にシャツを置いて、もう一つの石で叩くのである。すると縫い目に沿って血がすうっとにじみ凄絶を極めた。

幼いころは髪結いの小母さんが来て、梳き櫛に毛タボを挟み頭を梳いたもんだ。シラミも卵もこれで取れたという。つまり子供たちはおろか女性も男性も、犬にまけずノミ持ちシラミ持ちだったに違いない。

終戦後、帰国するや波止場で頭から真っ白にＤＤＴをかけられて、テンプラの前のエビみたいになったが、あの妙薬ＤＤＴも害があるとかで姿を消した。そのせいか今はまた頭のシラミが小学生に流行していると聞く。

昔、ロシアの生んだ大声楽家シャリアピンが来日して、私は胸をとどろかせて聞きに行った。この人のヴォルガの舟唄、ステンカラージンなど、うっとりとロシアへ招かれた気分にさえなって聞いたが、なかでも「ノミの歌」がいまだに忘れられない。王様とノミの戯画風の歌だが、王様とノミの表情が何ともおかしみのある歌で、王様がノミを可愛いがり、ウフフフと笑う絶妙の歌いぶりが思い出される。王様のそばにもノミはいたのだ。

下の毛につくのをケジラミというが、これはイギリスの話だ。

一匹のケジラミが風邪をひいて、喉に湿布をしてコンコン咳をしているので、友達のシラミが、

「どうしたんだ。僕たちは表へ出たら風邪をひくって、あれほどやかましく言われてるのに」

「いや、夕べ地下鉄のシートにいた時、美しい娘さんが私の上にドスンと座ったので、久方ぶりにスカートからもぐりこんだんだ。いい肌だった。わたしゃ這い上がって、パンティーをくぐった。やわらかい金髪だった。その一本にそっとつかまって腹いっぱい若い血を吸った。何時間たったか、ついウトウトとしてたら、ジャリジャリと猛烈な摩擦で、ふと目が覚めたんだ。こりゃ旦那が来たんだなと思いつつ、また眠っちゃった。そしたら急に身体中がゾーッと寒気がした」

「どうしたんだ?」

「いや、薄目をあけてみたら、ひょこひょこと、ロンドンの朝焼けが見えるじゃないか」

「旦那の朝帰りだナ」

「そう、オレは紳士のヒゲにいた!」

卑猥な話で申しわけない。

## 砂浜

喬松の美しい岩もあるが、おおむねくだらない岩が突出していたり、見えなかったり、それが魚の宝庫といわれる岩礁という。どうしたことかすべてお金のことに関係のある名前がついているのがほ

ほえましい。

ゼニス岩礁。

これは、外国人がつけた名前かと思っていたら、銭になる洲という意味だと聞いて、なるほどとうなずいた。

大島と三崎の間に、金洲という漁場がある。また、黄金瀬(おごのせ)という八畳ほどの岩場が宮崎県にあるそうな。

先年物故した畏友、詩人の緒方昇氏の詩に出てくる。

黄金瀬

太平洋のなかに
ポツンと一つ
波をかぶっている岩礁がある
青い海　白い波　黒い岩
ここに渡れるナギの日を
気の遠くなるような思いで
つり人は待っている

東京湾にハゼが昔ほどいなくなった。どうしたことだろう。一説には羽田の飛行場の埋め立てでハぜの産卵場所をことごとく埋めてしまったと、また一説には、夜明けに底引き船が一斉に東京湾のありとあらゆる所をさらってしまうともいう。

汐留のヨットハーバーのそばに日本一の魚市場がある。そこへ行けば、ハゼの割いたてんぷらの種を並べて安く売っているのだが、私の棹(さお)には全く魚信がない。それでも寒空に釣り人は釣れぬ魚を待っている。風景にこそなれ、商売にはならぬ。

日に年に、東京湾は狭くなって行く。あの埋め立てで出来た土地は気が遠くなるような広大な面積だ。早い話が東京湾で砂浜を探してみるといい。恐らくそこは稀少価値というほどの渚に違いない。

砂浜は海水を濾過する大事な場所だ。しかも、その砂浜は詩の発祥源でもある。

砂浜の　砂に腹ばい　初恋の……

とうたわれるが、防波堤では詩にもならない。

私の育った甲子園の浜は、球場が建つ前は白砂青松の見事な砂浜で、松の根に松露が顔を出し、潮のひいたたまり水を歩くとハゼや小さなカレイが飛びはね、子供たちの遊び場としては天国のようなところだった。

ロクロで回す地引き網を手伝うとバケツ一杯のイワシをくれる。漁がない時は、漁師たちは一緒にめしを食わせてくれた。どうしたことか、全員素裸で、中にはふんどしもいたが、おおむねポコチンの先を縄で結んでいた。なにかのおまじないかと思うのだが、その赤銅色の肌を輝かして、地引き網を引く姿はもう探しても見られない。それに代わって女が股のところに三角の小さな布をつけて全裸に近い姿で泳ぐ時代になった。松は切られ砂浜はコンクリートの土手になり、海は汚れて茶色になっている。

クストー博士の言葉じゃないが、

〝海は死につつある〟

なんという悲劇か——。

## 豚・にしひがし

ビーフカツ、私たちが子供のころは、カツレツといえば、牛肉であった。もっとも私の少年時代（大正）は関西であるが、関西では豚はよほどのこと以外に口にしたことがない。むしろ祖母など見向きもしなかった記憶がある。

トンカツは初めて東京で食った。どうしてこんなものを食うのかと思いながらいつの間にか馴れた。それもカツレツをくれといったらトンカツをくれるのだから。爾来トンカツは全国的な食い物に発展したようだ。

昔のパン粉は粒子の細かいサラサラしたのが和紙の筒に入っていた。だから今もフランスパンの食い残しを叩いて擂鉢（すりばち）で粉にし、ふるいにかけてパン粉を作るが、このパン粉も今は目にふれない。牛肉をビンで叩いてメリケン粉にまぶし、卵の中をくぐらせパン粉の山に入れて揚げるのだが、この揚げ方がむずかしかった。下手をすると、ころもがはがれて肉がまる見えになる。

トンカツの方もなかなか大変だ。桃色のモチ豚を一として、親指と人差指でつかむと指同士がふれるのを最上の豚とした。大阪へ行けばビーフカツ、東京ではトンカツを食うのが最適である。早稲田の学生のころは一銭のカツを食いに屋台の暖簾(のれん)をくぐったが、あれは牛でも豚でもない。マグロの血合いで背中のドス黒い捨てるところを薄く四角に切ってパン粉をつけ、真っ黒になったヘットで揚げたものだ。捨てるところとなればタダみたいなものだから一銭で売れたのだろう。

それはそれとして、豚の話にもどるが、今の豚肉もハムもほとんど無臭だが、昔はなんとも言えぬ強烈な匂いがしたもんだ。食うとそのクサヤみたいな下卑た匂いがまたハムの味として美味(うま)かったのだ。

昭和十七年ごろ、朝日、毎日の記者たちと四人で承徳熱河の匪賊掃討作戦に従軍した。当時は匪賊といったが、今の新生中国のおえら方が向こうの大将である。

日夜、南京虫と、ノミ、シラミに悩まされながら、現地の農家に泊まって万里の長城の方に向かって行くのである。それらは少しは馴れたが、毎朝の脱糞の行事にはホトホト弱り果て、しまいにはもっぱら全員野グソを第一とした。

満洲の農家の便所は外にある。外といっても大きな柵があるだけで、ここで尻をまくると、どこからか数頭の豚が現れて待ちかまえるのである。そして出したてのホヤホヤを美味そうに食うのである。ところがあの荒い鼻息が尻のあたりにくると、恐ろしいし、間違ってブランと下がった玉でもかじられたらと、済んだヤツは棒を持って追っぱらうのだが、なかなかどうして逃げる風などない。だから交代で私たちは友達の行事の最中、援軍として追い払い役をやったのだ。

あんなものを食っているせいで何とはなし下卑た匂いがしたのだろうか。今日このごろの豚は滅菌豚といって清潔に飼育されている。でも清潔はまずい――ということもあろう。昔の味はもう探してもない。

祖母や母たちは、そのことを知っていたのだろうか、あるいは関西の連中は食いどころで、豚をいやしんだのかもしれない。

## 秋

読書の秋というが――。

私のところへ『東西の彼岸』(*Beyond East and West*)というむずかしくて、いささか宗教くさい本を置いていった人がいる。

この本は、呉経熊という、アメリカで勉強した中国人法理学者の書いたもので、これを日本語に訳されたのが、金学鉉という韓国人である。金さんは目下NHKの国際局に勤めている方で大変な勉強家である。

実は宗教心の乏しい私は一ページを読むのにも苦しんだ。行ったり来たり、神など到底近づけぬお恥ずかしい男なのだ。

とはいえ、その中に次の詩を見つけてウーンとうなったのだ。

人生天地間　忽如遠行客
斗酒相娯楽　聊厚不為薄

という一文である。金氏の訳によると、

この世の人生とは
遠い道を行く旅人
酒の一斗も楽しいが
言葉の一葉
よりありがたし

とある。けだし名訳であろう。この一葉を求めて原稿用紙に向かったのだが――。

もう一冊は、野崎耕二氏の「一日一絵」。

素敵な画帖である。氏の近著に「からいも育ち」がある。

この画帖のまえがきに、

「肢帯型筋ジストロフィー症――、これが一昨年夏、私に下された病名。やがて歩けなくなってしまう。原因も治療法も究明されていない。どうしたら自分と病気に打ち勝てるか、それのみ考えることにした。私は『一日一絵』を描いて心の支えにした。病苦と闘っている人々への励ましにもなればと拙ない画文も省みずお願いすることにした」

とある。一枚一枚の絵に彼の命が飛び散っていると、絵は私の目を射るのだ。

さて、将来、何が来ても驚かない——ということは大変なことだが、そのためにも一つや二つ己を誤魔化せる道楽というか、勉強をもつべきではないだろうか。

一日、私たちは仕事の時以外に何を考えているのか。何も考えずに人の悪口など言いながら無責任に酒を飲んで、自転車や、時には自動車にぶつかる人もいるが——。

かと思えば、仕事は疎漏にし、女のことや、銭のことばかり考えっぱなしの無頼もいる。別にどれがどうのこうのと、口はばったいことを言う気はない。が、何かが身辺に起こると、情けないほどヨロケるのがそのたぐいだろう。

演出家の久世光彦君から、餓鬼という書家の一幅をいただいた。

魏の曹操という人の詩で私にうってつけだ。爾来、頼まれればこれを書いている。

老驥伏櫪　志在千里
烈士暮年　壮心不已

驥は駿馬ということらしい。櫪とはかいば桶のことで、ここでは廐(うまや)のことであろう。往年の駿馬も廐舎に伏す。しかし志は千里にある。

いささか中風の譫言(うわごと)のようにも聞こえるかもしれぬが、老人のしたたかさも哀しいほどにわかるのだ。年寄りの冷水に聞こえようが、私はこの詩が大好きである。

ゆく秋や　書を読み暮らす　洒落もなし

## 東京の雪

彼岸を過ぎたというのに、東京は大雪であった。車はまるでハレー彗星の中を走るジオットのように猛吹雪の中を帝劇に向かった。

よくこんなことがあったが、今度の大雪は天変地異のようなものだった。今まで日本海側の大雪を対岸の火事みたいに見ていた私たちは防雪の準備も不備だから、開幕寸前、五人の役者が未着で大騒動だ。それでも幕は定刻に開いた。八百回以上も演(や)っていれば急に配役がかわってもさして驚かないのが、何とも嬉しかった。

客席も、静岡からのバス五台が来られないというし、その他いろんな事故があったが、観たい一心からだろう、新幹線に乗り換えて九分の入り。まずまずである。どうしても来られなかったお客さまが五十人ほどあったが、それらは間もなく当日売りで売れてしまった。その日はことのほか、芝居が盛り上がり、この大雪をついてご来場いただいたお客さまの万雷の拍手で、私も思わず、こみ上げてしまった。

しかし、世の中は、電車が衝突するし、送電線の鉄塔は倒れるし、動かぬ車が道をふさぐし、何が世界の大東京か——と、雪や風の時に思うばかりだ。

都会の文明は音をたてて崩壊する。なんとも脆い砂上の楼閣か。しかし一方、また文明は絢爛と花開き、世界の国々は時に見惚れ、時に嫉妬して国々の交わりをさえ危うくする。

思えば、わが生涯の半分は戦乱で、半分は経済的攪乱の数十年であったとも思える。いずれが正しく、いずれが楽しいかは、後世の史家にまかせるとして、舞い落ちた羽毛にも似た雪に、こうまで痛めつけられるとは、うっかり雪見酒や、雪の宴など語れない。

雪の産地と書けばご機嫌をそこなうかもしれぬが、雪深い日本海側に住む人は、これは毎年くる苦行の一つと、長い歴史の間に心に銘じ込まれたことだろうが、都の男が雪かき手伝いに行って、ほとんどが腰を痛めて帰ってくる。またその除雪作業も大枚の金がかかると聞けば、あの地では雪ほど憎いものはないだろう。

ただ、不思議なことに春が来、緑がくるころには丈余の雪もすっかり溶けて、明るい陽ざしに人々は昨日の苦労を忘れる——とはよくしたものだ。しかも奇態に雪の多い地方の夏は猛暑がつづく。その故かその地の人々はどこか我慢強く、悪くいえば、物事にあからさまな感動を現さぬ沈鬱さが見える。

雪国や　どうしたことか　子沢山

冬の楽しみは、腰の痛みもものかは、ほかに気をまぎらわすこともないのだろう。

雪で思い起こすのは、満洲の雪だ。

〽雪の進軍、氷を踏んで……と歌でうたえば絵にもなろうが、満洲の小学校の教科書に、

コナ雪　サラッサラ

というのがあった。零下二〇度三〇度の雪は硼酸末のように、掌（てのひら）の上で吹けば飛ぶサラサラの雪であった。

その雪を運んで烈寒の風が吹く。

しかしそこにも人はちゃんと住んでいるのだ。

## 日曜名作座

菊池寛賞を戴いたNHKのラジオ「日曜名作座」が、なんと去年の暮れで三十年を迎えた。よくもまあ、あきもせず演（や）ったものである。私の前で、女の役を演った加藤道子さんも、本人はいやがるが、おばあさんになった。でも私の見た目には昔と少しも変わるところがない。

放送した千四百数日、読んだ文学は三百を超す。二人っきりで演るラジオだから、一人で数人から十数人の人間像が出てくる。五人以上の人間が一堂に会する時は、ほんとに困った。

文士にも明治から大正、昭和、恐ろしく読みづらい文章もあり、また流れるように読めるものもあるが、一つ一つその個性を光らせようと私たちは、毎回汗をかいたのだ。

この名作座で取り上げると、本が多いときに千を超えて売れる——と聞いたが、要するに有名な小説でも世間ではあまり読んでいないのだ。第一、私にしてからが、ああ、これは昔読んだなと思ったものは数がしれている。今風に言えば読むより聞く方が楽で、いずれにしても短く脚色されているので、手っとり早いのがリーダーズ・ダイジェスト風にお気に召したムキがあるらしい。

三十年は決して名誉なことではないが、ゆく年くる年も通いつづけたNHK、よくまあ病気にならなかったと、その方が誇り高い。

そのクセ、あの受付の守衛連中が、三十年通い続けた男を「どちらへ？　お名前をお書き下さい」には腹が立ったこともある。

NHK同期の坂本朝一氏も、この三十年のうちに係長から課長、部長、局長、会長にまでなって、ついに退いていった。ほとんどの演芸班の連中が、この「名作座」を手伝い、やがて出世して「おしん」を作ったり、名プロデューサーや名演出家になっていった。

その長い春秋に私も随分、NHKと喧嘩もした。

NHKが内幸町にあったころ夜中の一時、一心に読んでいる私は頭が少々クラクラする。これはおかしい、空気の入ってくるところへタバコをつけてもって行くと、なんと煙が真っすぐにユラユラあがるではないか。

「何だ、空気が出てないじゃないか！」

「僕たちも、それが気になって何度も管理課へ言うのですが、費用の関係上、十一時には止めるんです」

「バカめ！　よし局長のところへ電話しよう」

「ダメですよ、言っても無理ですよ」

「これで、放送する方がズッと無理だよ」

私はさっそく局長宅を探して電話した。

「なんだい、こんな夜中に」

新任の局長はご機嫌が悪い。

「こんな夜中に、あんたとこの放送してるモリシゲだ！」

「どうしたんだい？」

「わたしはネ、子供の時にキリギリスをとりによく行ったんだ」

「それが、どうした」

「あんたは経験がないのかネ」

「で？」

「私はネ、キリギリスをつかまえてボール箱に入れて持って帰るんだが、そのボール箱に、鉛筆でポスポス穴をあけて、虫が死なないようにしたんだ。あんたは人間も空気なしで仕事が、いや生きていけると思ってるのかい」

「そんなはずはない」

「そんなはずがあるんだよ、来て見てくれよ」

翌る日新任の局長は、部下を呼んで委細を聞いた。もう半年も前から、空気は十一時で止まっているという。今度は局長がカンカンに怒って、管理局とやらへ怒鳴りこんだ話もある。

こんな喧嘩は、数えあげればキリがないが、今でこそ、玄関のタクシーはどこへでも行くが、昔、内幸町のころは「銀座へ」なんていうとソッポを向く。もっとも長い間並んで待っていたのだから、銀座までじゃ商売にもならんのも分からぬではない。これには出演者ばかりでなく局員もずいぶん困らされた。

ある日、私はいつもと違って報道部の仕事をした。そこはハイヤーをくれずに一枚の切符をもってタクシーに乗ってくれと言った。私は付き人に玄関へ車を頼みに行かせた。

「六本木までは、行きませんって……」

「どの車もかい？」

すべて玄関に客待ちしている車から一斉に拒否されたのだ。カーッときた私は飛び出して、「なぜ行かないんだ！」と大喝した。すると「あ、森繁さんか、じゃ行きますよ」とウソぶいたのに、なお頭に血がのぼった。

「オレなら行くとは、どういう意味だ！　どのくらい皆が困っているか知っているのか——」

さっそくKタクシーの社長に受付から電話した。社長不在という。じゃ専務はいるだろう——ついに専務とおぼしき人物が出てきた。

「君んところは、大会社だが、NHKに年間どのくらい利用してもらってるのか？　恐らく概算数億円だろう。度重なる不埒(ふらち)さにオレは陸運局へ話をして、君のところをＮＨＫからはずしてやる。念のため言っておくが、私は出演者の森繁久彌というものだ」

つづいてＮＨＫの管理局へ電話をし、乗れない自動車の切符なんか、後生大事に寄こすな――。

事件は大ごとになった。表のタクシーも聞きつけてざわめいた。やがて翌る朝、威儀を正して数人が私の門をたたいた。取り巻きの一人が大きな籠の果物などをさげている。実は怒ってもすぐさめる性(たち)なので、再び怒らすのにちょっと時間がかかったが、まず果物籠を蹴飛ばしたら少し調子がでてきた。

「いい加減なマネするな、それよりこっちの言い分を聞いてもらおう。幅一メートル、長さ五メートルの垂れ幕を玄関横に下ろしてくれ。幕には、乗車拒否した車のナンバーと時間を受付に書いて下さい、右、出演者代表森繁久彌――どうだい」

ただ沈黙がつづいて、ＫタクシーもＮＨＫも引き揚げた。間もなくＮＨＫの玄関外に一人のおじいさんが雇われ、この男がタクシーの世話をするようになった。

そんなこともあり、あんなこともあって、日曜名作座も三十年を迎えたのだ。

## 民薬

女房が糖尿の疑いで、さきごろ調べに病院へ入った。私はやもめ暮らしとなり、さて何がどこに入っているか、さして大事なものはないが日常生活は私にとって大混乱だった。

私は痛風でずいぶん悩まされたが、そのあとは血圧が高く、食うものがメチャメチャになり、あれを食えばこちらに悪いで、つくづく弱ったことがある。

糖尿といえば、朝寝起きにお抹茶を一杯飲むといいという。ビタミンCだからだろうが、ある人はアロエが一番だと力説する。アロエの中の一種類か二種類が効くそうだが、アメリカではガロン缶に入れて売っている。アロエは火傷ばかりと思っていたが、どうやらそうでもないらしい。まだほかに、ハワイなどで出てくるグワバ・ジュース、桃色のおいしい果汁だ。このグワバの芽をつんだものを紅茶代わりに飲むのも良法と聞いた。

お粥の時に梅干しも欠かせない。あれもズルズル噛まずに飲むので、酸っぱい梅干しで唾液を出して、お粥をまぜて食えば消化すると合理的な考えからだろう。大豆は甲状腺異常をもたらすことがあるという動物実験がある。だがヨードを一緒に与えればかからぬそうだ。つまりコンブを入れて炊くなど昔の人はうがったことを知っていたものだ。

肝硬変で倅が困っていると話すと、そんなものはすぐ治るという。明日届けるから飲ましてみろ。それはトベラという植物の葉っぱで、これを四、五枚煎じて飲ましてみろ、疲労など消し飛んでしまうと、ウソのような話だが、近く持ってくるので、その葉っぱは私も飲んでみたいと思っている。これを民薬というそうな。漢方ではない。

もっとも、自然にはいろんな理があるだろう。猿の群れは、新しい木の芽を求めて動くという。どれが身体のためにいいか、動物の本能で知っているのだろう。キリンにもシマウマにも、どこでどの葉を、どの草を食えばいいか聞いてみたいほどのもんだ。もっとも牧場の牛など、鉄分の不足を補うためだろうか、やたらと針や釘や金物を食って困るそうだが、スズランなど（毒草らしいが）間違って食って牛が死ぬ思いをすると聞く。だから野生の連中とはどこか違うようだ。

私はある日、蚊の目玉を食わされた思い出がある。ウソのような話だが、虫めがねで見るとギッシリ目玉があるので、まんざらインチキでないと食べたが、うまくも屁もない。これが中国古来の名薬というか、精力剤として有名であるそうな。

じゃ、どうしてこの蚊の目玉だけ集められるのか。つまりこれはコウモリの糞である。人間もいろんなものを食うものだ。それじゃ鯨のクソなどイワシの目がいっぱい詰まっているのかもしれぬ。もしも手に入れば、これも貴重品というか、薬というか、ひともうけ出来ると考える人がいてもおかしくない。

フランスにも古い医書があるという。今どき、これが少しずつ流行しているとか。つまり「水は嚙んで飲め」。これは唾液にまぜる——ということか。一日に七色の野菜を食え。つまり白い大根、緑の葉っぱ、紫のナス、赤カブ等々。七つとは言わぬが五色の野菜が悪いはずはあるまい。

東洋に漢方があれば、ヨーロッパにもそれに匹敵する薬草や薬石があることは間違いなかろう。

蓼科の友達の別荘に招ぜられた。乾燥した空気の故か、秋はここに集まるともいうほど気持ちがいい。温泉もまた上々、浴槽につかっていると山や木立ちや小川のせせらぎが命をのばしてくれる。

私はブラブラ散歩して、野の花を摘んでもち帰り花活けにさした。すると友達が恐ろしい顔で、やめてくれと叫んだ。

「これはトリカブトじゃないか」

「あまりきれいなもんで……」
「これは毒草だよ」
「アララ、知らなかった」

私はあわてて、その可憐な美しい花を捨てた。そして急いで図鑑で調べたらいろいろ書いてある最後に、根は猛毒とあるではないか。根でなくて花でよかったが、昔の毒矢にはこれを用いたらしい。ところが、この毒も薬草として使うのだそうだ。私が今飲んでいる八味丸という漢方の薬にも、これが少し入っているとか――。

ケシの花が阿片（アヘン）になるのと同じだ。

獣たちが腹が痛い時など、この根を掘って少しかじったりしているのかもしれない。

あるいはケシの花を噛んで、痛みをやわらげているのやも――。

楽屋へお医者さんと看護婦さんが訪れてきた。そして私の血管から三CCほどの血を採っていった。これが癌研究所へまわされて、体内に癌細胞が発育しているかどうかを検査するという。

「見つかった時は、たいがい遅いんです」

血液で調べるのが一番早いという。

有難い話だが、芝居にも影響するくらいに打ちふるえてその結果を待っている。

## 春から緑へ

何がなし春は陰風の吹く季節だ。

秋の終わりとはいささか違う。百花繚乱の花々といい、鳥も獣も、飛び交う蜜蜂もあわただしい。生殖がおろそかにならぬようにだろうか、せっせとメスを追い、オスまた追われその中で冬を越した動物どもは歓声をあげる。ならば人たちはどうだ。個々に反省してみて否とも言えまい。

私の知っている飲み屋に「ウキウキ」というのがある。ハワイ語みたいだが、そこのおんな主は春の気配とともにお客の目の色が変わってきますという。色とりどりのカップルがやってきて、冬の食い気より春の食い気はどうやら色気より落ちるという。

そこの娘も一人前になってきた。母と娘の二人での商売だが、その娘が「屋根の上のヴァイオリン弾き」を観にきた。そして私に
「俳優というのは、すごい労働なんですネ」

「毎日、帝劇から渋谷まで車引いているようなもんだヨ」

「ウッソー!」

B席を一枚買って進呈してあったのだ。

その日、私たちが一時間もおくれて楽屋を出たらお堀前の楽屋口に女が一人立って待っていた。見れば彼女だ。私の顔を見るなり、泣いてベチョベチョの顔をあげようともしない。お茶でも飲もうと

隣の東京会館に入った。

彼女はもじもじしながら、

「わたし……、お父さんが、いるんですけどいないんです」

「？」

「蒸発したんです」

「困ったことだネ」

「でも、いい人です。どこかでお父さんが、テヴィエのような目で私を見ていてくれると思います。わたしは久しぶりに父に逢ったような気持ちで最後まで一生懸命観ました。涙にぬれてテヴィエの顔が父さんにダブってくるので困りました。一度お話よりも手紙を書きます。『父さんへ』って」

八百十五回が今回の公演で九百回になる。なにも回数だけが問題じゃない、百も承知しているが観客の動員数を聞いて、心から有難いことだと思った。

およそ縁遠いユダヤ人たちの生活を、どう日本に移し植えるかは、容易なことではない。恐らく、その半分も彼らのねらうところと当たってはいまいが、別な見方からすれば、日本という単一民族でしかも島国は、総じて幸せであるのだ。

ただこのミュージカルの中に含まれるホームドラマの部分は、ユダヤ人も日本人も同じであったのが倖(さいわ)いした。

私の友達も、素姓のいい、しかも裕福な家から娘をもらい、その娘のわがままに泣かされているのもいるし、御曹子をえらんだおかげで、ダンナは遊び人、どうしようもない女誑(たら)しで困りはてているものもいる。そういう家族には、これは必見の芝居であろう。

やがて緑の季節がくる。このミュージカルも、その緑の風の中をくぐってゆく。いうなればこのミュージカルは新緑の香りだ。

## タバコ

タバコの横っちょにアメリカのモノ真似か、申しわけみたいなことが書いてある。

「健康のため　吸いすぎに注意しましょう」

わざわざタバコ屋が、テメエの商売に水をさすような歯の浮くことを書く必要もあるまい。あるいは厚生省あたりのサシガネか。

正しく言うなら「タバコを吸わない人のために　場所を選んで吸いましょう」が本来のものと思うのだが。テレビ・コマーシャルの中でも薬が出ると「使用上の注意をよく読んで……」なども、言うなれば言わずもがなだ。

ナンセンスといえば、山のわきを車で通ると「落石注意」とある。全くどう注意するのだ。

「この辺で休憩しないで下さい。落石もあり、またタバコは山火事のもとです」なら話は分かる。崖の中腹に針金を張って、何か落ちてくれれば、これが切れ、下の道路に赤信号が点くくらいなことは出来ぬものか。

どこで覚えたのか、孫も机の引き出しに灰皿があり、喫煙歴然としたものが見つかったが、中学時代、学校の便所で私と友（教師の倅）とが見つかり、停学の思い出がある。そんな祖父なれば私は一言も言えない。しかし同じようなことをした倅たちは、身体を心配してタバコにおさらばして長い。叱られているのはジイさんと孫である。

世界の税関、どこでも小うるさいのが「タバコはお持ちですか？」である。タバコが民営になっても、まだ詰問されるのだろうか。

かつて大昔、多分アメリカ大陸でインディアンあたりが吸っていたに違いないタバコが文明社会を席巻し、今や東西の国境を越えて世界各国に蔓延している。同じものにコーヒーがあり、また、音楽では黒人のジャズが、これも国境を越えて盛んである。ソビエトあたりも、ロックンロールで踊り狂っている様子をテレビで見た。

黒人の文化が、先進国に浸透したいい例だろう。おまけに世界の国々から集まるオリンピックの選手たちも、黒人の独占的な風がある。そのアフリカがどの国も大揺れに揺れて、人間の尊厳をそこねているのだ。

今「はぎ」「ききょう」など刻みタバコがなくなって、芝居では大困りしている。ようやく沖縄にあるので、送ってもらっているそうだ。キセルをポン筒から出し、刻みをひとつまみちぎって指先で丸め、かるくキセルに入れて火をつける。そして三服ほど吸うとプッーと吹き出し、掌（てのひら）の上で火のついたのを転がしながら、次のを詰めてその火をつけ、また吸う。これがなかなか出来ない。歌舞伎などの役者は上手いが、今時の役者は、すべて見たこともない——と言ってただあきれるばかりだ。

もっとも、掌も昔の人と違って薄くなっているから、ヤケド覚悟だ。

## 行け！　発展途上国へ

私とて二等兵で四カ月、お国のために兵隊に行った。俗にいう教育召集というヤツである。入隊するや、タチの悪そうな古参兵にサンザンいためつけられ、年長者の私をいたぶることを彼らは愚昧な興味の対象とした。有難いところだなど思ったことは一つもない。一つもないといえばいささか誇張にすぎるが、メリットといえば団体に馴れることと、己の耐久力を試すことぐらいと、堪忍袋の緒を切らぬことだった。

私たちの若いころは国民皆兵であったが、今はそれがない。青年には結構なことだ。しかし若い日に何かがいささか不足がちなような気がしないでもない。つまり冒険とか探検とか、ヒッチハイクまがいの旅とか。

先日ある人が、日本全国民が二十歳になったら、全員こぞって海外青年派遣隊に入って発展途上国へおもむき、その土地の民族のために、出来るだけエネルギーを費やしてきたらどうだろう。これこそ日本の理解にもつながろうし、将来の国交のためにもいいのではないかという。いかにも金さえ出してりゃいいというのでは貧しすぎる。そしてあげくは、輸出超過で四苦八苦させては日本も日本人も、ともに世界の誤解国になるや必定であろう。

亡くなられた東和映画の川喜多長政氏は、戦後すぐさまアメリカ映画が日本に入ってきて、安い値段で見れるようになったことを高く評価されていた。戦時中、鬼畜米英と教えこまれた若い日本人が、その映画を観て、なるほどアメリカは素晴らしいと思ったのは、米兵からもらったチューインガム以上の効果があったことは事実だ。

彼らは自国の文化を大切にしている。

日本にも、いい映画がある。それらを政府が買って、エコノミック・アニマルとののしられているところへ差し上げて、ただで見せれば日本の理解にさぞや十分以上の役に立とうと話されたことが思い出される。

私たちの若いころは、「行け満蒙の大地へ」とか「樺太は若者を待っている」とかいろいろあったが、「日本の愛をすべての国に。行け君の青春の一ページを——」などどうかな。

水のないところへポンプを据えつけ、難民がバンザイを叫ぶのを見た時、その日本の青年は、生涯こんな感動があるだろうか——と語っている。また医者の卵がインターンをかねてヒマラヤの麓に活躍する。東南アジアを回る歯医者さんも知っているが、十台のラジオやテレビを売る以上のメリットがあるはずだ。

最後に、ちょっとつけ加えるが、エイズもこわかろう。また、いつ事故にあわぬとも限らぬ。だからこそ、自動車やバイクの免許をとった日、強制的に二〇〇CCでも三〇〇CCでも献血すれば、血の足りない日本のためにどんなにか救われるだろう。今は検査が行き届いていると聞くが、血液はほとんどアメリカから来ている。エイズ患者のもあるいは入っていようが、下手な輸血で一命を落とすのも情けない。

いずれにしても、この交通地獄、もしものためにあなたの美しい若い血の一滴を——は私のキャッチフレーズだ。

## 京都賞

耳学問、雑学の大家というのと酒を酌み交わすと話が尽きない。ただし系統立って話をしてくれというと総じて話はそらされ、次の話になる。つまり猛読の士に多い。これにもランクがある。芸能雑学から政財界、ひいては宇宙、森羅万象の雑学である。近ごろの快挙といえば、稲盛賞であろう。

これも正しくいうなら稲盛財団の「京都賞」というのだそうだ。

当たりに当たって世界のセラミックに成長した京セラの御大・稲盛和夫氏が、何と清々しい金の遣い方をするもんだと心底からまいった。

この京都賞は、ノーベル賞につぐものといわれている。そして一番最初にノーベル賞の選考委員長クラス八名を招いて創設記念特別賞を授与されたと聞く。いやしい話だが、賞金はいくらくらいかとさぐりを入れたが、ノーベル賞よりは遠慮して少し安いということだ。

その話から少しそれるが、先年来日したアメリカの科学者カール・セーガン氏の話を書いておきたい。

セーガン氏は、コーネル大学の教授で多分物理学の博士と思うが、著書には恐竜や天文や宇宙や、その多彩な知識に仰天する。

セーガン教授といえば、人類発生の歴史は、地球の誕生に比べ、それはあまりにも短い近代史だと喝破している。私たち人類発生の歴史は、地球の誕生から今日までを一年とすると、なんと大晦日、十二月三十一日の紅白歌合戦も済んで寺の鐘が鳴り始める十一時五十何分かのほんの五、六分の歴史だという。

人生の道、あまりに遠し――なんていうが、たった五分か六分の話だ。しかもその五分か六分の間のまたまた何万分の一秒かを私たちが生きているとは、おそれ入るばかりだ。

ああ盃を満たせかし
嘆くとも　せんもなし
時は今　足元を滑りゆく
昨日は昨日
明日は明日
今日のこの日の喜びを

これはルバイヤートの中のオーマー・ハイヤムの詩だ。すでに一千年も前のペルシャの詩人だが、そのペルシャが、こんな偉大な詩人であり哲学者を持ちながら、今やイラン、イラクは何のために戦っているのか。エジプトも同じだ。ピラミッドや、スフィンクスにでも聞いてみるがいい。神は五分前の出来事をよくご存知のはずだ。

しかし、それにしても、京都にはまだ学問の府が健在である——と思った京都賞だが、それにもまして、京都人の意気盛んなところが快挙である。

三井、三菱、住友、加えていうなら日産、トヨタは、どんな金の遣い方をみせてくれるのか。文化は商人の前には屁みたいなものなのか。稲盛さん万歳。

# 第七章

## 左見右見（とみこうみ）

# 紅い血

文明は先端をゆく日本だ。

じゃ文化も、先端をゆくか、というと必ずしもそうじゃない。文化の方は徐々に凋落の傾向を辿るかに見える。

早い話が、演劇、映画、とくにテレビなど、ああ無くもがな——と慨嘆するものが少なくない。私だけかと人々の声を聞いてみたが、〝テレビは近頃見ていません。ニュース以外は——〟の声はいい方で〝あんなもン、ジャリの見るもンだ〟とニベもなく一蹴する者さえある。

先日、ある民間テレビ局で、その愚劣番組の担当者にバッタリあったのを幸い、お茶を飲みながら話したが、驚くべし彼の言い分は、

「ボクらは、視聴率に追っかけ廻されているんですよ」

「だけど、公器だろう——テレビは?」

「コーキって何ですか」

「公のモノということだ」

「え?」

「日本の文化が少しでも向上するように頑張らなきゃ」

「そんなこと初めて聞きました」

あいた口がふさがらぬ思いである。

民放はタダだという気で、視聴者ばかりでなく当事者も、そう思ってるんじゃないかしら。民放はタダとはとんでもない。民放はＮＨＫより高い金を取っているのである。見てる人から取るのではないから、そんな気がするんだろうが、スポンサーが払っている金は、その会社の製品で、ちゃんとテレビ料も勘定にいれて売っているのだ。何とその金が莫大な金額だ。そう思えば、廻り廻ってツケが来ているはずのものだろう。

こんなことは、いくら書いても焼石に水だ。巨大なヌエみたいなマスコミに故もなく押し流される、これこそ悲しい時代の悲劇かも知れぬ。新人類など私たちは生んだ記憶もない。無気力で食い気と色の道ばかり堪能では、十六歳で腹を切る白虎隊の苦労など、どう見るのだろう。〝ああアレ集団自殺事件ですか〟なんて言いそうな気がする。

ともかく、このヌエ的視聴率にふり廻されている間は、いいモノは出来ない。しかしどうして視聴率を出すのか不明だが、たった一つ、この危急を救うのは、スポンサーの開眼である。くだらんものを作ってきたら金を払わない方法しかない。一パーセント、或いは二パーセントが、どの位の客数か、何百万人である。充分以上だ。そしてその人こそ、物を買う力のある人たちなのではないか。

ついでに言うなら新聞も、雑誌も、もっともこの連載も新聞に出ているのだが、大げさに言うなら広告の中の記事を探すようなものだ。食えるところはホンの一口だ。

結局、大正男は、悲憤慷慨して、そのうち消えゆくのだが、まあ安心してやってくれ、もうその数も、この間の戦争で一番大きな犠牲を出して、いくらも生きていない。さればこそ末期のウメキを吐いているのかも知れぬ。

白駒の隙（はつくげき）を過ぐるが如し――というが、ほんとに月日の逃げるように走るのが、身に沁みる。ついこの間、正月をやったのに、もう春も夏も過ぎ、秋も中秋という。追っつけ冬がきて、またあっけらかんと正月がきて、私は一歳をプラスする。

しかし、有難いことに命があるのだ。

私はまだまだ演りたいことが山程ある、アレもコレも演らず、人生にさよならはしかねるのだ。大正っ子はヒッコイのだ。芝居にしたい小説が五つ以上、テレビで見せたいものが五つ程、書けば長くなるが、腹の中で紅い血となってたぎっていることだけをつけ加えたい。

## 隣の友

韓国は遂に日本を抜いて、第二番目の金賞の国となった。

テレビでは、各国の選手たちの金賞獲得の意欲調査が放送されていたが、中国も日本も、自己のベストを試すというようなことを言った中で、韓国だけは、国威発揚と堂々と言ってのけた。

それを聞きながら、ふと昔の日本を思い出すのだ。古橋や橋爪が水泳で頑張った頃は、世界に向かって、日本ここにあり――と今の韓国と同じような気持だったろうが、今はもう無いとは言わぬが、いささか大人になったような余裕が見える。あの頃の日本は、何もかも世界一と誇りたくて、エッフェル塔より高い東京タワーを作ったり、世界一早い新幹線の建設に力をそそいだり、世界一の青函トンネルと何でも日本一、世界一がビジョンであった。何となくその裏に哀しい発展途上国のあがきさえ匂ったのだ。この国家意識は、一見、涙ぐましい程の情熱を見せたが、その頃、他の大国は、嘲笑とまでゆかなくとも微苦笑していたのではないだろうか。

何となく意識のダサイ匂いさえ感じられる、いささか醜い競争心だ。勿論金賞をとって世に自国をアピールするにやぶさかではないが、オリンピックは個人の技の磨き合いだ。国を背負って走ったり、国を引っさげて飛ぶのはいささか重荷だろう。

柔道はお国芸だと、うぬぼれているのもおかしい。また、そのために柔道学校まで作る隣国もいささか行きすぎではなかろうか。〝金〟などお愛嬌に四つ五つも取ればいいもんだ。

〝金〟が増えるごとに、どよめく韓国にいささか寒いものを感得するのは私のヒガ目か。あのヤセッポチで、大きくならないようにつくられた中国の体操の名選手たちに、私は或る意味の危惧すら感じるのだ。私の親戚の医者が付添の役で、韓国に行った。薬品の他に何と大量のミネラルウォーターを持参した。向こうにもちゃんとあるよ——と言うと、水がもう一つ良くなく、ミネラルウォーターもあるにはあるが、蓋のコルクにバイキンがついているのが発見されたので——と、これでは、ビン詰の意味がない。

私の周りにも、韓国のタレントが多いので故意に悪態はつきたくない。みんないい連中ばかりだから。ただ一言書かして貰えば、日本から大金もうんと取っているし最新技術も輸出されているのに、向こうの人たちは「日本人」とはいわない、「日本の野郎」といっているそうだが、何か狭隘（きょうあい）でしかも狷介（けんかい）なものを、すきま風のように感じるのだ。

さて、満州の法務省の上役になっていた早稲田の同級生朴(パク)君と、私は旧交をあたため、新京の放送局では講演をして貰ったりしたが、彼は〝私の国も日本も心が小さい。せめてこの満州でもっと胸襟を開いて、五族のためにいい民族造りをやりたい〟としきりに私に話したことが今にして忘れられない。

満州では日本、朝鮮、満人、ロシア人、蒙古人、これは大別だが(正しくは三十以上の民族がいた)、これを称して五族といったのだ。私たちはすべてにわたって仲が良かったし、軽侮の念など微塵もなかった。お互いに語りたいことを歯に衣を着せず、堂々とディスカッションした。

例えば、日本と韓国(当時朝鮮といったが)とは、先祖をたどれば兄弟だろう。それがどうして兄弟垣にせめぐのか哀しい。

いろんなむずかしい話もしたが、後年鹿児島の十三代巨匠沈壽官先生の話を読んで私は感動したのだ。これは司馬さんの小説で読んでいただくとして、朝鮮から送られ流れ流れて、陶工、沈一家が鹿児島の一寒村に漂着し、そこに窯(かま)を起し十三代、その間の日本人たちのいじめは話以上である。ところがその沈巨匠の焼物は、鹿児島、いや日本の誇りである。美しい青磁や白磁は心のなごむ逸品として私たちにせまるものだ。

## ゆく秋

秋の海は、ほんとうに美しい。

波のそよぎにも、雲の流れにも、秋のリズムがあり、秋の香り(かお)が満ちみちている。男女の仲も、夏のように、どこか汗くさいあわただしさがなく、土手の上に足を投げ出している二人の姿はコスモスによく映えるのだ。

私は夜の闇でも見える望遠鏡を手に入れた。

モーター・ボートを出してお台場あたり、舟をとめて一杯やっていると、舟の片隅で若い連中がワイワイやっている。何かと思えば、向こうの土手の陰で若い男女が重なりあって恋をささやいているのが見えるという。これも夏の間で、秋も深まればその影もいつしか消えていった。さて、その東京湾も、いよいよ狭くなる話を読んだ。とくに富津のあの細い出入口は、ただでさえ出船入船でごった返すところだ。その中に悠然と釣り舟がいる。一応は海上保安庁がハシケを飛ばして航路からはずれろ——という。が、釣り舟も商売だ、ハエのように追ってもまた来るという東京湾の殷賑(いんしん)さは、霧にでもなれば事故が起こる恐ろしい場所だ。先日読んだ佐野眞一氏の「欲望という名の架橋」(『新潮45』)に、外国船が起こしたトラブルのケースでは、事故を起こした外国船の船長に海図(チャート)の提出を命じたところ「安房国」と記載された江戸時代の海図を差しだした例もあったという。

この記事を読んで私はただ唖然とした。あのこみ入った狭い航路を、かつての三十五反の帆をまきあげて入るなら分かるが、二十万トン、三十万トンの巨船が通るのである。パイロットなしでは到底無理な第一海堡、第二海堡のあたりの細い海峡は今日も危険をはらんで秋の潮をまくし立てている。

東京湾も季節によってはきれいな時もある。風のない日、浦安あたりへ舟を出して、ただぼんやりと海を見ているのが生きている最高の時間だとも思える。

ポッカリ月が出ましたら、
舟を浮べて出かけませう。
波はヒタヒタ打つでせう、
風も少しはあるでせう。

中原中也の美しい詩の一編だ。詩感の失せた人には、寝言ぐらいにしか聞こえぬだろう。その東京湾は着々と失われ、きたならしい土やゴミで埋め立てられ、やがて蒼い美しい空を横切って長い橋が出来るという。ただそれは便利なだけだ。便利は常に自然を破壊する。でもまだまだ日本には自然が美しく待っているのだ。

人無き利根川のほとりに誘うて、若い二人は相寄る魂をかきたて、すすきの繁みに腰をおろし、物音ひとつしない自然に抱かれる。不思議なことに、何の不自然もなく手をとりあい、やがては頬をよせて、熱い口づけを交わし、己れの吐く息ばかり聞こえ、秋の陽はその上に黄金色の光をふりそそぐ。生きとし生ける者の、美しくも哀しきまぐわいの一瞬だ。

鉄砲に　両人(ふたり)あわてて　飛び出しぬ

十一月といえば狩猟の解禁だ。私も先年まで鉄砲に凝(こ)った。

面白うて、やがて哀しき――じゃないが、初めは、手ごたえがあり、ヒラヒラと舞い落ちる鴨に、妙な征服感を感じたが、あの無惨な命なき鳥の姿や、水面であばれる鳥に二の矢を撃つ時の胸苦しさに、私は鉄砲をやめた。

秋ばれの向こうから冬は雲と一緒にやってくる。

そして、薄墨色の雲が、雪を呼んで、空から白いモノが降りはじめ、世の中は季節が変わるのだ。
ようやく、皇居の土手に、まんじゅしゃげが紅い花を咲かせ、
　ふもとから　燃え上るごと　まんじゅしゃげ
どなたの句か失念したが、いつの間にか火の消えるようになくなり、東京にも晩秋はゆくのである。

## 本壁

芸術はスポーツと違って、いわば穏便、優雅なものと思いがちだ。

ところが、我々の芝居の世界にも怪我人が、ちょいちょい出て白い救急車にゾッとする。

「青年」という芝居の舞台稽古の時だ。

演出家たちは、その間にある群舞がもうひとつ気に入らない。

昼と夜の中休みを利用して、出演者を集めお稽古だ。宝塚劇場のオーケストラ・ボックスの上に立って獅子奮迅〝もう一回〟――をやっていたところ、足を踏みはずして、客席へ仰向けにブッ倒れた。頭と腰をしたたかに椅子で打ったが、背骨が折れていた。三カ月の重傷である。

大阪の舞台でも、あの重い釣り物のロープが切れて芦屋雁之助の肩から背中に落ちてきた。しばし彼は失神してウームとうなった。いずれにしても、舞台が右から左へ動くと舞台は穴だ。

その穴が地下七階もある。地上七階で仕事をすれば危険手当もつこうが、この下が七階の奈落では、何の危険手当もつかない。

映画でも同じだ。危険なところはスタント・マンが代わって演ってくれるのだが、私も日活の「殺陣師段平（人生とんぼ返り）」で、段平役の私が橋の上で、こう演るんだ――と、トンボ（宙返り）を切るところがあるが、このひっくり返る代わりを何と小林旭君が演ってくれたのだ。

馬上での会話がある時代劇では、私は乗馬が上手くないので困っていたら、トラック使いましょうという。何とこれがトラックの上に鞍を置いて、たずなを持ち、ハイドウドウと腰をシャクリ、話をするのである。沿道の見物は失笑止まず、いや恥かしいこと、この上もない。

もう亡くなった有名な女優さんだが、さしてキワドいシーンでもなかったと記憶するが同衾の場で、何と彼女はパンツをぬいで床に入ってきたのには、頭が下がり、小頭が勃起して感に耐えたことがある。どうしてノーパンが分かったたか、ヤボな詮索はやめにしていただきたい。

晴れた丘の上に、撮影隊は陣を張った。

これから俯瞰で眼下の一望を見ながら、丘の上の主役にカメラはパンするのだ。でも巨匠はなかなかスタートをかけない。ただ大道具と小道具がオタオタしている。洩れ聞くと、かすかに見える下の村の、大きな木が気にいらんというのだ。

「あの木切って来い！」

監督の一声、無茶苦茶な話だ。しかたなく係は下の村まで走った、そして村長にその旨を言うと言下に――

「バカも休みやすみにしてくれ、あれは村の大事な御神木だ！」

私は、そのラッシュを上映して見たが、大きな木など何程のこともない。これが当時の監督の事大主義というか、バカさ加減にアキれたものだ。往時、監督の力は絶大なものであった。そのうち監督自身も己れが余程えらいものと錯覚したに違いない。

いく度も腹を立てたが、映画が上映となり、名画とうたわれるようになると、不思議やケロリと、一切を忘却する——これがさっぱりした活動屋根性というのかも知れぬ。

昔は、朝の三時から数百人のエキストラが武装するヨロイモノは、撮影所あげての大仕事である。八時までにはスターも化粧、着付けが終わりスタジオの前にどっとばかりの人数が整列する。でも九時になってもM巨匠は来ない。

聞けばゆうべは橋下（京都の二流遊廓）で安女郎を買ったという。この臣匠は至って好き者であった。十時を廻ってやっと御光来、助監督、カメラマンを引き連れて、悠々と鎧武者、数百人の前を通り、やがて、スタジオに入り、暫く見て廻り、やがて壁をなでながら、

「ハリボテは駄目です。本壁を塗って下さい。本日は中止！」

私も、生涯、こんな大それた我儘を言ってみたい。

## 旅のつれづれ

近江舞子にロケにきたついでに晩秋の比叡山に登った。

全山が紅葉である。とりわけカラクレナイのもみじは哀しいほどの美しさに輝く。その間、ところどころ看板が目につく。

サルに近よらないでください。

サルに餌をやらないでください。

サルと目を合わせないでください。

そういえば野生の猿も親子で日向ぼっこだ。

猿もまた紅葉したか比叡山

紅い顔をして、さりげない風で一杯酒を飲んだような猿たちだが、小春日和のせいか、そんなに寒くはなさそうだ。

遠く眼下に大津の街、琵琶湖ははるか霞んでいる。都に近い淡海――といった風情は充分にしのばれる。瀬田の唐橋、唐崎の松、蓬萊山といい、その名もまた中国風である。そういえば比叡山というのも、またそんな気がする。

途中、坂本神社を通ったが、昔、つまり六十年程前、私が小学校六年生の時、夏の数日を、この坂本に林間学校で来たことがある。

水清く冷たい谷川に入って全員、朝の歯をみがき顔を洗ったのが懐しく思い出される。この紅葉ほどではないが、少しばかり色づいた十二歳の少年たちは、女子たちの風呂に水をかけに行って、その夜きびしくお説教をされたのも思い出だ。

山頂に立てば、ようやく日は西に傾いて、意外な程、音の無い夕暮れが訪れる。この辺り荒法師たちが薙刀をふり廻して上り下りしたのかと思うと、この山には底知れぬ歴史がひそんでいるのだ。

三井寺の中に大津絵の展示場がある。昔は都々逸と一緒に、大津絵という俗曲も大いに唄われたが、今頃は影をひそめてしまった。

さて、その大津絵だが、どことなく皮肉な風刺歌であったろうか、都々逸とともに庶民のパワーが汲みとれる。それは大津絵の絵にもうかがえる。

下って明治にはポンチ絵なるものが漫画のように流行した。今流に言えばポンチ絵でなくパンチのきいた絵の意であろう。瀬田の唐橋をこえれば、膳所というところがあるが、ここに大津絵の作曲者というか元祖の家があるという。その辺りで本モノを聞いてみたい気もしたが、今回は絵の方だけにした。

これを描いた人も大津の絵描きだが、飄逸な画風にも、混乱した当時の世相に一矢むくいる維新前後の庶民のバイタリティーを見逃すことは出来ない。

雄琴というところは、昔は宿場で殷賑をきわめたらしいが、いつのまにか、琵琶湖のフナやうなぎで、一膳めし屋の店が並ぶ町になり、これではイカンと時の人が、トルコといっては叱られるが、ソープ・ランドを誘致して、今や桃色の町と化して、紅いネオンがまぶしい。

私は遠望するだけにとどめたが、何十年かのち、ここもバスのとまる名所となるのであろうか。

どことなく寒くなって、京都へ急いだ。

京の夜は、かにかくに――枕の下に、ヌエのような男女の雑踏を聞きながら、遠寺の鐘も聞こえず、ねむりそこねた。

あの比叡の美しい国有森林を一区画五十万円で売るという夢のような、また、妙な話をテレビでやっている。果たして、そんなウマイ話があるのだろうか、しかし、買った人はどうするのだ。どうでもいいことだが、しまいには、そうまでして国は金を取りたいのかと、いぶかしく思ったのである。

今日は歴史の比叡山に登り、はては雄琴の赤い灯、青い灯のいささかアナクロニズムに困惑させられ老人は疲れた。疲れないのはテレビの方だけのようだ。

異様な程背の高い、ただ痩セッポチの女たちが、ファッションショーをやっている。リハーサルであろうか、何とも雲泥の顔をした女史が采配をふるっている。いつも思うことだが、この衣裳の作者というか、考案者というか、これまた女も男も、どこのオバハンかというようなダサイ人たちが多いのに一驚する。あの絢爛に対するコンプレックスの裏返しか。大津絵の作者が在世なれば見逃しはすまい。

## 遙かなり山河

「青年」につづいて、正月には帝劇で「遙かなり山河――白虎隊異聞」の幕をあける。

これは去年の暮れの三十、三十一日の二日間に忠臣蔵をやって大当たり、もう一匹どじょうはいると見込んでの第二作ともいわれる〝白虎隊〟である。

もっとも長年、ＮＨＫの紅白歌合戦ばかりが師走の名プロ物といわれるのもシャクで、少し実のあるドシッとしたものを大晦日に見せたい一心であったからだ。ただ何も紅白の悪口ばかりあげつらうつもりはない。ただ最近の紅白にはいささか鼻白む思いがある。

しかも、女の歌手はファッションショーみたいなコスチューム・プレイで、おまけに両軍が何をアラソウのか、おかしくも有難くもない。

それに紅白に出られるのが、あの歌手たちのランクを引き上げるのに、おおきなキキメがあると聞いて、いささかハダ寒い気さえした。

いよいよ年の暮れである。忘年の意味も加えて、呉越同舟。中曽根さんの〝もずは枯木で鳴いている〟を唄ってもらい（私は二度程拝聴したがなかなかのもの）、社会党の委員長土井たか子さんが踊る——とか。

野球の選手で犬猿の仲のような二人に〝兄弟仁義〟を合唱させるとか、まあ手は色々とあろう。それが年忘れの楽しい一夜になるのではないだろうか。

いずれにしても紅白は私の出るところでないので、〝白虎隊〟の方に話を移すが、白虎隊は、いかにも方々で演っていそうだが、余り映画、演劇に見られない。今度の「遙かなり山河」は、当時七百石取りだった井上丘隅という、白虎隊の青少年を教えていた奇特な六十歳の初老の男を私が演るのである。

この人が、なかなかの粋人で茶目気もあり、子供たちを連れて猪苗代あたりに行くと、全員がキャッキャッと大喜び、よくよく見ると野天の風呂に女が入っている、それを垣間（かいま）見るのである。叱るかと思うと「どれどれ……」と自分も見る、興をおぼえて度重ねるうちに上から桶の水が頭にダァーと降ってきてカタキ打ちをされる、そんな楽しいエピソードも入っている。

ただ会津では今もなお、かたくなに弊習(へいしゅう)として、山口県、即ち長州人が大嫌いということだ。正に百年の怨みとでもいうか、薩摩は三年程前に友好の握手をしたと聞くが、長州は未だにダメで、山口県の人間は会津に転勤は無理といわれている。先日も青年会議所（JC）が、手を結ぼうとしたが失敗したという話を聞いた。会津へ行けば、坂本竜馬など「あのオッチョコチョイが――」ですまされるそうな。

とまれ、明治以後、こんな悲惨な状況に追いこまれた国は、会津が一番だろう。武士の大半は主に下北半島の痩地(やせち)に追いやられ、また函館もそのほとんどが会津出身者だといっても過言でない。徳川に一番忠節な会津が一番悲惨な目にあうのが何とも哀れな話である。

話は井上丘隅の家族の話だが会津の落城によって描かれる、この悲惨な話は会津女を象徴するもので、女たちの男をしのぐ、籠城の姿と、白虎隊の自刃、女たちの刺し違えての末路、そこに日本女子のけなげな姿を見つけるのだが、これも今日の女子たちに見てもらいたいと願うのだ。

おそらくヨソゴトのように鼻で笑うのが今日の女性群だろうが、そのうちの何人かは、何か心にとめるものがあるとすれば幸いである。

何のために今さら、白虎隊だ――という声も聞くが、あすこにも女の生きざまがあり、それが、今日とて、やはり、女の心のどこかに残っていると私は信じて疑わない。どうか、いたずらな懐古趣味と笑ってくださるな、それはお嬢さん、あなたのおばあちゃんの時代の話だヨ。

## たべもの

うどんはやはり関西だ。

父を江戸、母を浪花にもった私には二つの血が流れているせいか、ソバは東京を一とし、うどんは大阪の右に出るものはないと盲信している。

あれは、カツオ節でなく、サバだしといって、サバを乾したサバ節というのをけずったものでダシを取る。どことなくシブいのはそのせいだ。近頃は東京のうどんも関西風な薄味になってきた。

大阪の黒門市場近くに、屋台で有名な素うどんを食わせる店がある。一度行って来いとすすめられたので、探し求めながら行ったが何と薄暗いところに長蛇の列だ。寒い日で参ったが、冷え切ったところでやっと私の番がきた。案に違(たが)わず、おかわりをしたいと思ったくらいだ。

当節、東京も関西割烹が盛んだが、関西うどんも増えた。が、もう一つ大阪と味が違う、どう違うかというと総じて東京の方が塩分が強い。つまり大阪よりショッパイのだ。これは不思議なことに寒い地域になる程、塩からくなる。秋田、青森はもっとからさが強い。そして九州に下ると甘くなる。中国料理が同じだ。北京、四川は広東料理よりからいので東京人の好みに合うのだろう。

私たち子供の時は、大阪では赤身の魚など下司魚(げすうお)とした。だから家庭で赤身の魚など食ったおぼえがない。ましてや鰹のたたきなど長い間知らなかった。第一は明石の鯛であり平目であった。焼物になると、マナガツオの味噌漬けを一としサワラも美味かった。そんな鯛だが、子供の頃は昼めしの惣菜で食った程のもので、今のように鯛が金でもあるかのようなことはなかった。

ところがその日本一等魚の鯛がフランスでは、貧しい連中の食う三等魚で、一等魚は鮭、そして鰯である。これは私もうなずける。鰯や鯖は、ほんとにうまい。後年、知ったことだが、北氷洋でとれるギンダラも美味一のものだが、小料理屋で聞くと、昔は、安ものの仕出し弁当に入れたもんですという。これもアメリカやソビエトの圧政で、だんだん品薄になってきた。

文明とともに世界の海が狭くなる。漁船は豪州、アルゼンチン、アフリカまでもゆく。そんなに魚をとってどうするのだといささか疑問だが、魚を食う人間がアメリカはじめ世界中で増えてきたのだ。鯨なども食わせてやるといい。牛を殺して〝よし〟とし、鯨は可哀そうという論旨が分からぬ。あれは謀略だ。

ドイツでは捨てていた数の子が対日貿易の目玉商品とわかって、今や向こうでも金の子になった。もっと面白いのは、マグロは腹あたりから切って頭の方は肥料にするという。江戸っ子には垂涎（すいぜん）の的（まと）であるのに。そういえば昔の江戸っ子もトロは余り食わず〝づけ〟という油の少ない真紅なところを珍重したのだ。にんにくもマグロのトロも時代とともに賞味するようになったのだろう。

今年は松茸は不出来だった。そこに目をつけて韓国ものが安値でどっと入ってきた。

薄暗い大阪の市場の横で、ゴザの上に、ズラリ松茸をならべプンプンと馥郁（ふくいく）たる芳香をはなっている。人々は立ちどまり匂いに引きよせられ安い松茸をだまされて買っている。しばらくして、客が途絶えると、テキヤの旦那は、ふところから、スプレーを出して松茸の上にナイショでふりかける。松茸の香料である。こうして韓国産変じて但馬産となる。

人間の悪智恵は際限がない。

智恵の善用を説いても、甘い汁にハエはたかるのだ。

## 無断撮影

「ちょっと、すみません、一枚お願いします。北海道から出てきたんです」

パチリ――。これなぞ良い方だ。

人の廻りをぐるぐる折あらば、パチリパチリと、ヒトが休んでいようと何だろうと写真を撮る。お願いします――もなければ、有難う――もない。

これは、あきらかに肖像権侵害である。

先日、アメリカから有名なタレントがきた。彼は一切の写真を厳禁した。道路も待合所も、うかうかパチリとやると向こうの弁護士が出てくるのだ。

近頃は、私ばかりでなく、ドナる男もいる。

「ヒトの写真を撮って、どこへ売るんだ！」

ことほど左様に礼節も倫理観も皆無のウゾウムゾウが、安モノを振りまわしパチパチと撮って、中にはこれを売るそうだ。買う奴がいるのが何とも情けない。

いずれにしても日本では、写真などに対して何の法律もない。

近頃は歌や曲には著作権連盟(ジャスラック)が出来て、少しは守られるようになったが――。もっとも昔は、つまり私の青年時代は、音楽の著作権など問題ではなかった。あたりはばからず欧米の歌をうたった。ところが或る日、プラーゲという外人が来国し急に金を払えと大問題になり、有名な歌手のリサイタルでも大もめにもめたことがある。これをプラーゲ旋風という。記憶ある方も多かろう。でも日本にきて、たった一人でドナリまくったプラーゲという男も大層なサムライであったと思う。丁度あの頃の日本は今の台湾や香港と同じで、文句言うにもその省も団体もなかったのだ。しかしもとはプラーゲのお陰でジャスラックが出来たといっても過言ではない。

「屋根の上のヴァイオリン弾き」の場合など相手がユダヤの豪の者だから東宝も随分泣かされた。あのフィドラー・オン・ザ・ルーフの字も、その通りに書くと、金を要求された。劇中で唄う歌の歌詞をプログラムに載せると、これも取られ、戦々恐々であった。東宝は莫大な上演権の上に、毎日の売り上げの十パーセントをもってゆかれたのだ。それにプロのことまでイチャモンをつけられては、たまったものではない。しかし考えてみれば、そうして守ってくれることは、我々や作家の方にとっては有難いことでもあるのだ。

それを聞くたびに、かつて私も大損をこいたと嘆いたのだ。拙作「知床旅情」がバカ売れに流行し、北海道のいたるところで、手ぬぐいやら板やモロモロに書いてある。勿論本人には無断だから一銭の金も入らない。でも、まあ、こっちも歌では素人だ。北海道が宣伝されりゃ結構じゃないかと笑い飛ばしていたが、閑人が計算して何億になりますと御注進してくれた。

先日も有名女優がオッパイの出た写真でもめていたが、無断転載もさることながら、旦那にでも撮って貰って、かくしておけばよかったのに。

私たちは、或るロケ先で野天風呂を楽しんだ。しばらくするうち、ガヤガヤ、キイキイと若い女の声がし、

「アラ、ここが有名なお風呂ヨ！　アレ！　みんな来て！　あすこに入ってるの××じゃない、ちょっと、そこの××さん、こっち向いて！」

女たちはやたらバカチョンを向けた。

弱ったのは、そのタレントだ。

「上がるに上がれねえ」

とこぼした途端、その内の悪役の一人が、風呂の中の岩に上り、フリチンのまま、

「さあ撮れ、どこからでも――」

「ヤアネ、あんたなんか撮りたくないワョ」

頭にきた、その猛者(もさ)は、いきなり一人の女学生を引っつかまえて、野天風呂にころげこんだ。写真機は勿論、頭の毛も何もビチャビチャだ。

「どうだ参ったか！」

おさまると思いきや周りの女学生たちが、大笑いして、シャッターチャンス！　とさわぐのだ、その男は現代の恐ろしさを垣間(かいま)見たとこぼした。

## 風花（かざはな）

寒さにめげず山茶花（さざんか）は冬の佳人のように、こぼれ散る。

若い連中をつれて古都京都の名刹を歩いた。日本の都で一番静かな都大路である。皆で苦吟しようか。全員は浮かぬ顔をした。

「山茶花を雀のこぼす日和かな」

「はあ、それはあなたの即興ですか？」

「これは有名な俳人の句です」

「あなたは――」

「天龍寺　山茶花こぼれ　鐘一つ――。どうかネ」

「ああ、そんなことですか……やってみましょう。ええ――天龍寺……」

「どうした？」

「天龍寺　山茶花散って　鐘三つ」

「情けないヨ、君たちは――」

「だって、鐘は三つでしたヨ」

私は俳句の話から兼好法師の〝万事を捨てずして、一事なるべからず〟の話をしようと思っていたが、聞き手が悪いので止めにした。

どこからともなく風花が舞う。

この閑雅な京都に東寺という寺がある。そのそばに、有名なストリップ小屋があるのだ。どうしてこんな名所のそばに——と思うのは私一人ではあるまい。

「昔からお寺はんのそばとかお墓に、人の集まる芝居や縁日が催されますネン。死んだお人が寂しオスのやろな、きっと当たるといわれてます。オナゴはんがスッパダカで出てきやはりますと、東寺はんの鐘がボーンと鳴りまして、オッなもんどスえ」

大きなマスクを買い求め、サングラスをかけ、オーバーの襟を立てて私も入った。しかし到底かぶりつきには勇気がない。小屋の隅の方から観ていた。

見惚れているうちに、幕の袖からチラチラと逆にこちらをのぞくのが見え、どうも様子が変なので、あわてて私は飛び出した。

「支配人が、あとで楽屋へお越し願いたいと言ってきましたが——」

「じゃバレてたのか」

「そんなもん、初めから知ってますがナ、ファンの娘もタントいるそうですセ」

案内役はシャアシャアとしたもんだ。世に有名ほど情けない、しかも厄介なことはない。私とて、そんなのどかなプライベートの時間を持ちたいが、全国指名手配ではそうもいかぬ、おまけに顔にモリシゲと書いてきたようなもんだ。

かつて一昔前、私はロケで網走へ行ったことがある。その時、これを機に一つ網走の監獄を見ておきたいと夕方、無情の鉄の扉を叩いた。

丁度、所長は今帰宅するところだが、森繁さんには是非逢いたい――と出迎えてくれた。この人は満州の法務省に籍を置いていた人で、私の放送局時代のことをよく知っていた。

「折角のことだから、皆にお顔を見せてくださらんか」

終身をこの地におくる。それは定めの事とはいえ北国の風は冷い。不気味な鍵は二重になっていた。あけて初めて中へ入った。大きな工場である。

「今、品評会への出品で、全員、夜間も勤務延長で大童(おおわらわ)で仕事さしています」

ピリピリ、笛が鳴って、〝集合――〟。私は、全員の囚虜の前で、お話を――と、慫慂(しょうよう)された。私は話はともかく、御所望ならば下手な歌でも唄いますが――、というと前にいた目の鋭い男が、〝船頭小唄たのむ〟という。

枯すすきのとくに三番を唄い始めた。

〽死ぬも　生きるも　ねえ　お前
　水の流れに　何変ろ　熱い涙が出たときにゃ

何としたことだ、そのイカツイ男はポロポロ涙をこぼしている。私もそれを見て絶句した。この世に生を受けて、この地に果てる。哀しい身の上に、私の拙歌は何とひびいたか――。

朔北(さくほく)の風は、身を切るようだった。

京都の話がとんだところへ来てしまった。

祇園の花街の真中に、馬券売り場がある。東寺のそばにストリップ、汚濁混交の世の中だ。別におかしくもないが――。

それが今日の世の中だ。

## 悲涙の会津

風蕭々兮易水寒
壮士一去兮復不還

風蕭々として易水寒し、壮士一度去って復還らず。

これは有名な漢詩の一節である。

戦に出陣し、すでに帰らぬ運命の兵士を憶う追懐の情であるが、私はヒシヒシとこの詩の情感の中に白虎隊を思うのである。

白虎隊と言えば、道に迷った十七、八歳の少年が飯盛山に立つ煙を見て、早や城は落ちたかと早合点し、自刃し果てた話が有名だが、実は娘子軍がことごとに火炎の舞う城中で奮戦し、女の身でありながら自刃し果てるこの壮挙や、世に余り伝えられぬ二本松少年隊の悲惨な戦いぶりには涙を禁じ得ぬ。

会津は実は勤王でありながら、敗れて賊軍の汚名をきせられ、悲しくも城をあけ、降伏し、やがて武士と名のつくものは全員が奥羽、下北半島に流転の憂目にあうのだが、やがて、その子孫たちは艱難の末、函館をつくり、青森、盛岡に出て後年偉大な人物を輩出するのである。

明治の記録に、会津出身の柴五郎大将があるが、この人は大東亜戦争が始まった頃いきなり〝この戦は日本の負けじゃ〟と喝破した人で有名である。

又、東大、京大、九大の三大学の総長を歴任された山川健次郎氏など、今に会津の鑑(かがみ)である。或いはソニーの井深大氏など、この方の祖父は、会津のお家柄で、しかも赫々(かくかく)の戦果をあげられた会津魂の燃えるような方と聞く。

あまた逸材を輩出している中に、井深氏と同姓の井深梶之助氏は、白虎隊のように腹を切るといってきかぬ少年だったが、年が満たぬと諭され、江戸、横浜に出て薩長の連中を見つけては喧嘩ばかりしていたが、その血だらけの後始末を米人宣教師が手当をしたのだ。

その宣教師こそヘボンである。今も使っているローマ字もヘボン式ローマ字といい、歌舞伎の田之助の脱疽(だっそ)の足を切ったのもヘボンであり、初めての和英辞典を作ったのも、このヘボンである。

そのヘボンに育てられ教えられて、ヘボンが開いた明治学院(白金の)初代学長として三十年間、つとめ上げた功績は、学問の府、会津の誇らしき語り草となった井深梶之助物語である。

新島襄と結婚した山本八重子は、籠城戦に男装して活躍したが、後、同志社を起こす賢婦である。数えあげれば切りがないが、政界に出られなかった鬱憤の人には、雪深き会津で専ら勉学にいそしんだ故であろう。

実は、この悲劇は、突然、会津が賊軍になってしまうところにある。あの有名な〝勝てば官軍、負ければ賊軍〟の一節が劇中でもうたわれるが、会津は実際は御宸翰を孝明天皇から戴いていたのである。

この事実は、テレビにも実物が出てきたが、後に明治政府は困りはて、明治三十何年かにこれをこっそり買って目をつぶろうと、当時の金で金三万円を払うといった話も伝えられる。

戦後になって、この話は公となり、今も松平家に保存されているそうだ。

とまれ、会津の五層の城は、江戸以東にはここにだけしか無いという。会津を訪ねて、今さらに、この古城を（再建だが）追慕して涙を禁じえなかった。

過日「白虎隊」のテレビの宣伝に「荒城の月」を歌えといわれ、その由来を聞いたが、明治の頃、あの有名な作詞者、土井晩翠氏が〝この貧困の極みにあって、御用命は有難い、小生もこの会津城を想うて作る〟という一文があり、仙台の青葉城とともに詩人の魂をゆさぶったことは確かである。

## ゲテモノ

世の中には不思議なクイモノが跋扈し始めた。

想像も及ばぬような、とてつもない発想である。例えば〝てんむす〟というのがある。何かと思われるだろうが、おむすびの中にテンプラが入っているというバカバカしいものだ。

その話をしたら〝イチゴ大福〟というのがあるという。大福を嚙めば餡が出てくるのは当然のこと、そこにイチゴがニューと出てきて何がうまいか――。しかしそんなものに驚いてはいかん。〝雪見だいふく〟という餅の中にアイスクリームが入っているシロモノもあると。

馬鹿じゃなかろうかと不満をぶつけたら〝金箔ウドン〟が大阪に出たという。貧富をまぜ合わせたようなものだが、金箔とはどういう気持か。キツネが金箔に化ける——たいしたシャレだ。その話をしたら、名古屋に〝黄金焼き〟といって魚とメリケン粉を鉄板の上で、純金のヘラでまぜ、焼き上りに金箔をパラパラとかけて出す。一金五万円だと。これも驚く。

世の中は、元禄か、あまりにも愚かしい富貴のなれの果て、断末魔の饗宴とでもいうか、ようやく潰え去る日本の兆しさえうかがえる。そんなことでは驚いておれぬ。海苔のかわりに金箔でまいた金箔マキ寿司がテレビに出ていた。おろかを絵に描いたようなものだ。

そういえば昔、私の友達に常人を驚かすアイデアマンがいた。当時、民放のコマーシャルで、何かいい宣伝材料がないかと、あれこれ頭をなやましていると聞いたので、私は彼を呼んでチョット聞いてみた。

「石鹼のコマーシャルなんだがネ、何かいい智恵はないかね」

「うーむ、簡単なのでは、こんなの——どうでしょう」

「えッ！　もう出来たのかい？」

「石鹼の中に、一カラットじゃ大きすぎるから、〇・八カラットぐらいのダイヤを入れて、ウチの石鹼を買って使っている人には、ダイヤが当たる——というのなんか、どうでしょう」

「なるほど、石鹼も使わなきゃ、ダイヤが出てこないからな。皆、買って風呂ででも一生懸命使うだろう。一万個に一つぐらいダイヤが入ってればいいかな——」

など話し合って大笑いしたことがある。

アイデアというか機知というか、これがコマーシャルの決め手だろう。金箔は下品な智恵だ。しかし、どういうことかダイヤも金も世の中に溢れている。私たちの少年時代には（もっとも大正時代だが）金などそうそうお目にかかるシロモノではなかった。歯医者と万年筆のペン先ぐらいで、生活の身近にはなかったものだ。でも、そんな金コンプレックスもあってか、先頃、私も純金なるものを五百グラム買ったことがある。蓄財の趣味がないのか、何となく厄介モノで、とうとう売ってしまった。これは生活の必需品ではない。ただ押入れの中でねむっている、いわば猫に小判であったのだ。

先夜、テレビで人造肉の出来るのを見たが、あまりの巧妙さに舌をまいた。肉片など一切使わず、見事なシモフリ肉が出来上がるのに目を廻したが、あれを肉だと食わされる方もいい迷惑である。

先日、三原山の噴火は、凄絶を極めた。私は山のヒステリーかと書いたが、いかにも流れる溶岩は、下品な言い方だが、山のメンスのようにも見えた。あれはどのくらいの周期で廻ってくるのか。

あの地には、実はいろんな悲劇が生まれた。人間だけは助かって、動植物は惨憺たるものであった。とくに動物愛護協会が呼びかけた、食料を絶たれた牛など、ほんとうに可哀そうで、どうなることかと気をもんだのは私一人ではない。遂に主が帰って来た。痩せ衰えた牛を見ながら、「ああ、これじゃ、いかん。こいつは十二月に肉にする奴ですワ」と。

## コク

「近頃、アノ役者を見ているとコクが出てきたように思うんだが……」
素晴らしいホメ言葉だ。

酒にもコクが出るのに長い歴史やその酒倉の杜氏の重ねる腕や、主人のたゆまぬ精進が、しみこんで出来るものだろう。

ほんとうは、その人たちが、どう生きて来たか、その中に光る真摯な態度がものをいうのだと思うが。

役者とて一朝一夕に出る味ではないだろう。一千万円の衣裳に飾られても、師匠級の鳴り物に囃されても、そつなく演れる役者はあっても、滲み出るコクが生まれるものではない。

そこには歩んできた道のりの中で、情熱が沸騰し、煮つまり、苦しみも喜びも、すべてのものが凝縮して、磨き切った艶が光るものだろう。

いずれの職業の人も、いい人生を歩まねば、人間のコクなど匂うはずもない。

辞書を引くと、コクとは濃くと書くらしい、深みのある味わい、とあるが……。

コクの中には、いささかのニガミもあろうか。まろやかな味わいの中で、ほのかに舌に残るニガミであろうか、古来大きな人物の中に、そのコクを感得するのだ。

五十八歳でこの世を去った映画界の巨匠小津安二郎氏も最後は病院住まいだった。その病床に芸術院に入られた吉報をもっていった。

その見舞いに行った某俳優に、小津先生は例のニヒルなジョークを吐かれた。

〝いや、三題咄だよ。病院へ入ったら、こんどは芸術院、まもなく次の院だヨ〟

私は小津さんの戒名は知らぬが、その友も笑いも出来ずこまったという。しかしこの方もコクのある作品とともに、コクのある人生を送った人だ。

コク——とは秘めたる美とでもいおうか。

文豪、井伏鱒二氏の名作「山椒魚」を、先生からの御依頼で、テープに吹き込んだ。吹き込んだと言えば簡単だが、読む私は月余の苦闘をしたのである。

冒頭〝山椒魚は悲しんだ〟の一行が、何としても出てこない。NHKの名作座を三十年もやってきた私だが、迷いがきてこの一行が口を出ないのだ。物みな嚆矢(こうし)に依って始まる——が、うまくゆかないのだ。それゆえ、その後が読めない。

この文章全体に匂う山椒魚の体の香りや、せせらぎの音、山の香り、洞窟の中の匂い——が、浮かび上がってこない。

このコクのある名文に土下座したのである。聴覚の芸術は、これまたむずかしい。第一、私の難関は〝間〟である。

昔、徳川夢声さんは、NHKで「宮本武蔵」を読んで満都の人を魅了した。私は一生懸命、夢声の話術の研究をした。

元来、耳から聞くことは、文字を追って読む時のイマジネーションよりいささか遅れ勝ちのものである。例えば〝がらりと寺の戸を開けた〟と読めば、すぐにも古寺の重い戸が想像出来ようが、声だけで聞けば(ラジオの場合)その目で読む速度では早すぎる。

〝がらりと(間)寺の戸を……開けた〟と私は察知するのだ。これは図式では書きにくい。つまり、古寺を想像し、その扉が浮かび、そして開ける男の顔が浮かんで来なければなるまい。つまり冒頭の〝山椒魚は悲しんだ〟が出て来ないのと同じだ。

いやはや、コクとは、何とも遠い難しい問題である。

## 英国人気質

春近し
　底知れぬ
　　冬と
　　　思いしが

どなたの句か失念したが、不思議や山の彼方からや海の彼方から春は楚々としてやってくる。梅花ことごとく萎れて桃ようやく夭々たり、小学校の歌じゃないが〽春は名のみの風の寒さ——と絢爛の春の幕開きである。

私も七十四回目の桜を見るのだが、人生転た七十数回の桜狩り、生涯とは何と短いことか。闌春というが、まことに春たけなわにこそ、時の短さを人はしみじみと感じるのだ。

花は美しい。なれば芝居も美しくなければならぬ。芝居の美しさは、これまた至難の業だ。きれいな衣裳を着たり、きれいな真白の顔を作ったりすることではない。役者が舞台に立っている心構えが第一のもの、そこには微塵も、売名や奢りがあってはならない。

生きとし生ける人間の心根が客席にひびかねば、役者としての立つ瀬もない。凛とした役者が役の中で生きている。それこそ演技を業とする者の心意気であり、誇りともいうべきものであろう。

ノストラダムスの予言じゃないが、中近東には砲音が、米国はエイズに狂い、円高で、一般庶民はただオロオロとするばかりだ。

春とはいえ、春は遠い。

「日本に静かな美しい春はいつ来るのかネ」

「さあな、ドシ難い夏がすぐ来て、またドシ難い冬が民衆の身も心もちぢませてしまうのじゃないかネ」

「識者の中には、アメリカを見習うことはおろかだという者もいるぜ」

「アメリカをか」

「そう、見習うならイギリスにならうべきだと説いているよ」

「イギリスは今は貧しい大国になりはてたのじゃないかね」

「どうして、どうして。これからの日本はイギリス風に生きてゆくのが最良だそうだ」

「どういう意味だ」

「かつて世界中に植民地をもって巨万の富を得ていたが、今はそれは消えはてたと思うだろう。ところが、各国にイギリスが持っている権益はまだまだ、世界中に手をふれずして、ゴッソリ金だけ集まってくる方途は捨ててはいない。彼らは本国で左ウチワだ。ちょっとやそっとで英国は持金を逸しはしない」

世界中に金の生る木を植えている——という説明に絶句した。

世界一の自動車はロールス・ロイスという。どう良いかは乗ってもいないので全く知らぬが、イギリスでこれ程誇り高い会社はないという。

その誇りのために今日の生存競争に破れたロールス・ロイスの会社は、遂に英国の政府が他人の手にわたることをいさぎよしとせず、買い上げて国の産業にした。

或る人が、このロールス・ロイスでサファリ・ラリーという砂漠の自動車耐久レースに出たが、人なき砂漠のど真ん中で、車のスプリングが折れて立往生したそうだ。彼は無線で救援を頼んだ。何と英国の本社からヘリコプターで、スペアをもって飛んできた。やっと砂漠の中の小さな一点を見つけて着陸し、スプリングの修繕をしたそうだ。

さて、それから何カ月か、さっぱり英国から請求書が来ない。当の本人は、あの砂漠までの飛行距離を思い、相当な額を言ってくると青い顔で待ったが、余りの音沙汰なしに、とうとうロールスのイギリス本社に電話した。ところがただ一言、返事があったそうだ。

「ロールスのスプリングは折れません」と。私は英国の自負心と同時にあのジョンブルの鼻の高さを感得したのだ。

## 美徳

日本人よ働くな。
日本人よ怠惰になれ。

日本人よ、金を貯めるな。

日本人よともにエイズになれ……とまでは言わぬが、こんな攻勢に、折角の努力も水泡に帰してしまうが如き今日この頃だ。これがアメリカの美徳か。

少年時代に働かざる者は食うべからず——と教えられたのが子供心に焼きついており、質実剛健こそ日本人の美徳と、父親から伝承されてきたのだ。拾うことはいいとしても捨てることなどは、とんでもないことと始末を心にきざまれた。

私の少年の頃は、自動車は珍しいもので、そのあとを追いかけて、ガソリンの匂いに酔ったものだが、あれから六十年、日本中至るところの空地に古自動車が捨てられている。文明の利器はめちゃくちゃに積み上げられ、それは自動車の墓場みたいだ。

東京都のゴミはまだ食えるところが充分にあるとか。その他半分はまだ使用に耐えるテレビやタンス、机、冷蔵庫など。私たち年寄りは〝やがてバチがあたるぞ〟とうそぶいている程だ。

家の中にも歴然と残し組と捨て組がいる。片や、明治、大正、戦前昭和で、包み紙でも丁寧にたたんで、ヒモはまたちゃんと丸めて引き出しに仕舞っている。

東京都にはゴミで出来た海抜三十メートル程の山がある。それは東京港に浮かぶゴミの山である。棲息する動物は主にネズミで、これがゴマンと島を占拠している。

その横に我らのヨット・ハーバーがある。しかも隣接して巨大な東京の糞尿処理場がある。コチ吹かばゴミの山から異臭が鼻をつき、北風が吹けば肥の香にむせぶのだ。甲板でのどかににぎりめしなど食ってはおれぬ。

日本人が勤勉なのは外国では余程シャクにさわることらしく、シベリヤへ抑留された一大隊が、無腰のまま収容所にいたのだが、或る日、全員に出動命令が出て土木作業だという。

この河が氾濫するので、ここから一直線に二キロ、土手を作れと苛酷な命令である。

「何カ月かかるか?」

「ハァー」

「半年でもいい、あるいは一年でも」

「一カ月で出来ます」

「バカを言うな、高さ三メートル、幅上四メートル、下六メートルだぞ」

「ただ私どもの食糧をもう少し……」

「よし」

何と無腰の団体は、昼夜兼行で二十五日間で、真直ぐな二キロの土手を完成した。

おほめにあずかるとばかり思っていたが、これを視察したソ連の将校はいっぺんに機嫌が悪くなり、誰がこんなに早くやれと言った。しかも土手と言うたのに、草や立ち木まで植えおってけしからん。

さんざん怒られて、その大隊は、またもっときびしい収容所に移送されたという。そういえば世界一怠惰な民族はスラブ系であるという。極寒の長い冬、ただ退屈のあまり、六連発のピストルに一発弾を入れ、くるくると弾そうを廻し頭にあて、金をかける。どこの国にもこんなオロカなことをする民族はいまい。そのロシアン・ルーレットをまねて死んだアホウな青年もいる。これこそ文化の貧困というか、歌を忘れたカナリヤであろう。

物質文明だけでは、日本人は満足しないのだ。永い歴史が私たちの血肉にきざみこんだ民族の誇りがあることを忘れてはなるまい。

働くことを嫌い、怠惰を愛し、一円の貯金もない民族になりさがって、何のカンバセがあろうか。

おタクの国はそれを尊しとせぬからとて、人の生きざまに干渉してくださるのは、おやめ願いたい。

## 蕗のとう

窓外に日本海の雪が霏々(ひひ)として舞っている。立山は厚い雲におおわれて、残念ながら見えないが、やがてスキー場に灯が入って何とも裏日本は（と書くと叱られそうだが）暗く沈んだ静けさである。

「君は、親まどいというのを知っとるかい？」富山の友が私に聞いた。

「いえ――」

「これは、わしら、この富山人の風習だがね、まだまだ古いんだな、この辺は――」

「それで、その親まどいというのは？」

「親が死んで一年間は、喪に服さなきゃ、親がまどうんだよ。つまり冥土へ行かれんので息子に乗り移るんだナ」

「なるほど、あんたも親まどいさせた方だネ」

「いや、わしらはちゃんと、まもっとるで」

友はようやく立山の酒がまわったらしく、能弁になった。

「これは煮びたしの鮎だが、富山県が全国で一番、一級河川が多いんだが、何と七つも大河があるんだよ。鮎で面白い話があるが、もっとも――これは今や伝説だけどネ。上の市という川が、川上へ行くと小さな小川になっていてネ、そこで娘が鮎を獲るんだが、これを上の市のおそそ獲り（ど）というて、有名だ」

「ほう」

「川幅がせまいから、娘が尻まくって川下に向って足を開いて流れにつかっていると、鮎が赤いケダシ（裾よけ）に集まってくる。そのうち真ん中の黒い毛のところを藻と間違えて入ってくる。それをパッとつかまえて獲るそうだ」

「……」

「君はさっき裏日本といったが、実はこっちが表なんだよ。大昔から大陸との交易もほとんどが日本海側だし、北海道との交流もこちら側だ。明日でも行ってみよう。海岸通りには古い大きな船問屋が一杯残っとる。今はさびれているが、大層な御大尽が多かったんだ」

翌日、古い家並の海岸通りを逍遙してみたが、大きな門構えの家の奥は、とてつもなく広い倉庫になっている。遠く立山が白く輝いてまことに美しい。

「こっちが晴れたら東京は雨だ。東京が晴れるとこっちは雪か雨、どっちも天気は一年のうち数えるほどしかないな。あれが立山だが、立山という山は実は無いんだよ。立山連峰はあるがね、一番高いのを雄山（おやま）というんだ。そこへ石をふところに、登らされたもんだ」

「石を――」

「子供の頃だが、富山の立山と、加賀の白山とどっちが高いといわれて、両山の頂上から頂上へ樋を渡したら水が加賀の方から少し流れてくるので、これはいかん山を高くせにゃ、登る人は石をもって頂上へ置いてこい！　とお布令が出たそうな。ところが口惜しいことに俺たちがオッチラ、オッチラ運んだ石を、近頃はハイカーが土産に持って下るのでどうしようもない。ハッハッハ――おい酒もって来い！」

彼は上機嫌である。

「何か一筆、この宿に書いてやってくれ」

「いや、さほどの男じゃないヨ」

「ま、そんなことは分かっとるが、記念だ」

「今日スキー場から通ってきた常願寺川は、大きな石がゴロゴロと流れて、水の中で火花を散らすのが見えると聞いたが、川下はみんな割れて玉石になってたな。あのあたり時々氾濫があるそうだが、田畑より川底の方が高いと聞いたが――」

暴れうつ　常願寺川も静まりて
日だまりに　雪どけの雫あわれ
蕗のとう　はじらいがちに
立山の春　ようやく近し

友はかたわらで、いびきをかいていた。
遠く春雷の鳴るを聞く。

## 落葉松

五月の空は、いやが上にも澄みわたって、まるで哀しいほどの空の蒼さである。

暮れ行けば浅間も見えず
歌哀し佐久の草笛
千曲川いざよふ波の
岸近き宿にのぼりつ
濁り酒濁れる飲みて
草枕しばし慰む

うらうらと陽は照り映え、千曲川のほとり、昔に変わらぬ風情が見られよう。思わず島崎藤村の詩が口ずさまれる程、天地の美が清澄な五月の風に奏でられ、人生もまた花をひらいて繚乱の姿を見せる。大正っ子のセンチと言われても、メランコリーと笑われても、そこに生きるものの生きる喜びにひたるのだ。

こんなことを書くのも、実は楽屋に届いた濁り酒のせいかも知れない。戴いた花々はおおむね蘭が多く、それらは枯れもせず美しい外国の美を見せているが、濁り酒とはどうもシックリしない。やはりレンゲ、タンポポ、可憐なすみれの野草の上の宴、花むしろこそが最高だ。四月、五月は野にも山にも詩片が舞い、この七十四歳も祝ってくれる。ついでに私も安っぽいが雅人の風をよそおい、詩作に乏しい智恵をしぼるのだ。

そう言えば、満州の春も僅かな期間だが最高の季節だった。柳絮(りゅうじょ)が舞って木精の香りを散らす、その木の下で真っ赤なタンポーラ——アンズの実を串にさし紅くそめたもの——を売っている。ところが今日この頃、こんな季節にストライキがあったり、デモが流れる。何だかきびしさが湧いて来ないようだ。

物品税ハンターイ！　この声が、棹ダケ、棹ダケ〜の呼び声に似ていて、何ともしまらない気がするのだ。

土井晩翠の詩の一節に〝天地の色は老いずして人間の世は移ろふを、歌ふか高く大空に姿は見えぬ夕雲雀〟というのがあるが、自然はまだ頑として不変を謳う。人間は恐ろしい勢いで変わってゆく。今の若い人たちには、コンピューターやワープロはあっても、詩情はさっぱり影をひそめたかに思える。

私は懲(こ)りずに、白秋の詩をもう一篇ここに掲げる。これは或いは山深き、また里近き落葉松の林であろうか。

からまつの林を過ぎて、

からまつをしみじみと見き。
からまつはさびしかりけり。
たびゆくはさびしかりけり。

からまつの林を出でて、
からまつの林に入りぬ。
からまつの林に入りて、
また細く道はつづけり。

からまつの林の奥も、
わが通る道はありけり。
霧雨のかかる道なり。
山風のかよふ道なり。

からまつの林の道は
われのみか、ひともかよひぬ。
ほそぼそと通ふ道なり。
さびさびといそぐ道なり。（略）

世の中よ、あはれなりけり。
常なけどうれしかりけり。
山川に山がはの音、
からまつにからまつのかぜ。

ひとり手酌でポツネンと酒を飲みながら、たまにはこんな詩を口ずさんでもらうとどうだろうと思う。

## 倶会一処の夜

窓外の雨には春の香りがただよう。

沿道は、宮崎一の文化人故岩切さんのお力で椰子の木が立ちならび、その間にクロガネモチの紅い実が雨にぬれて美しい。

これが宮崎第一の名物であろう。

海浜の素晴らしいホテルに招ぜられた。今夜はここで五百人のお客さまを前にして老いたるディナー・ショーを演じるのである。

部屋に落ちつくや、かねて連絡をとっておいた満州時代の友人H氏が顔を見せてくれた。この人も故郷延岡に帰って四十年に近い。今やいっぱしの名士である。頭は薄くなったが私より元気のようだ。

かつて満州国軍という満州国の軍隊があって、その参謀であった人だ。

「相変わらず年に三、四回、仲間が集まって放談会をやっとります。倶会一処です」

「ははあーこう書くんですか」

「みんな集まって一つ処で逢う。仲よくやろうということですが、ボツボツ歯が抜けるようにあの世にいそぐ仲間がいて寂しいです」

語りつきぬ話に花が咲いている頃、私は会場に行かねばならなくなったが、何故か懐しさが胸にこみあげ、とうとう打合せにない「満州里小唄」をH氏のために唄った。

〽暮れりゃ　夜風が　そぞろに寒い
　さあさ燃やそよ　ペチカを燃やそ
　燃えるペチカに　心もとけて
　唄え　ボルガの船唄を

翌朝、氏も宿泊して朝めしをともにしたが、あれこれの思い出話は、私の覚えていることや忘れてたことなど、あの無頼に過ごした大陸のことがテーブル一杯にひろがった。

「満州国軍の空軍に眼の青い白系ロシア人の軍人がいましたネ」

「そう、日露の混血で新妻東一君です。今も元気のようですが一度電話してみましょう。相変わらずテスト・パイロットで飛行機に乗ってると聞きました。あれの親父、新妻二郎中尉がシベリヤ出兵

（一九一五年）の時、美しい白系のロシア娘ヴェーラに惚れ、シベリヤの恋として新聞を賑わしましたが、その新妻中尉の息子です」

話は遠い昔に飛んだ。

「私の覚えている息子さんは、髪の毛が茶色で眼の碧い好男子でしたが、あいつが飛行服を着ると惚れぼれする男っぷりでした。お父さんの中尉は東一君を関東軍に入れたかったんです。ところが赤毛と碧い目に驚いたか、結局、混血は困る、と断わられ、満州国軍の航空隊に入隊し、終戦まぎわ空中戦も演じました。飛行機は上手だったし、たいしたヤツだったんです。それが終戦になった時、アメリカ兵につかまると、俺はソ連兵だといい、ソ連兵につかまると、俺は米軍だとうそぶいて、切り抜けた。アッパレ忠君愛国の仁でした」

私はその新妻空軍将校に当時の放送局からインタビューをしたおぼえが、ほのかな記憶によみがえる。当時、蘭花特別攻撃隊という、満軍の華に捧げたヘタクソな歌もあるのだ。が、それよりも奇しきは、昨日来たH氏からの手紙で、実は東一氏は東京におられ、テスト・パイロットをやっておられるが、かたわら某劇団に所属して演劇もやっていると。そしてもっと驚くのはNHKで始まった黒柳徹子のお母さんの話「チョッちゃん」に、当時北海道の名物といわれた〝パーン、パン、ロシアパン〟と雪の町を廻っていたロシア人のパン屋の役で、出演されているそうだ。

今、眼をとじて四十年の昔を偲ぶと、すべては幻灯のようなはかない哀愁をたたえてこの胸に迫るのだ。

あの日、南国宮崎の空はこぼれるような春の陽射しだったが、いつまでも飛行場に私を見送るH氏は一幅の影絵であった。

## 日本荒れ終い

比良八荒（講）の荒れ終い。

これは京都の春の訪れの言葉である。

三月の末に、必ずといっていいように吹き荒れる初春の嵐をいうのだそうだ。

正しくは比叡山宗徒が毎年「白髭神社」で行う講を「比良八講」といって、陰暦二月二十四日から四日間、これが今では三月の末になるのだが、丁度その頃、比叡山から吹きおろす風で大荒れに荒れる。これが京都の春のさきがけといわれてきた。

そんななかで、私は老いたる半七に扮して撮影をしていた。雨が降ったり風が吹いたり、暖いかと思うと急に寒くなったり、振りまわされるような毎日だったが、鹿鳴館が組まれ、外国人も交ぜて百人以上の出演者でごったがえす二、三日が続いた。仮装舞踏会——外人たちはそれなりにカタにはまった感じもしたが、中には京都で集められた連中、ダサイのもたくさんいて、監督は「顔を見せるナ！」「キンキラのマスクをかぶって——」と大声でわめいた。なるほどマスクをかぶれば顔は大差ない。

明治二十六年、隠退した半七は白髪の頭に、まだチョンマゲを結っている。そこで時の為政者と一騎打ちになるのだが、そこがいわば見ものである。大勢が固唾を呑む中で私の長ゼリフになるのだが、年をとると容易な業ではない。京都の春は夜になるとめっきり冷えこんでくる。今や撮影所の名物になった石油缶に炭がガンガンとおこされ、あの広いスタディオの中の唯一の暖房だ。石油か電気ストーブの方が炭よりは経済的だと思うのだが、この辺が古きを残す撮影所である。

京都の街は何とも不思議な都会である。

うんと新しい物とうんと古いものが混然と街を織りなしている。

京都のシミッタレというが、そんなケチくさいところに日本を代表する学者が誕生する。智識人の街である。古刹(こさつ)を沢山かかえて、例えば清水寺、金閣寺、三千院、苔寺等々、これらはすべて遊覧見学コースだが、あの物静かな僧正が、テレビで見ると古都税反対のむしろ旗をいっこうに降ろさない頑強な抵抗ぶりである。

このアナクロニズムも、傍(はた)で見ていると申しわけないが痛快である。

世界の一番大きな賞がノーベル賞であるが、その向こうをはって、京都賞が出来た。第二回目の去年は私も招かれて参会したが、セラミックの雄、稲盛（和夫）さん＝京セラ（株）会長＝の快挙であろう。賞金はノーベル賞とほぼ同じか、或いはちょっと上をゆく、一人四千五百万円である。第二回も外人の方ばっかりだったが、一人イサム・ノグチ氏＝彫刻家＝が入っておられた。金の使い方を知っておられる素晴らしい成功者だ。この会場のセレモニーも京都の芸妓連が出ていかにも京都風の催物があり楽しい一日だったが、私が何故招かれたか、その意を汲みかねて、宴席で稲盛さんに身近にお目にかかったのを幸い、ぶしつけとは思いながらも問うてみた。

「出る杭は打たれるという――まだ古い習慣があって、気持よく金を出しても、気持よく受け取らない人もいます。こういうことも初めは大変なんですね。いや、そんなかで、あなたが堂々と新聞に書かれたのはほんとに嬉しかったんです。私どもは最高の理解者としてお迎えしました」

私はかえす言葉もなく、その暖かい志に謝したしだいだ。

一日山の料亭で、京都の家並を見下ろすと、近代高層建築がニョキニョキと建ち、寺の影は押しまくられている。そして夜ともなれば、まがまがしい原色のネオンが古都の風情を覆いつくしていた。

それは〝日本荒れ終い〟のヤケクソさにも見えた。

## 井蛙の愚者

生活ますます贅(ぜい)を極め、民心いよいよ貧し――という世紀末的な毎日に、心を痛める者は私ばかりではあるまい。

いつまでたっても井蛙(せいあ)大海を知らずだ。

世界を股にかけ洋行しきりだが、見聞を広めるどころか、食欲のあとは性欲、そしてバスの中の惰眠でただ疲れはて、重い土産をもって帰る物欲だけで終わる。

「明日は、有名なノートルダムへ参りますが、皆さん御期待ください」

「へえー、またダムへなァ。こんなパリへ来て、なんでダムなぞ見に行かんならん。水力電気みたいもんやめて買い物にいけたらな」

「何言うとるネン。ダムやあらへん。寺やがな」

「寺なら、なおカンニンや」

こんな連中が大勢、紫の旗をおっ立ててフランスやイタリア、ドイツを廻るのだが、そんな旅から何を学びとってくるのだろう。そしてこの連中が家に帰って、外国びっくりさしたろ——と、輸出に精を出す。政治もむずかしかろう。

勝者になるよりも敗者の敗北感が人間をつくる——という言葉もある。私なぞ七十四年の生涯の中に多様を極めた波乱の出来事が満ちみちている。外地で戦争敗北の悲惨な現実を通り抜けて来た。いよいよ引き揚げとなれば人心は阿修羅と化した。隣近所もお互いの白い眼でにらみ合うようになり、ことごとに険悪な気配がただよい始めた。

手に持てる荷物だけ——ときびしいお布令、我が家の家財道具が手に持てるものだけになれるわけもない。しかし小さな子供まで大きなリュックを背負わされた。女房は〝そんなものお前が担げるのか〟という程の荷物に、飯台のようなものまで結びつけている。こんなものはやめとけ！ と私は怒ったが〝いいえどうしても要るものです〟といつになくきびしい。

長い無蓋貨車は、大陸の野を止まってはまた動き、えんえんイモムシのような裸の旅だ。人の気風は殺伐を通りこえ、誰もが泥棒のごとく見えるのか、親しかった近所の人々も無口でいさか放心したような顔。三角の目だけがギラギラ光っていた。

列車の前方から伝令が聞こえる。

〝二十分停車だ！〟

女は老いも若きも飛び降りて列車につかず離れず向こうむいて尻をまくる。真っ白な尻が一列に並んで排尿排便の壮観さは筆舌につくし難い。

貨車の中は、雨で砂糖もビスケットもずぶ濡れ、いよいよ各々が険悪になり全員悪魔のようなものだ。そんな中で女房は荷物にしばりつけた飯台をほどいた。何と！　それは飯台ではなく紙芝居の道具だ。

「さぁ、みんなお子さんは集まりなさい。気をつけて汽車からおちないよう。今日からおばさんが紙芝居を見せてあげます」

いたいけな子供のつかれた目が黒く光って一心に女房の紙芝居に見入っているのを見て、どの親も少しは気持がやわらいだが、人生の美しい一瞬であったと今も目に浮かぶ。

私たちは、井蛙に近いが、ただ今にして思えば、満州も外地だ。少しはインターナショナルな気持もある。

日本人の親が死の床で〝この子を――〟という願いに満人たちは、己れの貧しさも忘れて引きとり、家族として一人前にそだてあげた、あの功績はヒューマニズムの粋(すい)だろう。

私は先ず、あの拾いあげてくれた満人の両親家族に心からお礼と賞賛を惜しまない。

それにしても〝残留孤児〟とは何という無惨ないい方であろう。もう少し同胞としての呼び方もあろうと思うが――。

## 風が吹くとき

あまり自慢にならないが、生まれて初めてアテレコと言われるものを体験した。しかも、それが漫画に口あわせするのである。

モノはレイモンド・ブリッグスという有名なイギリスの絵本作家で、既に英国内で五十万部のベストセラーであり、世界十カ国に翻訳され、ラジオや舞台劇にもなっている。

これを大島渚氏が持って帰られ、朝日とヘラルドが日本語版を作ることになったのだ。

自信のない私は、どうして私ごときに——とおたずねしたら、イギリスでサー何とかという名優が引きうけていいます。ですから日本でも……と。私はサーもなければ、芸術院会員でもない、ただのサンで呼ばれる男だ。

名誉なことだが、実際には、私の演技の引き出しにはお粗末なものばかり、漫画の人物が動きしゃべるしぐさや、エロキューションになかなかピッタリとこないので苦闘の連続であった。お隣りの加藤治子さんは、器用なもので私を呆然とさせるばかりだ。

物語は……。イギリスの片田舎で、年金暮らしをしている、ごくありきたりの素朴な夫婦の話で、その二人の生活に、ラジオは戦争で核爆弾が落ちるというニュースを伝える。

元来のんきな旦那は、俺はかつて第二次大戦に出た男だ。安心してろ！　となぐさめながら、政府発行のうすっぺらい〝簡易核シェルターの手引き〟をもとに、ドアをはずし壁にもたせかけ、その中に毛布をしいて作るのだが、この辺にもアイロニーがある。夫婦は今にも救援部隊が助けにくると信じて疑わない。

轟然たる響きとともに家の中はチャチャチャラメチャラとなる。二人は壁の陰から便所に行く行かないでもめるが、だんだんと顔色が悪くなり、妻のヒルダは髪の毛がバサリとぬける……この映画は核に対する押しつけがましいお説教など全くない。ジムとヒルダのほのぼのとした日常が幻想的でロマンチックに、また時にはユーモラスなイメージで描かれて美しい。このあたり、全く夫婦愛というか、純愛物語を想わせる。時に背景に実写を入れたりして、近代的というより、その技術は古典的で莫大な人手と時間がかけられている。

夫婦はゲッソリとやせはて最後はジャガイモの袋に入って聖書を読むのだがナンマンダブッと同じことであろう。私は笑えぬ滑稽に逢着した思いだった。

ジムは最後に袋の中で

〝――六百の兵士は進む〟というテニソンの詩を謳いながら映画は終わるのであるが、私は初めてこの詩が一八五四年、クリミヤ戦争でイギリスの旅団六百人が、彼らに下された命令の愚かさを知りつつも、ロシアの砲兵隊に突撃し全滅したことを歌った、愛国的な詩だと教えられた。

そして、この漫画は終わるのだが、それから長い長い製作者たちの字幕が写る。恐らく一本の線を引いた人や絵の具を溶いた人まで入っているのだろう。その間をデビッド・ボウイの唄声が妙に明るく哀しく、ずうっと流れるのである。この映画を監督したのが、何とT・村上さんという二世の日本人であることをつけ加えておかねばなるまい。

ただ、残念というか、これでいいというのかという疑問がわいた。この素晴らしい漫画を日本の大劇場ではみなキャンセルしたそうだ。故に映画館で見ることが出来ない。何という情けない国だとつくづく思った。

英国ではサッチャー首相はじめ大方の政治家が絶賛したのに、日本では誰も試写会に顔を見せなかったのは何を物語っているのだろう。

## 忍冬

蚊の声す　忍冬の花　散るたびに　蕪村

忍冬とはお茶花と言われている。

にんとうと言う人もあるが、茶席ではにんどうという。スイカズラという日本名もあるが元来は中国の産だそうだ。その香気たるや庭に一本あるだけで人は心をうばわれるという。昔は、粋人がこの花をきざんで包み、ふところに入れたそうだ。紫色の針葉型の花である。お茶花では五月、六月の花で雨花と言われている。

実は、名古屋の古い料亭の庭に一本咲いていて、これを愛でる人が集うと聞いた。一本枝を折って一輪挿しに入れ、テーブルはようやく雨の中に上品というか、高尚な酒盛りとなった。その枝の下にちょっと、ほたる草があしらってある。ほたる草の花袋にホタルを獲って一匹入れると、ぼうっと青い光がさし、得も言えぬ情緒がある。都会の子供たちの知らぬ、草深き里の子供たちのメルヘンでもあろうか。

私が子供の頃、兄から習った歌に「王様の馬」というのがあった。その二番に、

〽山のふもとの　七(なな)村に
あおぬめごまの花咲けど
人に別れた若者は
今日も今日とて　すすりなく

これは西條八十の初期の作といわれる。この歌で世に出た人だとも聞いたが、大正の初期、帝劇の芝居の中で歌われたものらしい。

私は何の意味かも知らずに歌っていたが、あおぬめごま＝青い滑胡麻の意だが、滑胡麻(ぬめごま)は亜麻(あま)の異称と書かれている。いわゆる雑草で馬が好くものだとも聞いた。

かつて、マレーにタイに出陣した部隊について多くの新聞記者が従軍したが、その記事の中に、名もなき草は紅(あか)く咲き——とか、名もなき鳥は歌う、などと書かれていたが、名もなきどころか、ちゃんと皆名前があるのに、勉強不足があんな記事を書いて、草も鳥もさぞや腹だたしいことであったろう。草花の大家、文化勲章の牧野富太郎先生ならずとも、身近なことで知らずにすましていることが多すぎる、と叱られても返す答えもあるまい。

私は庭に伜と一緒に井戸を掘った。近所の人が来て、むやみと井戸は掘るもんじゃねえよ——と注意されたが、別にそこからお化けが出たことはない。聞きつけて筒井づつのいいのがあるから差し上げようと、四方みかげ石の井戸側をいただいた。そうこうするうちに「ウチに長いことありました織部焼のつるべを差し上げましょう」という。

白と緑のロクロだが、まだ色は美しい。それに棕櫚縄がとおり、つるべは銅製でおそろしく古い。何でも徳川時代のものという。

井戸には竹を割ってフタをあんだ。そしてその側にトクサ（木賊）とツワブキ（石蕗）を植えたら、いささか茶人の趣にひたれた。そのあたりに一本、忍冬の木が欲しいところだが、贅沢を言えば切りがない。この間、織部焼をつるす格好のいい木が腐ったので、枯れた梅の木をこれにあてたが趣さらに増し、時々この小枝に花がつかないものかと思う。織部焼のつるべを見ながら、古田織部ノ正のことを思った。

このえらい人は後に殺されるのだが、お茶の席を一座建立と言ったので、私たちが杉本苑子さんの「孤愁の岸」をやる時に全員をしっかり引きしめるために、稽古場に〝一座建立〟と書いて、士気を鼓舞したのを思い出した。

そう言えば〝忍冬〟の二字もいい。

## ユダヤの名言

ユダヤの物語「屋根の上のヴァイオリン弾き」の芝居のおかげで、ユダヤの本を少しばかりかじった。中でも大変感動させられたのが、『ユダヤ格言集』（実業之日本社発行）だ。

これはタルムードという、五千年もの歴史の間に、賢明なユダヤ人たちが、書き寄せた名言集だ。

例えば、

〝金持ちに子供はいない。ただし相続人はいる〟

いかにも辛辣である。

〝舌には骨が無い〟

その骨のない舌に、人はどれ程ダマされ、どれほど翻弄され新聞に汚名をのせることか。

〝人は転ぶと、坂のせいにする。坂が無ければ小石のせいにし、石が無ければ、靴のせいにする。人はなかなか自分のせいにしない〟

子供がグレるのも、無頼をはたらくのも、何かというと、教育のせいや学校のせい、ひいては先生のせいにしたりする。

学者で社長の有田一寿さんが『いのちの素顔』（教育新聞社発行）という本を出された。拝読していろいろと感動したが、〝すべてのものの生命の尊さと絶対性を認めた上で、人間のいのちの尊さを考えるのでなければ、人間尊大の思想になってしまう。その行先は、思いやりや謙虚さのない砂漠のような人間社会が出来あがってしまいそうな気がする。いつ、どこで、どんな環境の中で生を受けたにしても、一つの生命は尊く絶対である〟――と。

この確信こそ教育の原点であろうと、喝破しておられる。私はウーンとうなったのだ。

井深大さんの話だが、赤ん坊は生まれて母の胸に抱かれ、二つ三つが人格の出来る大事な時だと言われているが、そんな時に母の胸の鼓動も聞かず乳房の中に顔をうめることもなく、ただ放り投げられて、母さんはアルバイト、いや遊びほーけていたのでは、幼児の魂が既に孤独の中で、さみしさに薄ら寒い思いをしているのだ。そんな育ち方をしている子供には、人情もうすれ、思いやりの心など生まれるべくもない。

三つ児の魂、百まで——とは恐ろしいたとえだ。

万延元年三月三日、降りしきる桜田門外、粉雪の中を大老井伊直弼の駕籠がゆく。「天誅」の一声、ピストルはうなり、「逆賊覚悟」と叫んで駕籠を刺す。

水戸浪士十七名による大老暗殺、幕末は正に血塗られ狂乱の時代となった。これが七年後、会津、飯盛山に自刃する二十名の少年、腹を屠(ほふ)って痛哭の果、十六歳、十七歳の生涯を終える悲劇となるのだが、即ち、これが維新の幕あけとなるのである。

今の若い者と、あの頃の少年たちの間に去来したものと、どうしてこうも違うのだろうか。幕末は総じて若い。松下村塾の吉田松陰は三十歳を出たばかりで他界し、高杉晋作は二十七歳で肺を病んで死ぬのだが、十五歳で元服した少年たちも、考えや行動など堂々たる大人なみだ。近頃は中学生の自殺が多いが、彼らの自刃と、似て非なるものである。

さて、ユダヤといえばイスラエルであるが、先年家内は雲ゆき怪しい中近東をシャアシャアと旅行してきた。ただイスラエルは、入国は拒まれなかったが、パスポートにイスラエルの印を押されると、あのあたりの国は入国を許さぬという。どうしたものかと迷ったそうだが、そこは良くしたもので、入国ビザの折、別紙をくれるそうだ。つまりイスラエルでもよく知っているのだ。たくさんの古い歴史のあとを廻ってホテルへ落ちついたが、イスラエル人の話では、近頃は、若いジュウイッシュも駄目になりました。勉強もおろそかにして、ダレていますと。

世界の流浪民族であったユダヤ人も、国が出来ると、こうなるのかとしばし思いあぐねた。

# 第八章　帰れよやわが家へ

## 死ぬための生き方

凡夫の私には、死生観などという諦観もない。ましてや〝死〟に対しての達観などあろう筈もない。ただ不思議なことに〝死〟を恐れるという気持は減った——というより、だんだん無くなりつつあることは確かだ。それが七十という歳の故かと考えてみるのだが、さりとて自ら死の世界に飛び込む気持などさらに無いのだから、或は七十の見栄かとも思うのだ。

ただ、この辺を少しつまびらかにしないと些か舌足らずになるので、何とか自分を解剖しながら書いてみたい。

正直、私は六十代には、もし死んだら——などと考えたこともない。一寸でも身体が悪いと、もっとも生きてるということを確たる前提にして、やたらと病院通いをしたのだ。ところが、それもいつかは薄れて時折真剣に〝死〟を考えている自分を発見するのである。これが七十四歳の心境だ。

先ず、ふと驚くことは、徐々に夢というか、野望というか、情熱が薄れてしまったことだ。大概、寝床へ入ると身近なこと或はいくらか近い将来のことに、楽しい夢想のひとときがあり、いつとはなしに眠りについたのだが、どうしたことか何も出てこない。実にサクバクとした味気ない不眠がきて、右へ左へ身体を廻しながら、割合に意味なく悶々とする。これはあきらかに生への讃歌ではなく死への鎮魂状態であるに違いない。

私はここで、ついこの間冥府へ行かれた一人の知人の話を書いて置きたい。

その人は次男の嫁の父で、その年まで有名会社の代表をされ八十一歳を間近にして身罷(みまか)られたのだが、その一年前頃から、実に几帳面に死への準備をされた人だ。書類から手紙の整理まで。そして先ず葬式は自宅でやれ、葬儀屋は一番安いのでいい。

然しこれには子供たちが反対した。お父さんのことだから恐らくエライ人たちがお見えになると――然し氏は頑として拒否された。坊さんは一人、葬式は短く。続いて畳を二部屋取りかえろ。タンスは向うの部屋へ。花は家族だけでいい。この前から頼んだモミジの枝は伐ったか？　まだです。一寸起こせ、俺が伐る。弔問の人がひっかかるのだ。とうとう、鋸を持ち出して自分で三十センチ程の枝を伐られた。それは痛々しい姿だったと御長男は私に話された。

俺は家の畳の上で死にたい、決して病院に入れるナ――と、いわれても子供たちは救急車を呼んで病院に運び、最後まで意識はしっかりしていたが、入院後三日目に逝くなられた。その引出しには、整然と整理された知らせるべき人々の住所録があり、あとの人は俺の書いた永別文を刷って手紙だけでよし――と。

これ程までに自分の死を直視した方に、私は初めて逢った。

私はお葬式の日、戒名のない俗名の位牌に、氏の気高さを感じながら、最後のお別れをした。その顔は耳たぶまで痩せて、ほんとに骨と皮だったが、一文字に結んだ口は、英邁の志がまだ生き生きとしていた。

〝死〟とは何だろうと、今さらに思うのだ。それは天への旅立ちの日か。或は一切の終極であろうか。残念ながら私に宗教はない。なればこそ来世への道など定かでない。七生報国の念などもない。故に孤独な死への凝視が待っている。

それが近頃、余り恐ろしくなくなったのだ。今、瞬間に死と向かいあっても、キザに聞こえるかも知れぬが左程の動揺はない。むしろニッコリ笑って「色々ありがとう」ぐらいいって終焉を迎えたいとそれのみだ。

かつて、南洋の島々を訪うて、海上にニョッキリ敗残の姿を見せる艦船や、戦車、砲の無惨な姿を見てきた折、ニューカレドニヤの在留邦人の方々と夜を徹して語り合ったが、その時「人は死者のために生きる」という言葉が期せずして一同の口から出た。

この南海で海の藻屑と消えた幾百万の兵士たちが、その最後に何を祈ったか、その祈りの成就のために、生き残ったものは、その生を送らねばならない。

これは、私も心にひびき納得した。

〝生きる〟それは美しくも華やかな人生の謳歌に他ならぬが、実は生きることは地獄だと考えても決しておかしくない。

庭に百日紅（さるすべり）の老木がある、推定二百年という。その老木が、今年は満開の花を飾っている。

老木は静かなり
今日もまた絢爛の花を飾り
天を摩して物言わず

何百年の命の
　今年もまた咲きほこる
　　いぶかしや
　この小さき命
老木の下に、やすみて
世の常の何とあわれなる

己が悟らずして、死に向かえるか、いずれはくる、その日に恬淡として、その時間を迎え得るか。

目下の最大の希望こそ、そこにあるようだ。

## 敬老の日に考えたこと

丁度、この原稿の依頼を受けたのが〝敬老の日〟だった。

近頃、何かというと敬老の日と殊更らしく喧伝をするようで、(私も老人に違いないが) 実は余り面白くないのがホントウのところだ。元気で陽気な百歳の人生——それも結構だが、でも老人はテレビに出されたり、村長や町長や区長の訪問をうけて、必要以上に大きな声で、

「おじいちゃん、お元気で何よりですネ」

とか、

「おばあちゃん、百歳のお気持はどうですか？」

などと若いヤッからシラジラしいことをいわれても、別に有難くも、さして嬉しくもないだろう。ときめつけると、なかには不満の方もあろうかと思うのだが、私にはめんどくさいことと見えて仕方がない。事実百歳の老人たちは、余りいい顔をしていないのだ。御覧になった方々もうなずかれようがテレビでも、同じこと許り何ベンも聞く——と機嫌が悪かったり、さっきもいうた、——と憤然とした百歳のゆがんだ顔をしばしば見るのだ。勿論その年寄りの方も同じことを何ベンもいうのだが、ただあのヨソヨソしいおセジも聞き手の若い連中が〝わたしたちも年取ればそうありたい〟という願望を意味もなくシャベっているだけのことと見える。

〝わたしゃ勝手に長生きしているのだ、放っといてくれ〟というのが年寄りの本心でもあろうか。そこへ歯の浮くような幼稚な質問を聞けばシャキッとしている年寄りたちは、口には出さないがバカにしているとしか思わぬのも当然だろう。

年を取るということは、いずれにしてもだんだん孤独になるということである。そういえば、たった一人誰の力もかりずに静かに終点を迎える——その心境は人には語れることではあるまい。実は本人も自分にさえ納得させにくい複雑な問題なのだから。

ヒガ目かも知れぬが、周りは心の片隅で（いつまで生きてるつもりか）と口にこそ出さないがそう思っているのを察している風だ。

ついこの間、アメリカの映画で「ソイレント・グリーン」という映画があった。今から五十年もさきの話だったようだが、チャールトン・ヘストンが主役である。ジェームス・メイスン扮する博士が安楽死を望んで、その殿堂に入って行くのを彼が見つける。そこは一世の最後に見る夢のような場所で、美しい景色や音楽が流れ、知らぬ間に極楽にゆくところである。私は強烈な印象を憶えた。娼婦がいっぱいいて、命を充分に謳歌しながら死んでゆくのだが、実は作品はもっと惨酷なものだった。人間社会にいよいよ食いものがなくなり、死体が最後はビスケットになって出てくるという話だ。持てる日本では考えもつかない話だが、弱者保護は勿論有難いことだ。決して間違いとはいわない。しかし死へ向かう孤独な道のりを私たちは誰とも語れなくトボトボと歩くのである。それは孤独を越えた全くの峻烈な凍りつくほどのひとりぼっちなのだ。

「さびしいもんやな、シゲさん一緒に行ってくれ」といった山茶花究の臨終の話を又も書くようだが、例えば独房に入れられた囚人の孤独は、やがて出所という日もあれば、完全な孤独でもあるまい。それよりも、うすうすガンだと知っている己の運命を知りながら、ただ一人、ベッドに横たわる患者のことを考えるとはるかに私は胸が痛い。

人間の末路なんて、何一つ幸せなものはない。先日、出光計助翁（八十八歳だが）と同席したら「生きていることは概ね苦痛だけです」といわれたが、この大老人が——と私は身にこたえた。

こんなに働いてきた——、こんな良い仕事もした。これ程皆を喜ばした者はいない——、いずれも、それは健康な時のウワ言だ。歴史はニベもなくそんな功績を忘却し、ふみにじるように人をきびしい孤独の淵に落しこむ。輪廻の哲理か。さりとて、今さら南無阿弥陀仏を唱えたり、天にまします——もいえない私は、ただ罪深いこと許り夢想して苦しまぎれな死の瞬間を迎えるのだろう。

孤独の淋しさから私を支えるものは、ほんとうは何だ。私は真剣に考えているのだ。

さてしかし、ここで絶望ばかり書いていても何の香（かんばせ）もない。鮭も卵を生んで死ぬのだ。カマキリも交尾のあとに女房に食われて生涯を終る。人間とて些か長いだけで、さして変りない。ただこれを欺瞞しようとして、野球を見てもゴルフをしても払拭出来るものではない。ヨロヨロと孤独がつきまとうばかりだ。ただ僅かに己を救うものは、一人で本を読むくらいが最上の方法だろう。

話は変るが、この間ある人の航海日誌を読んでいたら東支那海で沈没した船でたった一人十日間も大海に漂流していて救われた人の話があったが、その男は観音さまの大信者で、必ず自分を救いにくると信じて疑わない人だったそうだ。つまりこの人は孤独ではなかったのである。

大海原にほうり投げられた時に、自動無線が働いていてＳＯＳを発信しているとか、僚船の姿が見えるとか、自分がこの大海に孤立していないことを知っている時には、自分の命を永らえることが出来るが、誰も知らないとなると直ぐにも死ぬという。到底普通の神経ではその孤独には耐えられない。現実の生活だって、大勢人がいる場合は群衆にまぎれてゴマカしながら生きていけるが、たった一人になって、山の中とか、大海の真ん中では、孤独に耐えられなくなって、命はあえなく終る、という次第である。

日本人というのは、どういうものか働いているうちは生きてる――という考えがあるものらしい。老人がたった一人で海の上で釣りをしている時も、山の中でたった一人で木を伐っている時も、文士が机の前で文章をひねくっている時も、決して死に直面するような孤独ではない。そこには友達のような仕事があるからだ。

では孤独とはどういうものか。

それは蜘蛛が自ら糸を切り、丸くまるまって糸で己の身体をつつみ、外界とのすべてを遮断して——、つまり一切の未練を断って風にふらふらゆれているようなもんだ。

さて、ならば孤独とは、そんな悲惨なものか——、でも私はそのオブラートのような薄い命に身をまかせ、その孤独の中で自慰にも似た奇態な喜びが時々走るのを察知するのだ。そんないわば陰湿な曲りくねった生きものの最後の臭い喘ぎとしか思えない、自分の吐く孤独の毒薬を自ら吸い、もう決して目覚めることのない土に還る最後のタメ息のようなものではないのだろうか。

文士でもなければ、詩人でもないタダの男が、人生の最後に読者もない空虚な長嘆詩を書くのがせめてもの孤独の所産であろうか。

白秋ですら、あの生涯の最後に〝ほんに一人は耐えられぬ、一人は淋しい、淋しい〟と泣いて死んだのだ。

## 文化の町こそ

東京は黒い。

関西は白い。

これは風土の故だろう。海岸へ行っても白砂の海辺の阪神の渚と、砂の黒い鎌倉、材木座あたりの海辺とはまるで海の感触が違う。それればかりではない。武蔵野の林も関東ローム層という赤土と火山灰の黒っぽい土地だ。比べて阪神の白砂青松は、ミカゲ石の産地というか御影あたり、六甲山麓のあの白い砂の故で美しい白さだ。さりとて、白い砂浜にも詩感が無いわけではないが、武蔵野の木陰の斑（まだら）を受けて歩いての詩情はつきないものがある。

江戸っ子は開放的というがどうだろう。どこか陰鬱な百姓くさい隠蔽（いんぺい）主義を感じる。それにつけても関西は開放的な明るさがある。これも光の故だろうか――。

そのくせ、関西の人々は庶民の生活が開放的の故か、やたらと口ウルサい。ペチャペチャと他人のことをあげつらう口数の多さには閉口する。そこへいくと関東の人間のほうがいうなればコザッパリとしている。内心はわからないが。

私は父が江戸の旗本だから、いうなれば生粋の江戸っ子だろう。母は、大阪の古い大商家、阿波屋の娘だから、これも生粋に違いない。両股の大阪っ子である。私の血の中に東西の血が入り雑じって、東京が好きとも大阪が一番ともいいにくい。ただ、江戸も全国から押し寄せる他県の人間で、あの江戸は影がうすれ、僅かに下町あたりに何となく匂う程度となった。あとは色もの（落語家など）の連中が、あの古めかしい露地裏で朝顔に水をやったり、近所だけで親しく晩菜をやりとりして仲がいいくらいで、あとはアパートという不思議な独房にとじこもって隣近所には無縁だ。ここに東京の街を象徴する不人情な個人主義がうごめいていると見る。ところが、これもいいという人が多い。繁雑な人間関係を厭（いと）う人間が増えてきたのだろう。もっともこれは大阪あたりも同じかも知れぬが、大阪は人前では様子スルという風習がなくなりつつあるようで、どのあたりから入りこんできたのか遠慮も羞恥もかなぐり捨てていささか野卑な感がある。ただズウズウしいのだけが残って、大阪の持つ浪花のやさしさや色あいを忘れはててしまったと思うのは私のヒガ目か。

東京にもそんな気配がないでもない。何だか土足で人の家に上りこんでくるような無法なものが、今日の流行か。私は耐えられない。

とまれ都会の中で、まだ東京には緑が多い。川は大阪と同じで汚れはて、空気もきたない。それでも五月の緑は都会人に一服の清涼剤だ。

私は東京都というのにいささか引っかかるのだが、便利さにつられて人間が最も素朴なあたたかい心や勤労を厭いはしていないか、ついでに人情もだ。こう叫ぶのは大正あたりの人間の寝言かも知れぬ。

東京に過ぎたるものが――東京タワーであり、無数の高速（実は遅速だが）道路であり、地下鉄であっては情けない。

私は自己宣伝するわけじゃないが、修学旅行にきた子供たちが、「東京でしか見られないモノといえば『屋根の上のヴァイオリン弾き』です」と、あのミュージカルを学校ぐるみで見にきてくれた先生が「これと、鎌倉を見て帰れば充分です」といわれた。何という利口な人たちだろう。私は心から嬉しく思った次第だ。

東京というからには、古く素晴しい文化の所産を誇る――とこじゃないのか、高層建築の偉容にばかり気をとられるところじゃない――と、思うのである。

# 絢爛のプリマ

キリ・テ・カナワの独唱会にご招待をいただいた。ロータリーでご一緒の英国人、マクドナルドさんの会社ロレックスからご招請をうけたのである。ところが残念なことにキリ・テ・カナワを知らなかった私は「ソプラノは疲れますナァ」などと非礼な返事をしたが、彼女が世界屈指の有名なボーカリストであるとはつゆほども知らなかったのである。

久方ぶりに私も首をひねって高いカラーをし、フォーマルな姿になって家を出たのだが、これを〝ハイカラー〟と呼んだ語源のごとく、何ともタキシードは窮屈なものである。

「音楽をやってる方など、みな燕尾服ですョ」と女房がいう。宮廷の音楽会などでは、ハイカラーで首の回りを不自由にするのが貴族のたしなみだといわれた。そういえばTシャツを着た時より気持はシャキッとする。

さて、背筋をピンとして何となく鷹揚に、素敵なサントリーホールに入っていった。ところがタキシードを着ているのは私一人で、あとは場内のバーテンダーだけだった。

キリ・テ・カナワ。何とも不思議な名前だと思っていたが、この歌姫はニュージーランドのギスボーンに生まれた人で、お母さんはヨーロッパ系の女性だが、父君はマオリ族の出身である。故にこそキリ・テ・カナワという名前がついたのだが、今やイギリスの最高栄誉のデイムの称号を叙せられている。デイムは男性のナイトにあたるものだ。だからデイム・キリ・テ・カナワといわねばならない。

彼女はチャールズ皇太子とダイアナ妃の御成婚式で得意の美しいノドをお聴かせして、両殿下からことのほか賛辞をいただきデイムを頂戴したのだ。

その歌姫はまだ現れない。ようやく客席が静まると、頭のハゲた人懐こい顔のジョン・ホプキンスが現れ、拍手の中に実に日本的なお辞儀をして、さっとタクトをあげ、一曲、モーツァルトを演奏した。万雷の拍手がおこる中、ようやく彼女のお出ましだ。

何と素晴しいイヴニングだ。私たちは日頃TVの凝りに凝った歌手たちのイヴニングを見ながら実は俗っぽい演歌を聴かされるものだが、これは全く違った。落ち着いた暗い紫のラメで、首の回りに燦然ときらめく宝石は真偽のほどはともかく五彩に光る。そしてその上の顔が良い、なかなかの美形である。

彼女はつぎつぎと歌った。何とも鈴をころがすような半ばコロラトゥーラの歌い方で、しかも気取らぬさりげない歌い方に好感がもて、忘我の時間を持った。プログラムを開けば〝美しき声は、わたしたちを幸せにする〟と書いてあるが、ほんとに俗悪な世間を離れた一瞬であった。

ヴェルディの「柳の歌」、ヘンデルの「気を落さないで」「つらい運命に涙はあふれ」。そんななかにヴェルディの「アヴェ・マリア」があった。私の横に渡辺暁雄さんや芥川也寸志さんが居られたので一つ一つ歌の聴きどころをうかがいたかったが、所詮、「枯すすき」や「知床旅情」の俗唱家には無理で、これはほど遠いハイクラスなものである。

世の中にはこれが人間業かと目を瞠(みは)る素晴しい歌い手がいる。私も生きている間に、シャリアピンも、カルソーも、コロラトゥーラのガリクルチも、そして藤原義江や関屋敏子も聴くことが出来た。

私は今、「恋人よ我に帰れ」という古いジャズメンの話をテレビで撮っている。ところが相当古いジャズの大家も、この「恋人よ我に帰れ」LOVER COME BACK TO MEはジャズの曲だとしか知らない。が、実はこれがオペラで、というかオペレッタで、ニューヨーク、メトロポリタン劇場で上演された「ニュー・ムーン」の主題歌であった。それが映画になり、メトロポリタンの大御所、ローレンス・ティベットが歌ったのである。私はそのレコードを後生大事に持っていた。でも今はティベットといってもほとんど誰も知らない。星移り人変りである。音楽の変遷も甚だしい。

私たちの学生時代は4ビートといって、ゆっくりしたテンポだった。それがロックの誕生と同時に8ビートになり、今や16ビートという気の狂うようなケタタマしさである。ところが不思議なことにまたゆっくりした曲も甦って静かなブームになっているとも聞く。

そういえば私たちの学生時代は一町に一軒はビリヤード屋があったが、その4ビートともいうまどろっこしい遊技も姿をかくしパチンコが跋扈した。ところが最近またビリヤードが密かなブームだという。つまり歴史は繰り返すのである。

## 金富良瓶（コンプラ）

過ぐる夏のお中元にコンプラ瓶を贈って下さった方がいた。長崎からである。かつて私は、トルストイが日本の醤油瓶をこよなく愛し、庭の花々をさして楽しんだという話を聞いたことがあるが、箱の中には金富良縁起としてそのことを認（したた）めた栞が入っていた。

コンプラとは、ポルトガル語のコンプラドールを略したもので、仲買人という意味だとある。十七世紀後半に長崎でオランダ人やポルトガル人を相手にした仲買商人が「金富良商社」を設立し、醤油の輸出を盛んに行っていたそうである。コンプラ瓶はその時の容器で波佐見焼、染付白磁の徳利である。以前、一度古道具屋で見たことがあるが、あれは模造品であろう。

寛文八年（一六六八年）、一隻のオランダ船によって長崎からヨーロッパへコンプラ瓶に詰められた日本の醤油が初めて海を渡ったのだ。これが後年、外国でもカクシ味として料理に用いられた話はつとに有名だが、向うへコック見習いに行ったいまや名だたるシェフも、この醤油を入れるところは最後までなかなか見られなかったという話もある。

さてこの醤油だが、これほど封建的な商売というか、土地にしっかりと結びついたものはない。九州へ行くと、この海でとれた魚はいちばん美味いのだと誇張し、当地の醤油で食べてください、これに勝るものはない、とうそぶく。私はタマリのようなその土地の醤油がどうにもなじめなく、普通一般に売っている醤油につけて食べればどんなにか美味かろうと残念に思うのだ。ところが次の市（まち）へ行くと、もう醤油が違う。そしてそこでは、子供の頃からその味で慣らされているから天下一という。私たちの子供の頃は、醤油はカビの生えるものと相場が決っていた。家では小豆島の醤油が一番だとして台所にあったが、青カビがすぐに浮いた。

話は変るが、小林桂樹はカバンの中に常に醤油と味の素をしのばせていて、どこへロケーションに行っても自前の味で食べていた。「ああ、これは有難いな、少し貰うか」というと、決って厭な顔をしたのを思い出す。

そんな意味もあって、「芳醇な味と壮大な南蛮ロマンを心ゆくまで御堪能下さい」と書いてあるが、私はなかなか金富良醤油の瓶の栓をあけない。

麦と大豆を日本画風にあしらい、大日本長崎港JAPAN・SHUZOYAとかかれた優雅な船来風のビンを見ているほうが何となく倖せのようだ。

「醤油はグルタミン酸ですから、お宅でアイスクリームをお作りになる時も、二、三滴たらしてください、ぐっとクリームの味がよくなります」と、キッコーマンの社長と対談した時に教わった。なればこそ、バタ臭い外国のスープにも合うのであろう。

醤油は中国ではジャンユーといって日本のものとよく似ているが、中国産はどうにももうひとつピンとこない。米国ではソイ・ソースといっていまや大変な需要だが、これはみなアメリカ生れの日本製だ。かたくななヨーロッパ人は隠しながら使っているのだろうが、醗酵したソースとして今や大量に輸出されているのは御存知の通り、もう金富良醤油ではないのだ。

私の芝居を演出にきたアメリカ人は、「ライスがおいしい、醤油をかけて食うと最高！」と日本貧乏時代の再現を目の当りで見せた。中学生の頃、わざわざデパートの食堂に行き、ホワイト・ライスを五銭で求め、食卓のソースをかけて食ったのを思い出したほどだ。

私は目の前の金富良醤油を有難いとは思うが、トルストイのように桔梗などを一輪さして賞でたいと思うばかりで、味見したいとは思わぬ。

些か宣伝めくようだが、社長はこうもいった。「たとえていえば醤油はニスですな。そこへゆくとソースはペンキです。ニスは下地が見えて光ります、ペンキは中の木は何でもいい」と、なかなかうがった見解である。「うちの醬油は日進月歩でございます。もう今年のものは去年の味とは少し違っています。昔の醬油など飲む術もありませんが、それは大変な違いです」といわれてマルキン、ヤマサの苦労もしのべるのだ。

戦前、兄貴がビフテキは醬油とワサビで食うもんだ、といって私たちを煙にまいたが、今や帝国ホテルでは、ステーキにもハンバーグにも醬油とワサビがついてくる。ホースラディッシュはもう古いのだ。

つい最近、どこかで引き揚げられた古船の遺物から、コンプラ瓶が大量に揚がったが、歴史は海中に眠っていたのか。

## 明治を尊ぶ

私の若い頃は、貧富の差が顕著であった。今はそのけじめもさだかではないが、昔は概ねが貧に馴れていたせいか、貧しさというものに泣いたり悲嘆にくれたりはしなかったようだ。わけてもウチの女房などは、厳として貧に耐え、いろんな工夫を凝らしたものだ。

「こんなものばかり食べていると栄養失調になるワ」

と彼女は魚屋に行き、恥じらいもなく捨てたサバの頭を貰ってくる。

「さあ、あんたがた裏の小川へ行って、これでザリガニを捕ってらっしゃい」

子供たちは間もなくバケツに半分ほど、グロテスクなザリガニを捕ってきた。それを器用に洗って、大鍋で茹でる。

「こうしなきゃ、恐ろしいジストマ菌がいますからネ」

時折、衛生の知識も披露するのである。

やがてパン屋から分けてもらったパンの耳でパン粉がつくられ、ザリガニのフライは出来上るのである。

当時病床にあった祖母も、「アラ！　エビの配給があったの」と、ダマされて美味そうに食べたくらいだった。

それればかりではない。やっと学校へ上ったばかりの子供たちの履物には相当弱らされたらしい。ある日、空缶の中でコールタールが煮えている。どうしたのかと聞くと、「靴をこしらえているんです」という。

厚いキレを靴底型に何枚も切って、その一枚ずつにコールタールを塗って張りつけているのだ。そのコールタールも進駐軍が捨てた乾電池の上についていたものだ。そしてラシャの端切れでカバーして、生意気にリボンまでついている。アッパレの知恵だ。

わが家も雨には弱かった。スレートの屋根が割れて、どこがもるのか、梅雨の時などにはほんとに困った。

さて女房のヤツ、どこから手に入れたか、これも進駐軍のダンボールをゴマンとボロ乳母車に積んで貰ってきた。

「このダンボールは間にコールタールが入っていて強いから、家の屋根に敷いて下さい」

私は今にも足を踏みこみそうな屋根に上って、それを敷きつめた。私の労力と真鍮の釘代だけでちゃんと雨に耐えた。

話はかわるが、私の遠い親戚というか、親しい友人に岡田乾電池の御曹子岡田旭峰氏がいる。この人は京大の理学部を出た秀才だ。不運にも病を得て、長い間療養されていたが、その間に絵の精進をし、今では外国に沢山のファンをもつ大画伯になられた。若い頃は抽象画ばかりだったが、今はメルヘン調の、何とも美しい風景画にかわっている。先日、個展にお招きをうけ、お茶を飲みながら、先ほどの進駐軍乾電池の話などをして一時を過したが、帰りに氏は「親父は大酒呑みでしたが、松下幸之助さんと親しくて、松下翁が父のことを書いてますのでヒマな時に読んで下さい」と『ＰＨＰ』の一冊を渡された。

私は車中で、いかにも明治人同士という躍動するような気持で拝読した。

若き日の松下さんが、親しかった岡田さんを訪ねられた。

「こういう……つまり今までより大きな自転車用のランプを考えましたが、これに入れる角型の電池を、造ってもらえまへんやろか」

「ほほう、新しい製品ですか？」

「実は、その電池を一万個タダで戴くわけにイきまへんやろか？」

「へえ、一万個ですか？」

「実は、私、この一万個を売るより見本として全国にタダで配布して、年内に二十万個売って見せます。もし売れまへん時は、一個もまけて戴かんで結構だす」

「あんさんのような交渉は初めてです。もし年内に二十万個売れましたら一万個ノシつけて差し上げます」

それがなんと年内に四十七万個を売ったという話だ。

年があけて正月二日、岡田さんは紋付き羽織、袴で松下家を訪問して、「松下さん、お礼に参上致しました」と、水引きをかけた乾電池一万個分、千五百円に感謝状をそえて持参されたという。

何とも心あたたまる、いかにも明治の人たちの心の豊かさがうかがえて惚れぼれする話だが、これは単なる物の取引ということからは生れないものと、幸之助翁は述懐しておられる。

人生に心と心の通いあいがなければ、その大部分がなくなってしまうといわれる翁たちの話に、国内ばかりでなく外国との経済摩擦を考えあわすのは私一人だけではあるまい。かつて松下翁のいわれた「金が出来たら徳も積め」を、また今さらに思うのである。

## 叙勲

この年になって叙勲の栄に浴した。

勲二等瑞宝章と身にあまるものを桂林一枝の男に賜ったのである。

あまりピンとこないので、ただオタオタしていたが周りの人々がこんな重い章はありませんと口をすっぱくして教えてくれる。

「あなたが死んだら霊柩車には白バイがつきますよ」とか、「昔なら汽車も電車もタダだったがJR

になってダメになった」とか勝手な話をしている。

その勲章の受章の日には私は名古屋で芝居をしているので欠席する他はない。配偶者で——つまり家内代理ではいけませんかとお伺いしたところ「陛下から戴くのを代理とは何事か、そんな人は一人も居りません」ときびしいお達しがあった。それでもどうやら許されて、家内が一張羅を着て代参で出かけて行った。陛下も御病後で、皇太子が代理であった。こちらも代理のクセにバアさんはいかにも残念そうであった。

勲章で美しいのは日本が一番と聞いた。やはり手工業で一つ一つに何十日とかけて作るそうだ。真偽の程はともかく、赤いルビーが七つもちりばめてある、それはズシリと重い感触であった。これで紫綬、紺綬の褒章二つと合わせると三つになったが、さてこれをつけて行くところは——どこにもない。

無理につけていっても、芥川龍之介の「侏儒の言葉」じゃないが、軍人は小児に似たり、勲章をつけて——云々と野次られるのが関の山だ。

ただ戦後、一切を焼いてしまい先祖からのものは何一つない引揚げ者の家庭だったが、この中に私を語る、たった一つの宝物が出来たことは事実で、後世に伝え得る、この国からの栄誉に感激しているのだ。息子の代、まあ孫の代までは我が家の誇りと至宝の喜びを伝えてくれるだろうが、やがてはいずこともなく立ち消えてゆくことだろう。

先ず何よりも喜ばしいことは死の枕頭に拝受したものでなかったことだ。生きている喜びである。

手に取らば
そは珠玉(たま)のごと輝きて
ころがり消ゆる　朝の露かも

と下手な感懐を詠んだが、これは書かでもがなのことであろう。

こういっては何だが——、誠に有難いが何とも厄介なことも多い。方々から寄せられたお祝の数々、花々、これをそのまま知らぬ顔の半兵衛とほってもおけぬ。あたたかい友の顔やお客様の心にどう応えたらいいのか。

演劇界では珍しいこととして些か波の立つのも感じられた。松竹歌舞伎の方は余り面白くなさそうだが、東宝は大喜びだ。ただでさえ芸術院などに入れてもらった者などとんといない私たちの周辺では、歓喜の声がこだまする。芸術院は殆ど全部歌舞伎の独占であるのも解しかねるが、加えて人間国宝とか何とか、歌舞伎役者の世界には総花がつけられている。不愍(ふびん)なのは歌舞伎以外の一切の役者たちであろう。所詮は水と油の交らぬ間柄でもあろうか。

ただ恬淡(てんたん)として我が道をゆく、そんなところへ天から落ちてきた此の度の叙勲である。

映画「吉田茂」を撮っている時、総理は賞勲局長を呼びつけて、皇太子殿下の英語の先生をつとめられたバイニング夫人の叙勲について、

「バイニングさんはショジョか？」

と聞かれ、局長は赤くなりながら、

「バイニング夫人と申されますから、一応はミセスではないかと存じます」

「何をいっとる！　ショジョとは初めての叙勲を初叙という、それを聞いておるのだ」

といかにも吉田総理らしいウイットのあるお話をうかがった。

いずれにせよ有難い破格の叙勲だが、日本の文化行政やその財源はフランスの何十分の一と聞いた。GNPでは日本を一とすればフランスの文化財政は十倍である。日本の文化が萎縮して世界に恥をさらすのも宜（むべ）なるかなと思うのだ。

いずれにしても戦後、文化国家を標榜したことは忘れ難い。文化を卑しみ低く見て何の国家ぞ――と叫びたい。

金持ばかりが文化人だとは言語道断だ。にもかかわらず、そういった気配の萌芽に身を寒くするのは私一人ではあるまい。

文化の所産を売り買いすることなど、またそれを己の宝庫に埋没させることなども、決して文化人のなすことではない。

新しい二十一世紀の国造りに金持のなお開眼を願うばかりである。

## 極彩色

正月といえば、我が家では一年のうちのたった一日の神事である。榊を新しくし、標縄（しめなわ）を飾り、酒などあげて、いずれの神がおわしますかは定かでないが、おろがみ奉るのである。

奈良の都に限らず京都もそうだが、王城の地は等しく同じ築城のようだ。

正面は黒亀、即ち宮殿であり、必ず山があって北に座す。南は朱雀というて、これをつらぬく道を朱雀通りという。そして黒亀の前には朱雀門、朱雀の前には羅生門がある。その通りの幅は、昔のことながら何と雄大な道路で今でいう二十車線もある。

東は川で、ここは青龍の座、西が白虎の座を表す。これを四神相応という正しい宮殿の造りと聞いた。勿論もとは中国あたりからきたものであろう。北は黒、東が青、南が赤で、西が白だ。相撲の大ブサを見れば一目瞭然である。

中国にはもう一つ黄色がある。これは中央を意味するのか、宮殿の屋根瓦はみな黄色である。かつての満州国の国旗は黄色の地に東西南北の黒白、青赤であったような気がする。

別にこんなことは知る人ぞ知るで、書くほどのこともないが、白虎隊を演じた時、ついでに会津史をひもといた。玄武隊、青龍隊、朱雀隊が活躍したとは書きつらねてはなく、ただ白虎隊のみ大きく報じられていたのもいぶかしい。

先夜、日本歴史を専攻している若い教授がきて、「あなたは有名な〝春日若宮おん祭り〟を御存知ですか」と問われ、浅学の私は教えを乞うた。

これは八百五十年前から奈良に伝わる壮大な芸能家たちの祭典であることを知った。能狂言は勿論、軽業にまでおよぶ、あらゆる芸事を集めた大神事で、役者の私が知らぬことを深く恥じた次第だ。ここでは観客席が芝生で、芝生に座って見る。そこから芝居といわれるようになったそうだ。これが明治の後期、椅子にかわり始め、やがてその前列の前に補助席が出て雪か
ぶりなどと、相撲の砂かぶり

を真似ていわれたりしたのだ。

私は七年ほど、大陸、昔の満州にいたが、所かわれば品かわるというが、日本では黒い色は物を忌む傾向があるが、中国では黒は神聖な色としてあがめられていた。早い話が、河でもアムール河、すなわち黒龍江は澄んだ美しい河という意味で黒龍といった。くらべて松花江は白水として白濁を意味し、嫌われる色でもある。なれば黒星はあちらでは勝利を意味するのかも知れぬ。

蛇足かも知れぬが、宮殿を黒亀（こくき）というが、日本と同じ亀は万年の意を表して、やたらと廟や宮殿の装飾品などにもたくさん見られる。私の友達の中国人に聞くと、亀、とくにスッポンの甲羅など、どこの家も天井からつるして乾してあるという。何に効くのかと聞くと、利尿剤として最高だという。恐らく腎臓の薬だろうか、私は試したことがない。

過ぐる年、テレビや映画で〝吉田茂〟や〝鈴木貫太郎首相〟という偉人の足跡を追ったドラマをやったが、その中に宮中の行事が度々出てきた。その時に、御前会議があったが、その都度、テーブルに五彩のテーブルクロスが敷かれた。これも真っ白でないのが不思議に思えた。これには黒は入ってなかったようだ。そのかわり、紫が入ってたように記憶するが、あとは原色だった。

これも何かに起因すると思うのだが、菲才、つまびらかではない。ただ朝鮮の葬式時ののぼりに似ているようだ。しかし何故あの厳粛な儀式めいた御前会議に、あのような極彩色のテーブルクロスを使うのか、子供のオモチャのようで、あまりシマリのないのが不可解でならない。

しかし、そんな人為的な色の配合よりも、自然の色の配合の微妙さには舌を巻く。蝶々の羽根の美しさなどどうだろう。時には黒い蝶々の羽根などには怖くなるような怪し気などぎつさを発見するし、また熱帯魚の絢爛な色の配合なども、誰に見しょとて紅鉄漿(かね)つけてといった天然の美には頭がさがるのだ。玉虫のように神秘な色もあり、小鳥たち、とくに南方の鳥たちの目をうばうような凝った美しさにも驚く。まるで水にたらした石油の広がりのような色の祭典である。

とまれ人間の創る色のとり合せにも、ヴォーグというか流行があり、昔とは大きくかわったようだ。そんな中で、いちばん無統一でキタナラしい色は街の広告ではないだろうか。何とも救い難い繁雑な色に攪乱されていると見る。私たち芝居のポスターも、十年一日の如くどぎつい幼稚さから脱却していない。

## 春風駘蕩

正月は暖い日が続いた。

白い陽の光が梢を通して梅の蕾に春を告げている。私は病みづかれた身体をその陽の中にさらして静養これつとめていたが、久方ぶりというより五十何年ぶりかの私には静かな正月であった。

聞くともなしに聞いていると、何とドルが値上りして百三十円までできたと騒がしい。アメリカも日本も、いや世界中、私たちの知らぬところで、誰かが操作しているなと凡人には思えてならない。この雑文が本になる頃にはどんなになっているのか、国の将来も気になるところだが、どうにものみこめぬ年が明けてゆき、今年もまた大急ぎで暦を吹き飛ばしてゆくことだろう。

何の変哲もないウチの庭も、つい三十年程前に、坪九百円で買った櫟(くぬぎ)林であった。聞けば、それが気の遠くなるようなウン百万円だというから、泣いても笑ってもいられない。

これも誰かの策謀か。

日本は住みにくくなった。

だからといって、棄民にでもなって外国にでも住まいを変えるか。ハワイ、米本土、カナダも、オーストラリヤ、スペインまで、日本人は世界各国どこでも買い漁っていると聞く。しかしほんとうに、その異土の果てに、ポツンと心安らかに生き、かつ死ねるのか。

友人の画描きさんが、スペイン人と結婚し、スペインのロンダという美しいところに住んでいるが、近頃、スペインの城や景勝地を日本人が沢山買いにきていることを書いてきた。歓迎はするが永住するなら、まずスペイン語を少しでも勉強してこなければ一か月も辛抱できんだろう――といってきた。

当然なことだ。ハワイあたりとは大違いだ。

仕事もせずにノホホンと生きていると、不思議に世の中が少し見えてきていささか狷介になる。

アメリカへ留学で行くなら結構なことだが、ニューヨークなぞ、臭くて汚い都だ。おまけに誰があなたを守ってくれるか――今やあんな物騒なところはない。ピストルなしでは歩けぬというところがいっぱいある。地下鉄なども身に危険を感じるには充分だという。

日本では夜中、年頃の娘さんが一人で乗っていても誰も奇異な気はしないが、向うの地下鉄では、うっかり酔って寝ていれば身ぐるみはがされたり、刃向かえば血だらけになり、誰も仲裁に入って助けてはくれない、悪くすると終点あたりで冷くなっているくらいのもんだ。

それじゃ食い物が美味いかというと、大味というか、なべてハンバーガーなみとでもいうか、あの味に慣れなければ暮してはいけぬ。つまり一流の文化国家というが、日本に育った私たちには家が広い、庭が素晴しいだけでは納得しかねることだ。

まあ食い物のことはいいとして、一番厭なのが病気だ。アメリカはエイズ患者数十万、日本はまだ何十人と聞く。

こう書いて、ようやくわかったことだが、どうもこれはあくまで年寄りの言い分で、若い人に待てはない。まあどんどん生涯を果てるつもりでアメリカでもアフリカでも行ってもらいたい。私はあくまで、今一番いい国は日本だと信じて疑わない。

終生ここに生き、ここに死ぬ気だ。早い話が一寸外国へ旅行しても直ぐ帰ってきたくなり、帰ってくると、ああ極楽と思う。進取の精神のない男だ――といわれても結構だ。

しかし、その私でも若い頃は、外国といっては大げさだが満州国に七年も住んでいたことがある。もっとも当時、満州の方が住宅は近代的だったのだ。水洗便所で、ガス、水道、ところによっては温水も出たのである。食い物は日本より充分で、つまり、日本人がうどん一杯をすすっていた時、昼から中華料理を食ってご機嫌だった。だが、今は知らない。

いかに家も国も狭かろうが、日本は世界一良い国だといいたいばかりにクダクダ書きつらねてきたが、ひとは好き好きだ。

ただ一つ、昔から漬物の美味いところは、人間がズルイといわれてきた。よくよく考えてみると、せっせと上手に、しかも金をかけて漬物を作り、樽に仕込んで、庭の土を掘って埋める。戦争にでもなれば、彼はそのまま何処かへ逃避し、乱治まれば、またもどり、土穴から漬物を出して食うというのである。故に漬物にセイを出すところは総じて人間がズル賢いと——大方は泥棒や乱暴者がいいふらしたことかも知れぬ。

## 春宵、科学夜ばなし

一本の錆びた鉄片、実は刀剣らしきもの（千葉県市原市の稲荷台古墳から出土）だが、レントゲンをあて、古い歴史をまさぐろうと躍起だ。しかし歴史は、私どもにとって余りにも遠い世界で、渾沌としており、なかなか真実を見せようとしない。よくよく考えれば、百年の昔のことでさえ実はさだかではないのだ。千年も昔のことを土の中に求めても朽ち果て霧消の一歩手前では、哀しいきわみである。

或る日、何百年、何千年の昔の姿を再現できたらと、夜空の星を見て考えた。

今、私の目に入るあの星の光は、何千、何万年の昔に輝いたものだと学者はいう。もし百年もかかった光ならば地球の反射光線がその星にあたり、地球にもどってくるのに二百年が必要だ。私たちは科学の力でこの反射光線を分析できれば、遠い昔の幻想は真実となって私たちの前に出現すると、思うのである。

千光年の星を探せば、二千光年の昔が映る。

「糸川博士、これは考えられませんでしょうか？」

「あなたは役者さんでしょう。フム面白いことを考えますナ、ハッハッハ」

ロケット博士との会話はそれだけで終ったが、私はあの時以来、実は二十年近くもたっているが、まだ信じて疑わず、そのSFの世界を夢想しているのだ。

暗いドームの中に、歴史学者をはじめ、野次馬も入れて、

「今日は徳川時代がいいと思って、一週間ほど星を探しました。出来れば、織田信長あたりが面白いと欲を出しましたが、適当な星が見つからず、方々探しあぐねているうちに、スクリーンに不思議な人物が咆哮するのを見つけました。一瞬、おや！　神代が出たかと、とどろく胸をおさえて調整をしましたが、その日は雲が厚い故か、スクリーンが鮮明を欠き、やむなく中止しました。次の日、川中島の合戦を捕えました。なんとこれが、目下のテレビ武田信玄とは大変な違いで、目を丸くしました。私の見た印象は乞食の群れのような修羅場で大将信玄公の顔は探しようもありませんでした」

その夜、満天の星は美しく、自然は勝ちほこったような姿をしてて私をせせら笑っていた。

私は都会では場所が悪いと考え、この大きな機械をいっそ北極にセットしたら、もっと状態がいいだろうと考えた。

あまりのバカバカしさに読者のお叱りをうけそうなので、この辺でやめる。

しかし科学は面白い。私のような幼稚な男でも、星に月に、下手な詩も感じ、また科学することもあるのだ。ただ孫たちにえらそうに話してもあまり乗ってこない。どういう教育をしているのか残念だ。私のような大正男は、実はもっと単純な勉強しかしなかったが、それでも明治・大正の夢があったのだ。それらは今の連中の遠く及ばない破天荒な科学夜話だったと自負している。ためしに月でも対象に実験してみる気はないか。

さて、ついでのことながら、わたしは子供の頃、村の小川や小池で、アメンボウ、あの小さな足の長い（六本あったか？）小虫が水の上をスイスイといとも気楽に滑っているのを不思議な目で見とれたことがある。

さてさて、あの虫の足の裏はどうなっているのか。空気袋でもあるのか、あるいは油でも出ているのか、あるいは表面張力か、これは学者に聞くとして、後足で蹴りながらスゥイーッといとも気持よさそうに滑るのが、なぜか不思議でならなかった。それがやがてだんだん大きくふくらんで一つ大型のアメンボウを作り、それに乗って太平洋を一気に航海してみたい衝動にかられた。結局、私は石をつかんでアメンボウに投げつけてみたが、かるく体をかわされ、大波小波を難なくこえ、草の陰に逃げられてしまった。

〃先ず目の前の小さな科学に目を開け〃これは後年、中学の時に宗方という博物の先生から習った言葉だが、今もこの老生徒の頭に滅びずに残っている。

そう思えば、今の子供は忙しすぎる。何に見とれるヒマもなく、塾の行き帰りに立ちどまるところはハンバーガー屋あたりだけ、ただ疲れ、ただ眠る。いうなれば勉強しているようだが、無為にも近い〃時〃をすごして、やがて年をとるのか。もったいないような人生の展開と終焉だ。

世は爛漫の春。

目のさめるような赤、紫、黄色の花々、あの花たちは木の根に、草の茎に、染色工場を持っているのか、あるいは土中から、あの目のさめるような色素だけを選って吸い上げているのか。切りがないからやめるが、春宵、老人のたわごととばかりはいえまい。

## 水と緑

自刃せし　魂よいづくぞ　花あらし
　塚も泣けよと　降りしきるなか

六月梅雨の名古屋公演は、御園座に「孤愁の岸」を開けた。濃尾三川、木曽、長良、揖斐(いび)川の氾濫は、昔からこの時期にこの地帯に惨禍をもたらし、この穀倉の地の住民は涙の中に誰うらむ術もなく泣いたのである。徳川幕府は目の上のコブの薩摩藩の力を弱めようと、この治水工事をやらせるのが、この物語である。杉本苑子さんの直木賞受賞作品だが、何と男まさりの御性格か、見事な武士たちのセリフに役者は一瞬どころか暫くとまどうほどのものであった。

杉山義法氏の名脚色と相俟って、素晴しい芝居が出来上った。ただ風水害というが、あの河川の氾濫のスペクタクル・シーンは映画を取り入れて、客席からアーッ！　という喚声がもれる洪水のシーンは、昔のキノドラマと違って流石(さすが)「八甲田山」や「海峡」を撮った監督だけあって、その特殊撮影に一週間の余を費し観客を興奮させたのである。演出の森谷司郎氏も、この芝居が終って間もなく、宿痾のガンでこの世を去ってしまわれた。

しかし、名作品は残った。

この「孤愁の岸」も、来年正月には再び帝劇で再演するが、何と久しぶりに男の客が多く、その人の涙をしぼるのだ。

先日、畏才丸谷才一氏が書かれていたが、男が泣くような芝居が全く無い、というか、歓迎されぬというか、いずれも女座長のマッタルい不倫の芝居ばかりで、氏がいわれるように人間的な感動に欠けるものばかりだ。

さて、嬉しかったのは、明治まで箝口令でもしかれていたか、膝元の鹿児島では、誰も口にしなかったという。あれは天下をとどろかす薩摩隼人たちが、鋤鍬かついで土方の仕事をしに行ったのだと、勝手に卑下して、総奉行の平田靱負(ゆきえ)の実家など、石をぶつける奴も居たという。また、あの血と汗の大事業を敢行した武士たちは、町のいじめに耐えかねて島から島へと逃げた者もあると聞く。明治になって初めて、東郷平八郎の書が大きな石碑に刻まれ、百名近い当時の死者も浮かばれたのである。しかしそうとはいいながら、何となく箝口令の後遺症は尾を引いていたのだ。この度、再度の名古屋公演で、あの壮士たちが植えた千本松原が国営公園になって、水と緑の会館と、大きな塔ができ、この三川を見下す景観をほしいままにすることになった。そして、なんと私が選ばれて名誉館長になった。いささかカド違いの感なきにしもあらずだが、これも芝居のお陰であろう。

国営公園、これは国がお金を出して作り、管理をする公園という。続いて国立、国定があるそうだが、まずもって名誉なことである。

三十年ほど前、北海道知床半島に行き、「地の涯に生きるもの」という、戸川幸夫氏の『オホーツク老人』を映画化した。その折、口ずさみに作った「知床旅情」なる拙歌が流行して冷汗三斗の思いをしたが、あの映画や歌がキッカケとなったのか、知床は国立公園にえらばれた。思えばこれで二度目である。

濃尾三川の国営公園は、あれだけ立派なものをこしらえて、まだ一%の出来という。あとの九九%は、と問うと、上(かみ)は犬山から下(しも)は海まで、膨大な大計画である。年間二十億をかけて百年かかるという。

今にして思う伊勢湾台風のあの恐ろしさ、この一帯が荒れ狂う海と化して、沢山の死者を出したことは、まだ名古屋近在の方々の胸中にあざやかだが、なればこそ、この芝居に寄せる気魄も一段と大きい。遅ればせながらも立派な堰堤(えんてい)も出来たが、自然の前には人間は蟻のようなものだ。その大潮の引いたあとに薩摩の志士の白骨が出たという話に、私は慄然とした。

しかし、こうして人口に膾炙(かいしゃ)されれば、薩摩の志士の魂も浮ばれよう。わが立つこの一尺の芝生の上にも、悠久の歴史は刻まれているのだ。だが悲しい哉(かな)、人々は何も知らずに、志士たちの植えた千本松原で、のどかな川を見ながらハンバーガーを喰らう。人目につかぬ大樹のかげなぞ、モゾモゾ若い青春は何をしておるかわからぬ。

ある者はその土手の上に出来たアスファルトの道路の上を男女相乗りで猛スピードでオートバイを飛ばす。別に悪いとはいわぬが、何も知らなすぎでは、時には罰も当ろうぞ。

## 白い壁

近頃の差別用語の問題には、私たちも泣かされている。

私の気持の中に一粒ほどの差別意識などない。その皆無の役者たちに、アンマはいかん女中はいかん、片ビッコもいかん、まあ無理にも従えといわれれば「ハイ」というしかないが、どこのテレビ局も、ひたすらこの問題が喧しい。国語審議会の誰が責任をとっているのか、ヌエのような恐ろしさだ。

さて、そんな時に、私は私なりに差別感を味わわされた。Hというスポーツ新聞を見せられ些かガクッときたのである。

実はそれは鹿内春雄氏の葬儀をのせた記事である。先ずその新聞の見出しだがH新聞は「鹿内フジサンケイグループ葬、森繁ら参列」

〝ら〟というのは、あきらかに役者の私に対する蔑視と見た。恐らく文句をいえば、「いやーあれは私たちの、あなたへの親近感からですヨー」と抗弁するだろう。が私がいいたいのは、従来の習慣で呼び捨てでも結構だ。でも、……ら、というのは文章を書く人間のすることではない。例えば、森繁たちとは書けんのか、それなら目をつむる。

始終、新聞、雑誌で呼び捨てにされてきた故か、私はさして驚かなかったのだが、家族たちはおさまらない。同じその文中に女優の森光子さん――と正しく書いてあるのに、父よあなたは何故これを黙るのかと、シツコイ攻撃である。

仕方なしに、「ハワイへ行ってみろ」といってやった。

「もし、もし、わたし山田さん、あんたモリシゲ?」

というじゃないか。あれと同じだよ――。と逃げたが、日本語の一番むずかしいところだろう。また、新聞の不見識でもあろうか。××ら賭博で捕まる――の時に使うものと同じに聞こえるのは私のヒガ目か。

そういえばスポーツ紙など新聞の見出しはダジャレ風のいただけぬものばかりだ。時にどう読むのか迷うことさえある。シャレもいいが新聞にも品位があろう。編集局長の真意を伺いたい気持が湧く。

この間、新聞紙上を賑わした奥野前国土庁長官の靖国神社参拝に関する発言問題だが、私は与野党いずれのシンパでもないが、野党の諸兄の発言には些か心寒いものを感じた。隣国がイチャモンをつけてくるのは致しかたないが、日本の野党まで夜郎自大になるほどのこともなかろう――と常識的に思うのである。同時に中国の識者もどうかと思われる。

私の誕生日は五月四日。満州にいた頃は、白い柳絮が舞い、長い凍てつく冬から解放された喜びに人々は心から酔う季節である。

そんな頃、私たちの社宅は、畳を替え、壁を真っ白に塗りかえてくれて、いかにも清々しい気分になるのだが、私はそんな一日、誕生日を我が家で祝ってもらう習慣が出来た。日満蒙露それにアメリカの二世と、アナウンサー・プールは民族の寄り集り、それらの連中を呼んで一夜、いいたい放題、飲み放題で侃々諤々の楽しい時間をもつのがならわしとなっていたのである。

そんな日、家の四つになる男の子が、塗りたての真っ白い壁に魅せられたか、エンピツでシュウシュウと絵らしきものを描いた。

「今日はお客さんのくる日じゃないか！　折角の壁に――。バカめ」

私は心ならずも子供に一パツをくわせ叱った――と、そこへ、満人アナウンサーの張さんが入ってきた。

「ヤア、ヤア、いらっしゃい、ささ上って」

「坊や、どうしたか、何故泣いてる——」

「いや一寸行儀が悪いものだから、今叱ったんだ、さあ、どうぞ」

「何故、お父さん叩いたの?」

しようがないから、ことの顚末を手短に話した。

「モリシゲさん、こっちへきなさい!」

彼は私を壁から離した。

「ここからアノ壁を見てみなさい。大体白いじゃないか、大体白きゃいいじゃないか、おこることはありません」

私は、この時に、中国の大きさをいやという程知らされた思いがした。これが中国の哲理と、私はその言葉を胸深くしまいこんで宝にした。

その中国人の新聞局長がテレビで抗議していたが、これにはガッカリさせられた。あの心の広い中国人がこんなイチャモンをつけるのか——と。〝大体白きゃいいじゃないか〟、というのが私の真意だ。

〝そうそうコマいことに言いがかりをつけられては、言論の自由がチヂム思いがする〟ばかりだ。

## 美文

明治のたわむれか。

大正のたわごとか。

つまらぬ戯言に、若い人たちには一笑にふされたり、憤懣を感じられる方もあろうかと気になるのだが、病後の三か月は全く何することもならず、手あたり次第に本を読んだくらいのことだ。が、何とその今どきの本がどういうことか、権威も作文の妙にも酔うほどのものが一冊も見当らぬことが残念でならなかった。

ではお前の好きな本はどういう本だ、と迫られるかも知れない。これはノスタルジーでもあり、大正のセンチに間違いはないが、例えば、ここに昔、中学で習った上田秋成の一冊の本がある。その中の「夢応の鯉魚」の一節を書いてみたい。

> 我此頃病にくるしみて堪がたきあまり、其死たるをもしらず、熱きこゝちすこしさまさんものをと、杖に扶られて門を出(づ)れば、病もやゝ忘れたるやうにて籠の鳥の雲井にかへるこゝちす。山となく里となく行(き)〳〵て、又江の畔に出。湖水の碧なるを見るより、現なき心に浴て遊びなんとて、そこに衣を脱去て、身を跳らして深きに飛(び)入(り)つも、彼此を游めぐるに、幼より水に狎たるにもあらぬが、慾ふにまかせて戯れけり(中略)。
> 不思議のあまりにおのが身をかへり見れば、いつのまに鱗金光を備へてひとつの鯉魚と化しぬ。あやしとも思はで、尾を振鰭を動かして心のまゝに逍遙す。まづ長等の山おろし、立(ち)ゐる浪に身をのせて、志賀の大湾の汀に遊べば、かち人の裳のすそぬらすゆきかひに驚されて比良の高山影うつる、深き水底に潜くとすれど、かくれ堅田の漁火によるぞうつゝなき。ぬば玉の夜中

の潟にやどる月は、鏡の山の峯に清て、八十の湊の八十隈もなくておもしろ。沖津嶋山、竹生嶋、波にうつろふ朱の垣こそおどろかるれ。さしも伊吹の山風に、旦妻船も漕出（づ）れば、芦間の夢をさまされ、矢橋の渡りする人の水なれ棹をのがれては、瀬田の橋守にいくそたびが追（は）れぬ。

私はこの美しい文章が好きなのだ。

実は、この文を孫（高校生）に読ませたら「完全にわからないけど好いワ」と、うけたが、我が家の中年たちはおおむね興味をしめさないのに何となく時代を考えなおした次第だ。

すでにこんな美文も立ち消えるかと、何となく気がおさまらず、やはり語るべきは明治の人かと、米寿のK氏を招いて、そんな話をしたら、この上田先生は中国文学の大家で、と詳しいお話をうけたまわり、ついで私が長い間探した名文をお送りすると、明治三十六年、帝国文学所載の藤岡東圃の一文を戴いた。

遊子学んで二十余年、たゞ惑ひに溺れ、
既に現在に飽いて、また当来を懼れ、
疑惧煩悶、衣食も安からず。
ひとり一介の笠に苦しみの頭を包みて、
千年、年毎に新たなる旧都の春にさまよへば

柳緑花紅、更にわが胸を痛ましむるかな。（中略）
金城鉄壁の迹　桃の花うつろひて、
春草萌ゆる処たまたま瓦片散りぼひたる。
伏見　桃山　幽鳥の囀るに任せて、四海併呑の雄図も淀の水泡と消えたりや。
あゝ英雄の事業、大は即ち大なれど、
「時」の前には　たゞ風前の燈火

悲しきかな、生滅の鬼は日に日に人を餌として、恵も、罪も、望も旭の霜と溶け去りぬ
英雄の偉業、消ゆるは卒都婆の文字より早ければ
為すなき一生　あなはかなしや
秋風吹けば、梢の木の葉ちりぢりに、
互に急ぎ相逐（あ）ひて、もとの土にぞ帰るなる。
（中略）
英傑は我のみ立てて、世人を土埃と散らし　大聖は我を空しうして、世人の為に棄つ。
英傑死すれば、世人は背き去って顧みず、大聖世を去れども　世人は幾度もまた大聖たり
生死流転は　わが前に雲煙よりも淡く、
真如実相の月ぞ常しへに明かなる。（略）

余りしつこくてもいかん、と思うので、この辺で明治文学は擱くとして、私をはじめとして今の若い人は恥ずかしながら不勉強だ。

明治のたわむれでもなければ、大正のたわごとでもない。

## 得ること　与えること

天下晴れての休みに肩の凝らない本を読むともなしに手に取った。忙しさにかまけて普段あまり手にしない本と親しむと、摩訶不思議なことに思いもかけない新しい発想が湧き立ってくる。

ここにご推奨したい本がある。私と同じ年格好の方が書かれた『海辺のパラダイス』（朝日新聞社刊）という清々しい随筆集である。著者は元玉川大学の先生の小平尚道さんで、『老人の祝祭日』という気のきいた随筆集に続いて出されたものである。この方は今はリタイアされて房総半島の南端の小さな漁村に住んでおられる。ご夫妻ともアメリカ育ちである。俗気をぬけて無欲の中に実は研ぎすまされた人生を重ねている方とお見うけする。

随筆集の中の「御神火が見える」の一部を抜き出してみる。

〈……不安な時には、こんな次元の低い会話を喋って、モーツァルト・ラフでもすることが最高である。アメリカ人に言わせれば、こんな時こそジョークが必要だと言うだろう。ジョークというのは、私たちの生活の中で、不安の時に最も必要だということは、日本人にはなかなか分かってもらえない。なにも喋らないでジーとしているより、ずっとよい。宗教改革者ルターは、「独りで沈黙しているより、

井戸端会議でだべったほうがよい」と言っている。〉

また、「韓国人の微笑み」の中で、

〈……アメリカの教育雑誌に「教育というのは、ユーモアを解する人間を作ることである」と書いてあったので、その雑誌を友人の教育家に見せてやったら、この意味が分からず、つまらないことが書いてあるというような顔をしていた。〉

とあり、さぞ苦笑されたことであろう。同じ随筆の中で、戦後五年目にドイツを訪れたとき、フランクフルトからスイスのバーゼルに向う汽車の中で幼稚園児と一緒になる話がある。その子供たちが大事なキャンデーを食べようとした時、見ず知らずの大人たちにも「どうぞ」といって分てくれたという。

〈彼らは、「持っていない人がいたら、必ず分ける」ことを、小さな時から学んでいるのだ。私たちは「取る、取る」という生き方しか学んでこなかったのではなかろうか？〉

と述懐しておられる。

〈勉強するということでも、知識を獲得することである。金を得るために、地位を得るために、名誉を得るために……得るために、得るために教育されてきた。これが、貧しい日本人の心をつくっている一つの原因かもしれない。私たちは、日本の小学校で、一年間かけて、モノを他の人と分けることが大切であるというような教育を受けたことがない。〉

と手きびしく指摘している。

さりげない書きっぷりだが、その含蓄のある一行一行に、私は何度も深夜まで読みふけったのだ。

今、私たち庶民が心を暗くするような日米や日欧との経済摩擦も、土地のバカ上昇も、外国の不動産買いも、すべてこの顰蹙（ひんしゅく）を買う行為は、「得る」の根性から始まったのではないだろうか。他人の、否、他国の静かな平和の中にまで泥足で財布を腹にまいて攪乱していいはずはあるまい。

さて、思えば人の生涯なんて短いものだ。下宿の二階で一升瓶を横に味気ない正月を過ごしたこともある。それは間もなく自分も召集をうけるかも知れないという、はなはだ心落ちつかない正月であった。また、外地で生れし国をいささか偲び、意味なく過ごした正月もあり、ヘドロのような敗戦を経て懐しの祖国に舞い戻り、厳寒の中でボロをまとい彷徨（さまよ）い歩いた焦土の中の正月も経験した。今は不思議と満ち足りた人並の日々であるが、さりとて私にはもう若さはない。どこからか索漠とした風が吹いてくる。倖せというものかどうかもさだかではない。

ただ反省させるものは、はたして私の知る人たちに、何かを少しでも与え得たか、それはなんとも侘々（わぶわぶ）とした気持で闇の中に消えてゆくばかりだ。

この私にもまだ何年かの命が貰えるなら、この小さな魂でもチッとはふるい立たせて、有終の美を己に納得させたいと心から思うのだ。なにはさて、老人の読書欲は老眼のせいもあるのか、ますます減っていく。老人が、漫画やポルノの週刊誌でもあるまい。間もなく人生を終るにあたってせめて心を整えるためにも、出来るだけ良い本を読むべきだ。朝（あした）に道を聞かば夕べに死すとも可なり、である。

家内がニューヨークの冒険クラブに入った話である。会員は世界の金持の集まりだが、全体に地味で金持風情を鼻にかける人はいなかったそうだ。そして南極への出発前にニューヨークで数日間、南極の歴史・文化についての勉強会が行われた。平均年齢が七十八歳であったとか、八十歳や九十歳近い人たちが、みんなノートを開いて一生懸命に講義を受けていたのに感心したという。

世界を回って初めてのものを見るのも大いに結構なことだが、一冊の本を読むことも素晴しい知恵の数々が己をウマしめてくれるのだ。

## 麦踏み

古きよき時代、なんてことは私にはひとかけらもなかった。何が古き、よき時代か――と老人はクソ面白くない。

青春はたしかに存在した。うずくような心のときめきも無かったとは言わぬ。ただ青春のざれごとは、恐ろしくて今の若者の想像も及ばないものだったのだ。

若い二人が手をつないで歩けば、たちまちお巡りが「コリャ！　何だおメエらは、この非常時に！　お国は戦争しとるんだ！」ときた。

食うものだって、うどん、ソバで、金持が僅かに月に一回程、精養軒や帝国ホテルへ行けたくらいのものである。我々はめし屋という安い店で腹ごしらえをし、市電に乗って玉の井（私娼窟）へ急いだのだ。

「小母さん、二人で一円五十銭しかないんだが、何とかたのむよ」

「あそびかい？　え、とまり、バカにしてるョ。でも学生さんだネ、もう一廻りしておいで。相方は選りっこなしだョ」

やっと上がった店の三畳はベニヤ張りで寒かった。

「何ふるえてんの。寒いのかい——待ってナ」

遠く〝ユタンポ、ユタンポ〟の呼び声。

二階から黄色い声で、

「オジサン一つ！」

あたたかいユタンポで身体が暖まると、急に腹がへり出した。続いて呼び声は〝おいなりさーん〟

「ああ金があったらナ」

「お腹がすいているかい、買ってやるョ」

「そうそう、すまないナ」

「いいよ、親父から金が来たらウラ返してョ」

哀愁のただよう赤い灯、青い灯の玉の井の人情——それは、いささかながらよき時代ではあったが——。


こんなことで比べるのもどうかと思うが、今日は夢のような時代だ。しかし大人たちはこの夢の時代の代表者だろうか。どこかに古い根性をひそませて、世界への完全な仲間入りもむずかしい。陰湿なしかも小心翼々、大国となっても、考え方や政治力がいかにも貧相である。国のことより己れのことに汲々として、世界の一等国なみでない。民は堕落し遊蕩三昧、未来の星もさだかでない日々をただブラブラと繁華の街をウロつき廻る。

かつて汪兆銘総理が、日本を来訪して、飛行機が美しい瀬戸内を飛んでいる時、あのダンダン畑を

見下ろしながら、

「ああ　勤勉なる哉、貧しき哉」と言ったそうだが、当時としては言い得て妙だ。

あれから、支那（現中国）とは盤根錯節（はんこんさくせつ）（入り組んで処理や解決のむずかしいこと）、向こうも蔣介石にかわった汪兆銘も蹴落とされ、毛沢東によって四百余州十億の民は一色に塗りかえられた。が、かつて汪氏の言った〝勤勉なる哉、貧しき哉〟の風はあちらの大陸にも吹きあれたのだ。

しかし考えてみると貧なればこそ、親や兄弟たちへの愛情もあたたかく守られ、近隣への人情も失われずに力をよせ合ったのだ。

〝金が出来ると個を守る〟――というか、あれほど幅広い志もいつかは消え、己れの小さな巣に黄金を敷いて寝る愚かさがやり切れない。

麦の芽が寒土をもち上げて、楚々として緑を見せる。烈風肌をさす畑を農夫は、その芽の上を踏みつけてゆく。私はこの麦踏みを見ながら、踏んでしっかり根を押しつけねば実りのないことを知っている智恵に今さら感嘆したのだ。

北風に　言葉うばわれ　麦踏めり　　楸邨

今、この一億のうち、せめて青少年をならべて麦踏みのように、上からギュッと踏みつけてやりたい。さすれば少しは実りもあろうか。

## 一枚の皿

すごい桐の小箱が来た。

キチッと嵌（は）まったフタをとると、木屑がぎっしり、そしてまた、それを取りのぞくと、薄い和紙で包まれた――何とギョウギョウしい。実は茶筒が一本出てきたのだ。余りのバカバカしさに開いた口がふさがらない。

何故、桐の箱を使うのか、桐は中のものを上等にみせる――ためではない。元来、桐の木は膨張係数が他の木より大きい。だからタンスや軸物入れは桐箱で作ったのだ。長い梅雨の頃は、木が水分を吸っていっぱいにふくれ、フタがキチッとしまり外気を遮断する。だから湿気が入らない。また、冬の乾燥期にはかれて薄くなるから、その間から乾燥した空気が入って中の湿気をとる。昔の人の生活の智恵だ。冬に総桐のタンスを買いに行って、〝仕事が悪いな、ガタガタじゃないか〟――などと言うと笑われる話である。

ただ、その中に、また缶の茶筒が入っているのに、こう大仰にしなくてもいいと思ったのである。

近頃は、包装というか、包み紙に凝り、その上をまた何重かに包み、おまけに立派な袋に入れて渡される。何という馬鹿丁寧なことか。私などは不用の紙や箱の処置に困る程だ。

外国で物を買っても、雑な薄茶の紙でクルッと巻いて渡される。実はアレでいいのではなかろうか。菓子など何さまが中に入っているのかと、宝石でも掘り出すような気持だ。あんな雑費がみな含まれて高価な値段になっているのかと思えば、バカバカしい次第だ。

先日、新幹線で隣り合わせたおばあさんが、せんべいの入ったセロファンの袋をむこうと四苦八苦。見かねた私が、〝むいて差し上げましょう〟と言ってあずかったが、私とて大汗をかいた。湿気を呼ばないためとはいえ、食うのに一苦労も二苦労もさせる、たかがせんべいに私は腹が立つのだ。

さすが近頃は、昔のような杉の菓子箱の底上げ――は無くなって何よりと喜んでいたが、私の少年の頃ドイツ帰りのお土産に貰ったチョコレートは、やはり二重底になっていたが、底の方にはクズチョコが一杯入っていたのには驚いた。この驚きは何だろう、ドイツの国民に対してか、或いはドイツという国に対してか、私は深く畏敬の念にかられたのである。

私はこの話から、昔、早稲田の商学部で教わった一枚の皿の話を思い出した。

今日は諸君に老舗（しにせ）の話をする。

ここに一枚の皿があるとしよう。これがどんな皿でもいい。商人は原価二十円で買い、百円で売りたい――売れなければ、八十、七十、と下げて、五十円で売っても三十円は儲かる。それは正しくは商売とは言わぬ。

ここに一枚の皿がある。老舗のMデパートは、この皿を吟味して三十円で仕入れる。そして五十円の正札をつけて、陳列棚に飾る。或る日、新婚の夫婦が来て、あれこれ見ながら、遂にその皿を買う。その時Mデパートのレジにはチンと音がして、五十円が入金を告げ、あきらかに二十円の儲けが記録される。がこの時、Mデパートは儲かったとは言わない。それから何年か、度々の転勤で、東京から北海道――そして大阪、九州と引っ越しするが、その時、奥さんが、新聞紙に皿をくるみながら、ふ

と手をとめて、

「ねえ、あなた。このお皿おぼえてらっしゃる？」

「いや！」

「これョ、結婚して十日目頃、あなたと日本橋のＭデパートへ行って買ったのですョ」

「ああ、そうか、いいね」

「やっぱり、さすがだワ。いいものはいつまでもいいですね」

とこう言った時に、初めてそのデパートは真実、二十円の儲けをしたのである――と。

私も、そんな役者になりたいと思ったことだ。

## あな怖ろしや

宗教は阿片だ――とマルクスは喝破したが、宗教は戦争の元凶だ――と私は言いたい。

ところが、まるで無風地帯のように、この大和島根は無宗教みたいな国である。

子供が生まれれば、神に詣で、結婚式はキリスト教のもとで、死ねば仏式で永遠の眠りにつく。使い分けも、甚だしい。結局はどの教えにも心酔しているとは思えぬ不様（ぶざま）な民族だ。故にこそ宗教戦争も昔と違って皆無である。

イスラムの国々へ行けば、モスクが美しい。そして国民は地にひれ伏して祈るのだ。インドしかり、タイまたしかり、トルコも……よくも各種とりそろえて神々のあることか。

中近東ではトルコ人のことを、顔色の七変化するターキー（七面鳥）といい、トルコ人はインド人のことをヒンズー野郎と呼ぶ。何となく、その様は血なまぐさい。

なかでもキリスト教など、温厚なものとばかり思いこんでいたが、英国ではプロテスタントとカソリックが血で血を洗う戦いをし、卑劣な爆弾が炸裂して無辜の民がまきぞえで死ぬ。フランスなども同じだ。遊山旅行などオチオチ楽しめぬ時代になった。

宗教は信仰が高じると、ますます人間が残酷なものになると識者は言う。

私とて無宗教ではない。〝苦しい時の神だのみ〟程度のことはあるが、神の存在には、いささか不信感が湧く男でもある。

宗教はなべて心の浄化作用だと思うが、あの群なす元旦の宮詣では、何を祈り何を誓い、何を反省しているのか。おおむね欲にからんで、今年の運勢だけコイタテマツっているのではあるまいか。

私はまだ水葬に遭遇したことはないが、大洋の真っ只中で、これはいかにも自然の懐にもどってゆくような荘厳なものと聞いた。屍体は大きな帆布の袋に入れられ、足元にこれまた大きな分銅がついていて、それが船べりのすべり台から静々と滑るように海に落ちる。嚠喨たるラッパとともに海深く潜ってゆく。大自然のなかで、それは美しくも凄絶であると船人は私に語った。

かって、満州の放送局にいた頃、興安嶺の中にゴルチ族を訪ねたが、一度その時、偶然に風葬にめぐりあった。風葬にも死人の肉を切って食わせる——というのもあるそうだが、ここは大きな木の上に仏を乗せ、鳥たちの喰うにまかせるのだったが、ハゲタカみたいなのが舞いおり、一番先に目の玉を食うそうだ。いかにも無惨なようだが、私たちとて、鯛の焼き物では先ず目のところを食べるので、さして不思議はないが――。

西洋の宗教戦争が生んだ最大の悪業は拷問である。私もパリでギロチンやその他、陰惨極りないものを見てきたが、その拷問の一つに、被疑者を裸にし、その腹の上に鉄の植木鉢ようのものを伏せ、その中に生きたネズミを入れて、やおら鉄鉢を熱し始めるのがある。ネズミは狂って腹を食い破り、体内にもぐりこもうとする。恐ろしいことを神の子らは考えるものだ。

さて、この近代国家にやたらと新興宗教が生まれ、善男善女を導くのか迷わすのか――。自分一人が鰯のアタマを尊崇するのは結構だ。が、傷ついたり苦しんだりする友や知人まで誘いこむことだけは、慎んでもらいたい。

そういう私にも神というか宗教というか――魂の里というようなものがある。それをしも私の救世主と呼びたい。私はうらないや姓名判断、手相などを否定するのだが、その中で一番噴飯ものは星うらないだ。その人は何国の人かと疑うようなコッケイな衣裳や、メダルやブローチを身につけ、その前にどこの古道具屋で買ってきたかとまごう得体の知れぬモノを出し、天体の神秘を引っかき廻して高い見料をとる。

世は正に無宗教の平和でみたされているといおうか。

## 明日をのみ

藤村の千曲川旅情の詩――に、

昨日また　かくてありけり
今日もまた　かくてありなむ
この命　なにを齷齪
明日をのみ　思ひわづらふ

という一節がある。

日本の田舎もまだ一部分はそうだし、西欧の田舎街がテレビなどに出てくるが、そこでも、いかにものどかで静かなたたずまいが見られる。

果して新奇なものへのあこがれが、この村にはあるのかと疑うばかりだ。一方東京といい、大阪といい、或いはニューヨークもそうだろう。都会の谷間では昨日、石ケリをして遊んだ小さな空地が今日はもう無いのだ。何としたことか、どうしてこんなところを故郷と呼べるのだろう。

近頃のテレビを見ていてつくづく思うことだが、人は何にあこがれ、何に心よせて見入っているのか。家中がカチャカチャ落ち着きのないチャンネル戦争だ。また画面の方にも何の落ち着きもない。昨日もアッと人を驚かせたが、今日また輪をかけてタマゲさせる、でもこれも花火のようなアホラシサだ。天下の公器も日進月走して機械ばかりが進んでいるが、中を通ってくる番組は日毎にお寒いばかり。そして製作陣は、日毎、夜毎これが駄目ならこれではどうかと浅智恵を寄せあう。いずれにしてもそれは、庶民の心をいささかバカにしたもので、むしろ病的な行き過ぎで私どもは砂を噛む思いをするのだ。

早い話が、ひなびたノルウェーかどこかの寒村だったろう、いい大人が石か馬蹄を投げて遊んでいるのを見た。それは私たちが昔、子供の頃やった遊びと何ら変わらない。しかしいい年をした村の大人たちは夢中である。或いは凛冽の氷上で、つけ物石のようなものを投げ、その前を箒をもって掃いてゆく競技など、文明にふり廻されて時間を失っている私どもは、そののどかさと幼稚さに、気がひけたが失笑すらしたのだ。しかし、そこでは何百年も昔からこうして大人たちが冬のスポーツとしてやって来ている長い歴史があるという。

そういう私たちは、いかにも夜郎自大（自分の力量を知らないで、狭い仲間うちでいばる者）であるだろう。これこそ何をあくせく、明日をのみ思いわずらう――とあべこべに笑い飛ばされそうだ。

いまや、日本全土は欲のかたまりだ。

つくづく新聞を見、テレビを見てそう確信する。

雪ならば　いくら酒手をねだられむ
　花の吹雪の　滋賀の山越え

我が家の庭にも雪とまごうその落花が、いつかは消えてレンギョウの黄色にかわり、やがて藤棚に薄紫の花が垂れるのだ。盆栽にはリンゴの白い花が満開だ。何の変哲もない自然現象だが、文明の遠く及ばぬ生きものの讃歌と覚える。

水も空気も金がいるというが、この手近な自然には感嘆を久しうする。

〝何を急いであなたは帰る、狭い日本だ、あわてるナ〟という標語が道端に立っていたが、その通りだ。あわてて死んではつまらない。

この世の中で一番、みじめでセコい奴は目幅というか視界の狭い人間どもではあるまいか。折角の洋行もションベン旅行で、パチパチ馬鹿チョンカメラで撮っては来たが、何を見、何に魂をゆすられ、何に感じ入ったかは、とんと忘れている。そして寄れば外国なんてマズいもんばっかりだ、とか、税関をうまいこと通ったという自慢話ばっかりに花が咲く。その国に生きとし生きてきた醇風美俗には鼻もひっかけぬ。これで洋行を語るとは沙汰の限りだ。

松下幸之助翁は「金を積んだら、徳も積め」といわれたが、徳のないのが、おみこしをかつぐみたいにセリ出して暴れまわっては、外国もたまらんだろうと、老人は碧く澄んだ五月の空にふと心を曇らせるのだ。

## 外人

私の親しいドイツの友人、ヘルベルト・ユング氏は、日本のバイエルの社長だったが、先年退職し、長い滞日を切り上げて祖国ドイツへ帰っていった。

氏は、日本の刀剣の蒐集家としても有名だが、時々はたのまれて鑑定もやった程の達人だ。

そのユング氏の家へ呼ばれ、夕食と歓談の一時を楽しんだが、目の利いた氏のすぐれた逸品を拝見して、ほんとに心からうなったことがある。しかも驚いたことに、その多くの日本刀は、日本じゃなくてヨーロッパで集めたものとうけたまわった。

或る日、一振りの刀を鑑定して貰ったが、その所作も立派だったが、メクギをぬいて、刀に刻まれたむずかしい字を読まれるのには、全く舌をまいた。

このユング氏がその著作『ニッポン商法』という本を出されたが、その中の一節が心を打ったので「青年」（東京宝塚劇場＝六十一年九、十月公演）のプログラムにも転載させていただいたが、再びここに書く。

〝日本の前途には、新たなオリエンテーション（針路決定）が必要であるが、それを行うのに当たって、日本のきわめつきの伝統や長所までも捨て去ることのないように心しなければならない。

なぜなら、伝統というものは世代から世代へと受け継がれていく英知であり、しかも日本には、この世界で果たすべき、もう一つの重要な任務があるからである〟

けだし名言である。

この間、北斎の版木が大量にアメリカはボストン博物館で発見された。我が国の浮世絵も素晴らしいものはおおむね外国のミューゼアムにあるそうだ。

昔、日本から陶器がヨーロッパに送られた時、その陶器が割れぬよう日本紙をまるめて皿の間のつめものにした。それが何と浮世絵の書きつぶしや、当時売れたのも二束三文だったので利用したのだろう。さて、これがマルセイユあたりへ着き、皿や鉢を出すうち、絵描きの目にとまり、次には大挙画商がきて目方で、十貫目いくらと、どさっと買って帰ったと言われる。その中に春信や北斎や歌麿、広重があったそうだ。そしてそれらがあちらの絵描きたちに影響したと言われている。

真偽のほどは知らぬが、外人の眼で再発見されたものは数限りなくある。

戦前日本を訪うた、偉大な建築家ブルーノ・タウトが桂離宮を最高のものと言い、あの美しい百済観音を発見したのも同じであろう。また、軽井沢や六甲の別荘地を世に紹介したのも、もとはといえば外国人だ。何だか恥かしいような話である。

これもひとえに日本人の無知と自国へのコンプレックスから生じるものに違いない。近頃でも外人崇拝のほとぼりは冷めてはいない。事実、日本人は欧米人と一緒に写真にうつると、いかにもみすぼらしい平べったい顔をしている。だからこそ、ラーメンにもそばにも、うどんにも、外人タレントが出てくる。いやらしい商品だと、アベコベに思うのは私だけか——何を言うとる、わけもわからぬ毛唐どもが——と、そんな不遜なことは言わない。ただ、外国へ行けば、みんなきれいな男女とは限らぬ。ひどいブスがいっぱいいるのだ。あれを見てくるだけでも外国旅行のメリットはあるだろう。

だが、どうしたことか、ボッテリ太った大和なでしこならぬおかみさんが、金にあかして、向こうのブランド商品をこれ見よがしに身にまといつけて、自慢気に闊歩しているのを見ると、いささかわびしい。ああ何故この人は日本の着物を着ないのだろう。そうすりゃ、いささかでも見にくいところは隠してくれて、ちゃんと様になるように見えるのに——とつくづく思うのだ。

しかしまた、反対に近頃は、日本の隆盛で、どことなく外国を馬鹿にしているのもいて、これも気に入らぬ。

## 新聞

おそらくこれが最後になるやも知れぬ。

何故なら、今回は積り積った新聞の悪口を書いてみることにしたからだ。

第一、世にあれ程、ブザマな印刷物もあるまい。無統一というか、玉石混交の甚だしいサンプルだ。故にこそ、それは次の日、焼芋の袋になり、畳の下敷きくらいしか用をなさない。

暴力追放の記事が筆太に書かれたその下に、〝やくざの血の雨〟の映画の宣伝があり、××新聞と書いたいわば表札の下にまで赤インキで××ドリンクと広告が入る。考えて見れば編集と営業との葛藤の図だ。

編集部長と営業部長との喧嘩もたえまがなかろう。

新聞の低落は、文化の凋落を意味する。

天下の公器だ、威厳をもって格調高邁、洛陽の紙価を高からしめてほしい。

と言えば、お前のやってる芝居やテレビはどうだ——と反論がかえってくること必至だ。

私が妙に歴史モノにこだわるのも、近い祖先にはこうした赤貧洗う中で、偉大な人物が磨かれ誕生していったのだと言いたいばっかりに、チョンマゲをかぶってそれらしくやっているのだ。

さりとて、人生に「粋」という字がなくなるとこれまた索漠として、ワサビぬきの寿司みたいになる。外国ではジョークが盛んだ。ユーモアというか、フランス風にエスプリとでもいうか。演説など、必ずシャベリ始めて間もなく、抱腹絶倒させるジョークが出ないと、名演説とはいわれない。そのために講演者は優秀なギャグマンを高給でかかえる。およそ日本にはそうした風習はない。ウカウカやると、笑い話は不謹慎と野党あたりからつきあげをくう。組合との折衝でも同じだ。両者とも、ユトリのない人間同士、ガリガリ狷介の集まりだ。

日本人の笑いには尊敬がない。常に嘲笑をともなうといった人もあるが、哀しい性だ。笑いとは吐く息、泣くとは吸う息、剣道の達人は吐いてる時は剣を打ちこめぬという。それ程、笑うということは力をともなった活気のある様をいう。故に笑うことには権威があると考える。それがどうだ、この国では喜劇は二流あつかいだ。

すでにこの国に権威がないのだろうか。

例えば、新聞の権威とは何だ——ということだが、これは、新聞社という全体が持つ見識のように考えがちだ。それもあるが、私の言い分は、新聞社の記者個人のもつ良識と言いたい。しかもその良識は心地よく万民の中を流れる香気さえあるものではなかろうか。

そんなキレイごとで新聞が作れるか——と、一言のもとに屠られそうだが、でもどうしたことか、世の中はウスギタナイものばかりだ。一生懸命ガラス張りで税金を払ったが、払わない奴は陰で、バカメ！　と笑っている。カンニングしたのが優等で出てゆき、徹夜で勉強してるのが落第するようなもんだ。

学校でもそうだが、及落に〝人物〟が無いのがおかしい。会社へ入るのも〝人物〟第一主義だというのに、運転免許証じゃあるまいに、点数ばかりで判断するのは不可解だ。

〝人生は人なり〟

と言えばいささか古くさい感じがなくもないが、すべて人が中心に動き、人を中心に決まるのだ。役者とて技量ばかりで世に問うのではない。技と人――というくらいのものだ。人道といえば笑われるような世の中だが、人道の文字も消え、人道も地に落つ。何が残るのだろう。慾と悪心と金が、御身を飾るのか。

年寄りのグチが長すぎた。

秋草の　すぐ萎るるを　もてあそび　　汀女

蒼い空に一筋、飛行機雲が飛ぶ。清涼の気配万金にかえ難し。ゆく秋の中に、実は人間は大きくつつまれて、いとおしいようなタメイキをついているのだ。

## 寿命

梅雨の晴れ間とは言え、関東一円は雨不足、ダムは渇水に泣き、空には夏雲が飛んでいる。いささか以上にとまどうのは農民ばかりでない。都会という文明地帯では節水の声しきり、土の無い都でも悲劇がある。

二谷英明君と白川由美さんの間に生まれた可憐な娘、友里恵ちゃんは、郷ひろみ君の独占となった。

華やかな式典に心うばわれて参席の栄を味わったが、どこか一抹の哀愁をおぼえたのは、父君ばかりでない。

ビートたけしの事件も一件落着。どちらにも一言無しとせぬが、要はどことなく面白半分が見える。また、写真屋をシッパたいてやりたい、たけしの気持もよく分かる。ただ、どこが裁判なのか私たち大正っ子には分からぬものだ。

鶴田浩二君が逝ってしまった。

或る日、どうしたことか彼は私の芝居を見に宝塚劇場へ現われた。「みをつくし浪速の花道　曽我廼家五郎・十郎物語」（昭和五十八年五月）を最後まで見てくれた。これまたどうしたことか、終演後楽屋に現われ、まだ涙をふきながら、よかった、よかったと泣いてくれたのには、こっちがびっくりした。

「どこがよかったの？」

「いや、これはたいしたもんだ。誰にでも出来ん、それがスゴイことだ」

私はこの人の泣いてる姿を見たのは初めてだが、恥も外聞もなく美しい泣き方だった。

衣笠選手が国民栄誉賞に、混血の顔をほころばした。アメリカに健在という、この人の父を思うと、この笑顔の陰に民は何を思っているのだろう。いずれにしても彼をここまで作って来たのは、幻の父であったろうか。そしてこの人のスピーチがまた、何とも清々（すがすが）しい。ウソのない人柄だとつくづくと好意を感じる次第だ。

フレッド・アステアは八十八の長寿で昇天した。この人の人生と私はほぼ一緒に生きていたような気がする。もっとも十年以上も私より年長であるが、何だか彼の映画をみんな見てきたような思いがしてならない。ジンジャー・ロジャースと踊るおデコの写真記事の下に、俳友・本郷秀雄がわびしく七十歳でみまかったとあり、胸が痛む。

わずかこの一週間程の間に、これだけの人が冥府へ旅立ったり、受賞したり、悲喜交々が錯綜したのだ（そんな日またまた石原裕次郎君が長い闘病のはてに昇天してしまった。またいつか改めて書きたい）。

素うどん五銭、バット（タバコ）七銭から今日まで、たった七十数年で世の中は何度もひっくり返るような変貌に渦まきながら、国破れて国栄え、今や安泰の中に大あぐらをかいているような時が流れる。そして人はこの世をあとにし、新しい子らは誕生し恋にただれて青春をつまずき歩く。思えば人の一生など、まこと吹けば飛ぶような白駒の隙（げき）を過ぐるに似て、深夜時計のチック、タックに「俺は何日何処へ行くのか――」と眠れぬ夜もあるのだ。

神に賞められて、そちの所望するものを何でもとらせると、有難い詔（みことのり）を戴き、出来得れば死の来ぬよう永遠の命を戴きたい――と、バカが言ったばかりに、年を取っても取っても、干からびた乾物みたいになっても死ねず、とうとう神様に謝ったという中国の故事があるが、永遠の若さを戴きたい――とは言わなかったオロカシイ話だと聞いた。でも永遠の若さも、何百年も続いては果して幸せだろうか。天から授った命を生きるところに人間の尊さや美しさがあるのだ。その吹けば飛ぶような時間を悔なく送ることが、人生ではあるまいか。寿命――いい言葉だ。命を寿（ことほ）ぐ、それが生涯のほまれであろう。

私たちは、ふと行きずりに、或いは寸時の憩いに、或いはまた汗をかきながら励む仕事の最中にも、黄金に優るような小さな幸せが一杯落ちている。見過ごすヤツはオロカで、思いを馳せることの余裕こそが珠玉を拾うことでもあろう。

## 一本の杭――あとがきにかえて

もうこれといって書くこともないし、身辺も年とともに整理されて己れのニュースソースもいささか干からびてきての新聞連載の話。半年も続くかなと不安だったが、とうとう一年間も続いた。それを、扶桑社の方で一冊の本にまとめるからと有難い申し出にテレながら満足した次第だ。

年のせいもあろうが、何か書いていないと口寂しいみたいに手寂しい。ゴルフも麻雀も余りやる気はない。おそらく昔はこんな時間に酒を飲んで女の手でも握っていたのだろうが、今や、それもオックウだ。

ただ、おかしなことに、なんとマズイ文章かと思ったり、割合ウマク書いてるナーと思ったり、別の自分を発見してこれまた楽しいことだ。原稿料なんて他の仕事に比べたら、この努力にタッタこれだけかという程のものだが、一冊の本も千円と安い。例えば千円の価値は今やコーヒーとハンバーガー代より安い。これでなんとなく許されるような気もして涼しい顔をしているようなものだが、これも七十四歳の一本の杭ではある。

いつもながら、大好きな山藤さんの装丁をいただいて、千円の中の大したおみやげであると、心から感謝している。

## 遺言を書かぬわけ

春闘も俳句の季題になったそうだ。

春になったら必ず闘うというのも、昇給の時期やらなんやら諸事のシワヨセのせいか、とうなずけないこともないが、闘わぬ春があってもいいなと、動かぬ電車を見て思う人間もいる。

役者という職業には、ずうっと組合なんかないから、生活の安定しない修業中の若者たちは、交通ストライキがうらめしく、心中泣かされるのだ。

そんなことをよそに、あっという間に花は散り、青葉が心をなごませる季節になった。人の心をうきうきさせるのは、青というか緑の世界だ。昔は、四月、五月は芝居月といわれたが、交通の便がよくなった昨今では、出月(でづき)とでもいうか、インドアの娯楽は下火だ。人は山野に足をのばし劇場を泣かす、文字通り「目に青葉」のシーズンと変わったのだ。

*

浮世絵展を見にいった。

素晴らしい日本の遺産が、諸外国に流れていたのだ。しかも戦後のどさくさにではなく、遠く明治やそれ以前にさかのぼってである。その数は枚挙にいとまがないと聞く。

識者の話では、昔、浮世絵師は市井の隅の道楽モンで、裏長屋の破れ畳の上で描いた絵を、そば一杯ぐらいの値段で売っていた。熊さん、八つぁんたちは、ボロ壁隠しや、破れフスマの穴隠しに買って張ったという。

十七世紀頃か、日本から陶器が輸出された折り、その壺や皿の間にパッキングとして浮世絵が丸めてつめられ、これが外人の目にとまったという。爾後、目のある外国人が、まとめて一包みを二束三文で買っていったのだろう。そして、その筆法の面白さを、故国へ帰ってから、ごひいきの絵描きに見せる。かれらは、こうしてどんどん日本の文化を吸収したに違いない。

私の知人に、ドイツはバイエルの会社の日本支社長をしているユンクさんという人がいる。日本刀の美に魅せられて十年、外人でありながら知る人ぞ知る刀剣のオーソリティである。

彼は世界の刀の中で、日本刀こそ最高のものであるという。そこから深く日本の文化に親しんで、いまや私など足許にもよれない日本通。いってみれば、ディスカバー・ジャパンの泰斗である。が、彼が所蔵の刀剣はすべて故国ドイツで購(あがな)ったものと聞いて、ここでもヘェ！　と驚いた。

ヨーロッパのミューゼアムの倉の中にいた浮世絵の美女や役者たちは、再び故国で日の目を見てどんな気持ちだろう。長屋の襖の破れ隠しが、いまや気の遠くなるほどの高価な美術品となり燦(さん)として現代の光を浴びながら画廊の壁に納まっている。これを見て、泉下の絵師たちも微苦笑していることだろう。燈台モト暗しの馬鹿メ、という声も聞こえるようだ。

今日(こんにち)、私たちのそばになにげなく姿を見せている伝統芸の作品も、実はお寒い文化行政のもとで、正当な評価を与えられずに終わっているのではあるまいか。生きているうちにその価値が認められることなど、まずあり得ないのが市井の片隅でコツコツ仕事を続ける名人や職人(アルチザン)の宿命なのであろうか。

今回、私に与えられた芸術選奨・文部大臣賞は有り難く頂戴した。その部門は「大衆芸能」というのであった。他に「演劇」という部門もあったが、大衆のモノでない演劇というのが別にあるのか、と賞は戴いたものの、そのへんがよくのみこめぬ気持ちが残った。

長い歴史の中で数多くの名人を生んだこの国に、近来というか近世、それらしき名人の出現が少ないのはどういうわけだろうと、ある識者(ものしり)に聞いたことがある。氏は貝原益軒の無漏の法を私に説いた。

淫して漏らさず——かと思ったら、

一つ　みだりに見ざること
一つ　みだりに聞かざること
一つ　みだりに言わざること

この三猿主義は、実は四猿主義であったという。

一つ　みだりに考えざること

というのがあったという話である。

昔は余計なことに心を散らすことなく、ひたすら己の道に没入した人たちが、ひとつのことに長い時間をかけ、倦(う)まずたゆまず根気強く仕事をした。正倉院や博物館や骨董屋でみるような、驚くべき作品は、そのようにして作られたに違いない。

陶磁器、漆器、彫刻、刀剣、神社仏閣、絵、染め物——その道の名人たちは、いっさい世間と没交渉で、いたずらに目や耳や口や頭を外に向けずに没我の中で精進したものだ、と氏はいうのである。

お前さん（私）のように、役者やりながらモノを書いたり、講演と称して、やたら人前でなく
ても
なの愚舌をふるったり、歌まで唄うアホーなことはせんのだ——と、いわんばかりであった。

そういえば、政治、経済から国際情勢まで何事にも耳をそばだて、目をみはり、饒舌を弄し、要するに情報化社会の渦の中でキョロキョロしている芸人なんか鼻クソみたいなもんかと、ザンキの念にかられるばかりだった。

できもせん己を棚にあげ、いきどおったり憂いたり、屁理屈を重ねたりしているうちに、自らの手も足も頭も本業から離れてゆく。『週刊朝日』連載もそこそこで終わりにせねばならんと、肝に銘じるばかりだ。

もっとも、キョロキョロしているのは私ばかりでもなさそうだ。将棋指しも唄う。相撲取りも唄う。余技といってしまえばそれまでだが、それで米塩の資を得るわけでもあるまい。

上手の手から水がこぼれないようにと、人ごとながら気にかかる。

＊

近ごろは、女も悪い。

組合のない芸事師がキュウキュウしているのに、いちばん分かっているはずの伴侶がボヤくのだ。稼ぎさえ上がれば、夫の道（仕事）など、どうでもいいと思うのか。もっと効率のいい仕事にと、道を誤らしてまでも連れ合いを追いたてて、女の虚栄を満たそうとする。

全くメチャクチャの世の中だ。つまり名人みたいに効率の悪いものになるな、と女がすすめるのだ。

ウーマン・リブとはゲに恐ろしいものゾ。夫唱婦随の大正っ子など、ふるえ上がるほどのものだ。

結婚式の披露宴で祝詞をたのまれ、

「新郎は針です。この社会を縫ってゆくためには、鋭利な針でなければいけません。しかし、針だけで縫い進んでも実りはありません。結婚というのは、縫う力がついた時に、その針のメドに糸を通す行事のことではありますまいか。糸は柔軟なほど素晴らしいのです。針である夫の進んだあとを、ホツレないよう縫いとどめてゆくのが、この式で伴侶となった糸、すなわち新婦の役目と私は考えます。しかし、当節は世の中も変わって、女だけが一人、針金のようになって生きている人もあります。また中には、どう間違ったのか、女が針に変わり男がクズ糸みたいにメドにぶらさがって、ちぎれたり、からまったりして生きているものもあります」

こうスピーチして、得意顔でなみいる若者を見渡したら、シラケた目がいっせいに私を見返しているのに慄然としたことがある。

ついこの頃、ある男から悲哀に満ちた話を聞かされた。

「男の私たちは、いつも謙虚に私が悪かったと思い、謝る素直さがあるのだが（事実、男が悪いのかもしれんが）、ひるがえって妻なるモノは、概して自らの非を認め謝ることをしませんナ。正しいのはいつも女（妻）で、悪いのはいつも男のあなた、と決めこんでしまう性（さが）は、どういうもんでしょうかネ」

石川達三さんの小説に、感情の解析ができぬ妻に亭主が囲碁を教えるという場面があった。お前がいま腹を立てているのは、その前にさかのぼると、こういうことがあったからで、それはその前に……というふうにだ。こう解きほぐしても、論理も解析もヘッタクレもない、ヒステリー的凶暴さにはホトホト参ってしまうのが通例とされているようだが、これは果たして神代からのモノであろうか。

＊

近ごろ、年のせいだろう、思い切って遺言を書いておこう、という気持ちが折にふれ起こる。「天下の糸平」という芝居をやった時のこと。あの気の遠くなるような財を一代で築き上げた糸平という人を調べているうちに、ドンと胸にくるエピソードにぶつかった。

時代は明治初年か。横浜に外国船が出入りし始めた頃、街にはまだ水道がない。それを恥ずかしく思った糸平が、私財を投げうって、市に水道を寄贈したという。その折、横浜市に与えた一札の念書がまことにふるっている。

「わが子孫にヨコシマなる者出でて、この金を云々することあるを憂い、一筆認める。この金は無期限、無利息をもって市に貸し与えるもの也」と。

大意はそういうことだが、この話の真偽はともかく、この糸平という人物、なんだか胸のすくような傑物と私には映った。

誤解のないように書き添えるが、（御子孫は私も存じ上げている）が、立派な方ばかり、血筋に恥じぬ御活躍である。為念。

ユダヤの格言に、「金持ちに息子はいない。ただし、相続人はいる」というのがあるが、借金こそあれ、さしたる財もない私が、少しは気の利いた遺言を残すべきかと考え始めたのも、そのあたりからだったかもしれない。

先日、古くからの芸友、小山源喜と一緒に仕事をした。彼はNHKの第一期放送劇団員で、私がアナウンサーになったころからの役者だ。年は私よりも少し上のようだが、江戸ッ子で、某有名料理屋のボンボンである。さしたる役者にはならなかったが、それも元来人をかきわけて仕事をするのが嫌いなせいだったろう。一見怠惰に見えるほど気の弱い、シャイな道楽者――といったら当たりそうな人物だ。

その彼が、撮影の合間に、下を向いてボソボソと、こんな話をしてくれた。

「いつ死ぬか分からないし、いつ死んでもいいようにと、最近、身辺を整理したんだ。売るものは売って、まず女房に後顧の憂いのないよう、一人で生きてゆけるだけのコトを用意し、つづいて子供たちにも、家を造り、仕事をきちんと与え、私の死後もめごとのないようすべてを片づけたんだが……」

「いや、それはいいこと。実は私もね……」

「ちょっと、待って。それはあんまりいいことではなかった、という話がしたいんだ」

「ほう、私も遺言を書こうと、しきりに考えてるんだが――」

「いや、やめた方がいい。それはいかん。身を滅ぼすよ」

「どういうわけだ。年をとって気がかりなことは、一つ一つ片づけた方が、さっぱりした気持ちで長生きもできようぜ、あんただって」

「それがよくないんだよ。整理してしまったら、俺は何で生きてるのか、それがさっぱり分からなくなってきてるんだ。つまり生きてる甲斐が見つからなくなったんだよ。この間もね、押し売りが入ってきたら、女房が、押し売りぐらい断るのがあんたの役目よ、ときた。いまや家庭の中で、俺の用事はそれくらいしかないのかと気がついて、落莫とした気分になったんだよ」

身辺を整理するというのは、あるいは死出への準備でもあろうか。それを敢行すると、人間はほんとに生ける屍(しかばね)になると、彼は私をたしなめるのだ。内憂外患、方々に気がかりなことを山のように残して、そのゴチャゴチャの中で生きているのが人間の生活だ、と強調する。

私は、一つの哲学のように、この話を聞いた。そして、遺言を書くことをやめたのである。生きて諦観、達観は不要、と知るに及んで、再びすべておかまいなしのわがままの生活がつづいている次第だ。

近ごろ腹立たしいことを二、三書き連ねて、健康の薬にしたい。コーカサスの百五十歳の長寿の人は「年をとったら何事もガマンはいかん。自由に腹をたてるのが長生きの秘訣(こつ)」と説いていたから。

＊

最近、週刊誌にしろ名だたる総合雑誌にしろ、記事の間にやたら硬い紙の広告や葉書がとじてあるが、アレを不快とせぬ読者がいるのか。横着して寝ながら読んでいるとバネの如く厚紙が頁(ページ)をもとへハネ返す。この無神経な挿入広告に、編集長は営業部の横暴ぶりをたしなめぬのか、と不思議でならない。友人にこの不快さを訴えたら、彼は、まず硬いものは全部破り捨ててから読みなさい、と教えてくれたが。ＰＲもソフトでなければ損をする。

*

わが家から都心に至るまでの交通渋滞はどうだ。春ともなればますますひどい。ついこの間埋めたばかりの道路をまた掘っている土木行政には、あきれて言葉もない。聞けば、今年の予算を使ってしまわずに余したら、来年の予算獲得に不都合をきたすからだろうという。

お役所がそんないい加減なものとは、ツユ知らなんだ。東京都に金が足りないなんて、いくら大声でいっても、今後いっさい信用しないつもりだ。そんな無駄遣いを平然と許すところへ、皆さんのお力で入りたいと、悪路を選挙の宣伝カーが一票を求めてがなり立てているが、私の心を捕える声とはとうてい聞こえない。

*

急に流行になったように、女性のキャスターというか、アシスタントというか、これがやたらとテレビに出演する。ベッピンを選って出しているところを見ると、視聴率を上げようという魂胆とも見える。別に悪いとはいわぬが、彼女らにももちっと勉強してもらいたいナ。何ともヒステリックな声で、的はずれの質問やら、不要な相槌やら、おかげで、せっかくの識者の話が台無しになるような時がある。花を添える気持ちは分かるが、花の邪魔をする話もあるのだ。

女は全部ダメ、といっているのではない。誤解のないようにつけ加えるが、どうせやるなら黒柳徹子や社会問題で活躍している某女史くらいにやってもらいたいというのだ。この人たちぐらいになるのは、並たいていの事ではないのだ。
男のキャスターだって、大変な勉強をして出てきたんだから、ただ笑った顔がいいとか、声が甘いというだけで、お話の中身がふくらむとは思えんのだ。
もっとも、
朝に法　説いた坊主が　夜に曲げ
〝無漏の法〟を説いた、その舌の根もかわかぬうちにこれでは、何をかいわんや、といわれるかも……。

## 猿の齢(よわい)を生きる身の……

五月一日。

メーデーの人の流れの中を泳いで、帝劇に「暖簾(のれん)」の幕をあけた。五月晴れのいい初日だ。

大阪の老舗(しにせ)の昆布屋の一代記である。二十何年前に菊田一夫脚色によって、山崎豊子氏の小説が劇化され、芸術座の柿落(こけらお)としをした名作である。

この芝居をやりながら、大阪の伝統の中に生きる商人の根性をヒシヒシと身に感じ、あらためて新聞を賑わす醜悪な政商の記事に目を通す。

人間の欲にも大小、善悪さまざまあるが、庶民の生活と結びついているものはおおむね良好で、おのずと一定の自制があるものと知った。

当節は　点滅ネオンが　のれんかな

で、商売も点いたり消えたりするものらしい。いや商売に限らぬ、演劇も映画も点いたり消えたりで、さっぱり安定のないものとなった。

*

五月二日。

いきなり昼のニュースで藤本真澄プロデューサーの訃報を聞いた。さかのぼって何回目かに氏の話を書いたが、文中あまり良くは書かなかったように記憶する。しかも私のメモには、後日、氏との大喧嘩の話を書くつもり——としるしてある。そんな矢先だ。

人は逝くなると悪いところが消え去るようにできているのか、功罪半々の人だが、今はひたすら追慕の念ばかりこみ上げる。

藤本真澄氏と私とは、実は遠縁であった。それも随分仕事をしたあとで知ったことだった。母が在世のころ、よく氏のお母さんが見えて、郷里山口の秋穂町の話をしておられたが、「森繁」という姓は山口の名前で、昔は船問屋で有名であったそうな。

森繁和吉と小林和？（忘却したが小林和作氏の父）ともう一人「和」のつく人間がいて「秋穂の三和」といわれていたと、画伯小林和作氏の未亡人がおしえて下さった。

その山口に、血は引いていないのだが、養子になった関係で、私はときどき山口県人会などに呼び出されたり、秋穂の学校に藤本と二人でピアノを贈ったりした記憶がある。

しかし、親戚にしては冷たい男だった。親戚と聞いて、急に嫌気が出たのかもしれないが、それにしても約一年、病院のベッドで筆談だったと聞いたのが、なんとも胸が痛い。あの大きなドラ声で、人を見れば怒鳴るのがクセの重役だった。それが、好きな酒も食道楽も止められ、モノもいう術(すべ)をうばわれて世を去ったのかと思うと、いかにも悲しい。

神の裁定の場に顔を出せるものなら、そんなにヒドいことをした人でありませんと贖罪(しょくざい)軽減をお願いに行きたかった。

＊

神といえば、こんな話がある。実は有吉佐和子から松山善三、そして私に流れてきた話だが、私は持ち前の舌で次のように脚色させてもらった。

ある日、造物主のところに、生きものたちが寿命を頂戴にきた。

ロバが頭をたれて宣告をうけた。

「汝(なんじ)の命は三十年」と。ところが、ロバは哀しそうな目をして「それは、あまりにも長すぎます」といった。

神は、いささか驚きの表情をうかべて、そのわけを聞いた。

「わたしめは、朝は暗いうちから、夜は星の出るまで、この背に私の体の数倍ものタキギをのせて働きます。一日の休みとてありませぬ。こんなつらい生涯を三十年も生きるのは、神様のお慈悲かもしれませせぬが、私めには無慈悲でございます」

「なるほどのう。では、十二年ぐらいではどうだ」

ロバの生涯はこの時、十二年と決まった。十八年を神にお返しして、ロバは去った。

つづいて犬がきた。

「フン、犬とはこれか。お前は三十年」と、神はのたもうた。どうしたことか犬も神の前をウロウロし、やがては座りこみ、後ろ脚で首のあたりをハタきながら充血した横目でにらんで、ワンと一声吠えた。

「どうした。ソチも長すぎるというのか」

「ハイ。三十年も生きますと、犬歯は抜ける、吠える声も犬声のさわやかさを失い食用蛙と誤られます。どうか犬らしいうちに犬生をマットウしたいと存じますが……」

神は、十八年を申しわたし、犬は余った十二年を神前に返し去った。

つづいて猿がきた。

猿は、いきなりテーブルにかけのぼって寿命帳をくり、

「オレも三十年か、長いなあ」

と赤い尻を見せて飛び降りた。

「行儀の悪い生きものぞナ」

と、神はいささかニガイ顔をして横をむかれた。

「それでキラワれてます。私は二十年で結構でございます。十年はお返しします」

「小才(こさい)なモノだの……」

「世の中は、私のことを猿真似とか猿知恵とか、決していいことには使いませぬ。なまじ人間というヤツと、からだ格好が似ていますので、こんな目にあうのでございます」

神の言葉も聞かずに十年を返して、さっさと去った。

つづいて来たのが、人間である。

小憎らしい顔をしているので、神さまは今日は猿までにしようと思われた。折も折、神の付き人が出てきて、夕飯の用意ができました、と告げた。

「それでは、今日はこれまで。次のモノたちは、明朝早く来るように」

と、スープの冷めるのを気づかうごとく、そそくさと退場しようとした。とたん、

「ちょっとお待ちを。長いこと待ちましたので、なんとか私の分だけは……」

神は振り返って、チラリと横柄なイキモノをご覧じた。

「そちゃ、何じゃ」

「ニンゲンでございます」

「明日というたが聞こえぬか！」

「多勢うるさいのが待っております。一刻も早く寿命の決定を報(しら)せてやらねば……。決定と同時にタレ幕も用意して、私のサインでパラリと全人間に報せる手はずもととのっていますので、何とか今日中に……」

神さまは、致し方なくもどられ、寿命帳をあけて〝人間〟を探されたが、

「ないいな」

「えっ?」

「まてまて、ああ、最後にあった。人間は三十年だ」

「えっ！　三十年！」

「お前も、長いというのか?」

「とんでもない。二十五歳で嫁をもらい、ちょうど調子が出てきた五年目ごろで死ぬなんて、それは殺生です。何とかもう一声……」

「下品なことをいうものよナ。今までの生きものは正直で、みんなこうして私に寿命を返して素直に引き下がったぞ」

横で侍従がスープが冷えますからと、しきりにうながすが、神さまは、

「この造物界にユウズウのきく余分な寿命があると思うか。天の声をなんと聞く！」

腹も減っているのか、神さまは機嫌が悪くなったが、あまりの執拗さに根負けされて、

「よし。では、本来の寿命ではないが、ここにロバが返していった十八年がある。それを足してやろう」

「すると三十年に十八年を足して四十八歳で人生を終わりますか。何とか、もう少しご厚情を……」

神さまは、面倒くさくなられたらしい。

「それじゃ、犬が置いていった十二年も足してやろう。それで六十年、満足じゃろう」

するとニンゲンは、図々しく神さまにすり寄って、

「神さま、そのそばにあります猿の十年も、ついでにいただけませぬか」

「あきれたイキモノめ。そんなに長く生きて、幸せがあると思うのか。あさはかを絵に描いたようなイキモノじゃのう。ほしくば持ってゆけ！」

人間の寿命はその時に七十年と決まった。

幸運なものは百までも生き、薄きものは若くして他界するが、いずれにしても平均七十歳と決まったのである。

さて――。

＊

人生という道のりを考えてみると、三十歳までは、実に撩乱と花咲く自由奔放な時。生きる美しさに満ちあふれている、人間最高の時期だ。

少々のいたずらも悪事も、親や先生が若気の至りとあやまってくれて、何ごとも許される有り難い時代だ。

それもそのはず、神がくれた三十年が正真正銘の自分の寿命だからだ。

それが三十歳をすぎると、男の場合、妻ができ、家をもち、会社での立場も、後進があとにつづいて係長あたりに職責が進む。

何となく、肩のあたりに重い荷物を背負った感じが襲ってくる。これこそ、ロバからもらった命だからだ。

それが四十代の後半までつづくと、会社での立場も働き盛り、一倍大きなテーブルに回転椅子まで。

そして、その部屋で朝から晩まで吠えつづけ、他社に噛みつき、仕事の鬼となる。

犬からもらった命だ。これが十何年つづいて、社長になり、やがて、閑職について一般の連中から離れる。

そのころには、若い者から敬遠され、二次会などにはゆめ誘われることもなくなる。なにごとも年寄りの冷や水と笑われ、猿真似だとそしられる。本人も、見ざる聞かざるのかたくなな猿島のボスとなり、七十歳を終わる。

*

こんな寓話だが、思い当たる方も少なくないと考える。

花のような人生もいつしか散って、私もしのびよる老残の季節に入りつつある。自分を見つめながら、ロバ、犬、猿と多様な道を歩きつかれ、やがて鷹のごとく黙して語らぬ老聖になる――ならともかく、クラゲのようにフワフワと漂い流れる日がくると思うと、いっそ藤本真澄の往生は、あるいは時を得た花道であったかとも思われるのだ。

いい年寄りになろう――と、そればかり気にして生きている昨今だが、過日、今東光和尚のお葬式で、実弟の今日出海先生と顔をあわせていたら、読経の合間にこんな話をされた。

「実は、俺たちのバアさんは、なんとも口うるさいキラワレ者だった。が、ジイさんは温厚篤実を絵に描いたような静かな人で、この二人が死んで、さてどっちがいつまでも語り草になったと思う。人のいいジイさんは間もなく忘れられ、小うるさいバアさんの話だけが、今も絶えることがないんだよ」

この話に、いたく私は肺腑をつかれた。

人に気をつかい、いい顔をして、せっかくの晩年を過ごす必要はないのかもしれぬ。

ハタから「早く死なんか、あのジジイ」といわれるのが生きざまか、とも考えるのだ。

畏友・草柳大蔵氏にもハッパをかけられ、ウカウカ引きうけたこの連載も、いつとはなしに三十回を数えた。

正直、幾度か、筆を投げて〝コレで降参〟と引き下がろうと思った。もともとモノ書きでもないし、アナウンサー時代からの作文グセを唯一のたよりに、文学とはほど遠い語り文でお茶をにごした。慚愧の念やしきりだ。

読みかえす気力もないが、戦後三十年の芸界の裏話をできるだけ克明に書きとどめようと意を決したのが、芸談一つロクに書けず、老いの戯言繰言ばかりに終わったようで、冷や汗三斗だ。

ここに慎んで、お読みいただいた皆さまに感謝して、筆をおく。

# 底本一覧

＊タイトルは変更した場合がある

第一章　にんげん望遠鏡
「省みて若者を論ず」「玄関上手とウソ上手」「老ゆるなかれ、熟すべし」「夢みるコンペイトウの芯」　『にんげん望遠鏡』朝日新聞社、一九七九年

第二章　さすらいの唄
「深夜独吟」「誇り」「飢餓」「試験」「祭り」「判断」「短絡」「二枚」「サラ金」「嫉妬」「発条」「批評家への一言」「銀玉」「銭というもの」「ユダヤの格言」「タバコを美味く喫う法」「ゆとりとは何だろう」　『さすらいの唄　私の履歴書』日本経済新聞社、一九八一年

第三章　ふと目の前に
「父と子」「木切れ」「ふと目の前に」「象牙の玉」「眼下の青ケ島」「父の日」「サタワル島」「前後際断」「面映ゆきこと」「知床旅情」「漢字の匂い」「幕間」「年齢」「白寿」「裏方さん」「行春哀歌」「総合芸術」「虚技」「ムーランの頃」「菩薩の島」「女の顔」「百日紅」　『ふと目の前に』東京新聞出版局、一九八四年

第四章　日経ぬ月経ぬ
「大隈講堂」「ああ、ふる里」「丼」「裕福の飢餓」「噂と文化」「誤読」「ウチマタ」「ミイラ」「君散りぬ、君果てぬ」「客いろいろ」「塩のこと」「黄金腹」「老鰻」「日本海」「豆腐」「キトキト」「鮴」「柿とリンゴ」「女酒」「敬語」「生理的嫌悪」「青函トンネル」「時」　『ふと目の前に』同

第五章　人師は遭い難し
「わが責は終りぬ？」「人師は遭い難し」「人の顔　国の顔」「衣食足りて礼節を知らず」「文化庁に疑問あり」「土光敏夫に耳傾けよ」「命の終りに人はみな」「己れにトボける術」「花散らば花見の宴」「すさまじきは」「満洲で買った二冊の本」「ヒゲにも三字あり」「懐しい風景」「故宮博物院再訪」「フランス人の高い鼻」『人師は遭い難し』新潮社、一九八四年

第六章　あの日　あの夜
「青年に耳を」「空手還郷」「年をとる道」「いじめ」「ハレー彗星」「ロンドンの朝焼け」「砂浜」「豚・にしひがし」「秋」「東京の雪」「日曜名作座」「民薬」「春から緑へ」「タバコ」「行け！　発展途上国へ」「京都賞」『あの日あの夜』東京新聞出版局、一九八六年

第七章　左見右見
「紅い血」「隣の友（上）」「ゆく秋」「本壁」「旅のつれづれ」「遙かなり山河」「たべもの」「無断撮影」「風花」「悲涙の会津」「ゲテモノ」「コク」「英国人気質」「美徳」「蕗のとう」「落葉松」「倶会一処の夜」「日本荒れ終い」「井蛙の愚者」「風が吹くとき」「忍冬」「ユダヤの名言」『左見右見』扶桑社、一九八七年

第八章　帰れよやわが家へ
「死ぬための生き方」「敬老の日に考えたこと」「文化の町こそ」「絢爛のプリマ」「金富良瓶」「明治を尊ぶ」「叙勲」「極彩色」「春風駘蕩」「春宵、科学夜ばなし」「水と緑」「白い壁」「美文」「得ること　与えること」『帰れよやわが家へ』ネスコ、一九九四年
「麦踏み」「二枚の皿」「あな怖ろしや」「明日をのみ」「外人」「新聞」「寿命」「あとがき」『左見右見』「遺言を書かぬわけ」「猿の齢を生きる身の……」『にんげん望遠鏡』同

解説

# 豊かな肉声に聴きほれて

小川榮太郎

「誇りとは何だろう。
それは一国の文化の高さをいうものではないだろうか。」
（六〇頁）

## Ⅰ　筆に随って――豊かな人生語り

本巻「遺言を書かぬわけ」の中で、森繁が自ら紹介している結婚式の祝辞が面白い。

「新郎は針です。この社会を縫ってゆくためには、鋭利な針でなければいけません。しかし、針だけで縫い進んでも実りはありません。結婚というのは、縫う力がついた時に、その針のメドに糸を通す行事のことではありますまいか。糸は柔軟なほど素晴らしいのです。針である夫の進んだあとを、ホツレないよう縫いとどめてゆくのが、この式で伴侶となった糸、すなわち新婦の役目と私は考えます。しかし、当節は世の中も変わって、女だけが一人、針金のようになって生きている人もあります。また中には、どう間違ったのか、女が針に変わり男がクズ糸みたいにメドにぶらさがって、ちぎれたり、からまったりして生きているものもあります」
（四三一頁）

こうスピーチして、得意顔でなみいる若者を見渡したら、シラケた目がいっせいに私を見返しているのに慄然としたことがある。

森繁は、男女同権が結局どうしたザマにしかならないかを痛烈に皮肉った。御本人としては効き目のある冗談のつもりだったが、冗談として通用しない程、この文章の書かれた昭和五十四年当時、「針金女」と「屑糸男」が既に若い世代を領していたというのがオチである。そして、森繁はこう慨嘆する。

> 全くメチャクチャの世の中だ。（…）ウーマン・リブとはゲに恐ろしいものゾ。夫唱婦随の大正っ子など、ふるえ上がるほどのものだ。（四三〇―四三一頁）

ウーマンリブも、今ではラディカルフェミニズム、ジェンダーの倒錯的用法によるジェンダーフリーから、セクシャルハラスメント、ポリティカル・コレクトネスという名のファシズム、そして#MeToo運動という一方的な男狩りへと更なる進化を遂げ、「ゲに恐ろし」く、「ふるえ上がる」だけでは済まなくなり、男の体を纏っている以上、いつ痴漢冤罪に遭い、同意ない性交を糾弾されるか分らない「全くめちゃくちゃの世の中」になりおおせた。黒柳徹子さんが「森繁さんは会う度に『ねえ！　一回どう？』と囁き続け」た事を微笑ましいエピソードとして紹介しているが、今やそんな話は微笑ましいどころか、俳優なら廃業、政治家なら失脚、会社員なら失職、妻子持ちなら一生かかっても払えぬ慰謝料を背負い込み、「めちゃくちゃ」どころか「地獄絵図」の人生が待ち構えている事、必定である。

世の中は「針に変わった女」と、「屑糸」になったが「メドの穴」は見つけられぬまま童貞を余儀なくされる中年男の山、山、山となった。

それでもまだ不足なのか、マスコミとインテリはもっとやれ、もっと男を叩きのめせと狂喜乱舞の昨今である。

人と人がいて、男と女がいる。

外に出て交際を広げれば、嫌な奴がいて、敵がいる。

好きになった男には冷たくされるのに、虫唾(むしず)の走るような中年男にエッチな目で見つめられる。仕事で組まされる上司や部下に限って言語不通、異星人のような奴が配属される。爺さん、婆さんは嫌味を垂れ、一方若者は意味もなく粋がり、恥ずかしい青二才ぶりを発揮する。——

人が人として生きている以上、人間関係などすべてこれ、ハラスメントならざるものはないのである。その中で、辛うじて言葉の分る奴、気の合う奴を見つけて厚誼を結び、やっとこさ見つけた相思相愛の——まあ自分相応の——相手と結婚する。同級生、ママ友達、会社の上司、部下とのシンドイ関係を辛くも切り抜けながら、居心地のいい自分の居場所を何とか見つけ出す。

一体、そうした工夫の外に、人生を生きる「意味」など、どこかにあるのだろうか。

ハラスメント、つまり人と人との軋轢、違和感のない無菌室で、権利という麗々しい名前のついた「身勝手」と「独善」を主張する者ばかりで構成された社会で、一体誰が幸せを摑めるのであろうか。

森繁の結婚式の祝辞など、今ではこれ自体、セクシャルハラスメントと糾弾されるに違いない。いや、本書全部が、まさにこれ、今の「人権感覚」から見れば、ハラスメントの塊に違いない。

無論、だからこそ、正しいのである。

だからこそ本書は読まれるべきなのである。

森繁のこのエッセー集は、過ぎ去った一時代の価値観の集積などでは決してない。

まして、一代の名優の余興などではない。

ここには、俳優の余業などという「屑糸」のような文章は、それこそ一つとてない。

どこを取っても、ここにあるのは、一人の人間の豊かな肉声である。

豊かな人生語りである。

読者を前に、いや、まずは森繁自身が自分の声に聞き惚れながら、何かを一心に語ろうとする掻き口説きである。

それだけが、ここにある。


本書は没後十年を期して刊行される『全著作〈森繁久彌コレクション〉』全五巻中、『情――世相』と題された第三巻だ。第一巻の「自伝」や第二巻の「芸談」ならば、他の俳優にも優れた随筆はあるだろう。沢村貞子、池部良……などの名がすぐ思い浮かぶ。が、世相となるとどうであろう。世を論じ、社会を論じ、国家を論じるのは危険な業である。時の政治を批判するのは易しい。自分を棚に上げて政府に難癖をつけるのなら、誰でもやっている。が、社会を語るとなればそうはゆかない。今、そこに横行している世の大勢を批判する事だからである。下手をすれば袋叩きに合う。まして大衆の人気に支えられた俳優の業であっては、仕事の上で敬遠され、ひどい場合は干されかねない。

が、森繁の筆は、躊躇も屈託もない。

かと言って、偉そうに世を見下す尊大さも又、微塵もない。

皮肉はそこここで炸裂するが、情の厚み、人の大きさがその背後で言葉を大きく包み込む。社会評論ではなく、あくまでも「随筆」の味わいだ。

随筆は文字通り「筆に随う」で、森繁さんの文章はいかにも洒脱、苦渋の跡をまるで留めず、余談が余談を呼ぶ風で、筆が走り、書き手の森繁さんはその後を文字通り「随って」ゆく。ここでは「文意」が先立つのではなく、「筆勢」が言葉を生んでいる。「随筆」という、今では殆ど死滅したジャンルの本来の力、本来の言葉の呼び覚ましが、全巻充満している。

読者は時に笑い、時に目を剝き、時にほろりとさせられながら、この筆に随う一人の男の自在な肉声を追うてゆく、気づけば全く夢中に。いつの間にか頁を繰る手ももどかしくなる自分に驚きながら――。

## II　嘆きのユーモア

森繁の散文は、決して洗練されたものではない。同時代に妍を競っていた大作家たちの美術品のような随筆とは、明らかに違う世界である。川端康成の『美しい日本の私』や小林秀雄の『考へるヒント』、永井龍男や幸田文の散文辺りを頂点とするような、随筆文学の「神品」とは、森繁さんの「随筆」は寧ろ対極にある。これら作家らの「随筆」が追求した文筆の精華や、言葉の美の粋は狙われていない。

森繁の筆が紡ぎ出す言葉は、日常の暮らしの中での愚痴であり、おどけであり、言葉に窮して吐かれる呟きであり、いつもたくましくそこに存在している大人の「常識」である。

いいや、それでは言い足りぬ。「常識」を語る彼の「肉声」の確かさこそが、森繁さんの随筆の身上であろう。読みながら、その肉声はいつの間にか、映画や朗読で親しい、あの森繁さんの声そのものに変わってゆく。

文豪、井伏鱒二氏の名作「山椒魚」を、先生からの御依頼で、テープに吹き込んだ。吹き込んだと言えば簡単だが、読む私は月余の苦闘をしたのである。

冒頭〝山椒魚は悲しんだ〟の一行が、何としても出てこない。NHKの名作座を三十年もやってきた私だが、迷いがきてこの一行が口を出ないのだ。物みな嚆矢に依って始まる――が、うまくゆかないのだ。それゆえ、その後が読めない。

この文章全体に匂う山椒魚の体の香りや、せせらぎの音、山の香り、洞窟の中の匂い――が、浮かび上がってこない。

このコクのある名文に土下座したのである。聴覚の芸術は、これまたむずかしい。第一、私の難関は〝間〟である。

昔、徳川夢声さんは、NHKで「宮本武蔵」を読んで満都の人を魅了した。私は一生懸命、夢声の話術の研究をした。

元来、耳から聞くことは、文字を追って読む時のイマジネーションよりいささか遅れ勝ちのものである。例えば〝がらりと寺の戸を開けた〟と読めば、すぐにも古寺の重い戸が想像出来ようが、声だけで聴けば（ラジオの場合）その目で読む速度では早すぎる。（…）

いやはや、コクとは、何とも遠い難しい問題である。

（三三七―三三八頁）

「山椒魚は悲しんだ。」の一行に苦吟惨憺となる事が出来るという事——それこそが森繁の俳優としての凄みであろう。そうして鍛えられた肉声が、筆に随って、森繁さんの楽屋から流れ出た時、それが森繁「随筆」の豊饒となる。

先の結婚式の祝辞にしたところで、読んでいる内に、紙の中に折りたたまれていた活字はいつの間にか、祝辞を読み上げる森繁さんの聲に変じ、更には、ウーマンリブの先にどんな社会が到来するかを苦さと痛みで慨嘆する森繁さんの少しおどけた憂い顔へと読者を誘う。

が、その嘆きには花がある。そして苦いユーモアが漂う。

本巻冒頭の一篇「顧みて若者を論ず」など、森繁さんの心の柔らかいばねが、そのまま形となった名文であろう。

家にぶらりと泊まりに来る二十五、六歳の遠縁の青年について、森繁は次のように書き出す。

学校も満足に出たかどうか。目下何をしているのか、去年も一昨年も何をして暮らしていたのか。これもとんとシャッキリせぬヘッポコ男子である。

ついでにいうなら、頭が良いのか悪いのか、何を考えて生きているのかも判然としない奴で、ただ取り柄といえば、人懐っこい猫のような柔軟さとカラスのような図々しさをナイマゼにした——これを現代風若者というなら、未来はお先真っ暗で、年寄りの俺からみれば滝にでもうたしてミソギでもさせてやりたい奴である。

（一六頁）

この青年を説教しようとしてうまく丸め込まれ、呆れ返る森繁一流の小噺が続くのだが、その老いの繰り言のあとに、森繁は、ふと自分を省みる。

さて、あのダラテー（その青年の事）が笑えるかどうか——と、私の青春をふりかえってみるのだが、よくよく思い出してみると、さして変わらぬ愚劣、蒙昧なアレコレで満ち満ちていることに、冷や汗を流すのだ。

国を憂いたこともないし、家を憂いたこともない。ましてや他人さまから褒められたことなど、思い出をいくら繰っても残念ながら一つもない。ダラテーと同じ年ごろ、有楽座の衣装部屋の隅で習いおぼえたオイチョカブやコイコイで、芝居をとちるほど銭を巻き上げられ、あげくのはてが楽屋の廊下に並ばせられ、「きさまら楽屋を何と心得おる！」とロッパ親父からビンタを食っていたのだ。

（二四頁）

そして、森繁は、遂にこう言う。

親に孝に、国を愛し——は、青年の世界には今も昔もなかったのかもしれない。
あれは年をとったものが、こうあればよかったという繰り言とも思える。
青年が年寄りのいうことを、いちいち聞いて、優等生のようにその通りにしていたら、人類は

とっくに滅んでいたかもしれない。（二一六頁）

今風の若者に苦り切っている森繁さんが、己の恥多き青春を思い返す——。が、それで終わらないのが森繁節である。

人間とはいかなる生き物ぞ。

この問いが森繁の心の底流に絶えずある。

青年とは何ぞ。

老いとは何だ。

若者は老人に反発し、老人は己の恥多き過去を忘れて若い世代を嘆く。

歳月の生み出す、この相互理解の懸隔は、それ自体人間の宿命であって、それは寧ろ人類にとって幸いな事だったのではないのか。

「青年が年寄りのいうことを、いちいち聞いて、優等生のようにその通りにしていたら、人類はとっくに滅んでいたかもしれない」とは、小噺のオチには、いかにも大仰であろう。

が、これが森繁の掻き口説きなのだ。

小噺が、大演説となり、啖呵が人情噺の中に吸い込まれる。

芝居を打つ事に照れない。

「大仰さ」を恐れない。

私は思い出す、いつであったか『忠臣蔵』で森繁久彌演じる吉良上野介が、赤穂浪士に討たれる前に、何と『敦盛』の「人間五十年」を荘厳に舞って見事な老い桜として散ってゆく、掟破りな啖呵の見事さを。

## Ⅲ 「人は死者のために生きる」

森繁さんの猥談は有名だった。

本巻でもごく僅かだがその片鱗は味わえる。

「命の終りに人はみな」（二一一頁）は、明治の元勲や吉田茂を語りながら、突如として――この突然の転調は、森繁さんのエッセーでは非常に意識的に駆使されていて、全く違う話がさらりとはじまる。巧みも衒いも手練手管もない。それこそ繋ぎのない蕎麦を見事に打つ手捌きは天衣無縫そのものなのだが――猥談に飛ぶ。

ここで話はいささか飛ぶが、私の好きな小咄に〝オナシスとジャクリーン〟というのがある。学もないのにエラソウな話許りしているので、たまには息ぬきがしてみたい。

世界の富豪といわれたオナシスの助平親父が、故ケネディ夫人のジャクリーンに懸想し、我がいとしの妻になってくれと懇願した。世間体もあろうか、夫人はいゝかな好い返事をくれない。イキリ立った老オナシスは全財産をはたく気持でいい寄ったところ、

「マリア・カラスとはもう切れているんでしょうね」と美しい流し目でいう。……（二一五頁）

この前口上で、読み手をわくわくさせて始まる猥談は、その語り口を含め、本文を直接味わって頂くに如くはない。

ところが、森繁の猥談には実際は、「奥の間」があったらしい。

先般、没後十年のシンポジウムで同席した宝田明氏によると、ロケ地でバスの中に何時間も待機しているような時、森繁さんはしばしば座興で一人語りを始める。最初は猥談で皆棒腹絶倒、ところが、即興が即興を重ねる内に、気づけば、聞いている女の子たちが思わず皆泣かされてしまうような人情噺になるというのである。さすがにその鮮やかな転調の秘密は、文章では伝わらない。残念ながらそうした即興座談は、録音も残っていないようである。しかし今の猥談を読んだあとで、例えば向田邦子が飛行機事故で亡くなった時の「君散りぬ、君果てぬ」（一五四頁）を読めば、正に森繁独特の転調ぶりが、幾らか想像できるかもしれない。

「君散るや　桜のあとに　君散るや」の追悼句に始まり、五所平之助、越路吹雪の訃を嘆いた森繁は、向田邦子の飛行機事故での非業の死を語る。

「五十一歳の花の生涯を凄絶な碧い空で閉じるとは、余りにも無残で言葉もない」。

向田が落命した南海に思いをはせながら、森繁はまさにかつてその地で「人は何のために生きるか」を語り合った思い出を語る。

ヌーメアで、在住の日本人たちと語り合ったことがある。このカレドニアにも古い日本人の墓地があるが、それにもまして南海の島々や海に今もいて敗残の姿をさらす軍艦や大砲を見、また見ることもかなわぬ海底にねむる何十万柱の遺骨に思いを馳せて、サザン・クロス（南十字星）の哀しいまでに光る夜明けまで語りあかした。そして、私たちの結論はようやく〝人は死者のために生きる〟ということだった。

（一五四—一五五頁）

「人は死者のために生きる」——これほど今忘れ去られ、顧みられることのなくなった「思想」があるだろうか。

人は何のために生きるか。自分のやりたいことをやる、生きたいように生きるためだ。皆、当り前のようにそう考えている。

だが、自分のやりたい事とは、別の言い方をすれば自分の欲望を満たす事に他なるまい。「人権」と言い換えようと、「自己実現」と言い換えようと、「自分の使命」と言い換えようと、「社会貢献」と言い換えようと、その根底にあるのが、「人は自分のために生きる」のであれば、それは所詮人生の目的は欲望だということにしかならないのではないのか。欲望とは、それが崇高なものであろうと、性欲、食欲など下等な欲求だろうと、所詮、自分に欠乏しているものを貪ることに他ならぬ。

達成したものが大きかろうと小さかろうと、結局、そこでは鎖の輪は自分の周りで閉じてしまうのである。

森繁ほどその生涯を通じて、「自己実現」をしおおせた俳優、いや日本人は、近代を通じても稀であろう。ラジオアナウンサーから出発し、喜劇俳優へ。容姿端麗という訳ではない彼がやがて一派の主、そして日本の芸能界の顔になっていく。大俳優としての仕事を着実に続け、ついに大衆芸能人として文化勲章を初受章した。没後には、国民栄誉賞まで追贈される。国民栄誉賞は本来文化勲章の対象外の芸能人やスポーツ選手に贈られる賞だ。両賞を共に受賞した人物は森繁以外、黒澤明と森光子だけである。

その彼が、南海の島で眠る何十万柱の大日本帝国兵の遺骨に思いを馳せて「人は死者のために生きる」と語る。

何という逆説だろう。

自分の為のみならず、生きている家族、仲間の為でさえもなく、「死者」の為に、既に死に、物言えぬ人たちの思いに耳を傾ける為にこそ、今の生がある。何と後ろ向きな事か？

しかしその森繁が時代の先端を行き続け、自己実現と世俗的幸福と栄典の最高峰にいるのである。

何故か？

――いや、当然ではないか、と私は答える。

死者のために生きるとは、過ぎ去り再び戻らぬ時と繋がりながら生きるという事だ。

人間とは何か。記憶の総体に他なるまい。誰もが自分の生きてきた全過去を背負って今を生きている。

過去を引き受けない人間に未来があるはずがない。

同じように、自分一人のやりたい事、自分一人の人権しか引き受けない人間の人生が大きく花開くはずもない。

死者の声に耳を傾けるとは、人間の歴史の持続を背負う事だ。

果たせなかった人の思いを未来に繋ぐ事だ。
その時、人は個人としての自分を越え、過去と未来を繋ぐ大きな翼になる。
再びこの短いエッセーは、向田の死に戻って終る。

君果てぬ　残夏の異土に　君果てぬ

ところが、こんな一文にほろりとさせられて油断していると、今度は途轍もない毒舌のシャワーに唖然とさせられるから、注意した方がいい。

女の力のおそろしさは、かねがね私も体験しているが、早い話、芝居の団体も近頃は九割が女性で、しかも中年と来ている。このいわゆる御連中の柄の悪さというか、エチケットのなさに、あきれはてて、とうとう劇場側も出し物を変えたくらいである。入込み芝居、つまり序幕ものだと、椅子についてあたりが暗くなると、早速弁当をひらきはじめる。二千人の包み紙をあける音は、騒音というか、八十ホーン以上だろう。芝居も何もやっておれぬものだ。(…)

最近の都内有名ホテルには、殆んどが高い会員制で、テニス、プールにサウナの設備があるそうだが、腹の肉の垂れ下った成金のオバハンが、鼻にもつまりそうな大きなダイヤをひけらかして蒸気でむされているそうな。いかにも恐しい地獄のさまと聞いたが、よくもまあ金もあるもの、いやはや日本も不思議な国と成りはてた。

（二三二頁）

女の性の、生命力の豊饒としぶとさが転じてあくどさになるのは、いわば拝金主義の成れの果てであり、ウーマンリブの成れの果てであり、「死者のために生きる」人の道を忘れた成れの果てである。が、そんな理屈はいいだろう。この開放的な毒舌は、「女の力の恐ろしさ」に充分釣り合っている。その筆勢が読者に感じてもらえればいいのである。

## Ⅳ　「あいた口がふさがらぬ」日本

軽妙なものもある。


寒さにめげず山茶花は冬の佳人のように、こぼれ散る。若い連中をつれて古都京都の名刹を歩いた。日本の都で一番静かな都大路である。皆で苦吟しようか。全員は浮かぬ顔をした。

「山茶花を雀のこぼす日和かな」

「はあ、それはあなたの即興ですか?」

「これは有名な俳人の句です」

「あなたは――」

「天龍寺　山茶花こぼれ　鐘一つ――。どうかネ」

「ああ、そんなことですか……やってみましょう。ええ――天龍寺……」

「どうした？」
「天龍寺　山茶花散って　鐘三つ」
「情けないヨ、君たちは——」
「だって、鐘は三つでしたヨ」

（三三八頁）

「情けないヨ、君たちは」——どこかで聞いたセリフではないか。そう、社長シリーズで森繁扮する社長が、小林桂樹、三木のり平、加東大介ら幹部社員にこぼす愚痴そのものだ。風流と笑いがゆったりと溶け合っている。

も少し引用しよう。

よく金持ちに、それで儲かったらどうしますと聞くと、海外に工場を持ち云々という。それでも儲かったらどうしますと執拗に聞くと、懲りずに儲ける話しか返ってこない。一人ぐらい、「この金を一つ貴国の文化のためにお費い下さい」と、目のひらくような返事が出来ないものか。往年、ドイツを訪ねた時に、この国にはもう大哲学者も詩人も音楽家も出ない、次に出てくるのは偉大なる商人だけだ、貴国もそうだろう、といわれたことがあるが、成程、その欧米をしのぐのが商人日本だ。

（一九二―一九三頁）

平成年間にＧＤＰで中国に抜かれ、経済成長の見込めぬ人口激減国に転落した今の日本でも、これは残念なほど代わり映えのしない光景である。

だが、差し当り私が読者の注意を促したいのは、ここでもやはり、それを語る森繁さんの語調の方である。

軽妙だ。思わずくすりと笑わせる。「懲りずに」の一語、「目を開くような」の一句が、効いているからである。

昨今はインターネット社会となり、ネット上で、著名人や物書き達まで加わっての、口汚い他者誹謗が蔓延している。

憤慨するもいい、意見の相異に憤るもいい、が、なぜこうまで汚い言葉を平然と使うのか。なぜ、他人の人格そのものを汚し、嘲笑しようとするのか。

森繁さんの「毒舌」と、昨今の「誹謗中傷」と何が違うのか。

どこで、卑しい誹謗中傷、眼をふさぎたくなるような言葉と、思わずニヤリとさせられる毒舌の「差」が生まれるのか。

本書は、テレビ関係者も多く手に取られるであろうから、あえて森繁さんのテレビ批判に、その「差」を見ておこうか。

最近のテレビがいかに酷くなったか。森繁さんは一くさり嘆いたあとで、
先日、ある民間テレビ局で、その愚劣番組の担当者にバッタリあったのを幸い、お茶を飲みながら話したが、驚くべし彼の言い分は、

「ボクらは、視聴率に追っかけ廻されているんですよ」

「だけど、公器だろう――テレビは？」

「コーキって何ですか」

「公のモノということだ」

「え？」

「日本の文化が少しでも向上するように頑張らなきゃ」

「そんなこと初めて聞きました」。

あいた口がふさがらぬ思いである。


（三〇八―三〇九頁）


最後の一句を見てほしい。

「あいた口がふさがらぬ思いである。」

この感性の「差」が、毒舌と誹謗中傷の「差」なのである。

冷静に考えてみて、今の日本で、このテレビマンの言い分以外のことを、誰が口にしているだろう？

今の日本の政治家、経済人、官僚、新興成金、マスコミ、物書き……。これら日本のオピニオンをリードすると称する人達が、それぞれの世界における「視聴率」＝つまり数字的な達成以外の、何か少しでもましなことをどこかで言っているだろうか。

そして又、誰がそうした数字追求一辺倒の現状に対して、「あいた口がふさがらぬ」と驚いているだろう。

平成日本は、こうした「あいた口がふさがらぬ」老人の驚きを振り切って、何を得たのか。失われた十年、失われた二十年を転落しながら、実利も現実も失い続けてきただけだったではないか。

実利追求、現実主義が当然で、そんな姿勢に「あいた口がふさがらぬ」爺さんは、所詮昭和の遺物さ――そんな風に嘯きながら、平成のオピニオンリーダーたちは、「昭和の遺物たち」が築き上げたこの国の実利と現実を、どれだけ破壊してきた事だろう。

少子化の歯止めはかからず、今の出生率のままゆけば令和四十年には人口は今より四千万人減の八千万人台、来世紀初頭には四千万人にまで激減する。出生率の低下が原因での人口減少は歯止めがかからない。治安、行政、経済、国民的活力において想像を絶する打撃を私たちはこれから甘受する事になる。歴史上どんな民族も経験した事のない空前の危機の只中に、我が国は既にどっぷり浸かっているのである。

他方、中国の侵略野心、北朝鮮の日本向け核ミサイル配備、アメリカの総体的な国力低下などで安全保障環境は激変しているにもかかわらず、野党もマスコミも、やれモリカケだ、やれ桜を見る会だと与太話で狂騒し、国民は迫りくる危機に全く気づきもしない。

人口が激減し、安全保障は風前の灯、昭和の鉄鋼、銀行、自動車の後の基幹産業は全く育っていない。

「視聴率」追求世代の残した遺産は、結局、これだったのである。

結局のところ、「公器」の意味さえ分からない人間には、「数字」という現実を手に入れる事も所詮できない。そういう事であろう。

この今の日本のご時世で、「あいた口がふさがらぬ」という言葉さえ死語になっていることを、正に今や「死者」となっている森繁さんに向かって、私達は何と申し開きできようか。

## V　自己への厳しさ

終りに一言。

こうした警世の言が、尊大な嫌味にならずに冴え渡るのは、森繁さんの場合、自己を見る眼があくまで厳しいからだ。

そこを忘れては、森繁さんの世相批判を読み損なう。

森繁六十八歳の時に書かれた一文をご紹介して解説を閉じよう。

最近、私は自分の出ているテレビを見ながら、ようやく客観的になれるというか、つまり傍観者として見る余裕だけはできるようになった。そうして見ていると、何といい加減な俳優だろうかと、砂を嚙む思い許りがつきあげる。

昨今、私をとりかこむ食生活は何とか標準並だし、さして金に困ることもない。また、これといって新しい仕事に対しての熱意も実はあるようでない。過去の引き出しをあけて、大概の用(仕事)を足すぐらいで、左程悔まれる思いもなくまあ平然としているような毎日だ。それがテレビの画面の私の仕事の中に見え見えなのである。これが、昨日今日あらためて驚いたことなのだ。(…)薄氷を踏む思いなど全くなく、新しい海への船出にすら何の勇気もない、いうなればダラ幹に

近い姿が、己れが己れの姿をブラウン管に見つけての感想だ。（一七八―一七九頁）

これは、六十八歳の大俳優の言として、苛烈の言葉だと言わねばならないだろう。この頃、森繁は映画『二百三高地』で伊藤博文、テレビの大河ドラマ『関ヶ原』で徳川家康を演じている。翌年には迫真の吉田茂も演じる事になる。勿論、実際にそこにみられる演技は、緊張感ある円熟ぶり、「ダラ幹」でもなければ、怠惰とも無縁だ。

そうした自分に「円熟」を見出して満足するのではなく、寧ろ、「ダラ幹」を見出し、自分に焦燥する六十八歳の大家の「若さ」と「勁さ」は並のものではない。

自分を観ながら、自分に苦り切っている森繁さんの顔……。その同じ顔が近頃の金満婆さん連中に、テレビマンに、若者たちに、そして文化を大事にしないから真の誇りを知る事もできない金満日本の世相全てに向かって、「情けないよ、君たちは」と呟いているのである。

さあ、長広舌はもう良いだろう。

この解説をもし先に読み始められた読者であれば、私が拾い損ねた無数の愉しさ、無数の人情、無数の洞察、そして今日に通ずる日本の病理――死者を疎かにし、公を疎かにしてきたツケへの鮮やかな発言を、そこここに見つけるのは難しいことではない。

解説などもう忘れ、存分に、森繁の掻き口説きに聞き惚れて頂ければ幸いだ。

○おがわ・えいたろう　昭和四二（一九六七）年生。文藝評論家。一般社団法人日本平和学研究所理事長。大阪大学文学部卒業、埼玉大学大学院修了。専門は近代日本文學、十九世紀ドイツ音楽。フジサンケイグループ主催第一八回正論新風賞、第一回アパ再興大賞特別賞。著書に『小林秀雄の後の二十一章』（幻冬舎）『平成記』（青林堂）『フルトヴェングラーとカラヤン』（啓文社）他多数。

## 著者紹介

### 森繁久彌（もりしげ・ひさや）

大正2（1913）年、大阪府枚方市に生れる。2歳の時に父・菅沼達吉が死去。大正9年、母方祖父の姓を継ぎ森繁久彌に。昭和10年、早稲田大学商学部入学。昭和11年、東宝新劇団に入団、解散し東宝劇団歌舞伎、次いでロッパ一座に。昭和14年、NHKアナウンサー試験を経て、満洲の新京中央放送局に勤務。昭和21年、新京で劇団コッコ座を結成、11月帰国。昭和22年、「女優」で映画初出演。昭和24年、新宿ムーラン・ルージュに参加。昭和25年、「腰抜け二刀流」で映画初主演。昭和28年、「半七捕物帳　十五夜御用心」でテレビ初出演。昭和30年、映画「警察日記」「夫婦善哉」大ヒット。昭和31年、ブルーリボン賞、「へそくり社長」で「社長シリーズ」始まる。昭和33年、「駅前旅館」で「駅前シリーズ」始まる。昭和35年、初プロデュースの主演映画「地の涯に生きるもの」。この撮影で「知床旅情」作詞・作曲。昭和37年、森繁劇団の旗揚げで「南の島に雪が降る」上演。昭和42年、ミュージカル「屋根の上のヴァイオリン弾き」初演（主演テヴィエ役、昭和61年に900回を迎える）。昭和48年、映画「恍惚の人」大ヒット。昭和59年、文化功労者。平成3年、俳優として初の文化勲章を受章。平成16年、映画「死に花」で最後の映画出演。テレビドラマ「向田邦子の恋文」で最後の演技。平成21（2009）年11月10日死去。12月、国民栄誉賞が追贈。

情(じょう)――世相(せそう)
全著作(ぜんちょさく)〈森繁久彌(もりしげひさや)コレクション〉3（全5巻）　〈第3回配本〉

2020年3月10日　初版第1刷発行©

著　者　森繁久彌
発行者　藤原良雄
発行所　株式会社　藤原書店

〒162-0041　東京都新宿区早稲田鶴巻町523
電　話　03（5272）0301
FAX　03（5272）0450
振　替　00160 - 4 - 17013
info@fujiwara-shoten.co.jp

印刷・製本　中央精版印刷

落丁本・乱丁本はお取替えいたします
定価はカバーに表示してあります
Printed in Japan
ISBN978-4-86578-259-2

## ▶本コレクションを推す◀

### ◇ヨットの思い出……………………………… 作家 **石原慎太郎**

天下の名優、天下の才人、森繁久彌を海に誘い百フィートの大型ヨットまでを作り、果ては三浦半島の佐島にヨットハーバーまで作らせたのはかく言う私で、後々にも彼の絶妙な色談義を交えたヨット談義を堪能させられた。森繁さんの海に関する物語は絶品の本にもなるだろうに。

### ◇森繁久彌さんのこと……………… 女優･ユニセフ親善大使 **黒柳徹子**

森繁久彌さんは、面白い人だった。この本を読むかぎり、相当のインテリだけど、私に会うたびに「ねえ！　一回どう？」と最後までささやいて下さった。何歳になっても、ウィットのある方だった。セリフのうまさは抜群で、私は長ゼリフなど森繁さんから習ったと思ってる。カンニングしながらでも、その人物になりきっている森繁さんに、ちっとも嘘はなくセリフは真実だった。そして何より、森繁さんは詩人だった。もっと長く生きてほしかった。

### ◇天 才 ……………………………………………………映画監督 **山田洋次**

演じても歌っても描いても語っても、何をしても一流だった。こういう人を天才というのだろうが、そんな言い方をされるのを死ぬほど嫌がる人でもあった。

### ◇森繁さんと再会できる ………………………………… 歌手 **加藤登紀子**

私にとって運命の人、森繁さん。満州から佐世保に引き揚げた日がわが家と森繁家は数日しか違わない！　そう解ったのは「森繁自伝」でした。森繁さんの声が聞こえて来そうな名調子に魅せられて、何度も読みました。「知床旅情」が生まれた映画「地の涯に生きるもの」と「屋根の上のヴァイオリン弾き」という貴重な足跡からも、他の誰にもない熱情を受け止めてきました。没後十年で「森繁久彌の全仕事」が実現。もう一度じっくりと、森繁さんと再会できる！　本当に嬉しいです。

### ◇“森繁節”が聞こえる……………………………歌舞伎俳優 **松本白鸚**

「この人は、いまに天下とるよ」。ラジオから流れる森繁さんの朗読を聞きながら､播磨屋の祖父（初代中村吉右衛門）がポツンと言いました。子どもだった私が、森繁さんを知った瞬間です。祖父の予言どおり、森繁さんはその後、大活躍をされ、日本を代表する俳優の一人となられました。『勧進帳』をこよなく愛し、七代目幸四郎の祖父、父、私と、三代の弁慶をご覧になり、私の楽屋で、勧進帳の読み上げを朗々と披露してくださいました。それはまさに祖父の弁慶の科白廻しそのままでした。本書には、多才で教養に充ち、魅力溢れる森繁さんの「人となり」が詰まっていて、読んでいると、在りし日の「森繁節」が聞こえてくるような気さえします。

二人の関係に肉薄する衝撃の書

## 蘆花の妻、愛子

〈阿修羅のごとき夫(つま)なれど〉

本田節子

偉大なる言論人・徳富蘇峰の弟、徳冨蘆花。公開されるや否や一大センセーションを巻き起こした蘆花の日記に遺された、妻愛子との凄絶な夫婦関係や、愛子の日記などの数少ない資料から、愛子の視点で蘆花を描く初の試み。

四六上製　三八四頁　**二八〇〇円**
（二〇〇七年一〇月刊）
◇978-4-89434-598-0

---

広報外交の最重要人物、初の評伝

## 広報外交(パブリック・ディプロマシー)の先駆者 鶴見祐輔 1885-1973

上品和馬　序＝鶴見俊輔

戦前から戦後にかけて、精力的にアメリカ各地を巡って有料で講演活動を行ない、現地の聴衆を大いに沸かせた鶴見祐輔。日本への国際的な「理解」が最も必要となった時期にパブリック・ディプロマシー（広報外交）の先駆者として名を馳せた、鶴見の全業績に初めて迫る。

四六上製　四一六頁　口絵八頁　**四六〇〇円**
（二〇一一年五月刊）
◇978-4-89434-803-5

---

最後の自由人、初の伝記

## パリに死す

〈評伝・椎名其二〉

蜷川譲

明治から大正にかけてアメリカ、フランスに渡り、第二次大戦占領下のパリで、レジスタンスに協力。信念を貫いてパリに生きた最後の自由人、初の伝記。ファーブル『昆虫記』を日本に初紹介し、佐伯祐三や森有正とも交遊のあった椎名其二、待望の本格評伝。

四六上製　三二〇頁　**二八〇〇円**
（一九九六年九月刊）
品切◇978-4-89434-046-6

---

戦後政治史に新しい光を投げかける

## 鈴木茂三郎 1893-1970

〈統一日本社会党初代委員長の生涯〉

佐藤信

左右入り乱れる戦後混乱期に、左派を糾合して日本社会党結成を主導、統一社会党の初代委員長を務めた鈴木茂三郎とは何者だったのか。左派の「二大政党制」論に初めて焦点を当て、戦後政治史を問い直す。

**第5回「河上肇賞」奨励賞受賞**

四六上製　二四八頁　口絵四頁　**三二〇〇円**
（二〇一一年一一月刊）
◇978-4-89434-775-5

真の「知識人」、初の本格評伝

## 沈黙と抵抗
〔ある知識人の生涯、評伝・住谷悦治〕

田中秀臣

戦前・戦中の言論弾圧下、アカデミズムから追放されながら『現代新聞批判』『夕刊京都』などのジャーナリズムに身を投じ、戦後は同志社大学の総長を三期にわたって務め、学問と社会参加の両立に生きた真の知識人の生涯。

四六上製　二九六頁　二八〇〇円
（二〇〇一年一一月刊）
◇978-4-89434-257-6

---

先駆的国際法学者の安全保障論の全貌

## 横田喜三郎 1896-1993
〔現実主義的平和論の軌跡〕

片桐庸夫

戦前において満洲事変を批判し、「戦争の違法化」と国際協調主義による平和追求を唱えた硬骨の論客、横田喜三郎。戦後、天皇制への態度の変化と、極東国際軍事裁判への評価をめぐり浴びせられた批判は正当だったのか？　戦前から戦後の発言を跡づけ、その根底に貫かれた思想を炙り出す！

四六上製　二七二頁　三二〇〇円
（二〇一八年八月刊）
◇978-4-86578-186-1

---

真の国際人、初の評伝

## 松本重治伝
〔最後のリベラリスト〕

開米　潤

「友人関係が私の情報網です」――一九三六年西安事件の世界的スクープ、日中和平運動の推進など、戦前・戦中の激動の時代、国内外にわたる信頼関係に基づいて活躍、戦後は、国際文化会館の創立・運営者として「日本人」の国際的な信頼回復のために身を捧げた真の国際人の初の評伝。

四六上製　四四八頁　口絵四頁　三八〇〇円
（二〇〇九年九月刊）
◇978-4-89434-704-5

---

「見事なる敗北者」の、初の評伝

## 満洲浪漫
〔長谷川濬（しゅん）が見た夢〕

大島幹雄

長谷川四兄弟（海太郎、潾二郎、濬、四郎）の三男に生まれ、大川周明の後ろ盾で満洲に渡り、戦前の大ベストセラー、バイコフ『偉大なる王』を邦訳、そして甘粕正彦の最期を看取った男、長谷川濬。一二〇冊もの自筆ノート「青鴉」に記された、誰一人知ることのなかったナイーブな魂を描く。

四六上製　三五二頁　口絵四頁　二八〇〇円
（二〇一二年九月刊）
◇978-4-89434-871-4

戦後政治の生き証人"塩爺"が語る

## ある凡人の告白

〈軌跡と証言〉

塩川正十郎

小泉内閣の財務大臣を最後に、惜しまれながら政界を離れた"塩爺"が、一人の「凡人」として歩んできた半生を振り返り、政治の今を鋭く斬る。『読売』好評連載に増補、待望の単行本化。

**カラー口絵一頁／モノクロ八頁**

四六変上製　二七二頁　**一五〇〇円**
（二〇〇九年六月刊）◇978-4-89434-691-8

絶対平和を貫いた女の一生

## 絶対平和の生涯

〈アメリカ最初の女性国会議員ジャネット・ランキン〉

櫛田ふき監修
H・ジョセフソン著
小林勇訳

二度の世界大戦にわたり議会の参戦決議に唯一人反対票を投じ、ベトナム戦争では八十八歳にして大デモ行進の先頭に。激動の二十世紀アメリカで平和の理想を貫いた「米史上最も恐れを知らぬ女性」（ケネディ）の九十三年。

四六上製　三五二頁　**三二〇〇円**
（一九九七年二月刊）◇978-4-89434-062-6
*JEANNETTE RANKIN* Hannah JOSEPHSON

類稀な日本文学研究者が語る日米戦

## 戦場のエロイカ・シンフォニー

〈私が体験した日米戦〉

D・キーン
聞き手＝小池政行

戦時中から一貫して平和主義を自覚してきたキーン氏と、自身の外交官時代から親しく交わってきた日本赤十字の小池氏の徹底対談。「私は骨の髄からの平和主義者でした」（キーン氏）。

四六上製　二一六頁　**一五〇〇円**
（二〇一一年八月刊）◇978-4-89434-815-8

百歳の現役医師の、揺るがぬ"非戦"

## 医師のミッション

〈非戦に生きる〉

日野原重明
聞き手＝小池政行

医療、看護において常に"治癒"にとどまらぬ"愛"をもって関わり続け、百歳の今もなお、新しい、より良い医療への改革を日々実践する日野原。「私は、今度の震災をもって、世界平和のきっかけにする運動を、世界じゅうに起こそうではないかと思うのです」（日野原氏）。

四六上製　一八四頁　**一五〇〇円**
（二〇一二年一月刊）◇978-4-89434-838-7

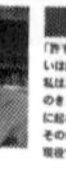

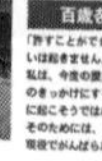
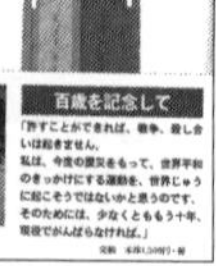

近代日本「西洋美術」界の理論的支柱

## 美術批評の先駆者、岩村透
（ラスキンからモリスまで）

田辺 徹

東京美術学校（現・東京芸大）教授として、初めて西洋美術史を体系的に導入、さらに私費で『美術週報』誌を創刊して美術ジャーナリズムを育成。黒田清輝、久米桂一郎ら実作者と二人三脚で近代日本に〈美術〉を根付かせた岩村透の初の本格評伝。

**口絵四頁**

四六上製 四一六頁 **四六〇〇円**
（二〇〇八年一一月刊）
◇978-4-89434-666-6

---

元『太陽』編集長が綴る、美術、音楽、まち、人

## 戦争と政治の時代を耐えた人びと
（美術と音楽の戦後断想）

田辺 徹

岡鹿之助、瀧口修造らとの敗戦後間もない頃からの交流、そして冷戦崩壊を挟む激動の欧州で、美術を介して接した人々とまちの姿。廃刊寸前だった『太陽』を復活させた編集長として、また、父の衣鉢をつぐ美術史家として、美術出版に貢献してきた著者が、折に触れて書き留めた、珠玉の戦後私史。

四六上製 二二四頁 **二八〇〇円**
（二〇一六年八月刊）
◇978-4-86578-084-0

---

〝メディア・ミックスの巨人〟としての実像に迫る！

## 映画人・菊池寛

志村三代子

一九二〇年代から四八年の死に至るまで、文学作品の単なる映画化ではなく映画を軸に新聞・出版・広告を巻き込んだメディア・ミックスを仕掛け、文壇人のみならず「映画人」としてメディアに君臨した菊池寛とは何者だったのか。「映画」を通して、時代と最も鋭敏に切り結んだ菊池寛の実像を初めて描く。

**第7回「河上肇賞」本賞受賞**

四六上製 三八四頁 **二八〇〇円**
（二〇一三年八月刊）
◇978-4-89434-932-2

---

半世紀にわたる日本映画の全貌

## 日本映画五十年史
（一九四一―九一年）

塩田長和

作品紹介のみならず、監督・俳優・脚本家・音楽家・撮影者に至る〈総合芸術〉としての初の映画史。巻末に、資料として作品索引（九三五点）・人物索引（八三九人）・日本映画史年表（一九四一―九一）を附す。ワイド判写真約二〇〇点の、ファン待望の一冊。

A5上製 四三二頁 **四六六〇円**
（一九九二年二月刊）
**品切**◇978-4-938661-43-4

初の自伝、独自のショパン論

# 音霊（おとだま）の詩人
〈わたしの心のショパン〉

**遠藤郁子**　音楽CD&BOOK

「ピアノの詩人」ショパンの音霊を現代に伝える日本人唯一のピアニスト遠藤郁子の初の自伝であり、独自のショパン論。自宅愛用のピアノで録音した本書関連全十四曲＋ナレーションのCD付。**〈収録曲〉エチュード「革命」、プレリュード「雨だれ」、ポロネーズ「英雄」他**　CD14曲60分

四六変並製特製ケース入
三〇四頁（カラー一六頁）　**五五〇〇円**
（二〇〇四年一一月刊）
◇978-4-89434-413-6

---

子守唄は「いのちの讃歌」

別冊『環』⑩
# 子守唄よ、甦れ

**〈巻頭詩〉子もりうた**　松永伍一
**〈鼎談〉子守唄は「いのちの讃歌」**
松永伍一＋市川森一＋西舘好子

**[子守唄とは何か]**尾原昭夫／真鍋昌弘／鵜野祐介／北村薫／原荘介／林友男／佐藤四郎／宮崎和子／吹浦忠正
**[子守唄はいのちの讃歌]**松永伍一／加茂行昭／三好京三／上笙一郎／小林輝冶／もず唱平／藤田正／村上雅通／もり・けん
**[子守唄の現在と未来]**小林登／羽仁協子＋長谷川勝子／小林美智子／赤枝恒雄／高橋世織／中川志郎／西舘好子／ペマ・ギャルポ／春山ゆふ／ミネハハ＋新井信介／菅原三記／斎藤寿孝
**[附]**全国子守唄分布表(県別)

菊大並製　二五六頁　**二二〇〇円**
（二〇〇五年五月刊）
◇978-4-89434-451-8

---

ギターひき語り半世紀

# 男のララバイ
〈心ふれあう友へ〉

**原　荘介**

〝銀幕の天才〟の森繁久彌さん、「月光仮面」の川内康範さん、「七人の侍」の土屋嘉男さん、「上を向いて歩こう」の中村八大さん……大好きだった先輩たちとの出会いと別れ。男、荘介の壮大な……抒情歌。

**【特別寄稿・私と子守唄】**伊東弘泰／因幡晃／ジュディ・オング／香西かおり／斎藤寿孝／さとう宗幸／三遊亭鳳楽／西舘好子／服部克久／星由里子／森繁建／山谷初男／永井一顕

四六上製　三八四頁　**二八〇〇円**
（二〇一七年一一月刊）
◇978-4-86578-152-6

---

「パンの笛のほんとうの奏者は風」

# 風魂 *Kazatama*
〈「パンの笛」に魅せられて〉

**岩田英憲**（「パンの笛」奏者）
**西村恭子**（作家）
**序＝渡辺俊幸**（作曲家）

ギリシャ神話の半獣半神の牧神に由来し、長さの違う葦や竹の筒を横に並べて吹く楽器、〝パン〟。その演奏ひとすじに賭ける人生――。心にのこるエピソードを綴る、珠玉の詩文集。

**カラー口絵八頁**
A5変上製　一七六頁　**二二〇〇円**
（二〇一八年三月刊）
◇978-4-86578-169-4

初公開の獄中往復書簡

# 絆（きずな）

**加藤登紀子＋藤本敏夫**

**推薦＝鶴見俊輔**

初公開の獄中往復書簡、全一四一通！　電撃結婚から、長女誕生を経て、二人が見出した未来への一歩……。内面の激しい変化が包み隠さず綴られた、三十余年前の二人のたたかいと愛の軌跡。

第Ⅰ部「歴史は未来からやってくる」（藤本敏夫遺稿）

第Ⅱ部「空は今日も晴れています」（獄中往復書簡）

四六変上製　五二〇頁　**二五〇〇円**（二〇〇五年二月刊）◇978-4-89434-443-3

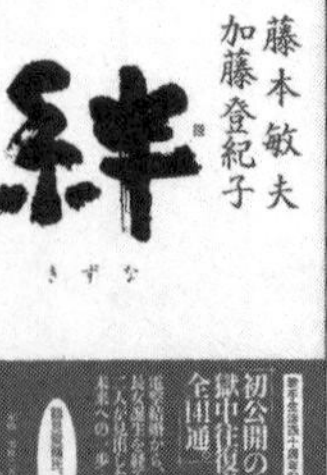

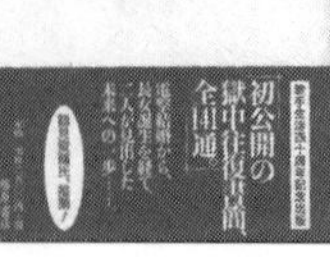

満洲ハルビンでの楽しい日々

# ハルビンの詩がきこえる

**加藤淑子**

**加藤登紀子編**

一九三五年、結婚を機に満洲・ハルビンに渡った、歌手加藤登紀子の母・淑子。ロシア正教の大聖堂サボール、太陽島のダーチャ（別荘）、大河スンガリー――十一年間のハルビンでの美しき日々を、つぶさに語りつくす。

**［推薦・なかにし礼］**　**口絵八頁**

Ａ５変上製　二六四頁　**二四〇〇円**（二〇〇六年八月刊）◇978-4-89434-530-0

戦後歌謡界を代表する作曲家の素顔

# 不滅の遠藤実

**橋本五郎・いではく・長田暁二編**

「高校三年生」「星影のワルツ」「くちなしの花」「せんせい」「北国の春」など、生涯に五千曲以上を作曲し、戦後日本を代表する歌手を育てた遠藤実。歌謡界初の文化功労者に選出され、没後には国民栄誉賞を受賞するなど、ますます評価が高まる遠藤実の全貌を、生涯、人間像、歌謡界における業績、そして多くの関係者の証言から描く。　**口絵一頁**

**◎七回忌記念　愛蔵決定版**

Ａ５上製　三一二頁　**二八〇〇円**（二〇一四年一一月刊）◇978-4-89434-998-8

1989年11月創立　1990年4月創刊

月刊
機
2020
2
No. 335

一九九五年二月二七日第三種郵便物認可　二〇二〇年二月一五日発行（毎月一回一五日発行）

発行所　株式会社 藤原書店©
〒一六二-〇〇四一　東京都新宿区早稲田鶴巻町五二三
電話　〇三・五二七二・〇三〇一（代）
FAX　〇三・五二七二・〇四五〇
◎本冊子表示の価格は消費税抜きの価格です。

編集兼発行人
藤原良雄
頒価 100円

大地に生きる失われしアイヌ（人間）の精神性を追い求めてきた生涯！

# 今、アイヌの精神性を問う

## 『大地よ！　アイヌの母神、宇梶静江自伝』刊行にあたって

宇梶静江

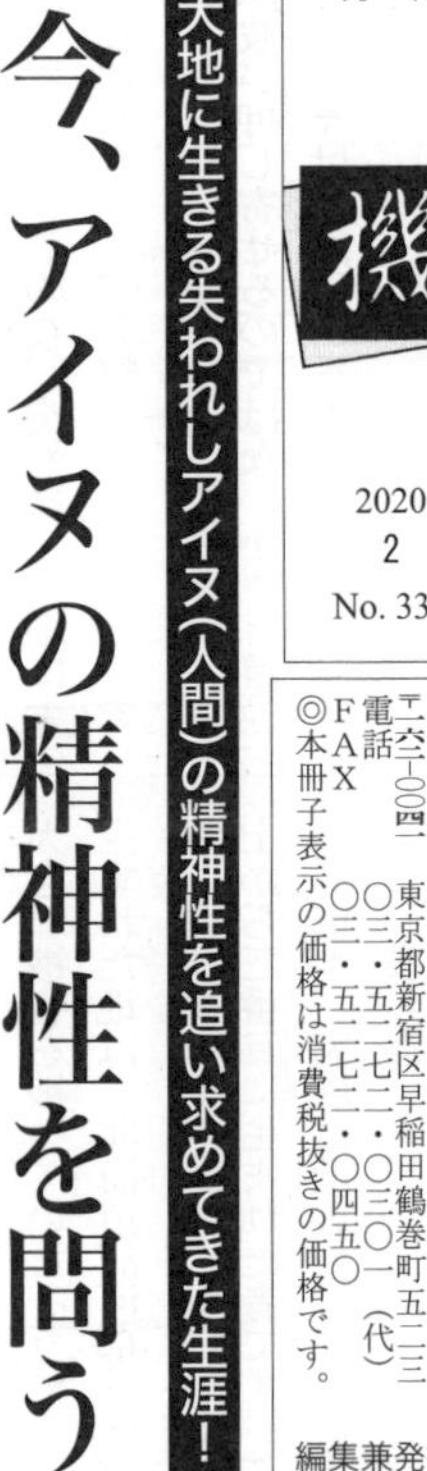

昭和三陸地震のさなかに生まれ、幼年期から思春期、北の大地（アイヌモシリ）で差別を受けながら、貧しくも豊かな時を過ごした少女。二十歳にして勉学を志し札幌の中学に入学。卒業後、東京へ。やがて詩を書き、自らが人間（アイヌ）であることに目覚め、同胞（ウタリ）へ呼びかけるが、受け入れられず苦悶する日々。自らの表現を求める中、63歳にして、アイヌの伝統的刺繍法から、"古布絵（こふえ）"による表現手法を見出し、遅咲きながら大輪の花を咲かせる。苦節多き生涯を振り返り、アイヌの精神性、アイヌとしての生を問うた本格的自伝。　編集部

●二月号目次●

大地よ
重たかったか
痛かったか
（「大地よ――東日本大震災によせて」より）

## 大地震の中での誕生

私の生まれは、一九三三年三月三日。この日は、私の出生にとっても、世の中の動きについても、のっぴきならぬことが起こった日でした。自然災禍です。

　この日、海辺にいた母親は産気づき、動けなくなりました。難産で苦しんでいたのですが、その夜、突然に、大地に大きな揺れがきて、大騒ぎになったそうです。あまりの揺れの大きさに、「これは津波が押し寄せるのではないか」と言って、人々は小高い山へこぞって避難しました。

　そんな騒ぎのなかでも、母の陣痛は収まらず、父も、付き添っていた知人のおばさん方も、避難することができなかったということです。しばらくして高波も収まりましたが、陣痛は続き、その日も暮れかかった頃、ぼたん雪が降りだしました。その雪の中を、父は町のお医者さんを迎え、そのお医者さんが、超未熟児の赤ん坊を取りあげてくださった。その赤ん坊がこの私です。

　この大きな揺れのもとは、本州の三陸沖で起きた大地震でした。震源地では、津波によって何千人という方が亡くなり、大きな被害を被っていたそうです。私の生まれた地は、北海道浦河郡荻伏村字姉茶。六人姉兄弟で、上に姉と兄がいます。上から三番目に生まれた者です。この年の冬場も、家族は浜辺の村、浜荻伏で暮していました。

　そのようにして、やっと生まれた私は、両手に入るくらいの超未熟児、しかもしわしわで、まるで猿の子のような児でした。身体も虚弱で、すぐにも命が絶えそうで、生んでくれた母でさえ、諦めかけるような状態であったと言います。すぐにも神の国（カムイモシリ）に戻りそうだと、父は仕事仲間の同胞たちと共に、神（カムイ）にお願いの祈りを二度、三度とあげたそうです。

## 差別される日々

　十一歳にもなると、町へのお使いに行かされます。私は字が読めたということもあって、役場に使いにいくこともありました。普段のお使いは、父が飲むドブロクを醸すための米麹や、お茶の購入といった目的です。

　ある時、私はそのお使いで、役場のある町に近い路を麹屋さんに向って歩いていました。すると、町の方から、私と年齢も変らない、姉妹と思われる二人が歩いてきます。彼女たちは、すれ違いざまに、「アッ、〝犬〟が来た！」と言いました。私は咄嗟に振り向いて足もとを見ました。けれども、そこに犬はいません。二人は、ニタッ、と厭な笑いを浮かべ、素知らぬ顔で歩き去って行きました。

その瞬間、私は立ち止まり、足を前に進めることができなくなりました。犬といえば、この町に来るまでの途中、農家の脇を通る時、猛烈に吠えて近寄って来る犬がいました。農家の大人たちは笑って犬をけしかけてきます。そんなことがあった直後なので、瞬間的に振りむいたのです。

歩き去って行った和人の子どもたちは、こんなふうにアイヌをバカにして喜んでいるのです。その笑いは、今でも心の中で「気持ち悪いな、あの人たち」と思うくらい、ゾッとするものでした。なんていうのか、あれが人間なのかと……。

**赤い目のシマフクロウ**（古布絵作品、1996年）
著者が最初に制作した古布絵

## 学校へ行きたい

姉が亡くなり、供養祭が終わった時に、家族も親戚も知り合いも囲炉裏の回りに集まりました。その場で、誰かが「静江も来年二十歳になる」と。私は十九歳になっていました。そこで誰かが「静江も来年は二十歳になるから嫁に」と言ったとたんに、私は咄嗟に「嫁には行かない」と言っていました。そして「私は小学校五年生から学校へ行く」と言ったものだから、母はびっくりしていました。

アイヌの子どもたちが、中学校とか高校に、万に一人ぐらいしか行けない時代でした。私は泣きながら言いました。「学校へ行きたい」と。その時に父が、言葉で助けてくれました。「これからは、子どもを立派に育てるためには、教育も必要だろう」と言ってくれたのです。それで、みんなの意見の流れも変って、私の学校行きが許可されたのです。

## 「古布絵」との出会い

一九七二年二月八日に『朝日新聞』の紙面をお借りして、同胞に向って呼びかけた記事「ウタリ達よ、手をつなごう」。この記事によって、私の、アイヌの同胞との交流が始まりました。

一九七二年の冬（二月）、私は三十八歳。そして古布絵に出逢ったのは一九九六年の初夏、六十三歳の時です。その間、私が辿ったアイヌ同胞との関わりは二十五年に及びます。この二十五年間、あの呼びかけから、古布絵を見出すまで、同胞との交流は、当初企図した目的の成就にはほど遠く、私は悩み続けていました。

ある時、友だちに誘われて、デパートで催されている古布、ぼろ布の展示を見に行きました。デパート内にはさまざまなぼろ布が展示されていました。その中で壁に掛けられたＡ４程の額縁に収まった布絵二点に、私の眼は釘付けとなったのです。「えっ？ 布の絵！ 布で絵を表現できる！」この時、私は瞬間的に、幼児期から求めていた何かが、目の前に出現し、今この時とぴったりと重なり合っていることを感じていました。

ほんの幼子であった頃、まだ弟たちの子守をしなくてもよかった頃、いつも布遊びに興じていました。三センチ四方の布切れ数枚が私の遊びの友でした。白い布で丸い頭を作ってもらい、テルテル坊主の頭のようなものに、その数枚の布切れを着せ替え、飽きず繰り返し、布のお人形さんと遊んでいました。

少し成長して、弟たちの子守をいいつけられるようになり、やがて親のお手伝いをいいつけられるようになると、布遊びに興ずることは許されません。そんなわけで、少しでも自分の自由な時間を見つけては、誰にも邪魔されない場所で、こっそり人形遊びをしたり、書物を読んだりしていました。

田や畑で働くようになってからは、野良着が破れると、布当てして繕います。この繕うという行為こそが私の貴重な布を使った手作業の時間でした。絵を描けば「絵では食べていけない」と、文字を読めば「読んでいる時間があれば働け」

と。追われ追われた時間の中で、それでも何かを創る、創作するということを望んでいました。読みたい、描きたい、そうした想いをずっと懐に仕舞い込んできました。

そのように生きてきた私の心を、その二枚の絵は、一瞬にして、夢や希望に満ちた時へ呼び戻したのです。「A4程の絵が布で描かれている！」頭にカッと血が上った瞬間でした。

私は直ぐにでも、布や糸が置いてあるわが部屋に飛んで帰りたい衝動にかられましたが、友だちと同道していたので、いくら感動したからとはいえ、勝手に一人で帰ってしまうのをためらい、はやる気持ちを抑えて、夕刻、彼女と別れた後、いそいそと部屋に戻りました。

しばらく布で描くその喜びの世界に浸っていました。そして、「そうだ！　フクロウを描きたい！」と思いつきました。なぜなら、三十八歳で思いを世に投げかけたあの時から、数々の願いを行政に請願してきましたが、壁は厚く、行政は視界を閉ざし、アイヌの存在はほとんど無視された状態が続いていました。そうだ、アイヌの村に住むシマフクロウの眼を真っ赤につくり「アイヌはここにいるよ、見えますか？」という意味を込めて描こう、と思い立ったのです。シマフクロウに託したいと気づいたのです。

これが布絵と創作シマフクロウとの出逢いでした。そして、これまでの私の活動と創作の世界が交わり、重なった瞬間でした。

（構成・編集部）

（うかじ・しずえ／詩人、古布絵作家）

ブルデュー社会学の集大成であり、畢生の大作、完訳、三部作完結。

# 我らが悲惨な国家——『世界の悲惨』の意味

ピエール・ブルデュー

社会学者ピエール・ブルデューの畢生の大作『世界の悲惨』の完訳が、原書刊行後四半世紀にして、今月遂に三分冊完結となる。発刊直後、『レクスプレス』誌に掲載されたインタビューを抄録する。（聞き手＝S・パスキエ）（編集部）

## 「国家の後退」の社会的意味

——社会的苦痛に対して、普通には沈黙してしまっているこのフランスですが、左翼が政権の座にあれば、一層の連帯をもたらすことができるとお考えでしょうか？

この二〇年の間、私たちが目にしてきた政策は、驚くべき一貫性を示しています。一九七〇年代、政治学院で教えられていた新自由主義的ヴィジョンが力を持ち始め、その次の段階で、国家の後退の過程が、一層はっきりと明確化しました。

一九八三年から八四年頃には、私企業と利潤の崇拝と結び付いて、社会党の指導者たちは、集合的なメンタリティの根底からの変化を作りだし、マーケティングの全般的勝利につながりました。文化さえもそれによって汚染されています。政治においては、最悪のデマゴギーを基礎づけるために世論調査が利用されることが常態となっています。一部の知識人たちは、この集団的な転向に加担しました。この人たちは、少なくとも指導者層や特権者の間では、十分すぎるほどの成功を収めています。問題を混同し、混乱した思想に身を任せて、経済的自由主義が、政治的自由の必要にして十分な条件であること、その逆に、あらゆる国家介入は「全体主義」の脅威を内包しているということを示すことに努めたのです。彼らは、悪辣にも、不平等——彼らは、これを不可避だと判断しているわけですが——と闘おうとするあらゆる取り組みを、まずもって非効率的であり、それに加えて、それらは自由を犠牲にすることなしには行ないえないと論証しようとしてきたのです。

——つまり、彼らは、国家の本質的な機能をあげつらっているわけですね？

そのとおりです。私たちが知っている

ような――というより、おそらく、知っていたと過去形でしか語れませんが――国家は、その公の目的が公共奉仕、公的なものへの奉仕、一般利益への献身であるという、極めて独特な、ひとまとまりの社会的空間なのです。このすべてを嘲笑すること、例えば公的な目的や公共財の横領について知られているさまざまなあり方をあげつらうことは可能です。しかし、そうであっても、公式のもの――そして、私するためにではなく、奉仕するために権限を委任されている公式の人物――についての公式に存在する定義は、並はずれた歴史的発明であり、芸術や科学と同じ意味で、人類の達成成果なのです。退化と消滅の脅威に常にさらされている脆弱な獲得物ではありますが。このすべてが、今日過去に、そして時代遅れのものへと追いやられているのです。

――国家の後退は、社会的現実のなかでどのような意味があるのでしょうか?

一九七〇年代以降、住宅分野で、社会的な住宅への援助を後退させ、持ち家の取得を促進する政策によってそれは始まりました。ここでもまた、集合住宅を集団主義に結び付け、個人の小さな持ち家に政治的な自由主義の基盤を見出す、インチキの等式がもとにあるのです。そして、個人的なものと集団的なもの、持ち家と借家の二者択一をどう逃れるかは、誰も問題にしなかったのです。例えば、諸外国で行なわれているように、公営の一戸建て住宅を賃貸するという提案はありませんでした。右派のもとで以上に左派政権のもとでも、想像力は権力についていません。そして、我らが優秀なテクノクラートが予想していなかった結果にたどりついたのです。これらの空間は、もっとも恵まれない人びと、すなわち、より快適な場所に逃げ出す手段を持たない人びとが、そこに集中する吹き溜まりになってしまったのです。そこでは、経済危機と失業の影響のもとで、多少なりとも病理的な現象が増加し、今日では、テクノクラートの新しい委員会がそれを扱っているのです。

## 各社会的条件や位置の悲惨さについて

――〔『世界の悲惨』に登場する〕北フランスの団地の二人の若者、フランソワとアリ、チュニジア出身の労働者と郵便区分け所の女子労働者、文学の教員と組合活動家、これらの人びととの間にどのような共通点があるのでしょうか？

もっとも目に見える社会的苦悩は、もっとも恵まれない人びととの間に見られますが、より見えにくい苦痛は、社会世界のあらゆるレベルにあります。近代社会が、たがいに独立した複数の下位空間、社会的なミクロコスモスに分化しているというのは、そのもっとも主要な特質の一つです。それぞれの社会空間には、それぞれに固有のヒエラルキーがあり、それぞれの支配者と被支配者がいます。特権的な世界に所属しているが、その中ではぱっとしない地位しか占めていないということがありえます。例えば、パトリック・ジュースキントの戯曲『コントラバス』で描かれる、オーケストラの負け組演奏家などです。優越する者たちの中で劣位にある者たちの相対的な劣等性、トップ組の中のビリは、条件の悲惨には還元できないにもかかわらず、それと同様に現実的であり深刻である、位置の悲惨を定義するものです。

――社会学者は、自分が話を聞いている人の苦悩や憤りを本当の意味で理解できるのでしょうか？

その人が、社会世界において、占めている場所を見抜くことができれば、より厳密に言うと、ミクロな社会世界、〔勤務している〕企業なり、部門なり、部署なり、〔住んでいる〕地区なり、建物なりの中において、その人が、どこに、投資＝備給をしているのか、その人にとっての賭け金、情熱が、どこにあるのかを見抜くことができればです……。思考の中で自らをその場所に置く、本当の意味で、その人の立場に自分を置くということです。

――この問題を考えることは、なぜ重要なのでしょうか？

それは、これらの悲惨は、極限的な悲惨以上にではないにしても、それらと同じ程度には、人種差別主義や排外主義といった、しばしば一見すると理解しがたい、政治的な表象や政治行動を生み出しているからです。そしてそれに対して、憤りを対置したり、説教を垂れたりすることしかできていません。そしてまた、それらに苦しんでいる人びとは、苦悩や失望そして絶望を糧にしている、国民戦線を始めとする、犯罪的なデマゴーグである政治屋たちが喰いものにするのに、おあつらえ向きだからです。

## 経済主義を超えて

――国家の機能については、いかがお考え

でしょうか？

自由主義と社会主義の通常の二者択一――思考を硬直化させる二元論の一つです――を退けなければ、国家の機能を定義するのは不可能です。少なくともその厳密でラディカルな定義においては、二つのシステムは、社会世界の複雑さを経済の次元に還元し、政府を経済に奉仕させるという共通点があります。生産性と経済的利潤のみを考慮した政策がもたらす、社会的コスト、そして、最後まで分析すればですが、経済的コストがどれほどのものであるかを考えれば、十分にわかるはずです。

▲P・ブルデュー（1930-2002）

経済主義は、実践の完全な定義、完全に人間的な定義を、致命的に損壊してしまうということを推して知るべきです。失業、貧困、搾取、排除、つまり非人間化は、個人の苦悩だけでなく、アルコール中毒や薬物あるいは自殺によって、他者と自分自身に向けられた暴力という代償をもたらすのです。

――それが『世界の悲惨』の意味だということですね。

その一つです。私はつくづく思いますが、もし、我らがテクノクラートたちに、国家会計の中に、あらゆる形態の苦悩と苦悩の経済的なあるいは経済外的な結果を算入する習慣があれば、自分たちが成し遂げたと思っている節約は、しばしば極めて間違った計算だということが分かると思います。

（櫻本陽一訳）

（ブルデュー『介入Ⅰ』より／構成・編集部）

第10回「河上肇賞」を受賞した気鋭の野心的作品。

# 日本の「近代家族」はどのようにして誕生したか

## 『近代家族の誕生――女性の慈善事業の先駆、「二葉幼稚園」』刊行にむけて

大石 茜

### 慈善事業の支援との触れ合い

日本における近代家族の成立は、大正期に新中間層が台頭したことにはじまり、戦後になって全国的に普及したと考えられてきた。サラリーマンの夫と専業主婦の妻によって構成された核家族が、子どもへの愛着に基づき子育てする家族が、典型的な近代家族と考えられてきたと言えるだろう。しかしながら、家族の変化は、新中間層という一部の階層でのみおこっていたことなのだろうか。

本書では、明治末・大正期の都市下層の家族と、そこに介入していった慈善事業から、近代家族の成立を捉え直すことを試みる。家族を形成・維持することの難しかった都市下層が、慈善事業の支援と接触することで、近代家族というあり方をどのように取り入れ、どのように生活を変化させていったのか。二葉幼稚園という一つの事例から、その変化を丁寧に拾い上げていく。

### 女性による下層家族への介入

本書で扱う二葉幼稚園は、一九〇〇（明治三十三）年に野口幽香（一八六六―一九五〇）と森島峰（美根とも書く、一八六八―一九三六）によって、東京・四谷に設立されたキリスト教系の慈善事業で、日本の先駆的保育事業として知られている。当時東京には貧民窟と呼ばれるスラム街が数多く存在していた。

二葉幼稚園は、明治の三大貧民窟の一つと呼ばれた四谷鮫河橋の子どもたちを対象とした事業を展開した。二葉幼稚園は今日も社会福祉法人二葉保育園として存続しており、二葉乳児院、二葉学園（児童養護施設）、二葉むさしが丘学園（児童養護施設）、二葉南元保育園、二葉楠木保育園を運営している。

数ある事例の中で、二葉幼稚園をとりわけ興味深いものにしているのは、女性による下層の家族への介入という特徴である。戦前の慈善事業と聞くと、その担い手の多くは女性であったと想像される

だろう。しかし実際には、日本の場合、理論的先駆者も実際の従事者も男性が圧倒的に多かった。そのような状況において、二葉幼稚園という存在は、参政権もなく政治的な権利に乏しい女性が、社会的な役割を認められ活躍した稀有な例である。本書では、この特殊な事例が成り立った背景の分析と、その社会的意義を、都市下層の家族との関わりに着目しながら検討していく。

▲野口幽香（左）と森島峰（右）
（『二葉保育園八十五年史』所収）

## 「近代家族」という共同性の構築

二葉幼稚園は、政府の意図や社会状況に影響され、利用されながらも、逆にそうした社会的背景を活かし、新たな領野を開拓していった。その際に大きな鍵となったのは、「近代家族」という共同性の構築であった。

こうした二葉幼稚園の事例の分析を通して、善意による事業が、単に国家に盲目的に動員されているのではなく、動員に巻き込まれながらも同時に、国家の意図とは異なる展開があり、独自の仕方での社会に変化をもたらしていたことを示したい。（「序章」より）

（構成・編集部／全文は本書所収）

（おおいし・あかね／筑波大学博士課程）

「公共（public）」とは何か!?　現代の諸問題を「公共」から見る。

# 世界の公共のあり方を問うことは、職場の日常のあり方を問うこと

## 『公共論の再構築――時間／空間／主体』刊行に向けて

中谷真憲

### 市場拡大の結果、世界に「外部」が無くなった

　これまで企業活動が私的領域に位置づけられてきたのは、一つ一つの企業の活動は、私人による私的利益の追求行為であるとされてきたからである。他方、公共性とは、本質的に自己の世界に内在するものである。自己にとって無関係と認識する問題は、関心の対象とはならない。自己と深く関わると認識してはじめて、その問題は公共的なものとなる。これは二重構造である。

　つまり、問題が自己とひと続きの中にあり、自己を世界の問題群の一つとして客体化しえた時に、自己のあり方（活動）が公共性の対象として意識される。つくり手の責任であれ、気候変動であれ、ジェンダー平等であれ、途上国の貧困問題であれ、同じことである。ＳＤＧｓ（持続可能な開発目標）が示しているのは、企業はそれらをよそ事、自己の世界の外部にあるものとして考えることは、もはやできなくなってきたということである。

　ではなぜそうなったのか。それは、企業活動にとって、世界に「外部」がなくなったからである。利潤を追い、成長を追うシステムとして市場を拡大してきた結果、つまり次々に「外部」を市場に取り込んできた結果、地球全体が「内部」化されてしまった。地理的な意味だけではない。従来は、経済の外にあるとされてきた文化やアートの分野、あるいは政府活動領域にいたるまで市場化が進んだ。かくして経済にとっては逆に逃げ場がなくなったのである。征服すべき対象はなく、今や経済が世界そのものになったのである。

　経済自身が経済のあり方を見直すしか、行き着くところはない。かつて資本主義は、その内部のプレーヤー（企業）にとってはむしろ制御しようのない自動システム＝外部システムであった。しかし、自動システムとして世界の隅々までも市場化したがゆえに、この資本主義のあり方自体を問い直すしか経済にとっての「外

部」はなくなった。こうして逆説的なことに、多くの企業にとって、資本主義が極大化しつくしてはじめて、資本主義そのものが客体化され内部化され、自己自身の問題として認識される契機を得たのである。

企業の活動は、具体的には職場における個々の生産活動であるから、経済システムを問い直すことは職場のあり方を問い直すことにつながる。**世界の公共のあり方を問うことが、職場の日常のあり方を問うことにつながってきたのである。**企業と公共との関わりに関して、SDGｓのもつ意味はこのような文脈でとらえるべきかと考える。

## 「経済」は市場社会だけではない

本来、市場社会だけが「経済」なのではない。私たちは資本主義の下の市場社会に慣れすぎて、交易（貿易・商業交換）、貨幣、市場を備えた市場社会を経済の姿そのものと考えがちだが、市場社会はむしろ広い経済の中で、そして歴史上でも、例外的な領域である。

ポランニーに従えば、原始社会の経済は互酬、古代社会のそれは再分配であり、近代社会のみが市場に基づいている。市場社会を構成する交易、貨幣、市場の起源もそれぞればらばらであり、その三つの組み合わせがつねに存在するわけではないのだ。

マリノフスキーの先駆的な研究が考察しているように、南太平洋トロブリアンド諸島の島々の間の「クラ」は、ソウラヴァ（赤い貝の首飾り）とムワリ（白い貝の腕輪）を用いた儀礼的な贈与交換のシステムである（ポランニーは互酬の代表とする）。交易として自立しているのではなく、念入りな儀礼の中に埋め込まれたものとして存在している（『西太平洋の遠洋航海者』）。

そもそも、交易つまり利潤を目的にした商業とは、外部の共同体との間で発生するものである。マルクスも、商品交換は共同体と共同体の間に発生する、と。ただ、マルクスはこの関係を機能的に見過ぎていたかもしれない。その間には、内部に入りきれない外部（周縁部）の問題が隠されているのに。日本に目を移しても、江戸期の平戸も安土桃山期の堺も、他領とは異なる独自の統治形態を認められていた。

（構成・編集部／全文は本書「終章」より）

話題の全著作〈森繁久彌コレクション〉（全5巻）！　第3回配本

# 森繁さんとの東宝での十五年間

宝田　明

## ともに満洲からの引き揚げ者

私は昭和九年（一九三四年）生まれで、森繁さんとは常に二十年という歳の差があります。私が東宝に入りましたのは昭和二十九年（一九五四年）、最初に主役をいただいたのは「ゴジラ」でした。東宝に入りましたら、森繁さんという俳優がいて、一年後には私も現場で仕事をしておりましたので、シゲさんとすぐ話すことになりました。

「宝田君、君はハルピンから引き揚げか。俺は新京だ」「ああ、そうでございましたか」と、同じ満洲から引き揚げということで、肝胆相照らすと言いましょうか、いろんな話をしていただく御縁となったわけです。

私が東宝に入った時はちょうど二十歳、森繁さんが若々しい四十歳。私が三十の時は、森繁さんはバリバリ仕事をした五十歳。私が東宝で約十五年間、映画に出ておりました時、常に二十歳年上の森繁さんという方が大先輩でいらっしゃった。二人とも同じ満洲の気候風土の中で終戦を迎え、森繁さんはソ連の兵隊にピストルで撃たれそうになったり、私もソ連兵に撃たれて死ぬ思いもしましたけれども、そんなことを、森繁さんとは二十年の歳をのりこえて同じように語り合ったことを、今、夢のように思います。森繁さんと同じ撮影所での仕事、また舞台で一緒に仕事ができ、森繁さんを知ることができたということは、私にとって貴重な財産だし、誇りに思っております。

## 格調高い話術

森繁さんはアドリブで有名ですが、どのカットでも最後にちょろっと面白いことを言うので、スタッフがみんなくすくす笑ってしまう。監督も笑っちゃうんです。つまり人間の機微をついて絶妙なのです。ところが、テストを四、五回やって、さあ本番となると、アドリブを言わないんです。

「おい、宝田、おれはアドリブを言う

役者だとみんな思ってるだろうな」

「思ってますよ、おもしろくて」

「ところが俺は、その中で本当に二つか三つしか使っていない。あとは言わないんだ」

本番の時は、エッセンスしか言わない。「ああ森繁久彌、アドリブのうまい人」と言われますが、とんでもありません。アドリブに思えるようなしゃべり方をするんです。決してアドリブではない。井手俊郎、笠原良三が書いた台本通りにしゃべっている。でもアドリブでしゃべっているように聞かせる、見せる。すごいと思います。

それから、ロケーションに行きまして、深夜までロケバスの中で若い俳優さんもみんなで待つわけですけれど、そこで話し出すその猥談が、楽しくてしょうがない。もちろん女優さんたちもいるんです。最初のうちはみんな笑ってるんですが、そのうちに、あんまりお話が上手なので、若い女優さんも涙を流してしまう。僕も思わずほろりとして涙を流す。話術の優れた才能があるということが、そこでわかったわけです。格調高くしゃべってくださるものですから、話術で聞きほれてしまう。

満映（満洲映画協会）の理事長だった甘粕大尉のいる夕食会に呼ばれて、「おもしろい話をやれ」と言われて、なんと猥談を話したことがあったそうです。「非国民だ」と斬られそうになったそうですが、終わった時は拍手喝采。なんと度胸をもった男だと、甘粕大尉はすっかり森繁さんのファンになったそうですよ。

約十五年間の東宝時代、森繁さんの楽しい話を伺いました。大変思い出深い方で、百年に一人出るか出ないかの俳優ではないかと思います。時代劇では長谷川一夫さんでしょうが、現代ものでは森繁さんにまさる方はいない、名優中の名優だと思います。（談／全文は第三巻月報所収）

（たからだ・あきら／俳優）

〈特集〉石牟礼道子さん　三回忌に思う

# 読まれることを待つ石牟礼文学

三砂ちづる

## 心のこもった訃報記事

二〇一八年二月十日に石牟礼道子が亡くなってから、二年。三回忌を迎える。石牟礼道子の死は大手新聞の一面で報じられた。『毎日新聞』西部本社版では、一面であるのみならず、トップ記事、という扱いであった。作家の死でこのような扱いは、多くはないと思う。

東日本大震災後、石牟礼道子の仕事は、いっそう注目されるようになっていたし、『石牟礼道子全集』の完成、池澤夏樹編集の『世界文学全集』への日本人作家としての唯一の収録、などをふくめ、彼女の文学自体が再評価されていったことがもちろん大きいのだが、同時に、彼女が最後まで主要な新聞での連載を続けており、結果としてその連載担当記者たちに看取られて亡くなったことも、多くの新聞での訃報記事に心がこもっていたことの所以ではあるまいか。

晩年の石牟礼道子の部屋には、いつも連載原稿を待つ大手新聞の記者たちの姿があったという。まさに、死ぬ間際まで、周囲に支えられて仕事を続けた作家であり、その才能と人柄のおかげで、豊かな文学的遺産は、私たちの元に残された。

## “世界文学”としての石牟礼文学

彼女を一貫して編集者として支え続けた渡辺京二は、石牟礼文学は近代日本文学の中に置くと違和感があり、その異端性が目立つが、世界文学の中に置くと、その異端性は消える、と述べている。[*1]ガルシア・マルケスや、マリオ・バルガス＝リョサ、カルペンティエールなどラテンアメリカ現代作家の中に置くと、全く違和感がない。近代以前、文字文化以前の世界の受け止め方とその表現において、多くの共通点がある、というのだ。

まさにリョサは、プリンストン大学における講義において、「小説は、生活の中心が農村から都市に移ったときに生まれた」[*2]と言っている。農村の生活は詩を生み出すけれども都市は物語の発展を促し、それは世界中どこにでも当てはまる、と。

前近代の人間と人間ならざるものとの交歓をえがいてなりたつ石牟礼文学である。前近代の、「目に一丁字も」なく、精霊の世界に生きる民の世界が近代と出会う時に生じるあつれき、魂のおきどころのなさ。それこそが彼女のテーマであり、苦しみであった。この世とうまく折り合いがつけられずに苦しむ彼女の自我は、水俣を出て、熊本、そして東京と出会い、あるいはサークル村やさまざまな「都市の」活動を経て、独特な形になってゆく。非常に近代的な作家なのである。

▲石牟礼道子(1927–2018)

## 才能が生み出した独自の表現

あまり多くの本を読み通しておられないというが、彼女の天才性は、何らかの文学の形式をちらっと目にし、あるいは耳にすれば、瞬時に自らのものとすることができ、そこに自らの世界を独自の文体でのせていくことができたことにある。国語の教科書を見れば、文章の書き方を会得し、詩にふれれば、詩の形式は彼女のものとなり、短歌も俳句も同様のこと。幼い頃耳にした御詠歌や説経節はそのまま彼女の語り口となった。能でさえも、ちらっとその形式にふれれば、自らの世界を書き上げることができた。彼女の作品には不知火の民の唄か、と思うような、民謡ふうの唄がしばしばあらわれるが、実はすべて創作であるらしい。きらめくような才能の生み出した文学作品群。

長編小説だけでも、『苦海浄土』のほかに『椿の海の記』、『おえん遊行』、『あやとりの記』、『十六夜橋』、『水はみどろの宮』、『天湖』、『春の城（アニマの鳥）』が残されている。これら八編をはじめとする彼女の文学は、まだまだ十分に読まれているとは言えない。『石牟礼道子全集』は、これから丹念に繙かれることであろうし、熊本における石牟礼道子資料保存会の活動も佳境にはいっているときく。未発表稿も発表されよう。本格的な石牟礼文学研究は、これから始まり、本当の意味で石牟礼道子が広く読まれていくのも、これからなのではあるまいか。

＊1 渡辺京二『もう一つのこの世――石牟礼道子の宇宙』弦書房 二〇一三年

＊2 マリオ・バルガス＝リョサ『プリンストン大学で文学／政治を語る』立林良一訳 河出書房新社 二〇一九年

（みさご・ちづる／津田塾大学教授、疫学者、作家）

◆現代日本文学の金字塔、完結！

# 石牟礼道子全集 不知火

全17巻・別巻一

1 初期作品集　解説・金時鐘
2 苦海浄土 第1部 第2部　解説・池澤夏樹
3 苦海浄土 第3部ほか　解説・加藤登紀子
4 椿の海の記 ほか　解説・金石範
5 西南役伝説 ほか　解説・佐野眞一
6 常世の樹・あやはべるの島へ ほか　解説・今福龍太
7 あやとりの記 ほか　解説・鶴見俊輔
8 おえん遊行 ほか　解説・赤坂憲雄
9 十六夜橋 ほか　解説・志村ふくみ
10 食べごしらえ おままごと ほか　解説・永 六輔
11 水はみどろの宮 ほか　解説・伊藤比呂美
12 天 湖 ほか　解説・町田 康
13 春の城 ほか　解説・河瀨直美
14 短篇小説・批評　解説・三砂ちづる
15 全詩歌句集 ほか　解説・水原紫苑
16 新作 能・狂言・歌謡 ほか　解説・土屋恵一郎
17 詩人・高群逸枝 ほか　解説・臼井隆一郎
別巻 自 伝〔附〕未公開資料／詳伝年譜（渡辺京二）

各巻六五〇〇～八五〇〇円 計一四万三〇〇〇円
◇【特別愛蔵本】限定30部・残部僅少・各巻五万円

---

# 石牟礼道子と芸能

I 石牟礼道子と芸能
〈シンポジウム〉赤坂真理・いとうせいこう・町田康 （司会）赤坂憲雄

II 『完本 春の城』をめぐって
〈講演〉田中優子 ほか

III 生類の悲 〈講演〉町田康 ほか

IV 『石牟礼道子全集』完結に寄せて
〈シンポジウム〉池澤夏樹・高橋源一郎・町田康・三砂ちづる （コメンテーター）栗原彬

V 追悼・石牟礼道子
〈講演〉高橋源一郎 田口ランディ
〈追悼の言葉〉今福龍太／宇梶静江／笠井賢一／鎌田慧／姜信子／金大偉／最首悟／坂本直充／佐々木愛／田中優子／塚原史／ブルース・アレン／米良美一 ほか

四六変上製 三〇四頁 二六〇〇円

■石牟礼道子 好評既刊書

**苦海浄土** 全三部
解説＝赤坂真理・池澤夏樹・加藤登紀子・鎌田慧・中村桂子・原田正純・渡辺京二
四六上製 一一四四頁 〔6刷〕四二〇〇円

---

完本 **春の城**
解説＝田中優子・赤坂真理・町田康・鈴木一策
四六上製 九一二頁 〔3刷〕四六〇〇円

石牟礼道子全句集 **泣きなが原** 〔2刷〕二五〇〇円

**葭の渚** 石牟礼道子自伝 〔5刷〕二二〇〇円

**不知火おとめ** 若き日の作品集 *1945-1947* 二四〇〇円

**最後の人** 詩人・高群逸枝 三六〇〇円

**無常の使い** ◉石牟礼道子の悼詞 一八〇〇円

**花の億土へ** ◉石牟礼道子の遺言 一六〇〇円

**花を奉る** 石牟礼道子の時空 六五〇〇円

**言葉果つるところ** ◉鶴見和子との対話 二二〇〇円

**言 魂** ◉多田富雄との往復書簡 〔8刷〕二二〇〇円

**詩 魂** ◉高銀との幻の対話！ 一六〇〇円

**水俣の海辺に「いのちの森」を** ◉“森の匠”宮脇昭との未来の対話 二〇〇〇円

**石牟礼道子詩文コレクション**（全七巻）
1 猫 2 花 3 渚 4 色 5 音 6 父 7 母
各二二〇〇円

■連載・アメリカから見た日本　2

# 日本語の無駄なエネルギー

米谷ふみ子

夫ジョシュが亡くなって二週間ほど呆然としていたが、そうや、彼の親友やった作家のフィリップ・ロスに知らせんと、と思い付き、居間にあった新聞を開いた。ロスの大きな写真が蓋棺録の欄に載っているではないか。三日前に彼は死んでいた。ジョシュと十日違いである。無宗教の男共があの世で大いに喋っているだろうと思うと、無宗教の私は何かほっとしたことは否めない。

ニューヨークの郊外に住んでいた頃、ロスがうちにコレクトコールで電話をしてきた。いつもうちに掛ける時はコレクトで掛けてくる。何とか生活をしている私たちが金持ちだと思っていたのだろうか？　あれだけの大ベストセラー作家になってもである。

「ジョシュは留守よ」と知らせた。

「いやあー、貴女に尋ねたいんだ。ハワイに今いるんだけど、日本に行こうかどうしようか迷ってるのよ。日本の社会で一番気を付けるべきことは何かを教えてくれない？」

「うーん。日本では……人と喋る時、相手の社会的地位を判断し、言葉遣いを変える社会なのよ。あなたは外人で日本語が喋れないから、門外漢だけど。アメリカは大統領にでも、ヘイ、ユーと対等に話せるけれど。日本の社会はそういう無駄なエネルギーを使うのよ」と説明した。

三日後に、彼が電話をして来て「日本に行くのはやめた」と言った。上下関係を考えたこともない輩には無理やったんや！　さもありなん！　ロスの *Portnoy's Complaint* を読んだ時、これやったら私でも書ける、と思った。それまでは、女性作家は女らしく書かねばならないという雰囲気が日本にあり、私は縛られていた。この本を読んで、気にしないで総てを赤裸々に書いたほうが面白いと悟ったのだ。

彼が女優のクレア・ブルームと結婚していた時、「妻がロサンゼルスに行くのだが、知人がないので、夕食を一緒にしてやってくれないか」と言ったので、私達は彼女に会うことが出来た。私は彼女が出演していた「ライムライト」の最後のシーンを決して忘れはしない。

（こめたに・ふみこ／作家、カリフォルニア在住）

リレー連載　近代日本を作った100人　71

# 江藤新平——司法改革の先駆者

星原大輔

## 「法」の制定

山脇之人『維新元勲十傑論』で、維新に功績のあった人物として、西郷隆盛、木戸孝允、大久保利通らとともに、江藤新平の名が挙げられている。彼が歴史の表舞台で活躍した期間は極めて短いが、さまざまな官職に就き、近代化に向けた立法作業に携わった。特に、司法改革における功績は今も高く評価されている。

維新政府が掲げた国家目標の一つは「万国対峙」である。それを実現するためには何をすべきか、政府内にもさまざまな意見があった。そうした中、江藤が注目したのは「法」、すなわち憲法、民法、商法、刑法、民事および刑事訴訟法の**六法の制定**である。オランダやベルギー、スイスのような小さな国が大国と対峙できているのは、ひとえに「法律の精(くわ)しく行はればなり」と(「興国策」)。また「**富強の元は国民の安堵にあり。安堵の元は国民の位置を正すにあり**」とも主張している。ここで言う「国民の位置を正す」とは「相続・贈遺・動産・不動産・貸借・売買」等々、個人の権利を法律に明記し、かつ保護するシステムを確立することである。そうすれば人びとは「安堵」して業に励み、その結果として「国の富強」へと繋がる(「司法卿を辞するの表」)。

そこで江藤は、諸法を一日でも早く制定し、そして社会で生じた利害の衝突や紛争を、客観的かつ公平に解決・調整できるよう、裁判所を全国各地に整備しなければならないと考えた。

## 司法の理想像

当時、司法は行政の一環と考えられ、行政官庁が裁判所も兼ねるのが通例で、江藤のような考え方は異例であった。実際、江藤が司法の独立機関の設立を提言し、明治四(一八七一)年に司法省が設置されたが、ほとんど機能しなかった。

そこで翌年、江藤は初代司法卿に就任すると、「果然鋭為、一挙して進むの勢」(井上毅)で、多岐にわたって大改革を推し進めた。とりわけ注目すべきは、五ヶ条からなる司法省誓約であろう。ここに

**「方正廉直にして職掌を奉じ民の司直たるべき事」「律法を遵守し人民の権利を保護すべき事」**と、江藤が描いていた司法の理想像が端的に示されている。

この他、行政への監督として立法府を構想するなど、江藤は近代的政治思想を積極的に吸収し実現させようとした**「立法家実務家」**（大隈重信）であった。

## 「民の司直」たるべき司法省

しかし江藤は、明治七（一八七四）年に刑場の露と消えた。処刑されるに至った要因の一つとして、彼の改革があまりにも急進的であった点が挙げられる。江藤の和歌に、

**いそがずばぬれじと言ひし人もあれど**
**いそがでぬるゝ時もありけり**

とある。彼はひとたび是とすれば、実現に向けてひたすらに邁進した。政府内にはこうした行動力を評価する声があった一方で、「ピリピリしておって、じつにあぶないよ」（勝海舟）と危惧し、反発する者もいた。久米邦武は、江藤新平を、父親の反対を押し切って改革を進め、内乱を招き処刑された前漢の晁錯（ちょうそ）になぞらえている。江藤の耳にもそうした非難の声は届いていたのであろう、

**郭公（ほととぎす）声待ち兼（かね）てつひに将（まさ）**
**月をも恨むひところ哉**

という自戒の和歌も詠んでいる。これを記した書幅が彼の絶筆となったのは、何とも皮肉である。しかし彼の理念の実現に向けて邁進する生き様は、いまも多くの人の心を惹きつけてやまない。

江藤の司法改革は道半ばであったが、その後、同郷の盟友・大木喬任（たかとう）が跡を継いで司法卿となり、同省に出仕していた佐賀出身者らの尽力により、裁判所整備と法典編纂は実現した。これらは時代と共に変わっていくであろうが、**「民の司直」**という江藤の理念は、これからも受け継がれていかなければならない。

（ほしはら・だいすけ／大倉精神文化研究所研究員）

**▲江藤新平**（1834-1874）
佐賀藩士。藩校弘道館で学び、枝吉神陽に師事した。1862年脱藩し木戸孝允らの知遇を得たが、帰藩後は永蟄居を命ぜられる。維新政府が成立すると徴士として出仕、大木喬任とともに東京奠都を建言し、政府首脳から高い評価を得た。その後、中辨、文部大輔、左院副議長などを経て、1872年に初代司法卿となる。この間、裁判制度の整備や民法をはじめとする法典編纂の推進に尽力した。1873年に参議となるが明治六年政変で下野。翌74年民撰議院設立建白書に名を連ねたが、その直後に帰郷した。征韓党の首領となり佐賀の乱を起こすが敗走、高知で捕縛され、佐賀で処刑された。

連載　歴史から中国を観る　2

# 中国人のナショナリズム

宮脇淳子

「中国」という国家は一九一二年一月に誕生した中華民国が史上初めてだが、中国人にナショナリズムが生まれたのは一九一九年の五・四運動からである。

中国と日本の教科書は、「一八四〇年のアヘン戦争でイギリスに負けたときから、屈辱の中国近現代史が始まる」と書くけれども、このときまだ中国は存在しないし、ナショナリズムもない。

実際にはアヘン戦争ではなく、一八九四〜九五年の日清戦争で日本に負けたことに衝撃を受けて、大陸の近代化が始まったのである。

大陸の人々は長い間、日本を東夷（東の野蛮人）と見下していた。それなのに、明治維新により国を挙げて西欧をまねて近代化に励んだ日本が、わずか三十年で自分たちよりも強くなったことを見て、初めて、これではいけない、と思った。そこで清国の漢人たちは大挙して日本に留学し、それまで何十年もの間、日本人が苦労して漢字熟語に翻案していた西欧文明を、日本語を通して取り入れた。

現代中国語が、「四書五経」のような漢文の古典とは語彙も文体もまったく異なるのは、明治時代の日本語を基礎としているからなのである。

英語の「ナショナリズム」を「民族主義」と翻訳したのは日本人である。「ネイション」は「国民」だから、文字通り訳すなら「国民主義」なのに、日露戦争前後に出現した第一次ナショナリズムの担い手はロシア帝国領の東欧の人々で、国家のない集団を国民と呼ぶことをためらった日本人が、「民族」という言葉を創ったのである。つまり「民族」にはヨーロッパ語の原語はない。

中国人にナショナリズムの観念を教えたのは日本だが、新たに生まれた中国人のナショナリズムへの対応を、日本は誤った。しかし中国も、自国の「民族主義」の取り扱いには成功していない。現代中国でナショナリズムは「愛国主義」と翻案され、民族といえば少数民族、あるいは「中華民族」のことで、「漢民族」は禁句、漢族と呼ばなくてはいけないのだから。（みやわき・じゅんこ／東洋史学者）

連載　今、日本は　10

# ゴーン氏逃亡の後で

鎌田　慧

カルロス・ゴーン。日本意外史に大きなエピソードを残した。欧米人権力者に極端に弱く、それ以外は蔑視する日本人のコンプレックスを、長い脚で蹴っ飛ばして、カルロス・ゴーンは関西国際空港から個人ジェット機で飛び立った。楽器箱にもぐりこんで……。

日本企業の経営者が、億単位の報酬をとるようになったのは、日産再建で名を挙げたゴーンが始祖かもしれない。いまでは、ソフトバンク、ソニー、武田薬品などの外国人雇われ社長が、二〇億、三〇億もの年俸を獲っているが、ゴーンは日産ばかりか、経営左前の三菱自動車、さらにはフランス本国のルノー会長の席にも坐って、一九億円（二〇一八年）も得ていた。

彼は「コストカッター」と呼ばれ、情け容赦もなく工場を閉鎖（村山、京都など）、労働者を整理したのが功績となった。

逮捕、勾留された容疑は、金融商品取引法違反であり、のちに特別背任罪が加わっている。簡単にいえば、実収入金額を隠し、勝手に使っていた、ということだ。

金持ちゴーン氏にはなんの同情もないが、彼が指摘した「日本正義の不正義」との批判には賛成だ。「人質司法」、つまり自供するまでは絶対に釈放しない、前世紀的「白州裁判」によって、証拠を偽造され、死刑判決を出された袴田巌さんや石川一雄さん（無期懲役に減刑）などの冤罪犠牲者たちには、逃げる外国もなく、ジェット機を借りる巨額資金はない。

あるのは、無実を信じている支援者のかぼそい声だけである。

ひとりで国家権力と闘って勝ったゴーンを英雄視できないのは、その武器が弁論ではなく、巨額のカネだったからだ。

貧乏な被告人は、この国では冤罪を証明できず、死刑になるしかない。日本国憲法は「拷問」、「長期拘留による自供」を認めていない。保釈中に逃亡したゴーンによって、これから保釈の条件が厳しくなる（一五億円の保釈保証金でさえ捨てられた!）。日本の司法の前近代性は世界から嗤われ、ますます酷くなりそうだ。

（かまた・さとし／ルポライター）

■〈連載〉沖縄からの声［第Ⅶ期］3（最終回）

# 首里城再建

## ～沖縄から琉球へ！

石垣金星

琉球文化の拠点、首里城が燃えて二ヶ月余になった。

首里城は沖縄県民の財産だと思っていたのが、日本国の財産であったことを初めて知り、たまげたのは私一人ではあるまい。再建への募金活動など、首里城への熱い思いがよく伝わってくる。再建に向けて玉城デニー知事が今なすべきは、**沖縄琉球の財産として首里城再建をする**という方針を、内外に宣言をすることであろう。方針が定まることで、自ずと再建への道筋は明らかになるであろう。

何よりも**一番大事なことは、「琉球の魂」を込めることにある。**琉球の魂を込めるのは、昔からの琉球建築の伝統を受け継ぐウチナーンチュ大工でなければならないことは当たり前である。

再建にはたくさんのお金が必要とされるが、日本政府は、沖縄に重たい負担を強いてきた歴史の現実がある。その負担の重さの分だけお金を出すことは当たり前のことである。そして国内外&世界中から、個人から、様々な団体から再建のためのお金が寄せられているのは周知の通りである。この際日本政府は、首里城にかかわるすべての財産を、沖縄県へ潔く寄贈するくらい懐の深さを見せて欲しいものであるが、期待しないほうがいい。

再建までには長い時間を要するだろうが、五百年に及ぶ豊かで美しい琉球文化を築き上げてきたのだから、これから「新しい琉球国」を創り出していくために、再建へ向けて、琉球人の心も力も一つにしていきたいものである。

明治政府は、武力により琉球国を滅ぼし、日本の一地方の沖縄県とした。あれから百四十年余、太平洋戦争で日本の捨て石とされた沖縄は、日米軍により焼き尽くされ、戦後二十七年に及んだあまりにもひどい米軍植民地支配から抜け出すために、一九七二年日本への復帰を選択したものの、日本は米軍とグルになり、今、辺野古新基地建設を強行している。

沖縄は、日本の安全のために犠牲になるのは当然だという、今の日本と沖縄の関係はもう辞めて、「政治的に対等な関係」を築く新しい時代へと向かうべき時が来たのではないか！

（いしがき・きんせい／西表をほりおこす会会長）

Le Monde

■連載・『ル・モンド』から世界を読む［第Ⅱ期］42

# もうひとつのメッセージ

加藤晴久

昨年一一月二四日、長崎と広島でフランシスコ教皇が原子力の軍事利用を断罪したことを日本のメディアは大きく報じたが、もうひとつのメッセージはほとんど話題にしなかった。

東京駐在のPh・メスメール記者の一一月二七日付記事のタイトルは「核兵器と死刑――教皇来日の微妙な課題」

記事の出だし。

「〈すべての命を守る〉。この、フランシスコ教皇訪日のテーマはいかなる例外も許さない。もてなす側が当惑しかねない死刑のような問題であっても」

宣言した。二五日、東京ドームのミサで、五万人の信徒に向けて、教皇は何人も路傍に置き去りにしないことの大切さを説き、〈支援と相互援助の場であるべき家庭、学校、共同体が利益と効率を追求する競争の場〉となっていることを嘆き、参会者に問いかけた。障害に苦しむ人、異国人、過ちを犯す人、病に侵された人、あるいは刑務所にいる人は〈愛に価しないのでしょうか?〉と」

「〈内政干渉として非難されることを避けるため〉面会はしなかったが、東京ドームには袴田巌氏が招かれていた。一九六

「二〇一八年、教皇庁は死刑は〈容認できない。人間の不可侵と尊厳に対する攻撃であるがゆえに〉と

六年、四人殺害の廉で死刑判決を受け、四八年間、獄中にあったひとである」

「死刑廃止の運動を進める人たちは落胆したかもしれない。彼らは教皇来日が彼らの運動に拍車をかけることを期待していた。国民の八〇％が死刑を支持している国ではメディアもあまり取り上げないし、論議されることも少ない。〈日本では死刑は感情の視点から考えられていて、人権という視点から考えることは稀なのです〉と〔ある識者は指摘する〕」

「一九七五年時点で、二五カ国が死刑を廃止していた。今日では、一〇四カ国。さらに約五〇カ国が執行を停止している」

日本のメディアによると、第二次安倍内閣発足以降、三九人が執行されている。未執行の確定死刑囚は一一二人だという。

（かとう・はるひさ／東京大学名誉教授）

■連載・花満径 47

# 高橋虫麻呂の橋（四）

中西　進

それにしても、なぜ「橋詰の遊び」と称する男女交歓の集りが行なわれるようになったのか。

将来橋の架けられる所、必然的に道がそこまで到達して、さらに先に行く必要性をもった川岸は、川幅も狭く川底も浅く、徒歩で渡るのには便宜な場所だっただろう。

そんな所は中国の『詩経』では「渡河」が行なわれた場所にちがいない。

「渡河」とは、のちに結婚を意味するようになったほど、男女の交歓があった、ある種神聖な土地だったらしい。

舟がそこから対岸に出発し、さらにはより遠くまで舟が行先を伸ばしていくと、この出発点は送迎の場となり、餞別、惜別の地となり、情感を深めていったはずだ。

ところがその聖地に、橋が登場した。そして従来の終着点が通過点となった。

この有様について以前考えていて驚いたことがある。

そもそもハシという日本語は、漢字の端に当るばかりか、間にも当る。古代には有名な間人皇女（はしひとひめみこ）という、天智・天武の妹がいる。

間（あいだ）は端と端の中間でありながら、橋によって双方から端であるという二重性を背負ってしまった結果、間（はし）になったとしか、わたしには考えられなかった。

この結果、従来の端は橋詰となり、詰である聖性も遊興性も、そして神秘性もすべてを橋詰が担当することになったのである。

日本には『古今集』（巻14六八九）や『源氏物語』（橋姫）に登場するふしぎな橋の女がいる。宇治橋の橋姫は神聖な筵（むしろ）に衣を片敷いて待っているといい、「橋姫」の巻では薫の出生の秘密が語られる。

近世の都市が花街を橋詰や川の中州にもつのも、この一連の流れである。彼女たちを八重子の刀自と血の繋がった者ということもできるし、外ならない虫麻呂の橋上の女も、それらと一連の、美しき幻影だったにちがいない。

（なかにし・すすむ／国際日本文化研究センター名誉教授）

# 一月新刊

20世紀最大の環境破壊

## 消えゆくアラル海
再生に向けて

石田紀郎

湖面積が琵琶湖の一〇〇倍あった世界第四位の湖、中央アジアのアラル海。それが、大規模な農地開発により、琵琶湖のたった一〇個分にまで縮小した。琵琶湖のほとりで育ち、農学の道に進んだ著者が、アラル海消滅の危機にあるカザフスタンに通いつめ、消滅の現実と再生への希望を描く画期作。

カラー口絵八頁

四六上製　三四四頁　二九〇〇円

---

生命の起源から、未来へつながる

## 中村桂子コレクション いのち愛づる生命誌　全8巻

### 2 つながる 生命誌の世界
【第4回配本】

口絵二頁

七〇年代、日本における〝生命科学〟の出発に深く関わり、そこから新しい知〝生命誌（バイオヒストリー）〟を創出した著者。DNA、ゲノム……科学の中から、人間をふくむすべての生きものの〝つながる〟をやさしく語る。〈解説〉村上陽一郎〈月報〉新宮晋／山崎陽子／岩田誠／内藤いづみ

四六変上製　三五二頁　二九〇〇円

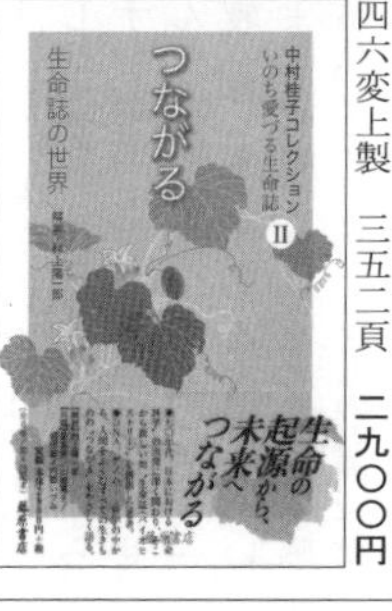


---

ブルデュー社会学の集大成！

## 〈ブルデュー・ライブラリー〉世界の悲惨 II
（全３分冊）

ピエール・ブルデュー編

監訳＝荒井文雄・櫻本陽一

最も個人的な経験を理解するために、〝社会〟を理解すること――ブルデューとその弟子ら二三人による五二のインタビューの集成！　第二分冊では、正規／非正規労働者の分断、失業者、継承されない農業、学校教育の変容と教師・学生、女性の直面する困難などに耳を傾ける。

A５判　六〇八頁　四八〇〇円

---

# 最近の重版より

**脱デフレの歴史分析**　〈2刷〉
【「政策レジーム」転換でたどる近代日本】
安達誠司
四六上製　三二〇頁　三六〇〇円

**大石芳野写真集 長崎の痕**（きずあと）　〈2刷〉
大石芳野
四六倍変判　二八八頁　四二〇〇円

**世界経済史の方法と展開**　〈12刷〉
【経済史の新しいパラダイム（一八二〇―一九一四年）】
入江節次郎
A５上製　二八〇頁　四二〇〇円

**入門・世界システム分析**　〈6刷〉
I・ウォーラーステイン
山下範久訳
四六上製　二六四頁　二五〇〇円

**戦後行政の構造とディレンマ**　〈2刷〉
【予防接種行政の変遷】
手塚洋輔
四六上製　三〇四頁　四二〇〇円

**ルーズベルトの責任**㊦　〈5刷〉
【日米戦争はなぜ始まったか】
Ch・A・ビーアド
開米潤＝監訳　阿部直哉・丸茂恭子＝訳
A５上製　四四八頁　四二〇〇円

# 読者の声

### 全著作〈森繁久彌コレクション〉■

▼森繁久彌はTVの「だいこんの花」etc. 映画の「社長シリーズ」を見ていて、無条件に本当に面白かったから購入。
　書評を見て購入しても「……」ということもあるが、この本は私的に活字の大きさや字の配列もとても読みやすいうえに内容も本当に満足です。全巻揃えます。有り難うございます。（神奈川　**柳澤陽子**　65歳）

▼内容見本が届くのを待ち切れず注文させて頂きました。売切れになったらという焦燥感からです。それでも内容見本拝見させて頂き、錚々たる方々の御推薦に驚嘆致しております。いや、驚嘆といっては失礼かもしれません。森繁先生の御業績からすると当然至極のことかもしれません。芸能界の方はいわんとしても一般の方も興味津々たる出版だと思います。感動の嵐が世を席巻する予感が致します。私ごときものも内容見本に載っている御著の四、五冊は既に持っていたものがありますが、あらためて編集されて読むことができるというのも魅力です。内容見本の森繁先生の抜粋御文章、大いに裨益されるといってはなんですが、啓発を促します。注文したことを微塵も後悔致しておりません。入手出来る日が待ち遠しくあります。森繁先生はお亡くなりになってもこの世に蘇りになられると思います。活字として注文させて頂いてありがとうございました。（神奈川　**別府詩朗**）

### 全著作〈森繁久彌コレクション〉①道——自伝■

▼全著作〈森繁久彌コレクション〉『I　道——自伝』、まことに面白く通読しました。全集刊行の企画はまことに結構に存じおります。（東京　財団役員　**由井常彦**）

▼過去森繁に関する本は、沢山読みました。今回は、森繁に関する集大成だと思い、『朝日新聞』（十二月六日付）の紹介記事を見て注文、購入しました。全巻購入予定で、これから第一巻を読み始めます。（愛知　**伊藤俊雄**　85歳）

▼よく出版してくれました。続きを楽しみに。（長野　**小宮昇**　75歳）

### ベルク「風土学」とは何か■

▼JIA岡山大会が二〇一四年に岡山市で開催された。JIA会員ではないが、参加させていただいた。その時の基調講演がオギュスタン・ベルク氏であり、テーマは「建築の再コスモス化は何か」という壮大なテーマでありました。オギュスタン・ベルクの初めての講演は難しくてわからなかった。主体が客体であり通態であるとかmilieuとかの言葉をメモをとるのに必死でありました。風土論について何か訴えるものを感じて大阪に帰って来ました。
　藤原書店の月刊誌『機』no.332に『ベルク「風土学」とは何か』が掲載されていた。オギュスタン・ベルクと川勝平太氏の両氏の著書である。ベルクの著書の『空間の日本文化』『風土の日本』や文庫本も買ってよんだ。コスモス国際賞の受賞講演・京都大学を聴講することができた。

　すぐにお願いして読んだ。すごいいい本である。風土が人間の存在によって構築されると同様に人間の存在は風土との関係で構築されるということであると書いている。素晴しい言葉である。表紙もすばらしい。オギュスタン・ベルクと川勝平太氏の二人の著者の本が同時に一冊で読めることはうれしく私の書棚が一番喜んでおります。

（愛知　一級建築士・「まちづくりセンター・蕪村」　**岡﨑善久**　71歳）

**兜太 Tota vol.3■**

▼今年はドナルド・キーンさんが亡くなり、文壇も寂しくなりました。日本文学の大いなる理解者でした。キーンと兜太の交流は、深い魂の共鳴と太平洋戦争の経験者としての共感だと思う。戦後復員した多くの軍人はあの惨い戦争体験を秘して生きた。卑怯である。それに引換え、兜太は懺悔しつつも堂々と生きた。天晴である。

　全国各地の俳誌の紹介コーナーがあれば良いと思います。又、有名俳誌以外の地方の弱小俳誌を複数載せる広告欄が有れば、地方の俳句発展が望めます。『兜太』の栄えを心より祈念します。

（京都　**中村久仁子**　64歳）

**都市のエクスタシー■**

▼この著者をいったい何と呼べばいいのだろう? アレントがベンヤミンに授けた称号に倣えば、ファム・ド・レットル（femme de lettres）なのであろうか。

　それぞれ別個に遺された言説（discours）であるはずなのに、こうして一冊の書物として編まれると、ベル・エポックの優雅な香りが漂い、さらにその色彩・音が妖しげな世界を醸し出す。

　とりわけプルースト論は秀逸で、バルベックに花咲いた乙女たちのイメージが、リゾートという言語空間にいかにして浸透していったのかという筆致に酔いしれる。

　山田登世子さんは生きているのだ。そして、これからもきっと彼女の《新刊》に出会えるのだろう。

（東京　放送大学学生　**山田良**）

※みなさまのご感想・お便りをお待ちしています。お気軽に小社「読者の声」係まで、お送り下さい。掲載の方には粗品を進呈いたします。

## 書評日誌（一二・一五〜一・五）

(書) 書評　(紹) 紹介　(記) 関連記事　(イ) インタビュー　(T) テレビ　(ラ) ラジオ

一二・一五　(紹)産経新聞「崩壊した「中国システム」とEUシステム」

一二・一六　(紹)公明新聞「“フランスかぶれ”ニッポン」

一二・一九号　(書)週刊新潮「全著作〈森繁久彌コレクション〉」（「すこぶる付きの名文家でもあった名優『森繁久彌』の自伝集」／碓井広義）

一二・二〇　(記)週刊読書人（「2019年回顧総特集」「セレモニー」（「外国文学／中国」／「変幻中国から科幻（SF）中国へ」／「巨大覇権国家となった中国の発展に見合った文学の動向」／山口守）／「長崎の痕」（「日本史／近代以降」／「歴史学を研究するものの座標軸として」／阿部安成）／「死とは何か」（「西洋史」／「現代史を画した重要な出来事の記念が重なる年」／「関連する書籍の刊行も目立った」／村上宏昭）

一二・二二　(記)読売新聞（「読書委員が選ぶ『2019年の3冊』」）「全著作〈森繁久彌コレクション〉」（橋本五郎）／（戌井昭人）

一・一　(記)朝日新聞「苦海浄土」（「Eテレ『100分de名著』司会伊集院光」／「無知と知が出会う　ビックバン」／「単なる解説じゃない　現代を読み解く知恵」／伊集院光・秋満吉彦・河村能宏）

(記)東京新聞「国難来」（「編集局南端日誌」／「2020年代の始まりに」／「100年前からの宿題」／田原牧）

一・五　(書)しんぶん赤旗「全著作〈森繁久彌コレクション〉」（「多彩な筆致、大河ドラマのよう」／広瀬依子）

# 三月新刊予定

＊タイトルは仮題

俳壇を超えた総合誌、第四号

## 兜太 Tota 最終号 vol.4

［特集］龍太と兜太——戦後俳句の総括

〈編集主幹〉黒田杏子　〈編集長〉筑紫磐井
〈編集顧問〉瀬戸内寂聴・芳賀徹・藤原作弥

**飯田龍太生誕百年、金子兜太三回忌。二人の対比から戦後俳句を振り返る。**

**〈寄稿〉**飯田龍太／金子兜太／飯田秀實／井口時男／井上康明／宇多喜代子／岸本尚毅／三枝昻之／坂本宮尾／下重暁子／髙田正子／髙柳克弘／高山れおな／舘野豊／田中亜美／対馬康子／中岡毅雄／仁平勝／宮坂静生／横澤放川／渡辺誠一郎 ほか
写真＝黒田勝雄　挿画＝中原道夫

訳業を通して、親鸞の核心を追求！

## 中国人が読み解く 歎異抄 〈中国語訳付〉

張鑫鳳 編

終生、親鸞と格闘した野間宏の文学を通して、親鸞と出会った中国人の著者が、原文、読下し、現代日本語訳、中国語訳（大陸、簡体字）、中国語訳（台湾、繁体字）をなしとげ、全く新しい解釈で親鸞の真髄を示す。

「怨恨と復讐」に抗する「共苦」の文学

## 高橋和巳論

宗教と文学との契り

清 眞人

高橋和巳の全作品に通底する問いとは何だったか。「革命」への絶望とヘイト・ポリティックスの蔓延が極限に達しつつある二十一世紀の今、二十世紀日本の「原罪」に果敢に立ち向かった作家の今日的意味を明かす。

水俣病被害は生まれ続けている

## 止まらない水俣漁民・漁業被害

芦北町女島での社会学・医学的調査研究

井上ゆかり

今なお水俣病の漁業被害と漁民被害は、社会的食物連鎖のなかで国・熊本県・チッソによって生産され続けている。先行研究のない課題を、自ら調査研究、水俣病政策、水俣病認定制度の改革案をも提示する野心作。

「原風景」から解き明かす日本の心性

## 新・風景論

原 剛　写真＝佐藤充男

明治以来の日本の近代化の過程において、三度にわたって言挙げされた「風景論」。文明史的災害に重ねて見舞われる現代日本において、自然・人間・文化を一体とする「環境」の観点から、ナショナリズムを超えた第四の「風景」論を提起する。

"脱近代"を説く著者積年の集大成！

## 世界像の大転換

北沢方邦

ベートーヴェンの音に導かれ、近代のリアリティの運命と、そこからの脱却を、哲学、人類学、数学、物理学、量子論、後発性遺伝学（エピジェネティクス）等の脱領域的諸分野に生じている徴候として読み解く。脱近代のリアリティの様態を探究し続けた、著者積年の思考の集大成。

「在日」を問い、「日本」を問う詩人の言葉

## 金時鐘コレクション 全12巻

### 10 真の連帯への問いかけ

「朝鮮人の人間としての復元」ほか講演集Ⅰ　［第6回配本］

在日朝鮮人と日本人の関係を問い直す。七〇年代〜九〇年代半の講演を集成。〈解説〉中村一成

〈月報〉金正郁／丁海玉／吉田有香子／川瀬俊治

口絵2頁

## 2月の新刊

タイトルは仮題、定価は予価。

**大地よ！** ＊
アイヌの母神、宇梶静江自伝
宇梶静江
四六上製　四四八頁　二七〇〇円　カラー口絵8頁

**近代家族の誕生** ＊
女性の慈善事業の先駆、「二葉幼稚園」
大石茜
四六上製　二七二頁　二九〇〇円

**公共論の再構築** ＊
時間／空間／主体
中谷真憲・東郷和彦編
A5上製　三四四頁　三八〇〇円

**世界の悲惨 III**（全三分冊）＊
P・ブルデュー編
監訳＝荒井文雄・櫻本陽一
A5判　四六四頁　四八〇〇円　完結

**全著作〈森繁久彌コレクション〉**（全5巻）
3 **情――世相** ＊
〈解説〉小川榮太郎　口絵2頁
月報＝大村崑・宝田明・塩澤実信・河内厚郎
四六上製　四八〇頁　二八〇〇円　内容見本呈

## 3月以降新刊予定

雑誌 **兜太** *Tota Vol. 4* 最終号
〈特集〉**龍太と兜太**――戦後俳句の総括 ＊
編集主幹＝黒田杏子　編集長＝筑紫磐井

中国人が読み解く
**歎異抄**〈中国語訳付〉＊
張鑫鳳 編

**高橋和巳論** ＊
宗教と文学との契り
清眞人

**止まらない水俣漁民・漁業被害** ＊
芦北町女島での社会学・医学的調査研究
井上ゆかり

**新・風景論** ＊
原剛　写真＝佐藤充男

**世界像の大転換** ＊
北沢方邦

**金時鐘コレクション**（全12巻）
10 **真の連帯への問いかけ** ＊
「朝鮮人の人間としての復元」ほか　講演集I
金時鐘　解説＝中村一成

## 好評既刊書

**消えゆくアラル海** ＊
再生に向けて
石田紀郎　写真・図版多数
四六上製　三四四頁　二九〇〇円　カラー口絵8頁

**世界の悲惨 I・II**（全三分冊）＊
P・ブルデュー編
監訳＝荒井文雄・櫻本陽一
A5判　I四九六頁II六〇八頁　各四八〇〇円

**中村桂子コレクション いのち愛づる生命誌**（全8巻）
2 **つながる** ＊　〈解説〉村上陽一郎
生命誌の世界
四六変上製　三五二頁　二九〇〇円　口絵2頁　内容見本呈

**存在と出来事**
A・バディウ　藤本一勇訳
A5上製　六五六頁　八〇〇〇円

**いのちを刻む**
鉛筆画の鬼才、木下晋自伝
木下晋　城島徹・編著
A5上製　三〇四頁　二七〇〇円　口絵16頁

**全著作〈森繁久彌コレクション〉**
2 **人――芸談**（全5巻）＊
〈解説〉松岡正剛　口絵2頁

＊の商品は今号に紹介記事を掲載しております。併せてご覧戴ければ幸いです。

## 書店様へ

▼昨年末のETV特集での放送以降、『**いのちを刻む　鉛筆画の鬼才、木下晋自伝**』が話題になっています。俳優・榎木孝明さんがフェイスブックにて、「芸術とは何か。生きるとは何か。極限の人間存在とは。等々に興味をお持ちの方にはお勧めの本です。」と絶賛紹介。また1／20(月)『毎日』では「学校とわたし」にて著者インタビュー記事が掲載。大きくご展開ください！▼1／21(火)『毎日』夕刊「著者のことば」にて『**移動する民**』著者ミシェル・アジエさんインタビュー記事。▼『文藝春秋』二月号にて磯田道史さんが「わが師・速水融が変えた『江戸の貌』」で歴史人口学者・速水融さん追悼。▼同号にて『**セレモニー**』著者王力雄さんが「共産党独裁崩壊で中国は分裂する」寄稿。▼1／25(土)『朝日』「好書好日」にて長谷川逸子さんが『**ベルク「風土学」とは何か**』を絶賛書評。▼1／26(日)『毎日』「今週の本棚」にて伊東光晴さんが『**"フランスかぶれ"ニッポン**』を絶賛書評。在庫のご確認を！　（営業部）

## 出版随想

▼早や一月も過ぎ、二月に入った。しかし、世界の不安は、一向に衰えるどころか日に日に増している感がある。昨年暮れ中国の武漢から始まった新型コロナウイルスの感染が世界に拡大してきている。百年前、第一次世界大戦のさ中に発生した〝スペイン・インフルエンザ〟は、一九二〇年まで続いたが、戦死者の五倍の五千万人の死者を招いた。わが日本でも、内地だけで四五万人、外地を入れると七〇万を超える死者数に達した。元々人類の歴史は感染症との闘いの歴史ともいわれるが、一旦発生すると、現代の文明社会は脆さを露呈する。とにかく交通のスピード化で、昔なら一カ月はかかる距離をわずか十時間で。又情報の場合は、何千キロ離れた所でも瞬時に往来する。ということは、マイナス面も同様ということだ。とかく人間は、自分にとって好都合のことしか考えないから負の連鎖など頭になく日常を過ごす。しかし大変動が起きると、この正負両面を否応なくつきつけられるのだ。

▼今年は年始早々、「後藤新平」という四文字が新聞紙面を賑わせている。元旦に『中日・東京新聞』の「こちら特報部」のコラムに、『産経新聞』の「正論」で二回。同紙「東京特派員」欄とわずか一カ月余りにタテ続けに出ている。昨夏から秋にかけて、小社から『後藤新平と五人の実業家――渋沢栄一・益田孝・安田善次郎・大倉喜八郎・浅野総一郎』(後藤新平研究会編)と『国難来』(後藤新平著)を出版した。後藤新平は、百年前に、幕末・明治・大正・昭和初期という困難な時代を、多くの人びとの助力を頂きながらも、無私の精神で社会に奉仕し、果敢に生ききった人間である。そういう人間は居るようでいて、そう多くは居ないから光が当たるのも当然ではあるが、百年以上も前の人間が、この一月余りで四回も取り上げられるのはいささか異常なことである。それだけ、現在、後藤新平のような人間の再来が待たれているのかもしれない。

▼先日も、アフガンの近代化、インフラに貢献された中村哲医師の追悼に多くの人々が心寄せる記事があった。今から三四年前、インドの砂漠に数千キロの水を引き、インド〝緑の父〟と謳われている一人の男が静かに息を引き取った。杉山龍丸。かつて鶴見和子さんからご生前の身辺整理として、龍丸が撮ったインドの朝陽の写真を貰ったことがある。「変わった方でねえ、ちょくちょくわが家に遊びにきたの。しょっちゅうインドに行ってると聴いてるわ」と。どの程度龍丸のことをご存知だったかは知らぬが、拙の部屋に今もこの写真は飾ってある。いわずもがなこの龍丸こそ、杉山茂丸の孫であり、夢野久作の息子である。茂丸と後藤新平との関係は、かなりなもので書簡だけでも百通は超える。夢野久作は、鶴見俊輔さんの立派な評伝がある。にもかかわらず、龍丸を知る人は少ない。自分の資産をすべて擲ってインドの緑化のために尽くした人をわれわれは決して忘れてはなるまい。アジアの人民がこれから手をつないで生きることが、今最も大切なことであると信ずる。(亮)